JN409507

독일인의
발자취를 따라

Globetrotter, Abenteurer, Goldgräber

Auf deutschen Spuren im alten Korea

독일인의 발자취를 따라

한독 관계: 초창기부터 1910년까지

한스 알렉산더 크나이더 지음
최경인 옮김

일조각

사랑하는

아내 유진과

딸 바네사에게

바칩니다.

추천사 1

2013년은 한독 관계에서 매우 특별한 해입니다. 130년 전인 1883년 한국과 독일은 처음 외교 관계를 수립하였으며, 50년 전인 1963년에는 1만 명 이상의 한국 광부를 독일에 파견하는 내용의 협정을 체결하였습니다.

한스 알렉산더 크나이더 교수는 오랜 기간에 걸쳐 많은 자료를 집중 연구하여 한국과 독일이 관계를 맺은 초창기부터 20세기 초까지 양국 관계에 기여한 인물들을 조명하는 책을 집필하였습니다.

19세기 말~20세기 초에 활동한 파울 게오르크 폰 묄렌도르프, 리하르트 분쉬, 프란츠 에케르트 등의 독일인들은 한국 정부의 근대화 의지에 크게 공감하여 이를 적극적으로 지원하였습니다. 묄렌도르프는 한국어를 유창하게 구사하였으며, 한국 정부에서 오늘날의 외교부 차관에 해당하는 직책을 맡았을 뿐만 아니라 오늘날의 세관에 해당하는 해관의 책임자로 일하였습니다. 청년 의사 분쉬는 고종의 시의(侍醫)로 활동하며 근대 의학 도입에 기여하였으며, 프로이센의 군악대장 출신 에케르트는 독일과 유럽의 음악을 한국에 알리는 역할을 하였습니다.

한스 알렉산더 크나이더 교수의 책은 중요한 몇몇 독일인들뿐만 아니라 그 존재마저 잊혀진 독일인들의 업적과 다양한 활동에 대하여 자세히 소개하고 있습니다. 그의 책은 한국이 근대 문물을 처음 접한 이래 얼마나 먼 길을 걸어왔는지 생생하게 보여줍니다. 또한 한국과 독일의 우호관계가 분단 이전의 독립국 한국과의 협력 관계에 그 뿌리를 두고 있음을 상기시켜줍니다.

1949년 냉전의 시작과 함께 한독 협력의 새로운 장(章)이 시작됩니다. 이 무

롤프 마파엘 (Rolf Mafael)
주대한민국 독일 대사

렵부터 양국은 분단이라는 역사적 아픔을 공유합니다. 독일연방공화국에서 파견된 의사와 간호사들은 1953년부터 부산의 독일적십자병원에서 수천 명의 한국인들을 돌보았습니다. 1950년대에는 중부와 동부 독일 출신의 전문가들이 전쟁으로 폐허가 된 북한의 함흥 지역 재건을 돕기도 했습니다. 이렇게 뮌헨, 라이프치히 등에서 온 독일의 의료인과 엔지니어들은 각각 남북한의 재건에 기여하였고, 어려움에 처한 사람들을 돕고 친구를 얻었다는 마음으로 한국을 떠났습니다.

'라인강의 기적' 과 한국의 현대화는 새로운 차원의 한독 협력을 가능하게 만들었습니다. 수천 명의 한국인들이 독일에서 일자리를 얻고 제2의 고향을 찾았습니다. 루르공업지대에서 열정적으로 일했던 한국 광부들은 오늘날까지 기억되고 있습니다. 한국 간호사들은 독일 각지의 병원에서 헌신적으로 환자들을 돌보았고 깊은 감사와 높은 존경을 받았습니다.

한독 관계의 역사와 한반도의 현 정세를 고려해 볼 때 한스 알렉산더 크나이더 교수의 책이 널리 읽히기를 바랍니다. 독일은 20여 년 전에 국가의 재통일을 이룬 반면, 한국은 여전히 분단국가입니다. 한스 알렉산더 크나이더 교수의 책은 한국 민족과 문화가 분단되지 않고 온전히 하나였던 시절을 보여줍니다. 따라서 그의 책은 한독 관계사에 대한 의미 있는 기여일 뿐만 아니라 한국이 장차 다시 하나가 되어 평화와 자유 속에 진정한 통일을 이루리라는 희망의 표시이기도 합니다.

2013년 7월 10일 서울에서

Rolf Mafael

추천사 2

한스 알렉산더 크나이더 교수는 19세기 말 ~ 20세기 초 한반도에서 활동한 독일인들에 관한 방대한 자료를 모아 『Globetrotter, Abenteurer, Goldgräber-Auf deutschen Spuren im alten Korea』를 집필하였습니다. 본인도 이 책을 읽으면서 많은 것을 배웠습니다. 그렇기에 독일어판보다 더 많은 사진자료가 수록된 한국어판이 출판되는 것을 매우 기쁘게 생각합니다. 한국어판은 1883년 11월 26일 조독수호통상조약 체결로 독일과 한국이 수교를 맺은 지 정확하게 130년이 지난 올해 출판됩니다.

한국과 독일의 관계는 외교, 경제, 학문, 기술, 문화, 종교, 사회 등 다양한 분야에서 활동하였던 독일인들이 그 초석을 만들어 주었다고 말해도 지나치지 않습니다. 한스 알렉산더 크나이더 교수는 그들의 활동과 업적을 찾아 한 권의 책으로 엮었습니다.

한스 알렉산더 크나이더 교수는 이 책에서 한국과 독일이 우호적이고 역동적인 관계를 이룰 수 있도록 토대를 마련하고, 오늘날과 같은 세계화 시대에 한국과 독일이 성숙한 관계를 유지할 수 있도록 원동력이 되어 준, 큰 업적을 남긴 독일인들을 인상적으로 서술하였습니다.

"뿌리가 없으면 미래도 없다"라는 독일 속담이 있습니다. 이 속담처럼 한독 관계의 뿌리를 잘 알고 있어야 독일과 한국이 동등한 파트너

하르트무트 코쉭 (Hartmut Koschyk)
독일연방하원의원
독일연방재무부 차관
한독포럼 독일 측 회장

로 같이 성장하고, 양국 관계가 역동적으로 발전할 수 있는 현재와 미래의 설계가 가능할 것입니다.

더욱이 오늘날에는 독일과 한국의 관계에만 집중할 것이 아니라, 글로벌한 관점에서 유럽과 아시아의 관계로 그 시야를 확대해야 할 것입니다. 1883년 독일과 한국이 체결한 조독수호통상조약은 2011년 한국과 유럽연합의 자유무역협정 체결로 이어졌다고 말할 수 있습니다. 이 조약의 체결을 위해 독일 정부와 독일 의회는 많은 노력을 기울였습니다.

한스 알렉산더 크나이더 교수가 한반도에서 활동하였던 독일인들의 업적을 연구하여 저술한 것에 대해 감사의 말을 전합니다. 이 책은 양국의 역사와 문화 그리고 그 역사와 문화를 형성해나간 인물들을 이해하고 알아가는 데 중요한 역할을 할 것입니다.

2013년 7월 15일

Hartmut Koschyk

차례

머리말

1883년 11월 26일 한성에서 조독수호통상조약이 체결됨에 따라 독일제국과 조선은 공식적인 수교를 맺었다.

이 책에서는 초기 한독 관계사를 자세히 서술하고자 하여 역사적으로 한독 관계가 이루어질 수 있었던 당시의 시대적 상황과 배경을 자세하게 밝혔다. 19세기 후반 조선의 정치, 경제, 사회 등의 상황을 이해하기 위해서는 우선 1392년 건국된 조선의 건국 배경을 아는 것이 필요하다고 여겨 이에 관하여 서술하였다. 뿐만 아니라 조선과 이웃 국가들과의 관계 그리고 19세기 후반에 조선이 왜 쇄국 정책을 쓰게 되었는지 그 배경에 대하여 세세하게 밝혔다.

13세기에 베네치아 출신의 상인 마르코 폴로(Marco Polo, 1254~1324)가 중국을 방문했고, 16세기 초반에 포르투갈과 에스파냐의 선교사들이 일본에서 활동하였다. 그러나 그때까지 한반도를 방문한 유럽인은 거의 없었다. 폐쇄 국가였던 조선을 찾아온 사람들은 기껏해야 포르투갈의 예수회 신부들과 해상에서 조난당한 네덜란드 사람들뿐이었다. 19세기가 되어서야 조선은 문호를 개방하였고 서양 국가들과 통상 관계를 맺었다. 이 책에서는 서양 국가 중에서도 독일이 조선과 처음 접촉하게 된 배경에 집중하였다. 뿐만 아니라 제1차 조독수호통상조약과 제2차 조독수호통상조약 체결 당시의 역사적 배경 그리고 독일이 동아시아에서 다른 서양 국가와 패권 다툼을 했던 당시의 역사적 사건 등을 분석하였다.

1910년까지 조선, 즉 대한제국의 땅을 밟았던 독일인 목록의 집대성은 이 책의 핵심이라 할 수 있다. 이는 25년 가까이 한독 관계사에 몰두해온 필자의 결과물이기도 하다. 단순히 독일인의 이름만 나열한 것이 아니라, 각 독일인에 관해 간단한 이력을 일일이 조사하여 기록하였다. 지명도가 높거나 인기가 있는 인물들에 대해서는 비교적 자세하게 서술하였다. 긍정적으로든, 부정적으로든 알려진 인물들에 관한 자료는 많지만 비교적 알려지지 않은 인물들에 관한 자료는 매우 적다. 그래서 이 책에서는 자세하게 소개한 인물도 있지만, 성명과 한반도에서의 체류 기간만 언급한 인물들도 있다.

이 연구를 수행하는 데 있어서 가장 주의해야 할 사항은 시대적으로, 지역적으로 그 대상을 한정시켜야 한다는 점이다. 그렇지 않으면 연구가 끝을 맺을 수 없기 때문이다. 그래서 프로이센제국, 북독일연맹, 독일제국의 독일인으로 제한하였다. 이에 따라 오스트리아-헝가리 또는 스위스 출신 독일인은 제외하였다. 1910년 초를 기준점으로 선택한 이유는 대한제국이 1910년 8월 한일병합조약으로 일본에 합병되었으며 그 후 세계지도에서 조선이란 국명이 사라졌기 때문이다.

오늘날에는 어떤 국가를 방문하는 외국인 목록을 작성하는 것은 어려운 일이 아니다. 합당한 이유만 있다면 출입국사무소의 자료를 이용하여 입출국자의 체류 기간, 인적 사항 등을 출력하기만 하면 된다. 자동차와 비행기 등 문명의 발달로 인해 세계가 지구촌이 되었다. 이제는 외국 여행을 하거나 대륙을 횡단하는 것은 어렵지도, 특별하지도 않다. 다른 국가를 방문하는 관광객의 수도 현저히 늘어났다. 그러나 지난 세기에는 외국 여행이 쉽지 않았다. 당시의 개척자들은 몇 달 또는 몇 년 동안 목숨을 걸고 세계 곳곳으로 모험을 찾아 떠났다. 18

세기만 해도 유럽에서 당시 네덜란드의 식민지였던 바타비아(Batavia, 현재 인도네시아 자카르타)[1]로 가려면 수개월이 걸리는 거의 모험에 가까운 힘겨운 여행이었다. 여행 자체도 어려웠지만, 이런 힘든 여행을 감수하고 타국에서 체류하는 것은 더욱 특별한 일이 아닐 수 없었다. 이런 여행을 감행했던 사람들의 동기는 매우 다양하였다. 가장 큰 동기는 무역이었다. 그 밖에 연구를 목적으로 또는 종교적 선교를 위해서 또는 정치적인 이유로 또는 새로운 땅을 정복하기 위해 또는 개인적인 이유로 위험한 여행을 떠났다.

19세기 말까지 바깥 세상과 문을 닫고 있었던 조선은 프로이센제국(후에 독일제국, 1871~1918)에게는 사실상 관심 밖의 나라였다. 경제적, 정치적 측면만 보더라도 독일에게는 중국이나 일본이 훨씬 구미가 당기는 나라였다. 당시 중국과 일본은 동아시아에서 정치적으로 큰 역할을 했던 국가들이었기 때문에 서양 국가들은 서로 경쟁적으로 우위를 차지하고자 하였다. 포르투갈과 프랑스의 선교 단체들은 이들 국가를 상대로 집중적인 선교 활동을 펼쳤다. 이러한 상황에서 프로이센제국은 1859년 프리드리히 알브레히트 추 오일렌부르크 백작(Friedrich Albrecht Graf zu Eulenburg, 1815~1881)[2]에게 새로운 시장을 개척하라며 중국과 일본, 시암(타이)을 둘러볼 것을 명하였다. 그러나 독일제국은 앞서 언급한 대로 조선에 대해서는 큰 관심을 두지 않았다. 그러다 1909년 말 상트오틸리엔 수도원의 베네딕도회가 조선에서 선교 활동을 시작하면서 작은 변화가 나타났다.

1 1619년 얀 피터스존 코엔(Jan Pieterszoon Coen, 1587~1629) 총독의 주도로 네덜란드 동인도회사가 이 항구 도시를 점령하였고, 식민 경영의 근거지로 삼았다.

2 프리드리히 알브레히트 추 오일렌부르크는 프로이센의 백작이었다. 프로이센의 탐험 여행에 관한 자세한 설명은 다음을 참조한다. Berg, Albert, *Die preußische Expedition nach Ost-Asien. Nach amtlichen Quellen*, 4 vols., Berlin 1867~1873.

독일제국의 오토 폰 비스마르크 재상은 식민지 정책을 오랫동안 반대하였으나, 1882년에 설립된 독일식민지연맹이 식민지 정책을 펼칠 것을 강력하게 요구하면서 입장을 서서히 바꾸기 시작하였다. 마침내 1884~1885년 아프리카 일부 지역과 뉴기니를 독일보호구역으로 선포하였다. 비스마르크는 독일 식민지를 독일의 영토 혹은 군사 요충지로 이해하지 않고, 독일 상인들이 무역을 할 수 있는 기지로 활용하였다. 그러나 1890년 빌헬름 2세는 비스마르크와는 달리 독일 식민지 정책을 본격적으로 펼치기 시작하였다. 이때도 조선은 독일제국의 관심을 얻지 못하였고 소수의 상인만이 "고요한 아침의 나라"에서 무역을 시작하였다. 연구자와 여행작가들은 순전히 호기심으로 조선을 방문하였다. 1897~1914년 독일 식민지였던 중국 자오저우에서 간혹 독일 군함을 조선으로 파견하기도 했지만, 이는 조선에 살고 있던 독일 상인들을 안심시키기 위한 조치였을 뿐이다.

그래서 조선에서 활동했던 독일인의 수는 미국인, 영국인, 또는 러시아인보다도 훨씬 적었다. 그렇지만 독일인 중 몇 명은 활발한 활동을 하였고 또 그 영향력도 상당하였다. 물론 어떤 독일인들의 존재감은 극히 미미하였다. 그럼에도 불구하고 당시 활동한 독일인들을 모두 이 책에서 언급하려고 한 것은 이들이 나름대로 한독 관계사에 기여했기 때문이다. 외교관, 상인, 엔지니어, 신부, 해병 등 직업과 상관없이 조선에 온 모든 독일인이 한독 관계에 크고 작은 기여를 했다고 할 수 있다. 쿠르트 마이스너(Kurt Meissner)는 『1639~1960년 일본에 체류한 독일인』에서 다음과 같은 서문을 썼다.

> 이러한 이유에서 이 책에서는 상인과 엔지니어도 언급되었는데, 이들도 일본에서 독일인들의 역사를 함께 써 내려갔기 때문이다. 독일 학자, 예술가와 외교관도 물론 언급되었다. 정치, 경제, 문화 교류는 촘촘하게 연관성을 지

니고 있고 서로 영향을 미친다. 이것을 제대로 인식하지 않고 자신의 직업만을 최우선으로 생각하면 안 될 것이다. 따라서 지난 300년 동안 일본의 땅을 밟은 모든 독일인을 언급하고자 한다.[3]

조선을 방문하였던 독일인들을 편견을 갖지 않고 또한 그들의 신분 계층도 따지지 않고 기억해야 할 것이다. 필자는 이 책을 통해 조선을 방문했던 독일인들을 기억하고 후세대를 위해 그들의 이름과 업적을 밝히고자 한다.

이 책을 작업하는 데 많은 분들이 도움을 주셨다. 많은 조언과 정보를 주신 분들을 비롯하여 무엇보다도 사진 자료를 지원해 주신 분들에게 감사드리고 싶다. 특히 개인적인 경험을 직접 들려주어 이 책을 집필하는 데 도움을 주신 다음 분들께 깊은 감사를 드린다.

- 찰스 마르텔 에케르트(Charles Martel Eckert): 프란츠 에케르트의 손자
- 도리트 페르츠 에케르트(Dorit Pertz Eckert): 프란츠 에케르트의 손녀
- 이마쿨라타 수녀(Sr. Immaculata): 프란츠 에케르트의 손녀
- 크리스티안 멘징(Christian Mensing): 프란츠 에케르트의 증손자
- 바르바라 미셸 예거후버(Barbara Michel-Jaegerhuber): 카를 볼터의 손자
- 게르투루트 클라우센 분쉬(Gertrud Claussen Wunsch): 리하르트 분쉬의 딸
- 후지 수잔나 차헤르트(Fuji Susanna Zachert): 파울 쉬르바움의 차녀
- 롤프 쉬르바움(Rolf Schirbaum): 파울 쉬르바움의 손자
- 안드레아스 피스토리우스(Andreas Pistorius): 루이 바우어의 증조카

3 Meissner, Kurt, *Deutsche in Japan 1639-1960*, Mitteilungen der Deutschen Gesellschaft für Natur-und Völkerkunde Ostasiens, Supplement XXVI, Tokyo 1961, p. 3.

일러두기

구한말 한국에 파견된 독일 외교관의 직급은 시기에 따라 다르므로 공관의 명칭도 외교관의 직급에 따라 영사관, 총영사관, 공사관, 변리공사관으로 표기하였다.

1장

조선: 내적 변화와 외적 영향

1. 16세기 후반까지 조선과 외부 세계와의 관계

1392년 이성계(李成桂, 1335~1408, 재위 1392~1398)가 조선(1392~1910)을 건국하였다. 조선은 표면적으로는 고려(918~1392)와 유사한 왕조인 듯하지만 큰 차이점이 있다. 조선은 유교 정치 이념을 내세우며, 왕권 중심의 중앙 집권적 통치 체제를 이룩하였다. 대내적으로는 수취 체제를 개선하여 백성의 권익이 보다 신장되었으며, 대외적으로는 명과 일본에 대해 실리 추구의 능동적 외교 정책을 펼쳐나갔다.

[1-1] 이성계(태조)

명(1368~1644)[1]이 건국된 이후 고려의 통치자들은 친원파와 친명파로 분열되었고, 신진사대부·신흥 무인 세력 등의 친명파는 고려를 멸망시키고 새 왕조인 조선을 건국하는 데 큰 힘이 되었다. 조선은 역성혁명(易姓革命)을 합법화하고 강한 이

1 명(明)은 1368년 몽골족이 세운 원(元)을 멸망시키고 한족의 지배를 회복한 왕조로, 강력한 중앙 집권제를 바탕으로 농업, 수공업, 상업이 크게 발전하여 번영을 누렸다. 1644년 이자성의 난으로 멸망하였다.

【1-2】「아국총도我國總圖」 18세기 정조 때 제작된 『여지도與地圖』에 수록된 조선 전도이다.

웃 나라 명을 종주국으로 섬겨 명의 지원과 인정을 받고자 하였다. 조선은 사대(事大) 정책으로 명과 조공 관계를 맺었는데, 명에 비해 상대적으로 약소국인 조선이 조공을 바치고 양국에 외부 침략이 있거나 내부에서 봉기가 일어날 때 서로 군사적 도움을 주도록 하는 것이었다.

이성계는 주문사(奏聞使)를 난징[2]으로 보내어 명 황제가 새 왕조를 승인해 주고 국호를 정해 주길 청하여 구(舊)왕조의 이름에서 따온 '조

2 명의 3대 황제였던 영락제(永樂帝, 1360~1424, 재위 1403~1424)는 1421년 수도를 난징에서 베이징으로 옮겼다.

선'과 이성계의 출생지인 '화령(和寧)'의 두 안을 올렸다. 명을 건국한 초대 황제 홍무제(洪武帝, 1328~1398, 재위 1368~1398)[3]는 조선을 선택하였고, 이성계는 1393년 2월 15일 새 왕조의 국호를 조선으로 선포하였다.

조선이라는 국호는 오늘날까지도 한국을 지칭하는 것으로 알려져 있다. 조선(朝鮮)의 한자 뜻은 "아침의 나라"로, 조선을 방문하고 여행기를 썼던 많은 외국인들이 19~20세기의 조선을 "고요한 아침의 나라(The Land of the Morning Calm)"라고 부른 이유도 바로 여기에 있다. 20세기 중반 한국전쟁이 끝나고, 한반도가 남과 북으로 분단됐을 때 북한은 조선을 공식 국명(조선민주주의인민공화국)으로 채택하였다.

이성계는 홍무제에게 새 왕조의 국호를 지어줄 것을 요청하면서 명과 긴밀한 관계를 맺어 여러 이득을 얻어내려 하였다. 이러한 목적으로 조선은 명과 사대관계를 추구하였던 것이다.

반면 일본과는 교린(交隣)관계를 맺었다. 이 정책에 따라 주로 쓰시마의 다이묘(大名)와 거래를 하였고, 일본 서쪽의 다이묘와는 거래를 제한하였다. 조선은 남해의 내이포, 부산포, 염포[4]에 교역을 위한 장소(왜관)[5]를 지정하여 일본과 교역을 할 수 있도록 하였다. 수군이 왜관을 계속 감시하였고 이곳을 출입할 때는 증명서와 통행증을 발급받아야 하였다.

[1-3] 홍무제

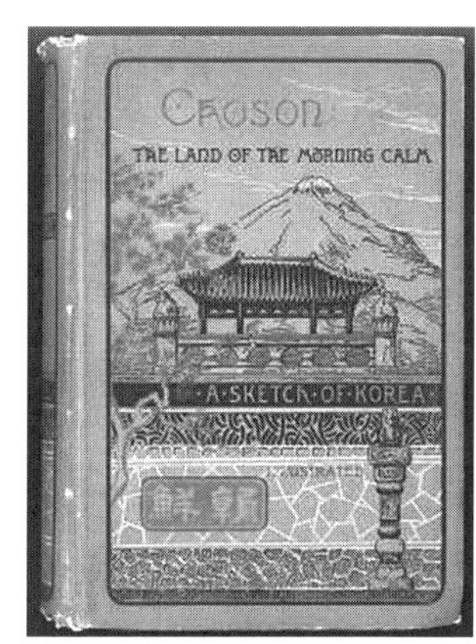

[1-4] 퍼시벌 로웰이 쓴 『조선, 고요한 아침의 나라 여행기Choson, the Land of the Morning Calm: A Sketch of Korea』(보스턴, 1885년)

3 홍무제는 명의 1대 황제인 주원장(朱元璋)을 연호로 칭한 제호이다. 묘호는 태조이다.

4 삼포(三浦)라 불린다. 내이포(또는 제포)는 경남 창원군 웅천, 진해로부터 동쪽에 위치한다. 부산포는 동래, 부산의 북쪽 지역에 위치한다. 염포는 울산시의 장생포와 방어진 사이에 위치한다.

5 왜관(倭館)은 조선에 일본인이 교역을 하고 거주할 수 있도록 설치한 장소였다.

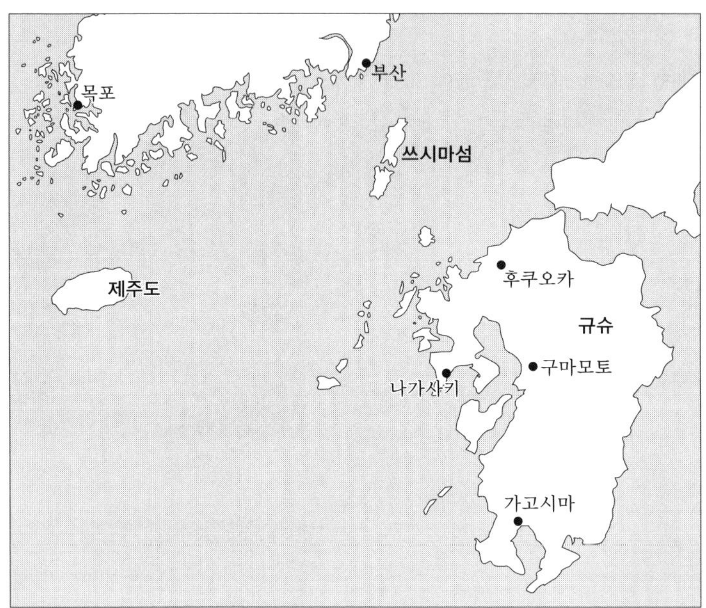

[1-5] 조선의 남해안과 일본의 규슈, 쓰시마 섬

일본과의 교린관계는 1592년 일본의 침략 때까지 지속되었지만, 규슈와 그 주변 섬 그리고 쓰시마를 기지로 하는 왜구 침략(1544년, 1555년 등)으로 인해 이런 관계마저 유지되기 힘들었다. 일본 내 다이묘들 간의 지속적인 갈등과 전쟁이 지속되고[전국시대(戰國時代)][6] 아시카가 막부(足利幕府, 1336~1573)[7]가 해체되면서 주인을 잃은 사무라이가 해적이 되어 다이묘의 묵인하에 조선에까지 해적질을 확대하였다. 1590년 도요토미 히데요시(豊臣秀吉, 1536~1598)[8]가 일본을 통일한 후에야 해적의 침략

6 전국시대(戰國時代)는 일본 무로마치 시대 말기인 15세기 후반부터 16세기 후반까지로 지방 세력이 할거하여 다투던 시대로 정치적·사회적 혼란이 계속되었다.

7 1336년 일본의 아시카가 다카우지(足利尊氏, 1305~1358)가 겐무정권을 무너뜨리고 정권을 잡은 때부터 1573년 오다 노부나가(織田信長)에게 멸망될 때까지를 무로마치 시대 또는 아시카가 막부 시대라고 한다.

8 도요토미 히데요시는 일본 장군이자 정치가로 전국 시대의 혼란을 끝내고 일본을 통일하였다. 임진왜란과 정유재란을 일으켰다. 그의 죽음 후 에도 막부의 도쿠가와 이에

이 줄어들었다. 조선과 일본의 교역은 임진왜란 이후 조선 측이 교역 범위를 계속 축소하였고 1868년 메이지유신[9]까지 최소한의 통상 관계만 유지하였다.

조선은 중국, 일본과는 정치적으로 중요한 관계를 맺고 있었으나, 그 밖에 다른 민족과 주변 국가와는 큰 의미 없는 통상 관계만 맺고 있었다.

조선은 북부 영토를 압록강과 두만강까지 확대하면서 거기에 살고 있던 퉁구스 계통의 여진족과 갈등을 빚었다[10]. 농업과 사냥을 하면서 살아가던 여진족은 조선으로부터 식량, 의류, 농기구를 수입하였다. 그러나 조선의 영토 확대로 인해 거주지를 잃게 된 여진족은 조선 영토를 침략해서 필요한 식량과 물자를 약탈해야 했다. 이에 조선은 군사력을 동원하여, 때로는 명과 공동 작전을 펼쳐 여진족을 쫓아냈다. 이후 여진족과는 우호 관계를 추구하여, 두만강 남쪽의 경원과 경성에 여진족과 무역을 할 수 있는 시장을 개설하였다. 또한 전략적인 이유에서 공격적인 여진족을 평화로운 농민으로 만드는 정책을 꾀하기도 하였다. 조선과의 공납 관계 또는 충성을 자의적으로 인정한 족장에게는 높은 직위를 부여하였고, 식량, 의류, 농기구와 집을 주었다. 이런 방법으로 국경선 북쪽 지역에 여진족이 새로 정착하기도 하였다.

여진족과 달리 류큐왕국과 조선은 친선 관계였다. 조선의 남동쪽, 일본의 남서쪽에 위치했던 류큐왕국은 중국과 일본에 의해 지배를 받았으나 자주적인 왕국이었으며, 동남아시아 국가들과 활발하게 교류하였다. 1879년에 류큐왕국은 일본에 합병되어 오키나와현이 되었다.

야스(德川家康, 1543~1616)가 뒤를 이었다.

9 메이지유신(明治維新)은 19세기 후반 메이지 천황 때 막부 체제를 무너뜨리고 국왕 중심의 중앙 집권 체제를 이룬 일련의 개혁 과정을 말한다.

10 여진(女眞)은 10세기 이후에 만주 동북쪽에 살던 민족으로 한(漢) 때에는 읍루, 수(隋)와 당(唐) 때에는 말갈이라 불렸다. 만주족의 전신이다. 여진족의 아골타가 12세기 초에 금을 세웠으며, 누르하치가 17세기에 후금을 세워 청으로 발전하였다.

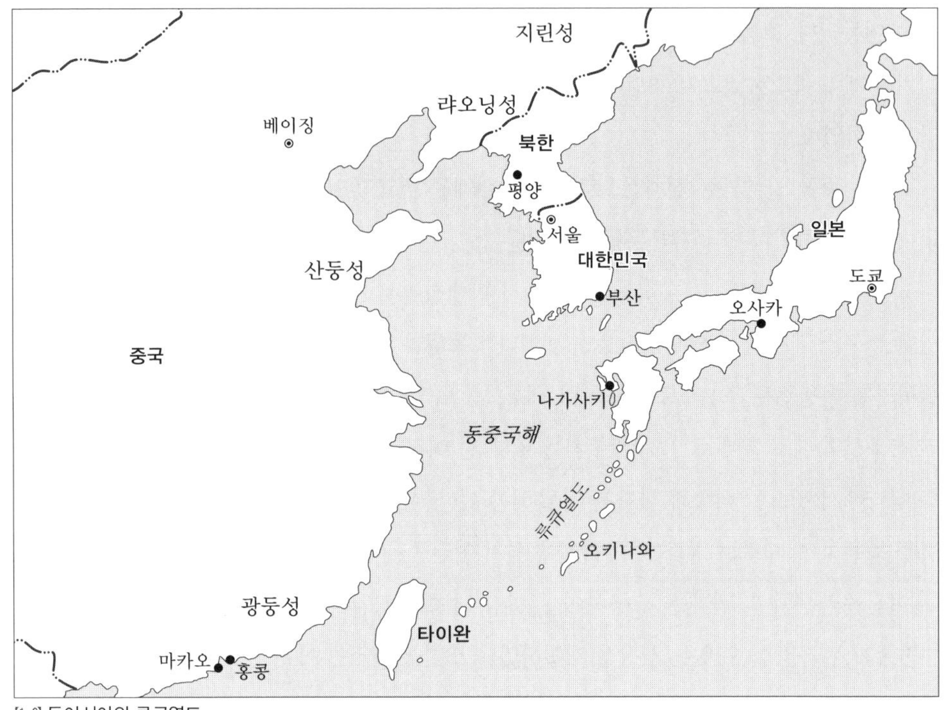

[1-6] 동아시아와 류큐열도

류큐왕국과 한민족과의 공식적 교류는 고려 말에 있었으며, 조선이 수립된 이후 양국의 관계는 더욱 긴밀해졌다. 류큐왕국은 매년 귀한 나무, 양념, 설탕, 물소 뿔 등 동아시아 물자를 가득 실은 공납선을 조선으로 보냈다. 류큐열도에서 난파당하거나 왜구에게 잡혀간 조선인은 원하면 그곳에 머물 수 있었으며, 류큐왕국의 사신들은 조선에서 환대를 받았고 벼슬을 받기도 하였다.

이외에도 조선은 시암, 자바 섬과 수교를 맺고 무역을 했다고 알려져 있다. 이국적인 향료, 후추, 향수, 인도산 직물, 공작새가 이들과의 교류로 조선에 들어왔다. 이 같은 사치품들은 통상에서 큰 부분을 차지하지 않았고, 부유한 귀족층에 의해서만 소비되었다. 따라서 시암과 자바는 조선에 잘 알려지지 않았고, 이 지역의 상선은 한반도에 드물게

왔기 때문에 '관계' 라고까지 부를 만한 교류가 거의 없었다.

이상에서 본 것처럼 조선은 명, 청(1616~1911)[11]과는 조공 관계를 맺었던 반면, 다른 국가나 민족과는 우호적이며 평등한 관계를 유지하였다. 정치적 이유 또는 이해관계에 의해서 조공 혹은 우호 관계를 유지한 것은 우선은 통상을 위한 전략이었다. '조공' 또는 '선물 교환'이란 명칭하에 이뤄졌던 거래는 주로 양반이 소비할 수 있는 사치품이었고 농업에 종사하던 일반 백성들과는 거리가 먼 무역 형태였다. 그래서 이성계가 시행한 토지 개혁으로 농민에게 더 많은 토지가 배분되어 백성들의 생활은 나아졌지만 일반 백성들은 무역 거래로부터는 완전히 소외되어서 어떠한 사회경제적 변화도 경험하지 못하였다. 토지 개혁으로 인해 이득을 챙길 수 있었던 계층은 양반층[12]으로 이들은 외국에서 들여온 사치품을 어느 정도 소비할 수 있었다.

유교를 새로운 국가 이념으로 도입하면서 조선은 중국처럼 모든 무역을 꺼리게 되었다. 즉, 기존에 이루어지고 있던 무역은 정부가 허용한 것이 아니라 방치한 것과 마찬가지였으므로 그나마 거래가 있었다. 정치적 이유로 무역을 해야만 할 경우에는 그 규모를 최소한으로 유지하기 위해 법적으로 규제하였다. 이렇게 국법으로 지정된 거래를 공무역이라 지칭하였는데, 이는 민간무역을 완전히 금지하기 위한 의도였다. 유교 이념을 지향하던 조선 정부는 사무역을 공식적으로 제한하는 것 외에도 중국에 매년 보내는 사신을 제외하고는 관리가 해외로

11 1616년 누르하치가 세운 후금은 1636년 국호를 청으로 고치고, 명이 망한 후 중국을 실질적으로 지배하여 강희제 때 중국 통일을 완성하였다. 1912년 선통제 푸이의 퇴위와 함께 청 왕조는 멸망하였다.

12 양반(兩班)이란 용어는 고려시대부터 사용되었다. 당시에는 과거시험을 보면 문반(文班)과 무반(武班)이 될 수 있었다. 반(班)은 '그룹' 또는 '계층' 이라는 의미가 있었으며, 양반(兩班)은 두 계층 중 한쪽에 속하는 사람들을 지칭하는 말로 사용되었다. 조선시대에 접어들면서 신분이 높은 계층, 즉 사대부 계층을 이르는 말이 되었다.

[1-7] **한국의 양반 모습** 1903년 헤르베르트 G. 폰틴이 촬영하였다.

나가는 것을 금지하였다. 관리가 해외 경험을 통해서 부패를 조장하거나 관리의 해외 경험이 반역 행위로 이어질 수 있다고 걱정하였기 때문이다. 이 같은 조선의 입장은 일본과 청의 침략을 받은 후 엄격한 쇄국 정책으로 이어졌다.

2. 조선의 철저한 봉쇄

조선을 지칭하는 "은둔의 나라(Hermit Nation)"라는 말은 1882년 출간된 윌리엄 E. 그리피스(William E. Griffis)의 『은자의 나라 조선(Corea, the Hermit Nation)』에서 처음 사용되었다. 많은 서양 역사학자들은 조선에 대한 이 표현을 받아들여 "은둔의 왕국(Hermit Kingdom)", "봉쇄된 천국(Verschlossenes Paradies)" 등의 표현을 썼다. 이러한 명칭이 왜 사용되었는지는 이어지는 내용을 통해 알 수 있을 것이다.

16세기에 들면서 조선은 사회적 혼란이 가중되고 국방력이 점차 약화되어 왜구로 인한 소란이 자주 일어났다. 일본과의 소규모 무역은 왜구로 인해 방해를 받았는데, 왜구는 특히 서해안인 전라도와 동해안인 경상도를 많이 침략하였다. 이러한 왜구의 공격은 오다 노부나가(織田信長, 1534~1582)[13]가 일본을 통일하려 하면서 줄어들게 되었다. 그러나 오다 노부나가는 일본 통일이란 목표를 이루기 직전에 교토에서 그의 부장 중 한 명이었던 아케치 미쓰히데(明智光秀, 1526~1582)에게 살해되었다. 결국 1590년 그의 후계자였던 도요토미 히데요시가 일본을 통일하였다.[14]

[1-8] **오다 노부나가** 16세기에 가노 모토히데狩野元秀가 그린 것이다.

[1-9] **도요토미 히데요시**

도요토미 히데요시는 어렵게 이룩한 일본 통일과 정치적 평화를 유지하고 포상을 원하는 다이묘들의 요구를 들어주기 위해 명(明)을 정복할 계획을 세웠다. 그 와중에 다시 왜구가 조선을 크게 공격하였다. 도요토미 히데요시는 왜구의 이

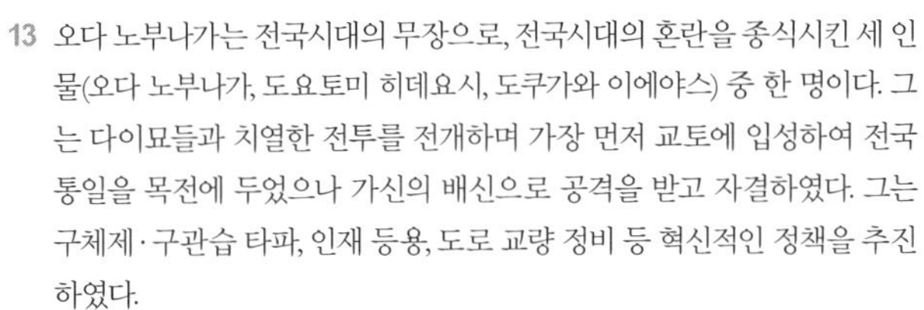

13 오다 노부나가는 전국시대의 무장으로, 전국시대의 혼란을 종식시킨 세 인물(오다 노부나가, 도요토미 히데요시, 도쿠가와 이에야스) 중 한 명이다. 그는 다이묘들과 치열한 전투를 전개하며 가장 먼저 교토에 입성하여 전국 통일을 목전에 두었으나 가신의 배신으로 공격을 받고 자결하였다. 그는 구체제·구관습 타파, 인재 등용, 도로 교량 정비 등 혁신적인 정책을 추진하였다.

14 Lee, Kibaik, *A New History of Korea,* Seoul, 1984, pp. 209~213; Rutt, Richard, *James Scarth Gale and his History of the Korean People*, 2. ed., Seoul, 1982, pp. 259~264; Sohn Powkey [et al.], *The History of Korea*, Seoul, 1982, pp. 145f; Dettmer, Hans A., *Grundzüge der Geschichte Japans*, Darmstadt, 1985, pp. 67~74; Hall, John Whitney, *Das Japanische Kaiserreich*, Fischer Weltgeschichte vol. 20, Frankfurt, 1968, pp. 143~160; Lewin, Bruno, "Geschichte Koreas", Barloewen, Wolf-D. v. (Ed.), *Abriss der Geschichte außereuropäischer Kulturen*, vol. 2, München, Wien, 1964, pp. 225f.

러한 약탈행위를 금지하였는데, 이는 조선과의 관계를 정상화하고 무엇보다도 조선을 통과하여 중국 대륙까지 진군하려는 목적이 있었기 때문이다. 그는 사신을 조선으로 보내 무기를 원조해줄 것과 명을 정복하기 위해 군대가 횡단할 수 있도록 길을 내어주길 요청하였다.

조선 정부가 이를 거부하자 일본은 1592년 4월 14일 160,000명 규모의 군대를 부산에 상륙시키고 조선을 침략하였다. 단시간에 일본 군대는 한성으로 진격하였고 조선 왕은 대피하였다. 도요토미 히데요시의 첫 조선 공격은 그가 원했던 방식대로 이루어졌다. 그러나 명과 조선 군대가 함께 대항하고, 이순신(李舜臣, 1545~1598) 장군이 해전에서 일본군을 크게 물리치면서 일본은 막대한 손실을 입었다.

[1-10] 「부산진순절도」 임진왜란 때 부산진에서 벌어진 왜군과의 전투 장면을 그린 것이다.

1597년 도요토미 히데요시는 다시 140,000명 규모의 군대를 보내 2차 침공을 감행하였다. 그러나 조선과 명은 이미 일본의 공격을 예상하였기 때문에 일본의 의도와는 전혀 다른 방향으로 전쟁이 진행되었다. 조선과 명의 공동 작전, 이순신 장군의 계속적인 승리, 물자 공급 문제와 자금 문제 그리고 일본 군대 안에서 발생한 질병 등으로 도요토미 히데요시는 1598년 8월에 총퇴각을 결정할 수밖에 없었다. 1598년 9월 18일 도요토미 히데요시가 사망하자 이를 계기로 왜군은 물러나고 7년간의 전쟁은 끝났다.

왜란은 조선, 명, 일본의 관계에 큰 영향을 미쳤다. 임진왜란 당시 조선과 조선의 북쪽 국경에 거주하던 이웃 민족과의 관계가 위태로워졌다. 일본이 조선을 침입하고 명이 지원군을 보내자 오랫동안 명에 의존하여 지내던 여진족의 족장 누르하치(奴兒哈赤, 1559~1626)는 이를 기회로 삼아 중국의 북쪽 지역을 침공하였다. 조선은 우선 중립을 지켰는데 이는 누르하치가 일본과의 전쟁에서 조선을 도왔기 때문이다. 그러나 1616년 여진족이 후금을 세워 자주권을 획득하게 되면서 1618년 조선은 명의 요청에 따라 13,000여 명 규모의 군대를 파견하여 명과 함께 후금을 공격하였다. 하지만 누르하치의 뛰어난 전술 때문에 명과 조선 연합군의 작전은 실패하였다. 조선은 다행히 이 싸움에서는 피해를 입지 않았으나 인조(仁祖, 1595~1649, 재위 1623~1649)가 왕위에 오르고 척화파가 권력을 잡게 되면서 공식적으로 후금과 적대적인 관계가 되었다.

[1-11] 이순신 장군

외교적인 방법으로 조선을 후금 쪽으로 끌어오려는 노력이 실패로 돌아가자 누르하치의 뒤를 이은 그의 아들 홍타이지(皇太極, 1592~1643, 재위 1626~1643)[15]는 1627년과 1636년 조선을 공격하였다. 1637년 인조가 청(후금의 후신)에 항복하면서 조선은 청과 군신 관계를 맺게 되었고, 청에 일정 세폐 등을 보내야 했다. 청은 1644년 군주의 칭호를 황제로 개칭하고, 중국 전체를 통일하였다. 조선과 청의 종속관계는 1895년 청일전쟁의 전후 처리 문제를 위한 시모노세키 조약이 체결될 때까지 지속되었다.

[1-12] 누르하치

일본과 청의 공격을 받은 조선은 이후 수백 년 동안 엄격한 폐쇄 정책을 펼쳤다. 매년 베이징에 사신을 보내거나 청의 사신이 오는 경우를 제외하고는 백성이 육로 또는 수로로 조

15 홍타이지는 누르하치의 여덟째 아들로 그의 뒤를 이어 칸(汗)에 올랐다. 홍타이지는 내몽골을 평정한 후, 1636년 나라 이름을 대청으로 고쳤다. 베이징에 진출(1644)하기 직전 사망하였다.

선을 떠날 경우 사형에 처한다는 새로운 법도 제정되었다. 임진왜란 후 단절된 조선과 일본의 외교 관계는 일본의 요청으로 정상화되어 부산에는 1606년 다시 왜관이 설치되었다. 조선이 일본과의 무역을 엄격하게 제한하고 감시하기는 하였지만 일본인들은 이를 계기로 조선의 색깔을 많이 띤 중국 문화를 자국으로 도입할 수 있었다. 조선은 일본에 큰일이 있을 경우, 예를 들어 폐위 또는 고위급의 장례식 등이 있을 때에만 통신사를 일본에 보냈다.

조선은 이러한 방식으로 점차 외부 세계와 단절되었고, 1876년 문호를 개방할 때까지 이 정책을 계속 추진하였다.

[1-13] 홍타이지

[1-14] 일본에 간 조선 통신사(1748년)

2장

문호 개방에 직면한 조선

1. 흥선 대원군과 쇄국 정책

18~19세기 조선은 영조(英祖, 1694~1776, 재위 1724~1776)와 정조(正祖, 1752~1800, 재위 1776~1800) 집권 시기에는 정계가 다소 안정되었으나 정조가 죽고 순조(純祖, 1790~1834, 재위 1800~1834)가 어린 나이에 즉위하자 외척 세력이 왕권을 압도하는 이른바 세도정치(勢道政治)가 시작되어 이후 3대 60여 년간 지속되었다. 순조 때에는 왕비의 가문인 안동 김씨 세력이, 헌종(憲宗, 1827~1849, 재위 1834~1849) 때에는 왕의 어머니 가문인 풍양 조씨 세력이 권력을 차지하여 왕권은 극도로 약해졌다. 헌종에 이어 철종(哲宗, 1831~1863, 재위 1849~1863)이 즉위하면서 왕비 가문인 안동 김씨가 다시 세력을 얻어 권력을 좌지우지하였다. 이런 상황에서 종실(宗室)인 이씨 가문은 이들 외척 세력에 눌려 살아야 했다.

[2-1] 철종

왕위를 이어줄 세자가 없었던 철종이 1863년 12월에 붕어하면서 궁궐에서는 또 다른 세력 다툼이 시작되었다. 결국 영조의 증손자인 이하응(李昰應, 1820~1898)의 둘째 아들 명복(命福, 1852~1919)이 왕위에 올랐다. 그가 곧 고종(高宗, 재위 1863~1907)이다. 왕위에 오를 당시 고종은 12살에 불과하였기 때문에 즉위 직후에는 정치적으로 실권을 행사하지 못하였다. 바로 이 점 때문에 어린 왕이 즉위할 경우에는 왕의 권위가 약화될 수밖에 없었으며 어느 한 세력이 권력을 독점할 수도 있었다. 고종도 나이가 어렸기 때문에 아버지인 이하응이 대원군으로 봉해지고 섭정을 하였다. 이하응은 20세가 되어 흥선군에 봉군되었지만 궁핍했고, 종친이었기 때문에 정치적인 영향력을 행사하지 못하였다. 그러나 그의 둘째 아들이 왕위에 오르면서 왕실의 주도 세력이 되었고, 이후 흥선 대원군은 무소불위의 권력자로 고종과 함께 조선의 새로운 역사를 만들어 나갔다.

[2-2] 흥선 대원군(1869년)

대원군(大院君)이란 왕이 대를 이을 직계손이 없어 방계로서 왕위에 오른 왕의 생부를 말하는데, 조선시대에 왕의 즉위 시기에 생존하고 있던 대원군은 흥선 대원군이 유일하고 그의 역할은 유럽의 섭정 전하와 유사하였다. 당시 이하응의 정치력과 권위는 대단하여, 한국 역사학자들뿐만 아니라 일반인들도 대원군이라 하면 곧 흥선 대원군 이하응을 지칭한다고 해도 과언이 아니다.

흥선 대원군은 우선 왕권을 바로 세우고 자신의 입지도 확고히 하고자 노력하였다. 그는 자신의 경험으로, 한 가문에 의해 정치가 좌지우지될 경우 국정에 심각한 문제를 초래할 것임을 알고 있었으며, 백성에게도 악영향을 끼칠 수 있다는 것도 알고 있었다. 또한 부패하고 약탈을 일삼는 관리와 양반들을 크게 혐오하고 있었기 때문에 단호한 개혁을 통해 효율적인 관료 체계와 강력한 중앙 집권 체제를 구축하고자 하였다.

[2-3] 경복궁(1915년)

우선 관리 등용에 있어서 외척인 안동 김씨 세력을 저지하고 특정 문벌 세력을 우대하지 않았다. 사색당파[1] 중에서 업적을 쌓은 인재를 요직에 등용하였으며, 지연, 당색, 신분을 배제하고 골고루 인사를 시행하였다. 또한 호포제를 실시하여 평민에게만 부과해온 군역에 대한 세금을 양반에게도 징수함으로써 백성의 환심을 얻었다. 뿐만 아니라 백성을 생활고에 허덕이게 하고 국고를 탕진하고 재산을 축적한 부패한 지방 관리들을 귀양 보내거나 처형하였고 그들의 재산을 몰수하였다.

1 사색당파(四色黨派)는 조선시대에 사상과 이념의 차이로 분화하여 정치적인 판국을 좌우한 네 개의 붕당(朋黨)을 가리킨다. 처음에는 동인(東人), 서인(西人), 남인(南人), 북인(北人)을 지칭하였으나, 서인이 노론(老論)과 소론(少論)으로 나뉘어진 뒤에는 노론, 소론, 남인, 북인 네 당파를 지칭한다.

대원군은 세도정치하에서 힘을 잃었던 국가 기구, 특히 의정부(議政府)의 기능을 부활시켰다. 그는 왕실의 위상을 높이고, 새로운 왕에게 권위와 품위를 부여해줌으로써 왕의 권력을 보여주고자 하였다. 그래서 재정이 매우 어려운 상황임에도 불구하고 1865년 임진왜란 때 불에 탄 경복궁의 중건을 명령하였다. 중창에 필요한 비용은 새로운 조세로 충당하였는데, 이 세금은 사회적 위치나 신분에 상관없이 모두가 납부해야 하였다. 토지 소유주들에게 전세에 덧붙여 일종의 부가세인 결두전(結頭錢)을 납부하도록 했으며, 성문을 통과하는 모든 물품에 문세를 징수하였다. 그리고 원납전(願納錢)이라는 강제성을 띤 기부금을 거둬들였다. 또한 당백전(當百錢)을 주조하였는데 이는 인플레이션을 야기시켜 경세적 혼란만 초래하였다. 결국 이러한 정책들을 무리하게 감행함으로써 조선 정부는 경복궁이 완공된 1867년에 파산 위기에 직면하였다.

비록 재무상의 문제가 발생하였지만 대원군이 진행한 개혁은 대체로 긍정적이었다. 그는 정부의 기반을 탄탄하게 하고 특정인에게 권력이 집중되지 않도록 하여 세도정치를 끝냄으로써 왕의 권리를 강화하고자 하였다.

이와 함께 당시 여러 폐단을 가진 서원을 정비하는 작업을 단행하였다. 조선 후기에는 세금과 부역 면제의 특권을 받는 서원의 수가 급증함에 따라[2] 서원은 국가 재정에 큰 장애물이 되었다. 뿐만 아니라 붕당

2 조선은 유교 국가로 유학의 개념에 대한 해석을 달리하는 다양한 학파들이 있었다. 붕당은 이러한 학파의 대립과 밀접하게 관련되어 있었으므로 자연히 학문을 연구하는 기관인 서원이 붕당의 근거지가 되는 경향이 나타났다. 서원은 선현들의 제사를 지내고 인재를 키우는 기관으로서 1542년 주세붕이 백운동서원을 세운 것을 시초로 하여 각지에 세워지게 되었다. 서원은 초기에는 향촌의 질서를 유지하고 사림의 공론을 형성하는 긍정적 기능을 지녔으나 붕당의 대립으로 정권에서 배제된 사림들이 낙향하여 곳곳에 서원을 지어 자신들의 근거지로 삼음에 따라 양반층의 이익 집단화 경향을

의 근거지로 당쟁을 일삼고 백성을 착취하였다. 이런 폐단을 지닌 서원이 전국 곳곳에 존재하는 한 강력한 중앙 집권적 국가 경영이 어려울 수밖에 없었다. 조선 정부에서는 이전부터 서원을 정비하기 위해 노력했으나 유생들의 거센 반발로 성과를 거두지 못하였는데, 대원군이 권력을 잡은 후 서원의 일대 정리에 착수하였다. 대원군은 1864년에 인가 받지 않은 서원의 설립을 금지하였고, 4년 후에는 납세도 의무화하였다. 1871년에는 명망 있는 성리학자에게 헌사된 47개의 서원을 제외하고 모든 서원을 철폐하였다. 이는 왕실에 위협이 될 수 있는 세력을 막기 위한 일단의 조치였다.[3]

이처럼 대원군은 왕권의 강화를 위한 개혁 정책 실시, 그리고 유교 이념에 따른 사회질서 확립을 통해 독립적이고 자주적인 국가를 완성하고자 노력하였다.

19세기 초부터 서구 열강의 선박들이 점차 한반도 해안에 접근하기 시작하였다. 이는 조선과의 교역을 시작하고자 하는 의도였는데, 이미 내정 문제로 큰 부담을 느끼고 있었던 조선 정부는 이방인의 출현을 또 다른 위협으로 인식하였다. 청이 서양 국가들과 계속 접촉하면서 겪은 시련에 대해 조선은 이미 잘 알고 있었다. 1839~1842년 청과 영국의 아편전쟁, 1856~1860년 제2차 아편전쟁[4], 그리고 1860년에 영국과 프랑스군이 베이징에 진격하는 것을 지켜봤던 조선은 서구 열강

띠었다. 특히 왕으로부터 서원의 명칭을 부여한 현판을 받은 사액서원의 경우 국가로부터 토지와 노비를 하사 받고, 세금과 부역 면제의 특권을 받았는데 조선 후기에는 그 수가 급증하였다.

3 Jones는 철폐에서 제외된 서원의 수를 48개라고 주장하였다. (Jones, Heber George, "The Taiwon Gun", *The Korean Repository*, vol. 5, no. 7(July 1898), p. 245.)

4 제2차 아편전쟁 또는 애로호(Arrow) 사건은 1856~1860년 영국, 프랑스가 청과 치른 전쟁이다. 이와 관련하여 다음을 참조한다. Wiethoff, Bodo, *Grundzüge der älteren chinesischen Geschichte*, Darmstadt, 1971, pp. 214f; Eichhorn, Werner, "Geschichte Chinas", Barloewen, pp. 145, 147.

[2-4] 파괴된 원명원(일부)

들을 나라 안으로 들여서는 안 된다는 것을 강하게 인식하고 있었다. 조선은 몇몇 '서구 야만인들'에 의해 베이징 근교의 원명원(圓明園)이 약탈당하고 황제가 베이징에서 다른 곳으로 피난가야 했다는 소식에, 국력이 강하다고 믿어왔던 청조차 서구 야만인들에게 굴복할 수 있다는 것을 실감하게 되었다. 따라서 조선 정부의 많은 관료들은 청 황제가 조선으로 도망쳐 오면 서구 열강의 군대가 그를 쫓아 조선으로 쳐들어올 것이므로 이를 대비하여야 한다며 걱정하였다.

청이 서구 열강으로부터 겪은 굴욕을 피하기 위해 대원군은 서구 열강들의 공격, 특히 러시아군의 남진을 막을 방법을 모색하였다. 그 무렵 철종 때 비교적 조용하게 조선에 들어온 12명의 프랑스 신부들의 적극적인 선교 활동 덕분에 조선에 천주교가 성공적으로 확산되고 있었다. 그러나 서구 열강에 적대적인 입장을 취했던 일부 당파는 대원군에게 천주교도를 박해할 것을 간언하였다. 대원군은 서구 문명의 유입을 막기 위해 영의정 조두순(趙斗淳, 1796~1870)의 조언으로 1866년 초에 모든 천주교도를 죽일 것을 명령하고, 엄격한 쇄국 정치를 실시하였다.

천주교 박해로 8,000명에 가까운 신자들이 죽임을 당하였고, 그중에는 9명의 프랑스 선교사들도 포함되어 있었다.[5] 12명의 프랑스 선교사들 중에서 천주교 박해에서 살아남은 3명의 신부들, 펠릭스 클레르 리델(Félix Clair Ridel, 1830~1884), 스타니슬라스 페롱(Stanislas Féron, 1827~1903), 아돌프 니콜라 칼레(Adolph Nicolas Calais)는 청으로 탈출하여 조선에서 벌어지고 있는 비극적인 상황을 적극적으로 알렸다.

대원군은 천주교 박해를 감행하면서 서구 열강과 군사적으로 대치해야 했다. 그러나 서구 열강들은 일관성 없이 졸렬하게 조직된 군사력으로 공격을 했기 때문에 조선은 이들을 쉽게 물리칠 수 있었다. 이에 대원군은 자신이 취한 정책이 옳다고 생각하였고, 1871년 4월 자신의 강인함을 보여주고자 다음과 같은 내용을 담은 척화비(斥和碑)를 세웠다.

> 서양 오랑캐가 침략하는 데 싸우지 않으면 화친하는 것이요. 화친하는 것은 나라를 팔아먹는 것이다. 자손만대에게 경계하노라. 병인년(1866년)에 짓고 신미년(1871년)에 세운다.[6]

조선이 이 같은 방법으로 외부 세계의 접근을 막고 있을 동안 이웃

5 시메옹 프랑수아 베르뇌(Siméon François Berneux, 1814~1866) 주교, 베르나르 루이 보리유(Bernard Louis Beaulieu, 1840~1866), 주스트 랑퍼 드 브르트니에르(Just Ranfer de Bretenières, 1838~1866), 피에르 앙리 도리(Pierre-Henri Dorie, 1839~1866), 샤를 푸티에(Charles Pouthié, ?~1866), 미셸 알렉산드르 프티니콜라(Michel-Alexandre Petitnicolas, 1828~1866), 마리 니콜라 앙투안 다블뤼(Marie-Nicolas Antoine Daveluy, 1818~1866) 주교, 피에르 오메트르(Pierre Aumaître, 1838~1866), 마르티노 루카 위앵(Martin-Luc Huin, 1836~1866).

6 한국사사전편찬회 편, 『한국근현대사사전 1860~1990』, 서울, 1990, p.34, 척화비.

[2-5] 나가사키 앞 데지마(1820년경)

나라 일본은 조선과는 반대 정책을 취하였다. 일본은 1641년부터 서양 국가로는 유일하게 네덜란드에게 나가사키 앞의 인공섬인 데지마에서 무역을 할 수 있도록 허락하였는데, 1851년 네덜란드는 일본에게 문호를 개방할 것을 요구하였다. 쇼군은 이를 진지하게 고려했으나 어떠한 결론도 내리지 못했다.

그 후 얼마 지나지 않아 1853년 7월 8일 미국의 매슈 캘브레이스 페리(Matthew Calbraith Perry, 1794~1858)[7] 해군 대령이 이끄는 흑선함대가 우라가 앞바다에 내항하였고, 8월 22일에는 러시아의 예브피미 바실예비치 푸차친(Evfimij Vasil'evič Putjatin, 1803~1883)[8] 함대 부사령관이 나가사키에 내항하여 일본과의 무역 개시를 요구하는 요청서를 쇼군에 전하였다. 1854년 2월 미국의 페리 제독이 다시 통상을 강하게 요청하

7 매슈 캘브레이스 페리는 미국의 군인으로 동인도 회사의 사령관과 일본 파견 특파 대사를 겸임하였다. 일본의 개항을 요구하여 미일화친조약을 체결하였다. 페리의 일본 탐험에 관해서는 다음을 참조한다. Roberts, John G, *Black Ships and Rising Sun; the Opening of Japan to the West*, New York, 1971.

8 예브피미 바실예비치 푸차친은 러시아 사령관이자 외교관으로 1855년 러시아와 일본의 화친조약을 맺었다.

자, 일본은 1854년 3월 31일 가나자와에서 미일화친조약을[9] 체결하였고, 시모다와 하코다테를 개항하였다.

[2-6] 페리 제독(1856년경)

이후 일본은 영국, 러시아, 프랑스, 네덜란드, 프로이센(1861년 1월 24일 조약 체결) 등 서구 열강과 화친조약을 맺었다. 특히 1868년 메이지유신이 성공하면서 일본은 경제적·군사적 힘을 더욱 강화하는 정책을 추진하였다. 일본은 적극적으로 새로운 서구 문명을 받아들이고 이를 유익하게 이용하였다.

이 같은 변화를 걱정스럽게 여기던 흥선 대원군은 더욱 엄격한 쇄국 정책을 취하였다. 비단 서양 국가뿐만 아니라 일본에 대해서도 마찬가지였다. 다른 서구 열강들과 마찬가지로 일본도 조선과 협정을 맺고 수교를 수립하고자 하였다. 상호 간의 사신단 파견을 요청한 일본의 서신을 대원군은 받아들이지 않았고, 일본에 대한 경계를 강화하였다. 심지어 1873년 부산 근처의 일본 공장을 폐쇄하였고, 지역 관아에게 무역 초소 근방에 살고 있던 모든 일본인들의 움직임을 감시할 것을 명하였다. 일본 국민을 비밀리에 감시한 것에 대해 분노한 메이지 정부는 회의를 소집하였고, 이 회의에서 처음으로 조선 정복을 언급하였다.

조선은 청과의 관계는 예전과 같이 계속 유지하였는데, 서구 열강에 의해 야기된 변화와 앞으로 벌어질 동아시아의 변화를 파악하지 못하였다. 예전과 같이 주요한 사안을 청에 보고하였고, 조언과 지원을 요청하였다. 그러나 1860년부터 청 황실은 아무런 힘도 행사하지 못하고 있었으며, 이러한 상황을 조선은 제대로 인식하지 못하고 있었다. 조선은 서양이 동아시아의 내정에 어떠한 영향을 끼치고 있는지 알지도 못하였고, 알려고도 하지 않았다. 새로운 상황 속에서 이득을 챙기

9 가나가와 조약 또는 일미화친조약(日米和親条約)이라고도 부른다.

는 일본과 비슷한 길을 가기를 거부한 조선은 비극적인 운명의 길에 접어들게 되었다.

2. 조선과 서양의 첫 만남

16세기 말부터 조선을 찾았던 서양인들은 조선에 큰 영향을 주지는 않았지만 그 가운데 주요 인물 몇 명을 소개하겠다.

그레고리오 데 세스페데스

조선을 방문한 최초의 유럽인은 에스파냐 출신 포르투갈 예수회 소속 선교사 그레고리오 데 세스페데스(Gregorio de Céspedes, 1550~1611) 신부였다.

[2-7] 페르낭 멘데스 삔뚜

1543년 포르투갈의 상인 페르낭 멘데스 삔뚜(Fernão Mendes Pinto, 1509(?)~1583)[10]가 일본 남쪽의 다네가 섬에 난파된 후 곧 포르투갈과 에스파냐 선교사들이 일본으로 들어오게 되었다. 예수회 창설자 중 한 명인 에스파냐 출신 프란시스코 데 사비에르(Francisco de Xavier, 1506~1552)[11]는 1549년 가고시마에서 선교 활동을 시작하였는데, 특히 일본 서쪽 지역에서 큰 호응을 얻었다. 1592년 5월 도요토미 히데요시가 조선을 침략했을 당시 병사들 중에는 천주교도들이 많았다. 도요토미 히데요시 수하의

10 페르낭 멘데스 삔뚜는 포르투갈 출신의 탐험가이자 소설가이다. 중동, 에티오피아, 중국, 인도, 일본 등을 탐험하였고, 이 탐험에 대한 이야기는 그가 사망한 후에 1614년 유작으로 출판되었다.

11 예수회 신부였던 프란시스코 데 사비에르(Francisco de Gassu y Javier, 또는 Francisco de Jassu y Azpilcueta로도 표기함)는 아시아에 온 최초의 기독교 선교사였으며, 예수회 창설자였다. 중국 광저우 산치안섬에서 사망하였다.

장수인 고니시 유키나가(小西行長, 1555~1600)도 독실한 천주교도였다. 고니시 유키나가는 천주교도 병사들을 영적으로 보살펴주기 위해, 1577년 7월 4일부터 일본에서 활동한 세스페데스 신부에게 조선에 함께 가기를 권유하였다. 1593년 12월 27일에 세스페데스 신부는 일본인 수사 후간 에이온(Foucan Eion)과 함께 조선에 도착하였는데, 1594년 4월까지 부산 근처의 진영에만 머물러 있었다. 조선은 백성을 대피시켜 일본 군대를 고립시키려고 했기 때문에 세스페데스 신부는 일본에 노예로 보내질 피난민과 포로들만 만날 수 있었다. 세스페데스 신부는 이들에게 천주교를 전파하고자 했으나 조선인들은 일본에 반감을 갖고 있었기 때문에 그의 노력은 실패하였다.[12]

[2-8] 고니시 유키나가(1867년)

진취적인 성향을 가진 천주교도였던 고니시 유키나가와 보수적이며 불교를 맹신하고 천주교를 증오하였던 가토 기요마사(加藤清正,

12 한국 천주교의 역사에 대해서는 다음을 참조한다. Chon, Clemens-Stephanus, *Geschichte der katholischen Kirche in Korea*, Waegwan, Seoul, 1989, p. 11; Cory, Ralph M., "Some Notes on Father Gregorio de Cespedes, Korea's First European Visitor", *TKBRAS*, vol. 27(1937), pp. 4, 9f, 15f; Dallet, Charles, *Histoire de l'Église de Corée*, Paris, 1874, 2 vols, Reprint: Seoul, 1975, pp. 2f; Gompertz, G.St.G.M., "Some Notes on the Earliest Western Contacts with Korea", *TKBRAS*, vol. 33(1957), p. 41; Choi, Suk-woo, "Korean Catholicism Yesterday and Today", *KJ*, vol. 24, no. 8(Aug. 1984), pp. 4~13; Lee, Grant S., "Persecution and Success of Roman Catholic Church in Korea", *KJ*, vol. 28, no. 1(Jan. 1988), pp. 16~27; Graf, Olaf, "Die Anfänge des Christentums in Korea", Renner, Frumentius (Ed.), *Der fünfarmige Leuchter*, St. Ottilien, 1971, vol. 2, pp. 377~379; Grayson, James Huntly, *Early Buddhism and Christianity in Korea*, Leiden, 1985, p. 70.

1562~1611)[13] 사이에 갈등이 생기면서, 세스페데스 신부와 그의 일행은 다시 일본으로 돌아가야 했다. 일본 군대는 3년 더 조선에 머물렀지만 세스페데스 신부는 다시 조선에 갈 기회를 얻지 못하였다.[14]

[2-9] 가토 기요마사

일본으로 끌려가서 노예로 팔린 약 300,000명의 조선인 중 300여 명이 나가사키 예수회에서 교육을 받고 세례를 받았다. 그중에는 역사서에 등장하는 인물들도 있다. 세스페데스 신부가 교육한 13세 소년은 빈센시오라는 이름으로 세례를 받고 예수회에 입회하였다. 1614~1626년에 빈센시오 권(1581~1626)은 복음을 전하기 위해 조선으로 가려고 여러 번 시도하였으나 1626년 6월 20일 일본에서 천주교 박해가 일어나면서 나가사키에서 화형당하였다. 토마스라는 세례명을 받은 또 다른 조선인은 도미니크 수도회의 교육을 받고 마닐라로 파견되었다. 1597~1598년 일본에서 지낸 피렌체 출신 상인 프란체스코 카를레티(Francesco Carletti, 1573(?)~1636)[15]는 5명의 조선인 노예를 사서 그들에게 자유를 주고, 인도의 고아로 데려갔다. 그중 언어 능력이 뛰어났던 안토니오 코레아(Antonio Corea, 1578(?)~1626)는 카를레티와 동행하여 1606년 네덜란드에 도착하였다. 페테르 파울 루벤스(Peter Paul Rubens, 1577~1640)가 1617년에 그린 '한복 입은 남자'는 서양인이 그린 최초의 한국인 그림

13 가토 기요마사는 일본의 무장(武將)으로 많은 전투에서 공을 세워 도요토미 히데요시의 전국 통일 이후에 다이묘로 임명되었다. 임진왜란 때 함경도 방면으로 출병하여 조선의 왕자인 임해군과 순화군을 포로로 잡았다. 일본의 3대 성(城)의 하나인 구마모토성을 축조하였다.

14 Cory, Ralph M, op. cit, pp. 17~19; Grayson, *Early Buddhism*, p. 70.

15 프란체스코 카를레티는 피렌체 출신의 상인이자 여행가, 기록자이다. 21세 때 아버지와 함께 노예 매매를 하기 위해 카포베르데 군도에 갔다. 이를 시작으로 8년 동안(1594~1602) 세계 곳곳을 여행하였다. 1606년에 거의 파산 상태가 되어 피렌체로 돌아갔다.

인데, 모델이 안토니오 코레아였던 것으로 추정되지만 정확한 증거는 없다. 1610년 바티칸 교황청은 안토니오 코레아에게 만주를 통해 조선으로 입국하여 천주교를 전파하도록 하였지만, 실현되지 못하였다. 코레아는 로마와 카리브해의 알비에서 여생을 보냈다.[16]

[2-10] '한복 입은 남자'(루벤스, 1617년경)

얀 야너스 벨테브레이

1626년 7월 16일 네덜란드 상선 우베르케르크호(Ouwerkerck)는 샤먼(厦门)으로 향하고 있던 청의 정크선을 나포하였다. 우베르케르크호 선장은 선원 16명에게 정크선을 타이완으로 옮길 것을 명령하였다. 그러나 정크선은 타이완에 도착하지 못하고 가는 도중 큰 폭풍을 만나 1627년 초 조선의 경상도(경주 관할 지역)에 난파되었다. 우베르케르크호는 몇 달 뒤 포르투갈 선박에 의해 나포되고 마카오에서 불태워졌다.[17]

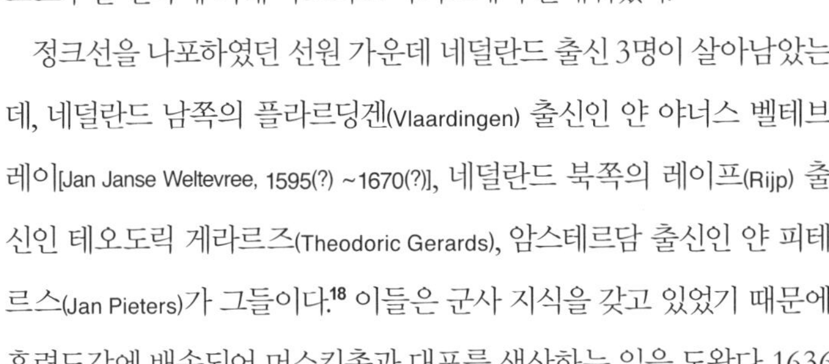

정크선을 나포하였던 선원 가운데 네덜란드 출신 3명이 살아남았는데, 네덜란드 남쪽의 플라르딩겐(Vlaardingen) 출신인 얀 야너스 벨테브레이[Jan Janse Weltevree, 1595(?) ~1670(?)], 네덜란드 북쪽의 레이프(Rijp) 출신인 테오도릭 게라르즈(Theodoric Gerards), 암스테르담 출신인 얀 피테르스(Jan Pieters)가 그들이다.[18] 이들은 군사 지식을 갖고 있었기 때문에 훈련도감에 배속되어 머스킷총과 대포를 생산하는 일을 도왔다. 1636

16 Grayson, James Huntley, *Korea: A Religious History*. Revised Edition, London, 2002, p. 140.

17 Ledyard, Gari, *The Dutch Come to Korea*, Seoul, 1971, pp. 25 ~ 37; Busan report of 1667.

18 Hamel, Hendrick, "An Account of the Shipwreck of a Dutch Vessel on the Coast of the Isle of Quelpaert, together with the Description of the Kingdom of Corea", *TKBRAS*, vol. 9(1918), p. 107.

년 병자호란으로 벨테브레이의 두 동료는 전사하였으나 벨테브레이는 박연(朴淵 / 朴燕) 이라는 조선 이름을 갖고 조선 여성과 결혼하여 1남 1녀를 두고 계속 조선에서 살았다.[19] 1648년에는 94명의 조선인과 함께 무과에 합격하여 구인후(具仁垕, 1578~1658) 대장 밑에서 군대 생활을 하였다. 구인후는 무신으로 인조와 효종(孝宗, 1619~1659, 재위 1649~1659) 시기에 공을 세우며 정치적 영향력이 컸던 인물이다. 벨테브레이는 군사 업무 외에도 난파당해 조선에 온 조난자들을 돌보는 일을 담당하였다. 그는 적응력이 뛰어났기 때문에 조선인들은 그를 이방인으로 여기지 않고 신뢰하였다. 그러나 그는 외모나 생활태도 등 모든 면에서 이방인이었기 때문에 늘 호기심의 대상이었다. 조선의 옛 문헌에는 벨테브레이의 외모를 비롯하여 그에 관한 내용이 기록되어 있다. 정재륜(鄭載崙, 1648~1723)의 보고서에는 다음과 같이 벨테브레이를 묘사하고 있다.

[2-11] 네덜란드 드레이프에 있는 벨테브레이 상

> 이 남자는 평균 이상의 키였다. 똑똑했으며 진지했고 말하는 내용으로 보았을 때 그는 뛰어난 사람이었다. 박연은 키가 컸으며 팔다리가 통통하였다. 그의 눈은 푸른 색이었고 얼굴은 하얗다. 노란 수염은 배까지 내려왔다. 그를 보는 모든 사람들은 그를 이상하게 여겼다. 조선 여성과 결혼하여 1남 1녀를 두었다.[20]

19 자세한 내용은 다음을 참조한다. Ledyard, Gari, ibid, pp. 26f, 29, 35.

20 鄭載崙, 『閑居漫錄』, 1708; 李丙燾, 『하멜 漂流記』, 서울, 1954, 95쪽; Ledyard, Gari, op. cit, pp. 27, 29.

규장각(奎章閣) 소속이었던 윤행임(尹行恁, 1762~1801)은 벨테브레이에 대해 다음과 같이 기록하였다.

> 관헌은 벨테브레이를 훈련도감에 배속시켜 일본 포로와 청의 조난자를 담당하도록 하였다. 벨테브레이는 군인 보고서를 작성하는 데 전문가였으며 세밀한 홍이포 생산 기술이 뛰어났다.[21]

벨테브레이는 난파당한 사람들을 담당하는 책임자로서 1653년 10월 29일 헨드릭 하멜과 그의 동행인들을 제주도에서 만났는데, 조선에서 26년 사는 동안 처음으로 만난 동향인들이었다.

헨드릭 하멜

16세기 후반부터 정기적으로 청과 일본을 항해하는 유럽 선박이 많아지면서 때때로 유럽 선박이 조선 해안에 난파되기도 하였다. 조난당한 사람들은 육로를 통해 청으로 보내지거나 조선에 남기도 하였다.

[2-12] 하멜이 탔던 상선 스페르웨르호 모형

네덜란드 동인도회사 소속의 상선 스페르웨르호(Sperwer)가 타이완을 출발하여 일본 나가사키 근방에 위치한 네덜란드 상업 기지 데지마로 가던 중 태풍을 만나 1653년 8월 16일 제주도[옛 유럽 자료에서는 제주도를 켈파르트(Quelpaert)라고 표기]에 표착(漂着)하였다. 원래는 64명이 승선하였는데, 36명 만이 생존하였다. 생존자 중에는 호르큼(Gorcum)[22] 출신의 헨드릭 하멜(Hendrick Hamel,

21 尹行恁, 『碩齋稿』 9권; 李丙燾, 앞의 책, 98쪽; Ledyard, Gari, op. cit, p. 30.

22 현재의 고린험(Gorinchem)은 네덜란드의 작은 마을로 발음에 따라 고르큼(Gorkum) 또는 호르큼(Gorcum)으로 쓰기도 한다.

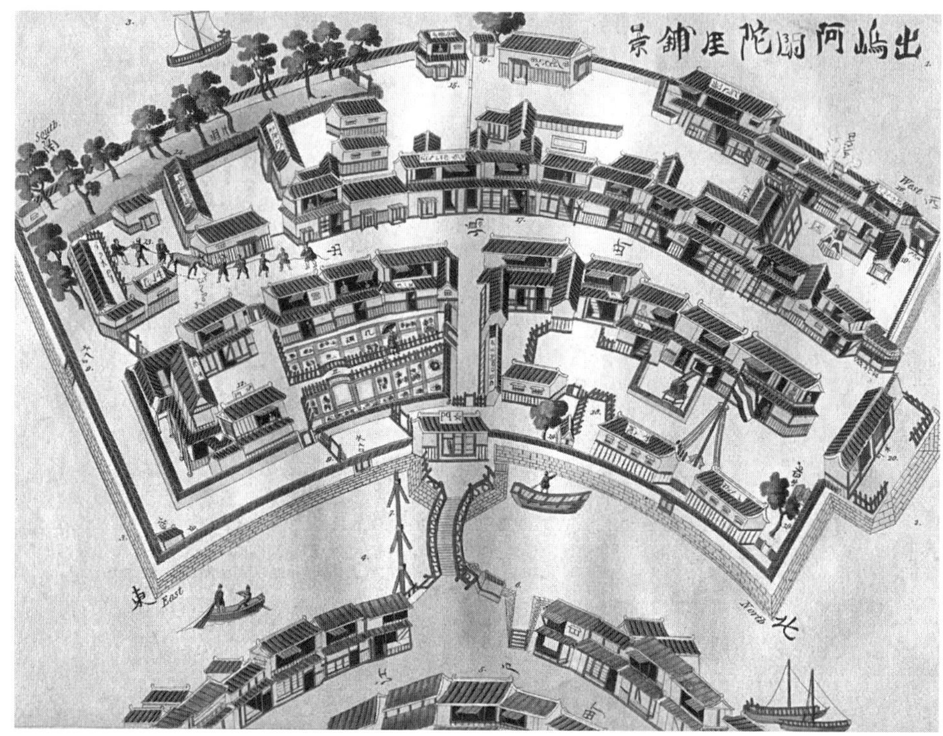

[2-13] 1824년경 나가사키 데지마의 네덜란드 동인도회사의 상관(商館)

1630~1692) 서기(書記)가 있었다. 그는 후에 조선을 탈출하여 데지마에 체류하면서(1666년 9월 14일~1667년 10월 23일) 13년간의 조선에서의 억류 생활에 대한 기록을 남겼다. 이 보고서는 17~18세기에 여러 언어로 번역되어 유럽의 여러 국가에서 출간되었다. 하멜의 주관적인 견해가 내포되어 있기는 하지만, 이는 조선, 조선인을 유럽에 소개한 최초의 보고서였다.[23]

23 스페르웨르호의 난파와 승무원들의 모험에 관해서는 가리 레드야드(Gari Ledyard)가 자세하게 썼다(*The Dutch Come to Korea*, Seoul, 1971). 하멜이 작성한 보고서의 영어 번역은 다음을 참조한다. John Churchill, "An Account of the Shipwreck of a Dutch Vessel on the Coast of the Isle of Quelpaert, Together with the

난파된 스페르웨르호의 승무원들은 제주도에서 1년 동안 체류한 후 서울로 압송되었다. 하멜은 이때 탈출을 시도하였으나 실패하였고, 1656년 초에 전라병영으로 유배되었다. 그곳에서 그는 궁핍하고 억압받는 생활을 하였다.[24]

13년이 지난 1666년 9월 4일 태풍에서 살아남았던 16명 중 8명은 하멜의 주도로 일본으로 탈출하였다. 조선은 일본의 개입과 서구 열강과의 외교적 마찰을 피하기 위해 나머지 네덜란드 선원들도 모두 석방하여 나가사키로 보냈다. 하멜이 일본으로 탈출한 날로부터 정확히 2년 후에 이루어진 일이었다. 처음 하멜과 함께 일본으로 탈출하였던 선원들은 1668년 7월 20일 유럽에 도착하였고, 후에 나가사키에 도착한 일행은 1668년 10월 일본을 떠나 1년 후에 네덜란드에 도착한 것으로 추정된다. 그러나 하멜은 바타비아(Batavia)에 오랫동안 머문 후 1670년이 되어서야 네덜란드로 돌아갔다.[25]

3. 조선의 문을 두드리는 '서양의 야만인들'

조선은 병자호란 이후 약 200년 동안 서구 열강의 관심 밖이었다. 때때로 난파선이 조선의 해안에 닿기도 했으나 '서양인'이 타고 있었다는 기록은 없고 조선의 국경은 여전히 굳게 닫혀 있었다. 19세기 중반에 조선은 강력한 쇄국 정책을 실시하고 있었는데, 이 무렵 서양 열강들은 유보적으로 또는 적극적으로 조선의 문을 두드리면서 개방을

Description of the Kingdom of Corea". 다음에서도 읽어볼 수 있다. Ledyard, Gari, op. cit, pp. 169~226; *TKBRAS*, vol. 9(1918), pp. 91~148.

24 Ledyard, Gari, op. cit, pp. 65~74.

25 Ledyard, Gari, op. cit, pp. 96f, 129.

요구하였다. 이 시기에는 정치적인 결과로 이어지는 다양한 접근의 시도가 있었다.

18세기 후반부터 유럽 선박들이 조선의 해안을 자세히 탐사하기 시작하였으며, 지도 제작자나 탐험가가 조선을 찾았다. 프랑스 해군 대령이었던 장 프랑수아 드 갈로 라페루즈 백작(Jean François de Galoup, Comte de La Pérouse, 1741~1788)은 함선 아스트롤라베(Astrolabe)와 부솔(Boussole)을 타고 탐사 여행을 하였는데, 1787년 5월 21일 제주도를 발견하고 제주도 지도를 완성하였다. 6일 후인 5월 27일에 천문학자 조제프 르포트 다즐레(Joseph Lepaute Dagelet, 1751~1788)는 부솔호를 타고 항해하여 조선 땅에서 동쪽으로 약 130킬로미터에 위치한 울릉도를 발견하였다. 라페루즈는 울릉도를 다즐레도(島)(Dagelet-Island)라고 명명하였다.

1795년 2월 윌리엄 로버트 브로턴(William Robert Broughton, 1762~1821)[26] 선장은 탐험선 프로비던스호(HMS Providence)를 타고 영국의 플리머스(Plymouth)를 출발하여 태평양을 건너 황해를 비롯한 조선과 일본의 연안을 탐사하였다. 1797년 브로턴 대령은 동해안을 항해하고 원산만을 브로턴만(Broughton Bay)으로 이름지었다.[27] 1804년 탐사 여행에 관한 보고서 『북태평양 탐사 항해기(A Voyage of Discovery to the North Pacific Ocean. Performed in His Majesty's Sloop Providence, and her Tender, in the Years 1795, 1796, 1797, 1798)』를 출간하였다.

1816년 2월 9일 영국의 알세스트호(HMS Alceste)는 머리 맥

[2-14] 장 프랑수아 드 갈로 라페루즈 백작

[2-15] 윌리엄 로버트 브로턴 선장(작자 미상, 1800년경)

[2-16] 머리 맥스웰 함장

26 윌리엄 로버트 브로턴은 영국 해군 장교였다.

27 브로턴만(Broughton Bay)은 북한의 원산만으로 영흥만이라고도 한다(Allen, Horace N., *A Chronological Index*, Seoul, 1901, p. 4.).

스웰(Murray Maxwell, 1775~1831) 함장의 지휘하에 46개의 대포를 장착하고 영국을 떠나 아시아로 향하였다. 이 뒤를 바실 홀(Basil Hall, 1788~1844)[28] 함장이 이끄는 무장한 영국 군함 리라호(HMS Lyra)가 따랐다. 알세스트호에는 영국 국왕 조지 3세(1738~1820)[29]가 청에 파견하는 특사인 윌리엄 피트 암허스트(William Pitt Amherst, 1773~1857) 경[30]이 승선하였는데 암허스트 사절단은 영국과 청의 무역 관계를 확립하고 두 나라의 관계 개선을 위해 파견되었다.

1816년 여름 영국 사절단은 청에 도착하였고, 영국 함선은 이 기회를 활용하여 황해와 그 주변을 탐사하였다. 1816년 중반 순양함 두 척이 조선과 일본 연안에 도착하였다. 주로 류큐섬과 조선의 남서쪽에 위치한 섬들을 측량하고 탐사하였다. 1816년 9월 1일 순양함들은 조선의 어느 섬에 도착하였고, 그곳에 살고 있는 조선인들로부터 환대를 받았다.

이때 바실 홀 함장은 조선인들의 다양한 모습을 그려 조선인들과의 만남을 기록으로 남겼다. 유럽으로 돌아가는 길에 홀은 1817년 8월 11일 세인트 헬레나섬을 방문하여 그곳에 유배된 나폴레옹 1세(Napoléon I, 1769~1821)를 만나 조선에서 작성한 그림을 보여주었다. 나폴레옹은 이 그림을 주의 깊게

[2-17] 윌리엄 피트 암허스트 경

[2-18] 바실 홀

28 바실 홀은 스코틀랜드 출신 해군 장교로 탐험가, 학자이다.

29 조지 3세(George III)는 1760~1801년 영국과 아일랜드의 왕이었으며, 사망할 때까지 그레이트브리튼 북아일랜드 연합 왕국 왕이었다. 뿐만 아니라 브라운슈바이크 뤼네부르크의 대공, 브라운슈바이크 뤼네부르크의 선제후였으며, 1815년부터는 하노버의 왕이었다.

30 윌리엄 피트 암허스트 경은 영국의 정치가로, 1823년 8월부터 1828년 2월까지 인도의 총독을 지냈다. 1816년 청의 베이징에 파견되었으나 청 황제를 알현할 때 삼궤구고두(경의의 뜻으로 무릎을 꿇고 엎드려 9번 절하는 것)의 예를 거부하여 황제를 만나지 못하고 돌아갔다.

[2-19] 1816년 바실 홀이 그린 그림

관찰하였다고 한다.[31]

리라호와 알세스트호의 동아시아 탐사 활동은 다음의 두 보고서에 자세하게 묘사되어 있다. 알세스트호의 군의관이었던 존 맥러드(John McLeod)가 1817년 런던에서 출간한 『알세스트호 항해기(Narrative of a Voyage, in His Majesty's Late Ship Alceste, to the Yellow Sea, Along the Coast of Corea and Through its Numerous Hitherto Undiscovered Islands, to the Island of Lewchew; with an Account of Her Shipwreck in the Straits of Gaspar, by John MLeod, Surgeon, of the Alceste.)』와 바실 홀이 작성하여 1818년 런던에서 출간된 『조선 서해 탐사기(Account of a voyage of discovery to the

31 Rutt, Richard, *James Scarth Gale and his History of the Korea*, Seoul, 1984, pp. 299f.

west coast of Corea, and the great Loo-Choo Island; with an appendix, containing charts, and various hydrographical and scientific notices. By Captain Basil Hall. And a vocabulary of the Loo-Choo languages, by H. J. Clifford.)』[32] 가 그것이다.

【2-20】 카를 프리드리히 아우구스트 귀츨라프

영국 동인도회사는 1832년 로드 암허스트호(HMS Lord Amherst)를 청의 북부 지역, 조선, 일본, 류큐 섬에 파견하여 이 지역을 탐사하고 새로운 통상지를 개척하도록 하였다. 이 계획의 책임자로 영국의 상인 휴 해밀턴 린제이(Hugh Hamilton Lindsay, 1802~1881)가 선정되었고, 그는 마카오를 출발하여 청의 해안선을 따라 북쪽으로 항해하였다. 로드 암허스트호에는 독일인 선교사인 카를 프리드리히 아우구스트 귀츨라프(Carl Friedrich August Gützlaff, 1803~1851)[33]도 타고 있었다. 귀츨라프는 중국어에 능통하여 통역사 겸 의사로서 동행하였다.

그러나 로드 암허스트호는 청에서 목표를 이루지 못하고 1832년 7월 조선 서해안에 위치한 충청도에 도착하였다. 조선에서 약 한 달 동안 체류하면서 린제이와 귀츨라프는 조선과 무역 협정을 체결하려 했지만 성공하지 못하였다. 조선 땅을 밟은 최초의 독일인 귀츨라프는

32 동일한 제목으로 1990년 Royal Asiatic Society, Korea Branch에서 재출간되었다. 프리드리히 크리스티안 뤼어스(Friedrich Christian Rührs, 1781~1820)가 1819년 이 보고서를 독일어로 번역하였다. 독일어 보고서 제목은 다음과 같다. 『*Entdeckungsreise nach der Westküste von Korea und der grossen Lutschu-Insel von dem Capitän Basil Hall*』

33 귀츨라프에 관해서는 본서 "3장 2. 독일인과 조선인의 첫 만남"을 참조한다.

조선인들에게 다양한 서적, 의약품, 곡식, 지리와 역사에 관한 단문서(單文書) 그리고 중국어로 번역된 성경과 전도문서를 나눠주고, 감자를 심고 기르는 법을 알려주었다.[34]

1833년 린제이와 귀츨라프는 극동 지역 탐사에 대한 보고서 『중국 북부 탐사에 관한 보고서(Report of proceedings on a voyage to the Northern ports of China, in the ship Lord Amherst)』를 영국 의회에 제출하였다. 또 귀츨라프는 1834년 런던에서 여행기 『중국 해안을 따라 시암, 조선, 류큐국까지 여행기(Journal of three voyages along the coast of China, in 1831, 1832, & 1833, with notices of Siam, Corea, and the Loo-choo islands. To which is prefixed, an introductory essay on the policy, religion, etc. of China)』를 출판하였다.

1843년 에드워드 벌처(Edward Belcher, 1799~1877) 함장은 사마랑호(HMS Samarang)를 타고 영국을 떠나 보르네오와 일본의 바닷길을 측량하였다. 1845년에는 1개월 정도 조선의 제주도와 우도 앞바다를 탐사하였다. 1848년 탐사 활동에 대한 보고서 『사마랑호 항해기(Narrative of the Voyage of HMS Samarang, During the Years 1843-40; Employed Surveying the Islands of the Eastern Archipelago; accompanied by a Brief Vocabulary of the Principle Languages. Published under the Authority of the Lords Commissioners of the Admiralty. By Captain Sir Edward Belcher. In Two Volumes.)』를 런던에서 출판하였다.

1836~1837년에는 프랑스 선교사 피에르 필리베르 모방(Pierre Philibert Maubant, 1803~1839, 1836년 1월 조선 도착) 신부, 자크오노레 샤스탕(Jacques Honoré Chastan, 1803~1839, 1836년 12월 25일 조선 도착) 신부, 로랑 조제프 마리위스 앵베르(Laurent Joseph Marius Imbert, 1796~1839, 1837년 12월 18일 조선 도착) 신부가 조선의 북쪽 국경을 통해 비밀리에 입국하였다. 이

34 Allen, Horace N., op. cit, p. 5.

[2-21] 피에르 필리베르 모방 신부

[2-22] 자크 오노레 샤스탕 신부

[2-23] 로랑 조제프 마리위스 앵베르 신부

들의 초기 선교 활동은 성공적이었으나 1839년 9월 21일 모두 한성에서 순교하였다. 당시 조선은 외부와 단절되어 있었기 때문에 프랑스 선교사가 순교하였다는 소식은 몇 년이 지난 후에야 청에 전해졌다.

1846년 8월에는 장 밥티스트 토마스 메데 세실(Jean Baptiste Thomas Médée Cécille, 1787~ 1873) 제독이 군함 3척을 이끌고 충청남도 홍주 앞 외연도에 도착하였다. 그는 선교사 학살에 대한 항의 서한을 조선 정부에 전달한 후 돌아갔다.

이듬해 여름에는 라피에르(Lapierre) 함장이 프랑스 군함 글로아르호(La Gloire)와 빅토리외즈호(La Victorieuse)를 이끌고 청을 출발하여 조선에 도착하였다. 조선의 서해안을 측량하고 조선 정부의 답신을 받으려는 목적이었다. 그러나 이 군함 2척은 좌초되어 완전히 파손되었다. 다행히 승선하였던 선원들은 해를 입지는 않았다. 상하이에서 파견된 영국 선박이 그들을 구출할 때까지 조선인들이 그들에게 필요한 물자를 제공하였다. 1848년 프랑스 2월 혁명이 시작되면서 프랑스는 후속 조치를 중단하였다. 조선은 결국 청을 통해 프랑스에 답신을 전달하였는데, 이는 조선과 서양 국가 간에 오간

[2-24] 장 밥티스트 토마스 메데 세실

최초의 외교 문서였다. 이 문서에서 조선 정부는 국법을 근거로 하되, 조선 외무에 관한 모든 사항은 청을 통해 이루어져야 함을 명시하였다.[35]

[2-25] 러시아 군함 팔라다호(알렉세이 페트로비치 보골류보프Alexey Petrovich Bogolyubov, 1847년)

조선과 미국의 첫 공식 접촉은, 1853년 1월 28일 미국의 포경선 사우스 아메리카호(USS South America, 하와이에 기지를 두고 있었다.)가 조난당한 일본 선원 2명을 태워 일본으로 가던 중에 부산항에 정박하면서 이루어졌다. 지금까지도 사우스 아메리카호가 일본으로 향하는 길에 무슨 이유로 부산에 정박하였는지는 알려지지 않았다. 사우스 아메리카호의 선장은 지방 관리를 선상으로 초대하여 대접하고, 별 다른 사건 없이 며칠 후 부산항을 출발하였다.[36]

[2-26] 예브피미 바실예비치 푸차친

1854년에는 러시아 군함 2척이 처음으로 조선의 함경도 해안에 출몰하였다. 그중 예브피미 바실예비치 푸차친 제독이 지휘하는 팔라다호는 원산만에 정박하였고, 그는 송전만(원산만 북쪽에 있는 만)을 포트 라자레프(Port Lazarev)라 명명하였다. 팔라다호의 선원들은 처음에는 조선인들과 평화롭게 교

35 Lewin, Bruno, "Geschichte Koreas", Barloewen, Wolf-D. v. (ED.), *Abriss der Geschichte außereuropaischer Kulturen*, vol. 2, München, Wien, 1964, p. 231; Grayson, James Huntly, op. cit. p. 78; Woo, Chul-Koo, "Centenary of Korean-French Relations", *KJ*, vol. 26, no. 6(June 1986), p. 5; Hulbert, Homer B., *The Passing of Korea*, New York, 1906, pp. 110 ~ 112.

36 Kim, Young-Sik, "A Brief History of the US-Korea Relations Prior to 1945", A Paper Presented at the University of Oregon, May 15, 2003, Chapter V: The Early US-Korea Relations.

류하였다. 그러나 방문한 어느 한 지역에서 무력을 쓰는 싸움이 일어났고, 그 와중에 조선인 몇 명이 부상을 입었다. 푸차친 제독은 동해안에 체류하는 동안 조선 왕실에 통상을 요구하는 공식 서신을 보냈다. 그러나 크림전쟁(1853~1856)이 발발함에 따라 조선을 떠난 푸차친 제독은 다시 조선으로 돌아오지 못하였다. 푸차친 제독은 기회가 다시 주어진다면 조선과의 협상을 재개해야 한다며 러시아 해군성에 이 협상의 시급성을 피력하였다.[37]

1860년 러시아와 청이 체결한 조약으로 아무르강, 우수리강, 쑹화강을 따라 청과 러시아의 국경이 새로 정립되어 러시아 영토가 두만강 하류의 10킬로미터 정도 조선 영토와 맞닿게 되었다. 1864년과 1866년에는 러시아 군함이 함경도 경흥에 정박하여 통상을 요구하였으나, 조선은 청과 사대관계를 맺고 있었기 때문에 청의 허가 없이는 다른 나라와 통상을 맺을 수 없다고 답하였다.[38]

앞에서 살펴본 것처럼 18세기 말~19세기에 서양인들의 난파선이 조선에 오거나 조선 연안에서의 탐사 활동, 조선에 대한 통상 요구가 산발적으로 이루어졌으나 조선으로부터 어떠한 결과도 이끌어내지 못하였다. 그러나 1866년에 발생한 일련의 사건들로 폐쇄 국가였던 조선에 변화가 나타나기 시작하였다.

1866년 1월 11일 미국 범선 서프라이즈호(Surprise)가 풍랑을 만나 평안도에 표착하였다. 선원들은 그곳의 주민들로부터 음식·의류 등을 공급받고, 말을 타고 육로를 통해 청으로 호송되었다. 조선인들은 파선된 서프라이즈호를 불태웠고, 범선의 금속 부분은 재사용하였다.

또한 독일 상인 에른스트 야코프 오페르트(Ernst Jacob Oppert,

37 Lensen, Georg Alexander, *Balance of Intrigue. International Rivalry in Korea & Manchuria, 1884-1899*, Tallahassee, 1983, vol. 1, p. 8.

38 Lensen, George Alexander, ibid, p. 8; Lewin, Bruno, op. cit, p. 231.

[2-27] 제너럴셔먼호(1862년)

1832~1903)는 1866년 3월과 8월 두 차례에 걸쳐 상하이를 출발하여 조선에 도착해 통상을 요구하였으나 모두 실패하고 돌아가야 했다.[39]

1866년 8월 18일에는 무장한 미국 상선 제너럴셔먼호(USS General Sherman)[40]가 평양에 가기 위해 장마로 물이 불어난 대동강 어귀에 나타났다. 제너럴셔먼호에는 이 탐사를 계획한 미국인 상인 W. B. 프레스턴(W. B. Preston), 미국인 선장 페이지(Page), 미국인 항해사 윌슨(Wilson), 영국인 조지 호가스(George Hogarth), 13명의 청인, 3명의 말레이시아인, 영국인 선교사 로버트 J. 토머스(Robert J. Thomas, 1840~1866)가 타고 있었다. 선교사 토머스는 옌타이에서 조선인 천주교도 몇 명으로부터 한국어 몇 마디를 배웠고, 중국어를 잘 구사하여 프레스턴의 통역사로 동행하였다. 제너럴셔먼호가 나타나자 조선의 관리는 당장 떠날 것을 요구하였지만 제너럴셔먼호는 이를 무시하고 계속 평양으로 항해하였다. 프레스턴은 조선 관아와 협의하기를 거부하였고 천주교 박해를 중단할 것을 요구하였다. 그러나 불어난 대동강의 수위가 다시 낮아지자 선

39 오페르트에 대해서는 본서 "3장 2. 독일인과 조선인의 첫 만남"을 참조한다.

40 처음에는 영국 소속 선박 프린세스 로열호였다가 후에 미국 해군 소속 군함 제너럴셔먼호로 바뀌었다.

체가 오도가도 못하는 상황이 되었고, 제너럴셔먼호는 분개한 관민(官民)의 표적이 되었다. 프레스턴은 무장한 선원들을 내보내 음식과 인질을 데려올 것을 명령하였다. 이 와중에 사상자가 발생하는 불상사가 일어났다. 평안도관찰사 박규수(朴珪壽, 1807~1876)는 제너럴셔먼호를 파괴할 것을 명령하였고, 관민들은 상선을 일부 불태우고 선원을 모두 죽였다.

【2-28】 피에르 귀스타브 로즈(1866년경)

1864년과 1866년 경흥 앞바다에서 러시아 군함이 강제로 조선과 통상조약을 맺으려 하였을 때 조선의 천주교도들은 좋은 의도에서 프랑스, 영국과 통상조약을 맺음으로써 러시아를 저지하자는 제안을 하였다.[41] 그러나 여러 이유로 인해 1866년 대대적인 천주교 탄압이 이루어졌고 이때 앞에서 언급한 12명의 프랑스 선교사 중 9명과[42] 수천 명의 천주교도가 순교하였다. 박해에서 살아남은 3명의 선교사 중 한 명인 리델 주교는 1866년 6월 말 어선을 타고 청의 톈진으로 탈출하였다. 그는 7월 초에 톈진에 도착하여 조선에서 진행되고 있는 천주교 박해에 대해 알렸다. 이에 주청 프랑스 공사 앙리 드 벨로네(Henri de Bellonet, ?~1881)는 프랑스 동양함대 사령관인 피에르 귀스타브 로즈(Pierre Gustave Roze, 1812~1882)를 보내 보상을 요구하도록 하였다.

실질적인 작전에 앞서 한강 입구의 수심을 파악하기 위해 1866년 9월 18일부터 10월 3일까지 프랑스 군함 3척이 조선의 서해안 탐사에 나섰다. 로즈 사령관은 군함으로는 한강을 따라 한성으로 갈 수 없다는 사실을 알게 되었다. 그래서 강화도를 침략하여 한성으로 향하는 수로를 막고 통제하고자 하였다.

41 Lewin, Bruno, op. cit, p. 231.

42 본서 "2장 1. 흥선 대원군과 쇄국 정책" 주 5번을 참조한다.

[2-29] 1865년 로즈 사령관과 라게리에르호의 선원들

1866년 10월 11일 로즈 사령관은 2차 작전을 수행하기 위해 청을 출발하여 조선으로 향하였다. 로즈는 순양함 라게리에르(La Guerrière), 소형 군함 키앙상(Kien Chan)과 데룰레드(Déroulède), 포함 브레통(Brethon)과 타르디프(Tardif), 군함 프리모게(Pimauguet)를 이끌고 출격하였다.

[2-30] 1865년 나가사키 항에 정박한 프랑스 군함 라게리에르호

요코하마에 주둔하고 있던 300명의 프랑스군도 합세하여 군대가 약 800명에 이르렀다. 10월 16일에 프랑스군은 170명 규모의 중대 병력을 강화도로 투입하여 한강을 지키던 요새를 점령하였다. 이 과정에서 섬뿐만 아니

[2-31] 와츄세트호

[2-32] 로버트 윌슨 슈펠트

라 육지에서도 전투가 일어났다. 로즈 사령관이 보낸 요구 사항에 대한 조선 정부의 답신은 오지 않았고, 조선군의 반격은 점점 거세졌다. 겨울이 오고 조선군의 전력이 강화되면서 로즈는 철수를 지시하였다. 이렇게 1866년 11월 12일 프랑스군의 조선 공격은 끝났다(병인양요). 병인양요로 남은 것은 잿더미로 변한 강화도와 승리를 확인한 흥선 대원군의 자신감이었다. 이후 대원군은 더욱 철저한 쇄국 정책을 펼쳤다.[43]

1866년 가을 미국의 아시아함대는 제너럴셔먼호와 선원들에 대한 소식을 들었다. 아시아함대 사령관 벨(Henry H. Bell, 1808~1868) 제독은 로버트 윌슨 슈펠트(Robert Wilson Shufeldt, 1822~1895) 함장과 와츄세트호(USS Wachusett)를 조선으로 보내 사건을 정확하게 조사하고 생존 선원을 소환하도록 하였다.

43 로즈 사령관에 관하여 다음을 참조한다. Kim, Jang-Soo, *Korea und der Westen von 1860 bis 1900*. Frankfurt a. M. [et al.], pp. 6~10; Lewin, Bruno, op. cit, p. 231; Woo, Chul-Koo, op. cit, pp. 5~7; Lee, Ki-baik, op. cit, p. 264; Hulbert, Hommer, B., op. cit, pp. 117f; Nelson, M. Frederick, *Korea and the old Orders in East Asia*, New York, 1945, pp. 115~119.

[2-33] 셰넌도어호

[2-34] 스티븐 클레그 로언

1867년 1월 23일 와츄세트호는 대동강 하구에 도착하였다. 그러나 강을 따라 계속 항해할 수 없게 되면서 슈펠트 함장은 현지 관리들에게 협조를 요청하였지만 어떠한 소득도 얻지 못하였다. 날씨 상황이 나빴기 때문에 선원의 수를 증강하여 다시 오겠다는 협박만 남기고 청으로 돌아갔다.

1867년 조선은 난파선이 된 제너럴셔먼호를 한강의 조선소로 보내 완벽하게 수리하고 포도 장착하여 최초의 서양식 군함으로 조선 함대에 포함시켰다. 이 소식을 접한 슈펠트 함장은 청 황실에 공식적으로 항의하였다. 청의 압력으로 조선은 결국 수리한 제너럴셔먼호를 미국으로 보냈는데, 이 군함은 1874년 1월 10일 노스캐롤라이나주 윌밍튼 주변에서 풍랑을 만나 침몰하였다.[44]

제너럴셔먼호 선원들의 생사에 대한 조사에 만족하지 못했던 벨

44 제너럴셔먼호에 관해서는 다음을 참조한다. Kim, Young-Sik, "A Brief History of the US-Korea Relations Prior to 1945"; Nahm, Andrew C., "Korean-American Relations, 1866~1978; A Critical Examination", *KJ*, vol. 18, no. 12(Dec. 1978), pp. 14f; 李圭泰, 「대동강의 미국 배」, 『조선일보』, 서울, 30 Oct. 2002; Appenzeller, H.G., "The Opening of Korea: Admiral Shufeldt's Account of it", *The Korean Repository*, vol. 1, no. 2(Feb. 1892), pp. 57~60.

의 후임 스티븐 클레그 로언(Stephen Clegg Rowan, 1808~1890) 제독은 1868년 3월 존 카슨 페비거(John Carson Febiger, 1821~1898) 제독과 셰넌도어호(USS Shenandoah)를 다시 조선으로 보냈다. 대동강 하류에 도착한 페비거 제독은 제너럴셔먼호에 관한 자세한 사항을 문의하였고 보상을 요구하였다. 조선 관아의 공식 답신에는 선원 전체가 사망하였다고 적혀 있었다. 또한 미국인들이 어떠한 이유로 먼 길을 와서 조선과의 통상을 원하는지 그에 대한 질문이 적혀 있었다.

[2-35] 프레드릭 페르디난트 로우

> 4,000년 동안 우리는 당신들과 어떠한 계약을 맺지 않고도 잘 지냈다. 앞으로도 그렇게 해서는 안 되는 합당한 이유를 찾을 수 없다.[45]

그사이에 1866년 천주교 박해 때 살아남은 다른 두 명의 프랑스 선교사들이 청으로 탈출하였다. 그중 파리 외방 전교회(Missions Étrangères de Paris) 소속 페롱 신부는 오페르트와 함께 흥선 대원군의 아버지 남연군(南延君, 1788~1836)의 묘를 도굴해 시신을 손에 넣어 천주교 박해 중단과 통상 개시를 요구하려는 계략을 짰다. 이러한 목적으로 오페르트는 1868년 조선을 세 번째로 방문하였지만, 이번에도 어떠한 성과도 없이 조선을 떠나야만 했다.

한편 미국 정부는 제너럴셔먼호 사건을 종결된 것으로 처리하지 않았다. 와츄세트호와 셰넌도어호의 작전이 실패함에 따라 미국 국무성은 1870년 4월 주청 공사 프레드릭 페르디난트 로우(Frederick Ferdinand Low, 1828~1894)에게 차후 미국의 선원이 난파될 경우 이들의 안전을 보장해주도록 조선 정부와 합의하고 통상 조약을 체결할 것을 지시하였다. 이는 제너럴셔먼호의 선원들에 관한 진상 규명을 실시하려는 의

45 Kim, Young Sik, op. cit.

[2-36] 조선 탐사 작전 회의 중인 로저스 제독(1871년 7월 1일)

도였다.

이런 지시를 받고 1871년 5월 미국의 조선 탐사 작전이 시작되었다. 일본에 기지를 두고 있던 아시아함대의 존 로저스(John Rogers, 1812~1882) 제독이 이 작전을 위임 받아 모노캐시호(USS Monocacy), 팔로스호(USS Palos), 베니시아호(USS Benicia), 알래스카호(USS Alaska), 콜로라도호(USS Colorado) 등 군함 5척과 1,230명의 해군을 이끌고 조선으로 향하였다.[46]

병인양요 후 대원군은 강화도의 방벽을 수리하고 전력을 강화하여 이양선이 다가오자 바로 대포로 공격하였다. 그러나 최신 대포로 무장

46 제너럴셔먼호 사건으로 발생한 미국의 강화도 침략 사건을 신미양요(辛未洋擾, 1871)라 부른다.

[2-37] 전사한 조선군(1871년)

[2-38] 콜로라도호의 조선군 포로(1871년)

한 미국 군함과 해군에게 속수무책이었다. 순식간에 강화도의 요새 두 곳이 함락되었다. 미국군은 광성진에서 조선의 강력한 저항에 부딪혔으나 모노캐시호가 포격을 가한 후 잘 훈련 받은 보병들이 결국 광성진도 점령하였다. 조선 측의 사망자는 350명이었고, 미국 측의 사망자는 3명이었다.

그러나 그사이 조선의 전력은 호랑이를 사냥하던 명포수들과 최신 무기로 무장한 정규군의 합세로 강화되었기 때문에 미국군은 한성으로 진군하기가 힘들어졌다. 이에 따라 로저스 제독은 1871년 7월 3일 청으로 퇴각하기로 결정하였고, 살해된 제너럴셔먼호의 선원들을 위해 최선을 다했다는 메시지를 남겼다.[47]

미국은 이 전투에서 전술상으로는 이겼다고 할 수 있지만, 외교적으로는 실패하였다. 조선은 예전과 마찬가지로 서양과의 통상을 허락하지 않았고 어떠한 조약도 체결하지 않았다. 서구 열강의 거듭된 실패로 자신감을 얻은 흥선 대원군은 쇄국 정책을

[2-39] 흥선 대원군

47 1871년 미국인의 선교 활동에 대해서는 다음을 참조한다. Kim, Jang-Soo, op. cit, pp. 16~18 ; Nelson, M. Frederick, op. cit, pp. 119~126 ; Lee, Ki-baik, op. cit, pp. 264~266 ; Hulbert, Hommer, B., op. cit, pp. 118f.

【2-40】 **고종** 1884년 퍼시벌 로웰이 촬영하였다.

더욱 철저히 시행하였다. 대원군은 미국 탐사군이 후퇴한 즉시 한성 한복판에 서양 세력과 화친을 맺는 것은 나라를 팔아먹는 것이라는 내용을 담은 척화비(斥和碑)를 세웠다.[48]

그러나 흥선 대원군은 곧 정치적 궁지에 몰리게 되었다. 16세기 초반부터 전국 곳곳에 세워져 오랫동안 지역의 문화 중심지 역할을 했던 서원의 대부분을 철폐하는 정책을 시행함에 따라 유학자들이 강하게 반발하였다. 1873년 고종이 친정(親政)을 선언하고 흥선 대원군에게 주어졌던 권한을 모두 환수하였다. 흥선 대원군은 정치적 압력을 피하기 위해 현실 정치에서 한걸음 물러났다. 고종이 직접 통치하게 되면서 왕비의 척족인 민씨 세력이 정권을 잡게 되었고 대외 정책에도 변화가 나타났다. 강경한 쇄국 정책을 고수했던 대원군과 달리 민씨 세력은 대외 개방 정책을 받아들여 일본을 비롯한 서양 열강들과 새로운 국제 관계를 맺게 되었다.

48 Hulbert, Hommer, B., op. cit, p. 119.

3장

1910년까지 한국과 독일의 관계

1. 조선의 문호 개방

[3-1] 오토 폰 비스마르크(1873년)

1873년 조선은 흥선 대원군이 물러나고 고종이 친정(親政)을 하는 정치적 변화가 일어났다. 그러나 정치 권력은 왕비를 중심으로 한 척족인 민씨 세력이 장악하였다. 민씨 세력은 흥선 대원군과 달리 개방적인 대외 정책을 지향하였다. 고종이 친정을 한 지 1년이 지난 후에는 조선이 문호 개방에 긍정적이라는 소문이 돌면서 독일 외교관들은, 조선에 대해 어느 한 열강이 독점적 영향력을 가지는 것을 견제하면서 독일이 조선에서 각종 경제적 이권을 얻기 위해서는 조선과 통상조약을 체결해야 한다고 독일 정부를 설득하기 시작하였다. 중국 뉴좡(牛莊)에 주재하고 있던 독일 부영사 영국인 프랜시스 나이트(Francis P. Knight)는 심지어 오토 폰 비스마르크(Otto von Bismark, 1815~1898) 독일 재상에게 독일이 함대의 무력 시위를 통해 조선이 개항하도록 압력을 가해야 한다는 제안을 하였다. 즉, 1854년 미국의 페리 제독이 일본을 개항시킨 방식으로 시도하자는 것이었다.[1] 주일 독일 공사 막스 폰 브란트(Max von Brandt, 1835~1920)도 비슷한 제안을 하였다. 비록 무력에 의한 개항을 지지하지 않았으나 그냥 있다가는 조선은 러시아에 흡수될 것이므로 이를 막기 위해서 조선은 서양 국가와의 통상을 위한 개항을 해야 한다는 의견을 피력하였다. 그러나 비스마르크는 이러한 제안을 완강히 거부하였다.[2] 다음은 비스마르크가 1874년 5월 10일 나이트 부영사에게 보낸 답신이다.

[3-2] 막스 폰 브란트(1868년경)

> 독일 정부는 조선과의 관계에 대해서 귀하가 주장하는 것과 같은 관심을 갖고 있지 않다. 조선에 대한 독일의 의도에 관한 어떠한 소문도 근거 없는 말에 불과하다는 것을 귀하가 분명히 밝히는 데 애써 주기를 바란다.
>
> Was ferner die Verhältnisse von Korea betrifft, so haben dieselben für die deutsche Regierung keineswegs das Interesse, welches Sie voraussetzen, und ich möchte Sie auf das Bestimmteste ersuchen, alle Gerüchte über angebliche deutsche Absichten in Bezug auf dieses Land als müssige Erfindungen zu bezeichnen.

일본에 주재하고 있던 브란트 공사도 1874년 6월 27일 독일 정부로부터 금지 명령 형태로 다음과 같은 답신을 받았다.

> 주도쿄 독일 공사 브란트 앞.
> 3월 30일 보고서 제73호와 관련하여 독일은 조선과의 통상조약 체결에 대하여 어떠한 관심도 없다는 것을 분명히 한다. 더불어 공사가 말한 러시아의 불가피한 점령으로부터 조선을 '보호'해야 할 의무를 우리는 전혀 느끼지 못한다.

1 AA, Korea I, vol. 1: 'Schreiben von Francis P. Knight aus Shanghai vom 19. März 1874 an das Auswärtige Amt in Berlin'.

2 AA, Korea I, vol. 1: 'Schreiben von Max von Brandt aus Yedo vom 30. März 1874 an das Auswärtige Amt in Berlin'.

Unter Bezug auf Bericht no. 73 vom 30. März bemerke ich, dass für Deutschland kein Interesse vorliegt, ein Vertragsverhältnis mit Korea herzustellen. Am wenigsten halten wir uns für berufen, Korea vor der von Ihnen als unvermeidlich bezeichneten Absorption durch Russland zu, 'schützen'.

[3-3] 알렉산드르 2세

비스마르크의 기본적인 외교 정책은 유럽 중심부에 위치한 독일이 이웃 열강들에 둘러싸여 있는 상황에서 기인한다. 비스마르크는 프랑스를 고립시키는 정책을 계속 고수하였고, 독일에 적대적인 열강들의 동맹을 막고 열강들 간의 대립이 유럽 밖에서 이루어지도록 유도하였다. 이런 이유에서 독일은 러시아와 자연스레 가까워지고, 러시아의 영향을 받게 되었으며, 러시아와의 협조를 통해 프랑스를 고립시킬 수 있었다. 비스마르크가 유럽 열강들의 대립이 유럽 밖에서 일어날 것이라고 예상하였던 이유는 크림 전쟁이 끝나고 맺은 파리강화조약(1856)으로 남동 유럽 국경이 약화되어 러시아의 알렉산드르 2세(Alexander II, 1818~1881)가 아시아 지역으로 눈을 돌렸기 때문이다. 이 때문에 영국과 러시아는 정치적으로 경쟁을 하게 되었다.

그러나 독일과 러시아의 친선 관계는 독일과 영국의 또 다른 갈등을 야기시킬 가능성이 있었다. 따라서 유럽의 심각한 분열을 막기 위해 비스마르크는 독일의 주변 국가들에게 신생 독일제국이 영토 팽창에 대한 야망이 없음을 보여주고자 하였다. 이와 같은 이유에서 비스마르크는 1887년 독일제국이 포화 상태이며, 어떠한 영토 확장이나 헤게모니 정책을 펼치지 않을 것임을 공표하였다. 독일은 동아시아를 순전히 경제적 입장에서만 바라보았으며, 유럽 열강의 공동 이해에 부합하는 경제 정책을 이행하였다. 비스마르크와 독일 외무성은 특정 국가에

대한 특정한 목적을 두는 정책을 취하려고 하지 않았다.[3]

1868년 일본의 메이지유신 이후 당시 조선의 실권자였던 흥선 대원군은 이웃 나라 일본과의 관계를 끊었다. 서양에 문호를 개방한 일본의 근대화 움직임이 조선에 위협이 될 수 있다고 판단했기 때문이다. 메이지유신으로 힘을 키운 일본은 조선도 다른 국가들과 통상을 할 수 있도록 문호를 개방하고 내부 개혁을 시행하도록 적극적인 외교 활동을 펼쳤다. 그러나 조선은 이러한 일본의 태도에 대해 완강한 거부 자세를 고수하였다. 일본 사신을 조선이 불친절하게 대했다는 것을 빌미로 일본의 정계에서 조선에 대한 무력 공격을 주장하는 사람들이 생겼다. 일본 내에서는 조선과의 전쟁도 고려하였지만, 불안한 내정과 불충분한 자금력 때문에 진쟁으로까지는 진행되지 못하였다.[4]

그러나 결국 일본은 군사 도발을 감행하였다. 1875년 9월 초 일본은 군함 운요호를 보내 조선과 일본의 바다 깊이와 항로를 재도록 하였다. 그러나 이것은 공식적인 구실이었고, 속내는 달랐다. 일본은 운요호의 함장 이노우에 요시카(井上良馨, 1845~1929)에게 조선을 도발하여 자연스럽게 일본의 군사 개입이 합법화될 수 있도록 하라는 비밀 지시를 내렸던 것이다.

일본을 출발한 운요호는 부산에 잠시 정박하였다가 동해안을 탐사

3 Zühlke, Herbert, *Die Rolle des Fernen Ostens in den politischen Beziehungen der Mächte 1895~1905*, Berlin, 1929, pp. 41f; Stoecker, Helmuth, "Zur Politik Bismarcks in der englisch-russischen Krise", *ZfG*, vol. 4(1956), pp. 1187~1202; Schieder, Theodor, "Das europäische Staatensystem als Regulator der Weltpolitik",Schieder,Theodor (Ed.),*Handbuch der europäischen Geschichte. vol. 6: Europa im Zeitalter der Nationalstaaten und Europäischen Weltpolitik bis zum Ersten Weltkrieg*,Stuttgart, 1968,pp. 53~78.

4 Han, WooKeun, *The History of Korea*. Translated by Lee Kyung-shik, edited by Grafton K. Mintz, Seoul, 1981, p. 372; Lee, Ki-baik, *A New History of Korea*, Translated by Edward W. Wagner with Edward J. Shultz, Seoul, 1984, p. 266.

하고 다시 남해안을 거쳐 서해안을 거슬러 올라가 1875년 9월 20일 강화도 난지도 앞바다에 도착하였다. 운요호의 함장 이노우에는 급수를 핑계로 일본군 수십 명을 보트에 태우고 초지진으로 접근하여 조선 수군의 공격을 유도하였다. 초지진의 조선 군사들은 '서양 야만인' 들의 공격을 아직도 또렷하게 기억하고 있었기 때문에 이들의 접근을 다른 외세가 공격해오는 것으로 생각하고 먼저 공격하였다. 일본군도 응수하였지만 곧 후퇴하였다. 운요호로 돌아온 이노우에는 함포로 보복 포격을 가하고, 영종진(지금의 영종도)에 상륙하여 조선군과 격전을 벌이고 주민을 방화, 살육하였다.

[3-4] 이노우에 요시카

이기백(李基白, 1924~2004)은 이 사건에 대해, "운요호 사건은 일본이 짠 각본대로 정확하게 맞아떨어졌다(In short, the Unyō Incident was a drama played out in exact conformance with a scenario scripted by Japan.)."[5]라고 서술하였다.

조선의 선제 공격을 받은 일본은 이제 조선을 공격할 좋은 명분이 생겼다. 조선과의 갈등이 생길 경우 청이 어떠한 입장을 표명할지 알아보기 위해 일본은 청으로 특명전권대사를 보냈다. 청은 조선과 공식적으로 사대관계를 맺고 있다고 밝혔지만, 동아시아의 전통적인 국가관에서 벗어난 일본은 조선을 국제법상 독립적인 자주국가로 생각하였다.

이듬해에 일본은 군함 3척과 800여 명의 군인이 승선한 수송선 4척을[6] 이끌고 강화도 앞바다의 갑곶에 상륙하여 무력 시위를 벌여 통상 수교를 강요하였다. 조선 정부는 결국 통상 수교로 방침을 정하였고, 1876년 2월 27일 조선과 일본은 강화도 조약을 체결하였다.

조선은 강화도 조약을 계기로 서양 중심의 국제질서에 편입되어 서

5 Lee, Ki-baik, ibid, p. 268.

6 군함의 숫자와 군인의 숫자 등 자료가 상이하여 이기백의 자료를 참고하였다. 이기백, 『한국사신론』, 서울, 2013, p. 292.

[3-5] 1875년 운요호의 일본 군인이 강화에 상륙한 모습을 담은 목판화(1877년)

양 여러 나라와 통상을 시작하게 되었다. 이 조약의 중요한 내용은 조선이 자주국으로 일본과 대등한 권리를 가진다는 것, 조선이 부산을 비롯하여 두 개 항구를 개항한다는 것, 일본이 조선의 해안을 수시로 측량할 수 있게 된 것, 일본이 치외법권을 획득한 것이다. 국제법에 무지했던 조선에 일본은 자신들이 서양 열강으로부터 강요당한 불평등한 조항들을 강요한 것이다.[7]

강화도 조약이 체결되면서부터 1910년 조선이 일본에 의해 강점되기까지 동아시아의 역사에 결정적인 영향을 미쳤던 한반도를 둘러싼 열강들의 각축이 시작되었다. 청은 조선에 대해 전통적으로 가지고 있던 주도권을 잃게 되었고, 유럽은 동아시아에 대한 식민 활동에서 일

7 Lee, Ki-baik, op. cit, pp. 268f; Deuchler, Martina, *Confucian Gentlemen and Barbarian Envoys. The Opening of Korea*, 1875-1885, Seattle, London, 1977, pp. 23~25; Kim, Jang-soo, *Korea und der Westen von 1860 bis 1900. Die Beziehungen Koreas zu den europäischen Großmächten, mit besonderer Berücksichtigung der Beziehungen zum Deutschen Reich*, Frankfurt a. M., Bern, New York, 1986, pp. 22~28; Han, Woo-Keun, op. cit, pp. 372f.

본과 경쟁하게 되었다. 제일 먼저 러시아가 큰 타격을 입었다. 강화도 조약에 대해 서구 열강들은 긍정적인 반응을 보였지만 우선은 관망하자는 입장이었다. 그러나 일본은 조선에 관심을 두고 있는 다른 국가와의 경쟁을 두려워하였다. 특히 러시아가 만주와 조선에 대한 공격적인 정책을 펼치게 될 것을 대비하여 독일 등 다른 서구 열강에게 조선과 통상조약을 체결하도록 권유하였는데, 이는 일본이 독자적으로 러시아와 대적하지 않기 위함이었다.

【3-6】 이홍장(1892년)

이와 같이 새로 형성된 판도에서 서양 열강 중 처음으로 미국이 일본의 중개를 받아 조선과 통상조약을 체결하기 위하여 슈펠트 제독을 보냈다. 조선은 서양 열강들과 좋지 않은 경험을 하였기 때문에 완전히 개방할 생각이 없었으며, 1880년 미국이 접근해 올 때도 일본의 또 다른 흑심이 있을 것이라 판단하여 조약 체결을 거절하였다. 그러나 슈펠트 제독은 포기하지 않고 청에게 도움을 청하였다. 결국 당시 조선의 내정에 관여하고 있던 청의 유력한 정치가인 직예총독(直隷總督) 이홍장(李鴻章, 1823~1901)[8]의 주선으로 미국은 1882년 5월 22일 제물포(현재의 인천)에서 조선과 수호통상조약을 조인하였다.[9]

유럽 국가들도 정치적·경제적 이유에서 조선에 관심을 갖기 시작

8 이홍장은 청 말의 대표적인 정치인으로 태평천국의 난을 진압하는 데 중심 역할을 하였으며, 청 말의 주요 외교 문제를 거의 장악하였다. 이이제이(以夷制夷, 오랑캐로 오랑캐를 다스린다) 방식으로 서구 열강들을 견제하면서 양보, 타협의 정책을 취하였다. 1870년부터는 직예총독 겸 북양대신을 겸하였으며, 병기창 설립, 육해군 편성, 외국어 학교 설립 등 중국의 근대화에 힘썼다. 이홍장은 위안스카이를 조선에 보내 일본의 진출을 견제하였고, 묄렌도르프, 데니 등을 조선에 고문으로 보내는 등 조선의 내정과 외교에 깊이 간여하였다..

9 Reischauer, Edwin O. and John K. Fairbanks, *East Asia - The Great Tradition*, London, 1965, p. 377; Deuchler, Martina, op. cit, pp. 120~122.

하였다. 독일도 조선에 관심을 가졌지만 영국이 독일의 팽창에 대해 우려를 표시하자, 독일은 영토 확장 계획이 없다고 확인해주었다. 미국이 조선과 통상조약을 맺기 위해 노력하는 동안 도쿄 주재 독일 공사 카를 폰 아이젠데헤르(Karl von Eisendecher, 1841~1934)[10]는 독일 외무성에 우선은 유보적인 자세를 취하면서 관망하는 것이 좋겠다고 제안하였다. 그러면서 미국이 평화적으로 조약 체결에 성공한다면 독일도 시도해 볼 수 있을 것이라고 덧붙였다. 그러나 무력 시위로 치닫게 된다면 훗날 독일과 조선의 관계를 생각하였을 때 중립성을 유지하는 것이 중요하다고 하였다.[11] 독일이 이와 같이 유보적인 자세를 취하게 된 것은 조선에서 활동하였던 독일 외교관과 상인들이 조선과 일본의 통상 규모를 비교해 볼 때 조선 시장은 독일 상인들에게 큰 이득이 없을 뿐만 아니라 독일 경제에도 큰 도움이 되지 않는다는 결론을 내렸기 때문이다. 이러한 이유로 독일은 조선과의 통상에 대해서는 조선에서 더 큰 이해를 좇는 다른 열강에게 우선권을 주자는 원칙을 고수하였다.

[3-7] 카를 폰 아이젠데헤르(1900년경) 칼스루헤에 사신으로 파견되었을 때이다.

러시아의 계속적인 확장 정책으로 결국 청이 개입하였다. 러시아와 정치적인 경쟁을 벌이고 있던 영국은 이러한 러시아의 움직임을 정확하게 관망하고 있었다. 베이징 주재 영국 공사 토머스 프랜시스 웨이드

10 카를 폰 아이젠데헤르는 독일 해군 장교이자 외교관이었다. 아이젠데헤르에 관한 자세한 사항은 다음을 참조한다. Pantzer, Peter and Sven Saaler, *Japanische Impressionen eines Kaiserlichen Gesandten. Karl von Eisendecher im Japan der Meiji-Zeit*, München, Tokyo, 2007.

11 AA, Korea I, vol. 1: Schreiben von Eisendecher aus Tokio an Bismarck vom 23. Juni 1880 und vom 22. Juli 1880; Deuchler, Martina, *Confucian Gentlemen and Barbarian Envoys. The Opening of Korea, 1875~1885*, Seattle, London, 1977, pp. 110, 123.

(Thomas Francis Wade, 1818~1895)[12] 경은 조선이 서양 국가들과 국제법상의 조약을 맺게 되면 러시아의 세력 확장과 일본의 조선 점령을 막을 수 있다고 하였다. 그러나 유럽과 조선의 지리적인 거리를 고려하였을 때 통상 관계를 맺는 것 외에는 생각할 수 없다고 하였다.

[3-8] 토머스 프랜시스 웨이드 경

2. 독일인과 조선인의 첫 만남

1883년 독일과 조선이 공식적인 외교 관계를 맺기 전에 이미 독일인과 조선인의 만남이 여러 차례 있었다. 역사적으로 봤을 때 크게 의미 있는 접촉은 아니었으나 독일과 조선 관계의 시작일 뿐만 아니라 그 토대를 이룬 독일인들이기에 여기서 소개하겠다.

요한 아담 샬 폰 벨

입증할 수 있는 독일인과 조선인의 최초의 만남은 17세기 중반에 이루어졌다. 1636~1637년 조선이 청과의 전쟁에서 패하여 청과 군신관계를 맺은 후 인조는 충성의 징표로 왕세자와 둘째 왕자를 청에 인질로 보내야 했다. 조선의 왕세자인 소현세자(昭顯世子, 1612~1645)는 1644년 베이징에서 독일 예수회 소속 선교사 요한 아담 샬 폰 벨(Johann Adam Schall von Bell, 1592. 5. 1~1666. 8. 15)을 만나게 되는데, 아담 샬 신

12 토머스 프랜시스 웨이드 경은 영국 외교관이며 중국 학자였다. 베이징 주재 영국 공사를 역임하였으며, 케임브리지대학 초대 중국어 교수를 맡았다. 동양학자인 허버트 앨렌 길스(Herbert Allen Giles, 1845~1935)와 함께 중국어를 로마자로 표기하는 웨이드식 표기법을 만들었다. 이 표기법으로 중국어 입문서인 『어언자이집(語言自邇集)』을 썼다. 웨이드의 중국 이름은 위타마(威妥瑪)이다.

부는 종교 서적과 서양 학문 서적을 선물로 주었다. 아담 샬 신부는 1622년부터 청에서 선교사·천문학자·자연과학자로 활동하였는데, 당시 청 황실에서 영향력이 있는 위치에 있었다. 또한 천문학·수학·천주교에 관한 다수의 책을 중국어로 번역하였다. 1645년 소현세자가 조선으로 돌아갈 때 아담 샬은 천주교를 믿는 청 황실의 궁녀 몇 명과 청의 천주교도 5명을 함께 보냈다. 그러나 소현세자는 조선으로 돌아온 후 두 달 만에 밝혀지지 않은 원인으로 사망하였다. 당시 조선에서는 낯선 종교였던 천주교가 소현세자의 사망에 어떠한 영향을 미쳤는지 알 수 없지만, 소현세자가 급사한 이후 그와 동행하였던 청의 천주교도들은 다시 청으로 보내졌고, 아담 샬이 선물한 서적들은 모두 불태워졌다. 독일인과 조선인의 첫 만남은 조선에 직접적인 영향을 미치지는 않았지만, 소현세자가 가져왔던 책들은 조선의 학자들에게 서양 학문에 대한 관심을 불러일으켰다.[13]

[3-9] 요한 아담 샬 폰 벨

조선은 해마다 청 황실에 사신을 보냈기 때문에 그 이후에도 여러 차례 이와 같은 만남이 이루어졌다. 1720년에는 고부사(告訃使)로 청에 갔던 이이명(李頤命, 1658~1722)이 독일 예수회 선교사 이그나티우스 쾨글러[Ignatius Kögler, 대진현(戴進賢), 1680~1746][14]를 만났는데, 중국어로 번역된 천문학·역산·천주교에 관한 책을 선물로 받았다. 이이명은 조선에 돌아와서 양반들에게 이 책들을 소개하였다. 그러나 곧 발생한 당

13 최종고, 『韓獨交涉史』, 서울, 1983, 19~24쪽; Kleiner, Jürgen, *Korea. Betrachtungen über ein fernliegendes Land*, Frankfurt a. M, 1980, p. 279; Kuh, K. S., "100 Jahre deutsch-koreanische Beziehungen", Kuh, K. S. (Ed.), *한(Han) Korea*. Kulturmagazin, vol. 1983, no. 3, p. 13.

14 Ignaz / Ignatius Kögler(1680-1746), Jesuit, Mathematiker und Astronom in Peking.

쟁에 희생되어 1722년 사사(賜死)되었다.[15]

이외에도 독일 예수회 소속 선교사인 아우구스트 페르디난트 할러 폰 할러슈타인[August Ferdinand Haller von Hallerstein, 유송령(劉松齡), 1703~1774]과 안톤 고가이슬[Anton Gogeisl, 포우관(鮑友管), 1701~1771]도 조선 사신들과 대화를 나누었다. 이들은 조선 사신에게 물건과 책을 선물로 주었고, 이것들도 조선에서 관심을 불러일으켰다. 1766년 홍대용(洪大容, 1731~1783)은 조선 사절단의 일원으로 베이징을 방문하여 할러슈타인을 만났는데, 천문학을 토론하고 나침반과 망원경의 사용법을 배웠다. 이 둘의 만남은 비교적 짧았지만 강렬하여 홍대용의 앞날에 지대한 영향을 미쳤다. 홍대용은 조선으로 돌아와서 사망할 때까지 천문학과 수학을 공부하였다. 그는 지전설(地轉說)을 주장한 최초의 조선인이다.[16]

필립 프란츠 폰 지볼트

19세기 초에 독일의 의사이자 자연과학자 필립 프란츠 폰 지볼트(Philipp Franz von Siebold, 1796. 2. 17~1866. 10. 18)는 일본에 표류한 조선인들과 여러 차례 접촉하였다. 다양한 분야에 관심이 있었던 지볼트는 조선의 문화, 관습, 언어 등을 집중적으로 연구하였다. 지볼트는 난파한 선원들만 만났지만, 이들에게 들은 정보를 토대로 『니폰(Nippon. Archiv zur Beschreibung von Japan und dessen Neben- und Schutzländern)』(Leiden, 1832~1852)이라는 책에서 조선을 자세히 객관적으로 묘사하였다. 무엇보다도 조선인들을 유럽에 알렸다는 점에서 매우 의미 있다고 할 수 있다. 지볼트는 1823~1830년, 1859~1862년에 일본에 거주하였다.

15 Kuh, K.S., 100 Jahre, ibid, p. 14.
16 Kuh, K.S., 100Jahre, op. cit, p. 14.

하멜이 13년 동안 조선에서 표류한 경험을 적은 보고서는 유럽에서 여러 언어로 번역되어 출판되었다. 당시 대부분의 유럽인들은 유럽 중심의 사고를 가졌기 때문에 기독교를 믿지 않는 국가들을 '야만인의 나라'로 불렀다. 하멜이 조선을 묘사하거나 조선인들을 서술한 부분에서 이와 같은 생각이 많이 드러났다. 더욱이 하멜은 조선에서 억류당하였기 때문에 더 부정적일 수밖에 없었다. 조선에 대한 하멜의 보고서는 조선을 알리는 데 기여하였지만, 객관성이 부족하였고 강제 체류라는 특수 상황하에서 경험하고 발생한 일들에 대한 단순 묘사로 인해 서양에 조선에 대한 부정적인 이미지를 각인시킴으로써 그 이미지는 오래 지속되었다. 따라서 지볼트가 자세하면서도 학문적인 관점에서 집필한 사실들은 조선에 대한 부정적인 이미지를 많이 약화시켰으며, 적어도 학자들에게 조선과 조선인들에 대한 긍정적인 인상을 만드는 데 큰 역할을 하였다.

[3-10] 필립 프란츠 폰 지볼트

카를 프리드리히 아우구스트 귀츨라프

카를 프리드리히 아우구스트 귀츨라프(Carl Friedrich August Gützlaff, 1803. 7. 8~1851. 8. 9)는 기록상 조선을 방문한 최초의 독일인이다. 또한 청에서 활동하였던 최초의 독일 루터교 선교사였다. 귀츨라프는 1803년 7월 8일 당시 독일령(현재 폴란드령) 슈테틴 남동쪽에 위치한 포메라니아의 작은 마을 피리츠에서 가난한 재단사의 아들로 태어났는데 가정환경은 불우하였다. 아버지는 폐질환을 앓았고, 어머니는 귀츨라프가 네 살 때 사망하였는데 의붓어머니의 학대를 받으며 자랐다고 한다. 시립초등학교에 입학하면서부터 지리와 언어에서 큰 재능을 보였다. 그의 재능을 알아차린 학교에서는 교육을 계속 받을 수 있도록 장학금 지원을 제의했지만, 귀츨라프는 이를 거절하고 슈테틴에서 벨트 제조 기술을 배우는 직업 교육을 받기 시작하였다. 그때, 당시 독일의 유일한 선교 잡지였던 『바젤선교잡지(Baseler Missions Magazin)』를 접하게 되면서 선교에 대한 관심이 싹텄다. 그러나 아버지가 지원해준 돈으로는 선교 활동을 배우는 학교 교육을 받을 수 없었다. 그러던 중 1820년 열병식에 참석하기 위해 슈테틴을 방문한 프로이센의 왕 프리드리히 빌헬름 3세(Friedrich Wilhelm III, 1770~1840, 재위 1797~1840)의 도움을 받게 되었다. 귀츨라프는 직접 작성한 찬양가를 왕에게 전달하였는데, 시가 마음에 들었던 프리드리히 빌헬름 3세는 그를 돕겠다고 약속하였다. 왕의 도움으로 1821년 부활절에 귀츨라프는 요하네스 예니케(Johannes Jänicke, 1748~1827)가 베를린에서 운영하는 선교 학교에 입학하였다. 이 학교는 예니케가 주로 영국과 네덜란드의 선교회 회원을 선교사로 교육시키기 위해 1800년 12월 1일에 독일 최초로 설립한 선교 학교였다. 귀츨라프는 1823~1826년에 로테르담에서도 교육을 받았는데, 그곳에서 언어에 대한 관심을 되살려 네덜란드어, 말레이어, 터키어, 아랍어를 공부하였다. 그는 네덜란드 선교회(Nederlandse Zendelings-Genootschap)의 프로이센 회원 자격으로 1826년 12월 11일 로테르담을 출발하여 바타비아로 갔으며, 그곳에 체류하고 있던 청인을 만나 중국어도 배웠다.

[3-11] 프리드리히 빌헬름 3세

선교회가 청나라 사람들을 대상으로 선교 활동을 하는 것은 가망이 없다고 판단하고 포기하자 귀츨라프는 1828년부터 독자적으로 선교 활동을 시작하였다. 우선 태국 방콕으로 가서 목사와 의사로 활동하였다. 1829년에는 말라카에서 런던 선교회(London Missionary Society)가 파견한 동아시아 담당 최초의 여성 선교사인 매리 뉴웰(Mary Newell)과 결혼하였다. 1830년 2월 아내와 함께 방콕으로 돌아갔지만, 1831년 초에 아내가 쌍둥이를 낳다가 사망하였다. 쌍둥이도 얼마 살지 못하고

죽었다.[17]

[3-12] 카를 프리드리히 아우구스트 귀츨라프

1831년 중반에 귀츨라프는 마카오에서 선교 활동을 하기 위해 태국을 떠났다. 이 활동에 필요한 자금은 아내가 남긴 유산과 의학 지식을 활용하여 얻은 수입으로 마련할 수 있었다. 그동안 그는 베이징어(Mandarin)[18], 광둥어(Kantonesisch)[19], 민난어(閩南語)를 비롯한 중국 남동쪽 해안 지방의 방언도 익혔을 뿐만 아니라 청인들의 관습과 의상도 공부하였다. 청에서의 활동 범위를 더욱 넓히기 위해 심지어 청인의 양자가 되어 청에 귀화하였다.[20]

1813년 영국 동인도회사가 인도에서 상업 독점권을 잃게 되자 새로운 통상 파트너를 찾기 시작하였다. 1831년에 청의 정크선을 타고 태국을 출발하여 중국 동해안의 여러 항구 도시를 거쳐 톈진까지 항해한 귀츨라프는 통상을 원하는 청 상인들의 열망을 잘 알고 있었다. 그는 중국 북부 지역으로 탐사를 떠나 새로운 판로를 개척하자고 영국 동인도회사에 제안하였다. 그리고 통역사이자 의사로 탐사를 떠나는 로드 암허스트호에 승선하였다. 1832년 2월 말 영국 상인 휴 해밀턴 린제이의 책임하에 로드 암허스트호는 마카오를 출발하였다. 로드 암허스트호에는 영국산 의류, 인도산 목화솜, 랜턴 등 일상용품들 외에도 선교를 위한 전도책자가 실려 있었다. 린제이의 임무는

17 Schlyter, Hermann, *Karl Gützlaff als Missionar in China*, Lund, Copenhagen, 1946, pp. 53~55.

18 북중국에서 쓰이는 방언인 북방어(北方語)로 현대 표준 중국어로 사용되고 있다. 관화(官話), 보통화(普通話), 만다린어(Mandarin)라고도 부른다.

19 광저우 방언으로 광동화(廣東話) 또는 월어(粵語)로 불리며, 중국의 남쪽인 광시좡족자치구, 우저우, 광둥성에서 사용된다. 홍콩과 마카오에서도 광둥어를 사용한다.

20 "Gützlaff, Karl Friedrich August", *ADB*, vol. 10(1879), pp. 236f; Bautz, Friedrich Wilhelm, "Gützlaff, Kar", *BBKL*, vol. 2(1990), column 389f.

영국과 인도의 제품 그리고 아편을 판매하기 위한 새로운 판로를 살피는 한편, 차를 구입할 수 있는 여러 상점을 발굴하여 동인도회사에 보고하는 것이었다. 그러나 귀츨라프는 선교를 위해 동행하였다. 방문하는 각 항구 도시의 정치적·군사적 상황을 정탐하여 보고하는 일이 린제이에게는 의무였지만, 귀츨라프에게는 불편한 작업이었다. 첫 목적지는 중국의 북쪽 해안 지역으로, 별다른 문제 없이 샤먼, 푸저우, 상하이에 정박할 수 있었다. 그러나 그곳 주민들은 서양인과 접촉하는 것이 금지되어 있어서 선교에는 성공하지 못하였다. 헤르만 슐리터(Hermann Schlyter)는 당시의 상황을 다음과 같이 묘사하였다.

> 그들이 정박하는 곳마다 주민들이 친절하게 환대하였고, 귀츨라프는 의술을 발휘하고 전도책자를 나눠주며 주민들과 대화를 나눌 기회가 많았다. 그러나 청의 관리와 군인들이 문제였다. 몇몇 곳에서는 군함과 군 지휘관들을 동원하여 그들에게 즉시 현지를 떠나 여행을 계속하라고 협박하였다. Überall, wo sie landeten, wurden sie von der Bevölkerung freundlich empfangen, und Gützlaff hatte viele Gelegenheiten seine ärztliche Kunst auszuüben, Schriften zu verteilen und sich mit der Bevölkerung zu unterhalten, während dagegen die chinesischen Zivil- und Militärbehörden ihnen Schwierigkeiten bereiteten. An einigen Orten wurden sie mit Kriegsschiffen und Oberbefehlshabern bedroht, wenn sie nicht sogleich ihre Reise fortsetzten.[21]

이웃 국가인 조선에서는 이보다 더 성공하기를 바라는 마음으로 1832년 7월 17일 로드 암허스트호는 황해도 용연면 장산곶의 장산이란 섬에 도착하였다. 이곳은 황해의 대청군도(Sir James Hall Group)로부터 북쪽으로 12마일 정도 떨어져 있었다(…… 12 miles north of the

21 Schlyter, *Karl Gützlaff als Missionar in China*, pp. 71f.

northernmost islands of Sir James Hall group).[22] 카를 귀츨라프는 조선을 방문한 최초의 독일인일 뿐만 아니라 최초의 루터교 선교사였다.[23] 그는 통상을 청원하는 편지와 함께 중국어로 번역된 성경 여러 권과 전도책자를 조선 왕실에 보냈다. 로드 암허스트호가 회신을 기다리면서 서해안 여러 항구에 정박하는 동안 귀츨라프는 육지로 가서 주민들에게 전도책자를 나눠줄 기회를 얻었다. 그리고 곳곳에 감자를 심고 주민들에게 감자 식용법과 재배법을 알려주었다.[24] 8월 9일 청원서에 대한 공식 답신을 받았으나, 내용은 거절이었다. 조선 왕실의 사신은 다음과 같이 설명하였다.

> 귀하의 서한과 선물을 받는 것은 불법이다. 이러한 착오는 귀하가 이 임무를 맡긴 두 명의 청 관원들의 나이가 많아 발생한 것 같다. 그러나 불법이기 때문에 귀하가 주장하는 용건을 국왕께 전달할 수 없으며 모든 것을 다시 되돌려준다. 조선은 청과 사대관계이기 때문에 황제의 허락 없이는 어떠한 것도 결정할 수 없다. 이것이 조선의 국법이다. 지금까지 조선은 외국과 교류한 바가 없다. 그런데 왜 지금 교류를 시작할 모험을 무릅쓰겠는가?
>
> To receive your letter and presents is illegal; we ought to ascribe the mistake to the great age of the two mandarins whom you charged with this business; but as it is illegal, we cannot represent your affaires to his majesty, and accordingly returned all to you. Our Kingdom is a dependent state of China; we can do nothing without the imperial decree; this is our law. Hitherto we have had no intercourse with foreigners; how could we venture to commence it now?[25]

22 King, John W., *The China Pilot*, London, 1861, p. 254.

23 『순조실록』에도 로드 암허스트호와 선원들이 조선에 도착한 내용이 적혀 있다(『순조실록』 32권, 순조32년 7월 21일).

24 Gutzlaff, Charles, *Journal of Three Voyages along the Coast of China, in 1831, 1832 & 1833, with Notices of Siam, Corea, and the Loo-Choo Islands*, London, 1834, Reprint: New York (without year), p. 341.

25 Gutzlaff, ibid, p. 349.

[3-13] 상하이에 있는 귀츨라프 등대(1928년)

이로써 조선에 요구한 통상수교는 외국인과 접촉해서는 안 된다는 엄격한 조선의 국법 때문에 수포로 돌아갔다. 로드 암허스트호는 조선에 도착한 후 한 달여 만인 1832년 8월 17일 어떠한 성과도 없이 다시 마카오로 돌아가야 했다. 귀츨라프는 후에 조선 탐사 여행에 대한 보고서에서 조선과 일본이 계속적으로 서양에게 개항하지 않는다면 8월 17일 청으로 돌아가는 길에 방문했던 제주도(Quelpaert)에 선교 활동을 위한 교두보를 세울 것을 제안하였다.

귀츨라프는 언어 감각이 뛰어났고 동아시아 언어에 대한 관심이 컸기 때문에 조선인을 만나면서 한국어에 대한 연구를 하였다. 한국어에 대한 연구 결과는 1832년 11월 『아시아저널 11호(The Asiatic Journal, vol. 11)』에 발표하였다.[26]

에른스트 야코프 오페르트

이어서 소개하는 독일인과 조선과의 만남은 조선에게 독일뿐만 아니라 서양 국가들에 대한 부정적인 인상만을 남겨주었다. 서양인들은 야만적이고 저속하다는 생각을 심어줬으며 조선 정부가 쇄국 정책을 더욱 엄격하게 펼치게 된 원인이 되었다.

아시아 국가 중에서 조선은 가장 폐쇄적이었고 가장 비밀스러운 나라였다. 그래서 많은 탐험가들은 조선에 보물 외에도 가치 있는 것들이 많이 있을 것이라고 추측하였다. 이와 같은 추측이 널리 퍼져서 대부분의 서양인들은 문호를 굳게 걸어 잠근 조선에 엄청난 양의 금이 매장되어 있을 것이라고 생각하였다.

상하이에서 무역을 하던 독일 상인 에른스트 야코프 오페르트(Ernst Jacob Oppert, 1832. 12. 5~1903. 9. 19)도 이러한 생각에 사로잡혀 조선과 통상을 맺으려 세 차례나 시도하였다. 오페르트의 조선 탐사에 대해 자세하게 언급하기 전에 먼저 오페르트의 배경에 대해 살펴보자.

오페르트는 1832년 12월 5일 독일 함부르크에서 12명 중 여섯째 아들로 태어났다. 아버지는 율리우스 에두아르트 오페르트(Julius Eduard Oppert, 1793~1874), 어머니는 헨리에트 오페르트[Henriette Oppert, 결혼 전 성은 간스(Gans), 1800~1875]였다. 귀츨라프가 조선 여행을 마치고 마카오로 돌아갈 때 오페르트가 태어난 것이다. 어느 누구도 34년 뒤에

26 귀츨라프에 관한 자세한 사항은 다음을 참조한다. Schlyter, Herman, *Der China-Missionar Karl Gützlaff und seine Heimatbasis*, Lund, 1976; Klein, Thoralf and Reinhard Zöllner, *Karl Gützlaff(1803~1851) und das Christentum in Ostasien: Ein Missionar zwischen den Kulturen*, Nettetal, 2005; Gutzlaff, Charles, op. cit, London, 1834, Reprint, New York [without year].

오페르트가 머나먼 조선 땅을 밟고 세 차례의 모험이 가득한 탐사 여행으로 조선 연대기에 기록되리라고는 예상하지 못하였다. 그러나 오페르트는 귀츨라프와는 달리 친절하고 선물을 나눠준 선교사가 아니라 악랄한 약탈자로 역사책에 남게 되었다.

상인이 되기 위한 교육을 받은 오페르트는 1851년 당시 경제 중심지로 발전한 영국 식민지인 홍콩으로 갔다. 3년 뒤 상하이로 거처를 옮겨 자기 소유의 오페르트상사(Oppert & Co.)를 설립하였다. 얼마 후 두 남동생 헤르만 다비드 오페르트(Hermann David Oppert, 1841~?)와 에밀 다비드 오페르트(Emil David Oppert, 1843~?)가 그의 일을 돕게 되었다. 고향을 방문한 에른스트 오페르트는 1863년 6월 10일 모스크바에서 일하는 독일 상인의 딸 올가 분젠(Olga Bunsen, 1839~1907)과 결혼하였다. 부인을 데리고 상하이로 돌아온 후 1865년 9월 17일 첫 아이인 알마 엘리자베트 게르투르투(Alma Elisabeth Gertrud)가 태어났다.[27]

오페르트는 일본이 개항한(1854년 개항) 몇 년 뒤에 일본 여행을 성공적으로 마치고 청으로 돌아갔다. 그는 청 상인들로부터 조선의 생산력과 그와 연관된 상업 가능성에 대한 말을 듣고 조선에 큰 관심을 가졌다. 자신의 계획을 이행하기 위한 자금을 구하려고 상하이에서 가장 유력한 영국계 상사 중 하나인 이화양행(Jardine Matheson & Co)의 사장 제임스 위톨(James Whittall)에게 접근하였다. 위톨 역시 조선에까지 사업을 확장할 수 있는 기회로 생각하였다. 그러나 위톨은 오페르트보다는 더 현실적이고 더 조심스러운 사람이었다. 당시에는 믿을 만한 정확한 지도가 없었으며 심지어 조선의 수도의 정확한 위치도 알려지지

27 Hauschild-Thiessen, Renate, "Ernst Oppert(1832~1903). Ein Hamburger beschreibt Korea", *Hamburgische Geschichts- und Heimatblätter. Verein für Hamburgische Geschichte*, Hamburg, 1988/92, vol. 12(Oktober), pp. 99~101; *JE*, vol. 9, p. 419.

[3-14] 이화양행(1928년, 중국 상하이)

않았다. 그래서 위톨은 상선 로나호(Rona)의 선장 제임스 모리슨(James Morrison)에게 5일 동안 해안을 탐사하고 한강의 어귀와 수도의 위치를 알아내어 2차 탐사는 보다 준비된 상태로 떠날 수 있도록 하라고 지시하였다.[28]

1866년 3월 오페르트는 처음으로 조선의 서해안 강화도 근처에 도착하였고, 그곳 관리들에게 통상을 요구하였지만 성공하지 못하였다. 이어서 조선 내륙으로 들어가 탐사 활동을 벌이려 하자 조선인들은 그를 가로막았고, 오페르트는 그들을 총으로 위협하였다. 첫 탐사가 실패하였지만 오페르트는 포기하지 않았다. 위톨이 제시한 기한인 5일이 다가오자 오페르트는 조선에 집을 구하고 로나호가 다시 돌아올 때를 기다리려 하였다. 이 계획을 알게 된 그 지역의 관리는 혹시라도

28 Oppert, Ernst, *Ein verschlossenes Land. Reisen nach Corea*, Leipzig, 1880, pp. 160~188.

자신이 불이익을 받을까 두려워 오페르트에게 조선의 국법에 의하면 서양과 통상을 할 수 없기 때문에 당장 조선을 떠나야 한다고 강하게 지시하였다.

상하이로 돌아온 오페르트는 조선과 통상하려는 계획을 포기하지 않고 두 번째 조선 여행을 준비하였다. 그러나 이번에는 위톨이 도움을 주지 않았다. 계획이 제대로 이행되지 못할 것이란 생각이 굳어진 것은 프랑스 선교사들이 조선에서 살해되었다는 소식이 들려왔기 때문이었다. 그래서 오페르트는 바다 항해보다는 강을 다니는 데 적합한 영국의 엠퍼러호(Emperor)와 선장 제임스를 포함한 선원들을 자비로 고용하였다. 그는 엠퍼러호에 무기를 많이 실었는데, 조선이 통상을 거부하면 무력을 사용해서라도 수용하도록 하겠다는 생각을 2차 항해를 준비할 때 이미 했던 것 같다. 오페르트는 자신이 조선을 개항하고 통상할 수 있기를 바랐다.[29]

1866년 8월 오페르트는 유럽인 6명, 말레이와 청의 선원 15명, 청의 상인 4명, 통역사와 함께 출항하여 1차 항해 때 도착하였던 지점으로 갔다. 그러나 이번에도 조선 관리들이 통상을 거부하였다.

오페르트는 조선에 체류하는 동안 조선의 천주교도로부터 프랑스 선교사 리델 신부의 도움을 요청하는 편지를 전달 받았다. 그러나 이 편지는 몇 달 전에 작성된 것이었으며, 그사이에 리델 신부는 작은 선박을 타고 이미 조선을 떠난 상태였다. 오페르트는 도피 중에 리델 신부의 편지를 전달한 조선의 천주교도 세 명을 배에 태웠다. 그중 한 명은 다음과 같이 라틴어로 적힌 편지를 전해주었다.

> 나, 빌립보는 조선 학생으로 어제 자정 전에 두 명의 어부와 합의한 후 사전에 정한 장소에 도착하였다. 밤새 보초를 섰다. 오늘 저녁 해가 떨어지면 우

29 Oppert, Ernst, ibid, pp. 189~264.

리를 작은 배에 태워주면 좋겠다. 이곳에서 기다리고 있겠다.

Ego, Philippus, alumnus coreensis, secundum pactum cum duobus nautis beri ante mediam noctem veni in hunc destinatum locum et tota nocte hic vigilavimus – in hac nocte post tenebras navicula veniret optimum erit, nunc etiam hic sumus.[30]

오페르트는 배에 태운 조선인들의 도움을 받아 며칠 동안 헤맨 후에야 한강 어귀를 발견하여 강화도까지 항해할 수 있었다. 한성에서 파견 나온 관리들은 조선 정부의 기본 방침을 다시 한번 상기시켜 주었으며 전략적으로 더딘 협상을 벌여 오페르트를 화나게 했다. 오페르트는 기선의 석탄 비축량이 현저히 줄어들어 어쩔 수 없이 빈 손으로 청으로 돌아가야 했다.

오페르트가 운영하는 오페르트상사는 초반에는 큰 수익을 내 1859년에는 일본이 서양 상인들에게 새로 열어준 항구 도시에 지사를 세울 계획까지 세웠지만 점점 적자를 내기 시작하였다. 이런 상황에서 2차 조선 탐사에 투자했던 자금 때문에 1867년 결국 상사의 문을 닫아야 했고, 빚이 1868년에는 180,000냥에 달하였다.[31] 두 차례에 걸친 조선 탐사와 실패, 회사의 파산은 오히려 오페르트로 하여금 조선 탐사를 성공적인 방향으로 이끌어 수익을 내야만 하는 절박한 상황으로 몰았다. 오페르트가 두 차례의 통상 요구에 그쳤다면 통상을 요구한 다른 서양인들과 크게 다를 바가 없는 인물로 남았을 것이다. 그러나 그의 세 번째 조선 여행 때문에 오페르트는 조선과 관련된 모든 역사책에 이름을 남기게 되었고, 조선 정부뿐만 아니라 조선 천주교도에게도 나쁜 이미지로 각인되었다.

30 Oppert, Ernst, ibid, pp. 202f.

31 Hauschild-Thiessen, Renate, op. cit, pp. 102.

앞에서도 언급하였지만 1866년 조선에서 있었던 천주교 박해 때 12명의 프랑스 선교사 중 9명이 순교하였다. 살아남은 신부 세 명은 청으로 탈출하는 데 성공하였다. 그중 한 명인 페롱 신부는 프랑스 예수회 조선교구장 대리이기도 하면서 10년 이상 조선에서 선교 활동을 하였다. 페롱 신부는 오페르트가 두 차례나 조선으로 항해하여 조선을 잘 알고 있을 것이라고 생각하여 그에게 도움을 청하였다. 두 사람은 흥선 대원군의 아버지인 남연군의 관을 미끼로 천주교 박해 중단과 통상을 요구할 계획을 세웠다.

세 번째 항해를 위한 자금과 적절한 선박을 구하기 위해 오페르트는 1864년부터 상하이의 명예 영사 겸 짐센상사(Firma Siemssen & Co.)의 대표로 재직 중인 루돌프 하인젠(Rudolph Heinsen)을 찾아갔다. 상사의 위험 부담은 줄이고 수익은 높게 책정된 대절(貸切) 계약을 작성하였다. 오페르트의 계획을 하이젠도 대충 눈치채고 있었지만, 최소한의 양심도 버렸음을 다음 내용으로 알 수 있다.

> 그들이 원하는 통상조약을 체결하게 된다면 조선인들은 지난해에 살해당한 선교사들에 대한 상당한 액수의 보상금을 지불해야 한다.
>
> Gelingt es den Leuten, den Vertrag, wie sie wünschen, abzuschließen, so wird wahrscheinlich von den Koreanern eine bedeutende Entschädigungssumme für die im letzten Jahr ermordeten Missionare bezahlt werden.[32]

648톤 급 기선 차이나호(China)는 강에서 운항하기에는 너무 컸기 때문에 더 작은 기선을 찾아야 했다. 마침 상하이에 작은 기선 그레타호(Greta)가 정박하고 있었다. 고드프로이 상사(J. C. Godeffroy & Sohn) 소유의

32 Hauschild-Thiessen, Renate, op. cit, p. 103.

그레타호는 1845년 청에 최초로 세워진 독일의 푸스타우 상사(Wm. Pustau & Co.)가 사용하고 있었는데, 푸스타우 상사의 대표 프롭스트(Probst)는 오페르트와 대절 계약을 체결하였다.

【3-15】 북독일연방 국기(위: 검은색, 중간: 흰색, 아래: 빨간색)

오페르트는 대원군에게 제시할 통상계약서[33]를 직접 작성해서 지참하고 1868년 4월 28일 차이나호와 그레타호에 북독일연방 국기를 달고 상하이를 출발하여 조선으로 향하였다. 배에는 조선인들에게 선물로 줄 거울, 연필, 담배, 성냥, 술, 빈 병과 작은 물건들을 가득 실었으며, 오페르트와 페롱 신부를 비롯하여 유럽인 선원 8명(독일인 4명, 스웨덴인 2명, 이탈리아인 2명), 필리핀인 선원 21명, 청인 노동자 약 120명이 타고 있었다. 그리고 미국인 상인이자 통역사로 항해의 자금을 지원한 젠킨스(Jenkins)도 동행하였다. 오페르트는 젠킨스가, 중국어를 청인보다도 더 잘한다고 말하였다.[34]

차이나호는 나가사키에서 잠시 정박하여 젠킨스의 돈으로 칼, 머스킷 소총, 권총을 추가로 구입한 후 밧줄로 그레타호를 묶고 조선 해안으로 향하였다. 그러나 모든 일이 계획한 대로 반드시 실행되는 것은 아니다. 이번 항해도 오페르트가 기대했던 것과는 달랐다. 항해 일정은 계획보다 오래 걸렸고, 남연군 묘까지의 거리는 페롱 신부가 말한 것보다 훨씬 멀었다. 아산만 덕산군(오늘날 예산군)에 도착한 오페르트 일행은 내륙 지역으로 6시간 정도 걸어가 묘에 도착하였지만, 시신을 약

33 Oppert, Ernst, op. cit, pp. 293~298.

34 Oppert, Ernst, op. cit, p. 276; Hauschild-Thiessen, Renate, op. cit, pp. 103f.

탈하려던 계획은 지참한 도구로는 묘를 파헤치지 못했기 때문에 실패하였다. 오페르트는 여기서 멈추지 않고 강화도로 가서 자신이 남연군 묘를 파헤쳤다며 대원군에게 협박성의 글을 전하였다. 오페르트는 다시 한 번 상륙을 시도하였지만 총격전이 벌어져 결국 필리핀인 두 명이 죽고 독일인 선원 한 명이 다치고 오페르트는 결국 달아났다.[35]

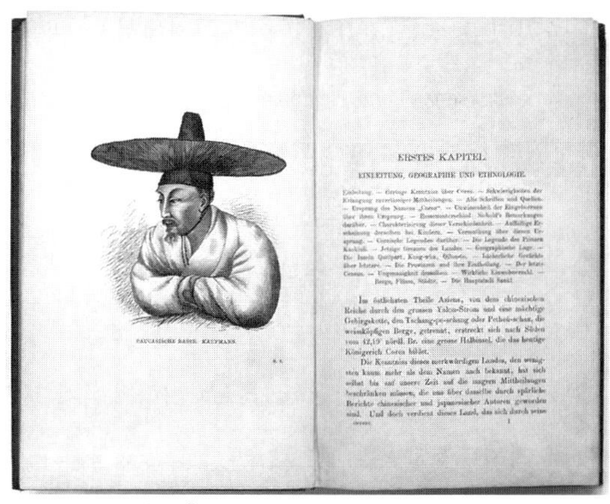

ERSTES KAPITEL.

EINLEITUNG, GEOGRAPHIE UND ETHNOLOGIE.

Im östlichsten Theile Asiens, von dem chinesischen Reiche durch den grossen Yalu-Strom und eine mächtige Gebirgskette, den Tschang-pe-schang oder Petsan-schan, die weissköpfigen Berge, getrennt, erstreckt sich nach Süden vom 42,19° nördl. Br. eine grosse Halbinsel, die das heutige Königreich Corea bildet.

Die Kenntniss dieses merkwürdigen Landes, den wenigsten kaum mehr als dem Namen nach bekannt, hat sich selbst bis auf unsere Zeit auf die mageren Mittheilungen beschränken müssen, die uns über dasselbe durch spärliche Berichte chinesischer und japanesischer Autoren geworden sind. Und doch verdient dieses Land, das sich durch seine

1

[3-16] 오페르트가 쓴 『금단의 나라 조선Ein verschlossenes Land. Reisen nach Corea』의 첫 장(라이프치히, 1880년)

조상을 섬기는 것을 큰 덕목으로 여기는 유교 사회 조선에서 오페르트의 묘 훼손 사건은 매우 야만적인 행위이며 모욕적인 사건이었다. 오페르트와 페롱 신부의 기대와는 달리 이 사건을 계기로 흥선 대원군은 더 강하게 천주교를 탄압하였고, 서양의 '야만인들'을 막기 위한 쇄국 정책을 강력히 실시하였다. 이로써 조선과 평화적으로 통상조약을 맺을 수 있는 기회는 차단되었고 오페르트의 야만 행위는 청에서의 서양인의 위상에도 악영향을 미쳤다.

오페르트는 마지막 조선 여행을 마치고 독일로 돌아가서는 함부르크 고등법원에 출석해야 했다. 이미 미국인 젠킨스는 상하이에서 미국 영사의 재판을 받았다. 오페르트는 결국 조선에서의 불법행위와 상하이에서 입은 손실로 인하여 감금형과 벌금형을 선고 받았다. 그는 형이 끝난 1869년 여름부터 눈에 띠지 않는 평범한 삶을 살았다.[36] 1878년 오페르트는 조선 기행문인 『금단의 나라(A Forbidden Land)』를 영어

35 Oppert, Ernst, op. cit, pp. 276~292.

36 Hauschild-Thiessen, Renate, op. cit, p. 108.

로 출판하였으며, 1880년 라이프치히에서 이 책을 『금단의 나라 조선(Ein verschlossenes Land. Reisen nach Corea)』이라는 제목으로 독일어로 출판하였다. 이 책은 독일인이 조선에 대해 서술한 첫 기행문이다.

페르디난트 폰 리히트호펜

이어서 소개하는 독일인과 조선의 만남은 큰 의미는 없지만 나쁜 결과를 초래하지도 않았다. 독일의 지리학자이자 중국학자인 페르디난트 폰 리히트호펜(Ferdinand von Richthofen, 1833. 5. 5~1905. 10. 6)은 탐사 여행을 많이 하였는데, 1869년 6월 조선의 북쪽 국경 지대에 도착하였다. 그 지역은 조선 상인들이 1년에 세 번 청 상인들과 무역을 할 수 있도록 허가된 장소였다.

[3-17] 1907년 한국 시장의 모습

리히트호펜과 그를 동행하였던 벨기에 출신 통역사는 압록강 주변에 설치된 중립 지역을 방문할 수 있었는데, 그들이 도착한 6월 9일이 바로 장이 서는 날이라 조선인들과 접촉이 많지 않았던 청의 국경 수비대는 변장한 이들의 모습을 보고 조선인으로 생각하였기 때문이다. 그가 국경 지대에 짧게 머물면서 조선 상인들과 나눈 대화, 그들을 관찰한 내용은 1869년 11월 23일 『베를린 국제지리학협회지(Zeitschrift der Gesellschaft für Erdkunde zu Berlin, vol. 5)』에 「리히트호펜 남작(男爵)의 조선 국경 지역과 청 후난성(湖南省) 여행보고서(Schreiben des Freiherrn von Richthofen über seine Reise zur Grenze von Korea und in der Provinz Hu-nan)」라는 제목으로 실렸다.[37]

[3-18] 페르디난트 폰 리히트호펜

막스 아우구스트 스키피오 폰 브란트

조선이 서양에 문호를 개방하기 전 조선의 상황을 비교적 자세히 말해 줄 수 있는 사람은 독일의 외교관 막스 아우구스트 스키피오 폰 브란트(Max August Scipio von Brandt, 1835. 10. 8~1920. 3. 24)일 것이다. 브란트는 프로이센의 사절 오일렌부르크(Eulenburg)의 수행원으로 동아시아를 순회하였으며, 1862년에는 첫 주일본 독일 공사(公使)로 임명되어 활동하였다. 그는 일본과 청에서 오랜 기간 공사로 있으면서 경험한 일들을 기록한 『동아시아에서의 33년(Dreiunddreissig Jahre in Ost-Asien)』이라는 책을 출간하였는데, 이 책을 비롯한 그 외의 저서에도 조선에 관한 내용을 적었다.

[3-19] 막스 아우구스트 스키피오 폰 브란트(1890년경)

37 "Schreiben des Freiherrn von Richthofen über seine Reise zur Grenze von Korea und in der Provinz Hu-nan", *Zeitschrift der Gesellschaft für Erdkunde zu Berlin*, vol. 5(1870), pp. 317~331.

조선은 초기부터 왜인의 무분별한 내왕과 약탈 행위로 인한 피해를 줄이고자 부산포 등에 왜관을 설치하여 왜와의 제한된 교역을 허락하였다. 왜관은 일본과의 관계 변화에 따라 모두 폐쇄되기도 하거나 그 수가 줄어들기도 하였다. 1592년 임진왜란으로 국교가 단절되었다가 1607년 국교가 재개되면서 부산포가 개항되어 이곳에 다시 왜관이 설치되었다. 왜관은 조선 관아의 엄격한 관리와 규제를 받았으며, 조선은 일본과의 교역에 관해서도 엄격하여 쓰시마의 다이묘만 일정 수의 상선을 부산항에 정박할 수 있었다. 청과 조선의 관계에서는 청이 주도권을 가지고 있었지만, 일본과 조선의 관계에서는 확실히 조선이 모든 것을 결정하는 입장이었다. 그러나 조선은 비록 청과 사대관계에 있었으나 내정에 대해서는 모든 것을 독립적으로 정할 수 있었다. 서양 열강이 적극적인 아시아 정책을 펼쳐 동아시아로까지 진출할 때 청은 조선과의 관계를 국제법상으로 분명하게 정의하는 것에 실패하였다. 조선에 대한 청의 입장을 밝히라는 열강들의 요청에 청은 조선과 사대관계를 맺고 있다고 강조하였지만 조선 내정에는 개입하지 않는다고 밝혔다. 반면 일본은 조선과의 실제적인 관계를 인정하지 않고 조선과 동등한 위치임을 주장하였다.

독일 외교관 브란트의 입장에서는 일본과 조선의 관계가 불분명하다고 생각하였기 때문에, 1870년 직접 일본과 조선의 관계를 확인하기로 결심하였다. 일본이 주장하는 사실관계가 과장된 것이 아니라면 그가 부산의 왜관에 도착하였을 때 그곳에서 교역하고 있는 일본 상인의 영향력과 중개를 통하여 조선과 프로이센의 통상조약을 이끌어 낼 수 있을 것이라고 판단하였다. 독일 군함 헤르타호(SMS Hertha)를 타고 부산에 도착하자 브란트는 조선에서 일본의 위상이 어떠한지 여실히 느낄 수 있었다. 조선 관리는 이양선 헤르타호가 모든 선원들과 함께 즉시 부산을 떠나지 않으면 일본 상인들의 체류와 모든 교역을 중단할 것이라고 협박하였다. 브란트가 이 사건에서 얻은 인상과 그가 내린 결론을 당시 동행하였던 선목 크라머(Cramer)는 다음과 같이 서술하였다.

[3-20] 헤르타호

상륙을 하자 우리는 완전히 일본식으로 지어진 작은 도시를 발견하고 놀랐다. 그러나 그곳만큼 '저주받은' 도시라는 인상을 받은 곳도 없었다. 단 한 명의 여성도, 아이도, 심지어 가축 한 마리도 볼 수 없었다. 일본은 과거에 조선에서 가지고 있었던 모든 영향력을 잃고 말았다. 일본에게는 오직 이 작은 땅 조각만 남았고, 마치 과거에 데지마에 있던 네덜란드 상인들과 같은 정도의 종속 상태에 있었다.

Als wir dort an Land kamen, wunderten wir uns, eine kleine, vollkommen japanisch gebaute Stadt zu finden. Niemals aber habe ich so den Eindruck einer "verwunschenen" Stadt bekommen wie dort. Zur Erklärung mag Ihnen dienen, dass dort nicht eine Frau, nicht ein Kind, nicht ein Hausthier zu finden ist. Die Japaner haben ihren ganzen Einfluss, den sie früher in Korea hatten, verloren. Sie halten nur dieses Stück Erde fest, und werden dort in einer Abhängigkeit erhalten, wie etwa früher die Holländer auf Desima.[38]

쇨케 선장 / 쾰러 선장 / 크라머 목사

1871년 5월 말, 쇨케(Schölke) 선장은 독일 범선 추산호(Chusan)에 화물을 싣고 청의 즈푸(芝罘)를 떠나 러시아 포시에트만(Posyet Bay)의 항구로 향하였다. 승무원은 청의 선원과 유럽인 장교들로 구성되었으며, 중국 해안의 해적에 대항하기 위해 무기도 장착하였다.

38 Cramer, "Über die Reise der kaiserlichen Corvette Hertha, insbesondere nach Korea.(Sitzungsbericht vom 15.Feb.1873)", *ZEV*, vol. 5(1873), p. 53.

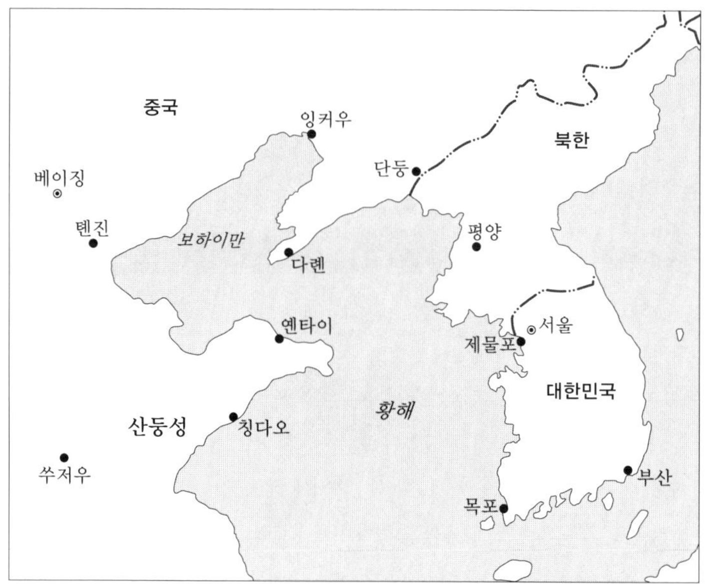

[3-21] 보하이만과 황해

한반도 주변 바다는 강한 물살과 나쁜 날씨, 짙은 안개 그리고 갑자기 발생하는 풍랑으로 악명이 높았다. 이런 이유에서 보하이만(渤海灣, Gulf of Beizhili)을 출발하여 황해와 조선의 서해안을 거쳐 블라디보스토크로 항해하는 범선은 비싼 보험료를 내야 했다. 비싼 부대 비용에도 불구하고 러시아의 해안 지역이 큰 시장으로 부상하고 있었기 때문에 러시아로 운송하는 것은 수익성이 좋았다.[39]

추산호는 러시아를 향해 조선의 서해안을 따라 항해하는 도중 갑작스럽게 발생한 짙은 안개와 물살 때문에 해난(海難)을 겪어 백령도 근처의 작은 섬에 정박하였다. 그나마 선원들은 큰 피해를 입지 않았지만,

39 "Ein deutscher Conflict mit Kore", *Allgemeine Zeitung* Augsburg, München, 1871, Supplement 7 Sep. 1871, pp. 4393f; Neff, Robert, "The Wreck of the Schooner Chusan. An early German encounter in Korea", published 2007. 11. 10 at: english.ohmynews.com.

파선으로 인한 강한 충격으로 인한 혼란 때문에 나무 구명선을 내리는 과정에서 총이 발포되어 쉴케 선장의 손가락 몇 개가 손상되었고 얼마 후 손상된 손가락을 모두 절단해야 했다. 조난당한 청의 선원들 대부분은 육로를 통해 청으로 돌려보내준다는 조선의 제안을 받아들였지만, 쉴케와 유럽인 장교들은 구명선을 타고 황해를 가로지르기로 결정하였다. 구명선 한 척은 무사히 청에 도착하였지만, 쉴케가 타고 있었던 구명선은 높은 파도 때문에 먼바다에서 길을 잃고 말았다. 추산호의 난파는 즉시 독일 공사에게 보고되었고, 추산호가 보험을 들었던 영국 보험사도 연락을 받았다. 손실분의 일부라도 만회하기 위해 영국 보험사는 될 수 있는 한 빨리 경매를 실시하여, 난파된 추산호는 스코틀랜드인 스타리치(Starich)와 몰타 출신 영국인 캠벨(Campbell)에게 80파운드에 낙찰되었다.

추산호를 구입한 새로운 선주들은 난파선과 수화물을 찾기 위해 모든 준비를 하였고, 주청 독일 공사는 실종된 구명선과 쉴케 선장을 찾으려 노력하였다. 1871년 6월 쾰러(Köhler) 선장은 수색 작업을 위해 독일 범선 헤르타호를 이끌고 조선으로 향하였다. 실종자들에 대한 조사뿐만 아니라 독일의 입장을 피력하기 위해서였다. 헤르타호는 서해안에 도착해서 강화도 서쪽에 있는 '산 페르난도(San Fernando)'라는 작은 섬에 정박하였다. 이 섬은 한강 어귀에서 멀리 떨어져 있지 않았다. 헤르타호가 도착하였을 때는 마침 미국의 로저스 제독이 강화도를 공격하고 있을 때였고, 헤르타호의 선원들은 비교적 가까운 거리에서 작전을 수행하는 미국 군함을 관찰할 수 있었다.

무장한 독일 선원들이 육지로 가서 폐선박이 되어버린 추산호를 수색하였다. 조선인들이 친절하게 배를 해안가로 끌어내는 것을 도와주자 선원들은 매우 놀랐다. 그러나 조선 관리가 나타나자 주민들은 뒤로 물러났고, 모든 절차를 일정한 거리를 두고 바라보았다. 조선 관리는 독일 선원들의 출신, 이름 그리고 방문 목적을 조사한 다음 쇨케 선장의 구명선은 조선 전함이 구조하여 선원 모두를 안전한 곳으로 데려갔다는 소식을 전달하였다. 헤르타호의 선장 쾰러는 이 소식을 들은 것으로 만족하고 다가오고 있는 태풍을 걱정하면서 어떠한 후속 수색 작업도 수행하지 않은 채 청으로 돌아갔다. 이에 대해서는 헤르타호의 선목이었던 루돌프 크라머(Rudolpf Cramer) 목사가 다음과 같이 서술하였다.

> 우리는 조선 해안에서 더 이상의 여행, 특히 독일 범선 추산호의 운명에 관한 추가적인 조사 작업을 할 의무도, 권한도 없었다. 추산호는 더 이상 독일이 아니라 영국 보험사의 소유인 것을 분명히 하고 싶다.
>
> Zu weiteren Reisen dort an der Küste, speciell zu weiteren Bemühungen um das Schicksal des deutschen Schooners "Tschusang" waren wir weder verpflichtet noch berechtigt, …… Ich bemerke, dass nach dem Verlassen des Schiffes 'Tschusang' das Wrack nicht mehr den deutschen Rhedern, sondern den englischen Versicherungsgesellschaften gehörte.[40]

얼마 지나지 않아 쇨케 선장과 나머지 선원들도 즈푸에 도착하였다. 미국의 기함 팔로스호(USS Palos)는 황해를 거쳐 조선으로 항해 중에 추산호의 구명선을 말 그대로 '물에서 건져냈다'. 미국 선원들은 지친 독일 선원들에게 의약품을 주고 이들을 돌봤다. 독일 선원들은 대체로 건강한 상태였지만 쇨케 선장은 다친 손가락을 절단할 수밖에 없었다.

브링크만 / 루이 하센플루크

독일의 추산호 폐선박을 경매로 구입한 스타리치와 캠벨은 이 배

40 Cramer, op. cit, p. 51.

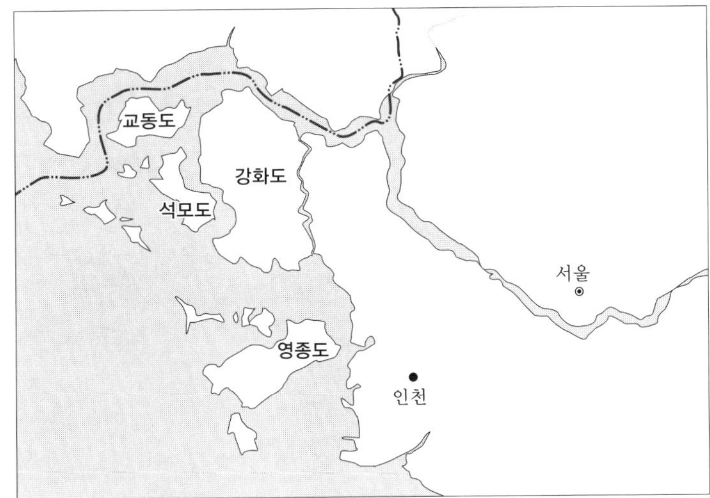

[3-22] 강화도와 한강 유역

에 선적했던 수화물을 찾기 위한 만반의 준비를 하였다. 수색 작업을 함께할 인력으로 즈푸에서 활동하고 있던 독일 상인 브링크만(Brinckmann)과 청인 통역사를 고용하였다. 1871년 6월 6일 적절한 장비와 도구를 갖춘 선원들은 대절한 청의 정크선을 타고 즈푸항을 출발하여 추산호가 정박하고 있는 강화도 근처의 작은 섬으로 갔다.[41]

그런데 이 탐사 여행과 추산호의 새 주인에 관한 새로운 소식이 한 달 가까이 들려오지 않았다. 모든 사람의 관심이 미국과 조선의 갈등에 쏠려 있었기 때문에 이 문제에 대해서는 별 관심이 없었다. 그러나 미국과 조선의 갈등이 잠잠해지고 어느 정도 평온해지자, 사람들은 탐사 여행을 떠난 유럽인들의 행방에 대하여 궁금해하기 시작하였다.

41 "Aus Korea", *Allgemeine Zeitung* Augsburg, München, 1871, no. 280, supplement 7 Oct. 1871, pp. 4937f; Neff, Robert, "The Wreck of the German Schooner Chusan", part 2: "The murder of Mr. Brinkmann", published 2007. 11. 16 at: english.ohmynews.com.

7월 초에 청의 정크선 한 척이 즈푸 항으로부터 약 97킬로미터 떨어진 작은 항구에 입항하였다. 이 항구에는 매일 여러 척의 정크선이 정박하기 때문에 정크선이라고 특별할 것이 없었으나 유독 정크선 한 척이 세관의 주목을 받았다. 정크선을 자세하게 조사하자 유럽인들의 모습은 보이지 않았지만 선상에 유럽인들의 의류 몇 점과 유럽산 물건들이 발견되었다. 정크선의 선장이 체포되어 1871년 7월 5일 심문을 받기 위해 즈푸로 보내졌다. 청문회에서 선장은 조선으로 항해하려는 유럽인 세 명이 그의 정크선을 대절하였다고 말했다. 그들이 조선에 도착하자 세 명의 외국인, 통역사 그리고 세 명의 청인 선원들은 육지로 갔지만, 조선인들이 그들을 둘러싸고 묶은 다음 끌고 갔다고 증언하였다. 또한 당장 청으로 돌아가라는 요청을 받았고 만약 이에 응하지 않으면 살해하고 정크선도 불태운다는 위협을 받았다고 하였다. 그래서 이들은 어떤 다른 조치도 취하지 못한 채 청으로 되돌아올 수밖에 없었다고 말하였다.

[3-23] 링도브호

청문회 직후, 상황을 들은 영국 공사 메이어스(Mayers)는 영국 군함 링도브호(HMS Ringdove)를 타고 추산호가 있는 조선으로 가 실종된 사람들에 대한 조사를 벌이고, 그들이 아직 살아있다면 구조할 것을 명하였다. 마침 헤르타호가 조선 탐사를 마치고 즈푸에 도착하였는데, 이 탐사팀은 추산호는 더 이상 독일 소유가 아님을 밝혔다. 그러나 독일 상인 브링크만도 실종된 상태였기 때문에 헤르타호의 루이 하센플루크(Luis Hassenpflug, 1831. 12. 1~1878. 10. 11) 해군 소위가 링도브호에 동승하여 보다 자세한 조사를 실시하기 위해 조선으로 향하였다.

사고 지점에 도착하자 그동안 조선인들이 추산호의 잔해를 정리하고 불태웠다는 사실을 알게 되었다. 메이어스 공사와 하센플루크 소위는 호위를 받으며 육지로 갔다. 그들은 캠벨과 스타리치를 무사히 보내주는, 예상 밖으로 친절한 조선인들을 만나게 되었다. 그러나 브링크만은 실종되었고, 조선인들도 브링크만의 행방에 대해서는 어떠한 정보도 주지 못하였다. 또 조선인들은 대원군의 명령에 따라 독일 범선을 불태웠지만, 수화물은 잘 숨겨두었다고 말하였다. 조선인들은 수화물 중에서 아주 작은 물건 하나라도 소유하면 안 되기 때문에 모든 물건들을 링도브호에 실어 청으로 운송하라고 말하였다. 그러나 수화물 전체를 영국 범선 링도브호에 실을 수 없었기 때문에 필요한 물건들만 선적한 후 선원들은 남은 물건을 탑처럼 쌓았고 조선인들은 그 물건들을 모두 불태웠다. 메이어스 공사는 영국인들을 잘 보살펴준 것에 대해 조선인들에게 감사한 다음, 닻을 올리고 브링크만의 행방을 알아보기 위해 청으로 항해하였다.

브링크만의 행방에 관해서는 후에 브링크만의 청인 통역사 서기가 모든 의문점을 밝혀주었다. 서기의 진술에 따르면, 조선에 도착하자 영국인 두 명과 청의 선원 몇 명이 내렸고, 브링크만과 청의 통역사는 선상에 남았다. 유럽인들이 붙잡히고 청인들은 즉시 청으로 돌아가라는 협박을 받았을 때 브링크만도 조선을 떠나야만 하였다. 그러나 청으로 돌아가는 길에 청의 선원들은 영국인 두 명을 구출할 시도조차 하지 않고 조선인들에게 넘긴 것에 대하여 책임을 져야 할지도 모른다는 두려움에 휩싸였다. 그래서 청의 선원들은 브링크만과 그의 통역사를 약탈하고 살해한 다음 배 밖으로 던져버리고는, 이들도 조선인들에게 끌려갔다고 입을 맞췄던 것이다.

추산호 사건과 그 이후에 발생한 브링크만 살해 사건은 1876년 2월 27일 강화도 조약으로 조선이 문호를 개방하기 전까지 조선인과 독일인의 마지막 만남이었다.

3. 조독수호통상조약 체결

[3-24] 스토쉬호

[3-25] 볼프호

1882년 5월 22일 미국의 슈펠트 제독이 많은 노력 끝에 조선과 조미수호통상조약을 성공적으로 체결하자, 유럽 국가들도 그동안의 관망적인 자세에서 탈피하여 적극적으로 조선과 통상조약을 맺기 위해 노력하였다. 서양 국가 중에서는 최초로 미국이 조선과 통상조약을 체결하였기 때문에 영국은 조선과의 통상에서 미국에 뒤처질 것을 우려하였다. 반면 도쿄 주재 독일 공사 아이젠데헤르는 이를 크게 걱정하지 않고 조선에서 독일이 정치적으로 강국의 지위로 활동할 수 있을 것이라 주장하였다.[42] 미국에 이어 1882년 6월 6일 영국은 조영수호통상조약을 체결하였다. 영국 함대의 사령관이었던 조지 윌리스(Georg O. Willis) 제독은 청의 도움으로 조선이 미국과 체결하였던 조약과 동일한 내용으로 통상조약을 체결하였다.

주청(主淸) 흠차대신이 된 브란트는 조선에서 일어나는 사건과 변화들에 대해 항상 큰 관심을 갖고 주시하고 있었으며, 독일과 조선

42 AA, Korea 1, vol. 1: 'Schreiben von Eisendecher aus Tokio an Bismarck vom 27. Apr. 1882'; Deuchler, op. cit, pp. 123f.

의 관계 확립을 위해 노력하기로 결심하였다. 그는 상하이에 있는 독일 아시아함대 사령관 루이 폰 블랑(Louis von Blanc, 1832~1903)과 상의하여 필요한 전권을 획득한 후 톈진으로 갔다. 그곳에서 이홍장을 만나려 했으나, 모친의 병환으로 자리를 비운 이홍장을 대신하고 있던 장수성(張樹聲, 1824~1884)과 앞으로의 계획을 상의하였다. 장수성은 조독수호통상조약 체결을 중개하는 것에 힘쓰겠다고 동의하였지만, 두 가지 조건을 내걸었다. 첫째, 조독수호통상조약은 조선이 미국, 영국과 체결한 것과 동일한 내용이어야 하며, 둘째, 청의 관리가 참석한 자리에서 체결되어야 한다는 것이었다.[43]

[3-26] 프라이헤르 클레멘스 아우구스트 폰 케텔러 남작

이어 브란트는 즈푸로 가서 이틀 후 스토쉬호(SMS Stosch)와 포함인 볼프호(SMS Wolf)를 이끌고 조선으로 향하였다. 블랑 사령관을 독일 공사 소속의 통역관 카를 아렌트(Carl Arendt, 1838~1903)와 통역을 공부하는 프라이헤르 클레멘스 아우구스트 폰 케텔러(Freiherr Clemens August von Ketteler, 1853~1900) 남작이 수행하였다. 케텔러 남작은 1900년 6월 19일 청에서 일어난 의화단운동 중 끔찍하게 살해되었다.

조선 서해안을 향한 항해는 6월 20일 오전 짙은 안개 때문에 중단해야 했지만 오후에 다시 재개할 수 있었다. 날씨 상황 때문에 항해가 더뎠고, 6월 21일 오후 2시가 되어서야 제물포 앞의 월미도(Roze Island)에 도착할 수 있었다.

그러나 협상을 곧바로 시작할 수 없었는데, 청 측 관리인 마건충(馬建忠, 1845~1900)[44]과 정여창(丁汝昌, 1836~1895)[45]이 도착하기를 기다려야

43 Brandt, Max von, *Dreiunddreissig Jahre in Ost-Asien. Erinnerungen eines deutschen Diplomaten*. 3 vols, Leipzig, 1900~1901; ibid, vol. 3, Leipzig, 1901, p. 236.

44 마건충은 청 말기의 관리로, 양무파였다. 인도와 조선에서 외교 교섭 업무에 종사하였고, 임오군란 때 흥선 대원군을 청으로 연행하는 일을 맡았다.

[3-27] 제물포와 그 앞 월미도(1894년 겨울)

했다. 두 사람은 다음 날 월미도에 도착하였다. 조선 정부는 전권대사로 조영하(趙寧夏, 1845~1884)와 김홍집(金弘集, 1842~1896)을 임명하였고, 이들은 6월 27일 마건충의 안내로 제물포에 도착하였다. 의사 소통이 매우 어려워 모든 참석자들은 종이에 한자를 적어 소통해야 했다. 그러나 이미 미국, 영국과 체결한 조약문이 있었기 때문에 그다지 협상이 어렵지는 않았다.[46]

3일간의 짧은 협상을 마친 후 1882년 6월 30일 제물포에서 제1차 조독수호통상조약이 체결되었다. 조약 체결을 기념하기 위해 천막도 마련되었다. 체결 당시의 장엄한 분위기를 브란트는 다음과 같이 서술

45 정여창은 청 말기의 군인으로 북양함대를 통솔하였다. 조선에서 임오군란이 일어났을 때 함대를 이끌고 와서 흥선 대원군을 연행해 갔다. 청일전쟁 때 해군을 이끌고 싸웠으나 일본에 패하고 항복한 후 자결하였다.

46 Brandt, Max von, op. cit, pp. 237f; Deuchler, op. cit, p. 125.

하였다.

30분이 지나서 안과 밖이 깃발로 꾸며지고 그 앞에 독일과 청의 의장병이 서 있는 큰 천막으로 갔다. 천막 안에는 조선 전권대사와 수십 명의 관리들, 마건충과 정여창 그리고 청의 장교들이 있었다. 이들은 모두 독일 장교들과 함께 형형색색의 무리를 만들었는데 전체적인 분위기와 잘 맞았다. 전권대사가 서명을 해야 할 마지막 순간에 체결이 결렬될 위험도 있었다. 조선의 대왕대비의 조카(조영하를 말함)이기도 한 조선의 제1 전권대사는 키가 크고 말랐으며 돈키호테의 성격을 지녔고 싸움꾼이었다. 반면 제2 전권대사는 작고 뚱뚱했으며 한국인 특유의 느긋함을 보였는데 말하자면 산초 판자였다. 마건충의 노력으로 제1 전권대사를 설득할 수 있었다. 제1 전권대사가 요구하는 것이 그의 권한이나 일반적인 관습에 부합하는 것이 아니라고 이해시킬 수 있었다. 이윽고 계약서 6부에 서명하고 조인하여 의장병에게 보여주었다. 의장병은 손짓으로 스토쉬호에게 이 사실을 알렸고, 경례를 하였다. 수호통상조약 조인을 기념하기 위해 맛은 없었지만 샴페인을 마셨으며, 재정관 리머는 기념 사진을 찍었다.

Nach einer halben Stunde kamen wir an ein großes Zelt, das innen und außen mit Fahnen geschmückt war und vor dem eine deutsche und eine chinesische Ehrenwache standen. Im Zelt selbst waren die koreanischen Bevollmächtigten mit einem zahlreichen Gefolge, sowie Ma und Ting und eine ganze Schar chinesischer Offiziere, die mit unseren Offizieren zusammen eine bunte Menge bildeten, die zu dem orientalischen Anstrich des Ganzen passte. Im letzten Augenblick drohte der ganze Vertrag an der Frage der Stelle, wo die Bevollmächtigten zu unterzeichnen hätten, zu scheitern. Der erste koreanische Bevollmächtigte, ein Vetter der Königin, lang und dürr, Don Quichote, war der Krakehler, während der zweite, kurz und dick, Sancho Pansa, die gemütliche Seite der koreanischen Kultur vertrat; schließlich gelang es den Bemühungen Mas,

[3-28] 마건충

[3-29] 정여창

[3-30] 김홍집

【3-31】 **제1차 조독수호통상조약 체결 모습** 스토쉬호의 재정관 구스타브 아돌프 리머가 찍은 사진을 판화로 제작한 것. 왼쪽에서부터: 청 측 관리인 마건중과 정여창, 조선 전권대사 조영하와 김홍집, 루이 폰 블랑 제독, 막스 폰 브란트, 스토쉬호의 장교.

den langen Herren zu überzeugen, dass seine Ansprüche weder seinen Rechten noch dem allgemeinen Gebrauch entsprächen, die verschiedenen Exemplare des Vertrags, sechs, wurden unterzeichnet und untersiegelt, die Ehrenwachen präsentierten, der Stosch durch Winken einer Postenkette benachrichtigt, salutierte, und damit der Feierlichkeit nichts fehlte, wurde der neue Freundschaftsbund in schlechtem Champagner gefeiert und der Zahlmeister Riemers des Stosch nahm verschiedene Bilder auf.[47]

브란트는 조독수호통상조약을 성공적으로 체결한 후 곧바로 청으로 돌아가지 않고 외국인들이 조선에 접근하기 위해 수차례 침입한 강화도를 방문하였다. 그는 7월 1일 역사적인 장소인 강화도를 집중적으로 돌아본 뒤 다음 날 청으로 떠나 7월 3일 오후 즈푸에 도착하였다.

47 Brandt, Max von, op. cit, p. 243.

브란트는 제1차 조독수호통상조약에 새로운 사항 두 가지를 포함시킬 수 있었다. 제3의 언어인 프랑스어로도 조약문을 작성하여 의문이 있을 시에는 프랑스어로 된 조약문을 근거로 한다는 내용과 독일제국의회의 비준 없이도 조약 체결 즉시 독일 국적의 사람들에게는 합의 내용의 모든 권한이 발효된다는 내용이었다.

브란트의 진술에 따르면, 독일 정부는 브란트가 노력한 결과에 대해 매우 만족하였지만 독일제국의회는 조독수호통상조약을 끝까지 비준하지 않았다.[48] 1882년 10월 청과 조선이 공식적으로 통상조약을 맺었는데, 이 조청상민수륙무역장정에는 유럽 국가들과 맺었던 조약과는 비교할 수 없을 정도로 청의 상인들에게 특혜를 많이 주는 규정들이 있어 영국이 이에 즉각적으로 항의하였으며, 독일 정부에 조약을 비준하지 않도록 요청하였다. 독일에게 통상은 이차였고, 그보다는 정치적인 목적이 더 컸지만, 영국의 요청에 응해 관세 조건이 너무 제한적이라고 조선에 항의하였다. 또한 조약에는 수로나 육로를 통한 교역보다는 주로 국경 지역에서 이뤄지는 교역을 언급하고 있기 때문에 조선과 다시 협상해야 한다는 결론을 내렸다. 이번에는 독일이 영국과 협력하여 협상을 진행하기로 하였다.

[3-32] 해리 스미스 파크스 경(1870년경)

[3-33] 카를 에두아르트 차페

영국은 새로운 협상을 위해 도쿄 주재 영국 공사인 해리 스미스 파크스(Harry Smith Parkes, 1828~1885) 경을, 그리고 독일은 빌헬름 1세(Wilhelm I, 1797~1888, 재위 1861~1888)의 전권대사로 요코하마 주재 총영사 카를 에두아르트 차페(Carl Eduard

48 Brandt, Max von, op. cit, p. 239.

Zappe, 1843~1888)를 선정하여 조선과 재협상을 하였다.

프로이센의 왕이며 신성독일제국의 왕 빌헬름의 전권으로 독일제국이 조선왕국과 우호, 통상, 항해 조약을 체결하고 서명하는 목적으로 요코하마 주재 총영사 에두아르트 차페를 선정하였으며 조선 왕 귀하의 전권대사와 조약에 관한 협상을 하도록 명하였다.
독일 전권대사가 조선 전권대사와 적절하게 합의한 내용을 인정하고 의무를 다할 것을 약속한다.
위의 내용을 공증하기 위해 독일제국 황제의 서명과 황제의 직인으로 독일 전권대사의 권리를 보증한다.

1883년 8월 31일, 베를린

빌헬름 황제

Wir, Wilhelm, von Gottes Gnaden Deutscher Kaiscr, König von Preußen, etc. etc. etc., thuen kund und fügen hiermit zu wissen, dass Wir, von dem Wunsche beseelt, im Namen des Deutschen Reiches einen Freundschafts-, Handels- und Schiffahrtsvertrag mit dem Königreich Korea abzuschließen und zu unterzeichnen, Unseren Generalkonsul in Yokohama, Eduard Zappe, dazu ausersehen haben, über einen solchen Vertrag mit dem oder den Bevollmächtigten Seiner Königlichern Majestät des Königs von Korea zu unterhandeln. Wir versprechen Alles dasjenige gutzuheißen und die Verpflichtungen gewissenhaft zu erfüllen, welche Unser Bevollmächtigter in Gemäßheit der gegenwärtigen Vollmacht und in Übereinstimmung mit seinen Instruktionen eingehen wird.
Zu Urkund dessen haben Wir diese Vollmacht mit Unserer Allerhöchsteigenhändigen Unterschrift und beigedrücktem Kaiserlichen Insiegel versehen.

Gegeben zu Berlin, den 31.ten August 1883.

Gez. Wilhelm[49]

49 『舊韓國外交文書』, 德案 1, no. 9, 6f쪽.

【3-34】 라이프치히호(프리츠 스톨렌베르그, 1889년)

10월 21일 차페는 오토 헤르비히(Otto Herbig, 1848~1909) 선장이 이끄는 라이프치히호(SMS Leipzig)를 타고 나가사키를 떠나 3일 후 제물포에 도착하였다. 파크스 공사는 상하이를 출발하여 10월 26일 제물포에 도착하였다. 10월 27일 이른 아침에 차페는 전령을 전하기 위해 하선하여, 일본 농상무성 고문인 파울 마예트(Paul Mayet, 1846~1920) 교수, 요코하마 주재 독일 공사 소속 통역관인 헤르만 부들러(Hermann Budler, 1846~1893), 라이프치히호의 두 선원 헤스와 플루더와 함께 한성으로 향하였다.[50]

한성에 도착해서 파크스와 차페는 조약 초안의 세부 사항들을 조율하고 11월 3일 통리교섭통상사무아문에 초안을 제시하였다. 조선 측에서는 전권을 이미 브란트와 제1차 조독수호통상조약을 이끌었던 김홍집, 이조연(李祖淵, 1843~1884) 그리고 고문이자 통리아문 협판이었던 독일인 파울 게오르크 폰 묄렌도르프에게 위임하였다. 조약의 주된 내용은 신속하게 합의할 수 있었지만, 통상과 관세 규정 때문에 마찰이 빚어졌다. 4주에 걸친 오랜 협상 끝에 11월 24일 마지막 의견 차이를 조율하여 다음 내용의 조독수호통상조약을 체결할 수 있었다.

> 독일제국 황제이자 프로이센의 왕과 조선의 왕은 양국의 관계를 지속적으로 확립하고 양국 국민의 무역을 수월하게 하기 위한 목적으로 조약을 체결하고 조약 체결을 위해 전권대사를 임명하였다.
> 독일제국 황제이자 프로이센 왕의 전권대사 요코하마 주재 총영사 에두아르트 차페, 조선 왕의 전권대신 독판교섭통상사무, 이조판서, 한성부판윤, 군무변정기연사당상, 왕세자의 제2 후견인 민영목은 전권에 대해 알리고

50 Mayet, Paul, "Ein Besuch in Korea im October 1883", *MOAG*, vol. 4, no. 3(Sep. 1884), pp. 18~28.

적합하고 합당한 방법으로 다음과 같은 조항을 합의하였다.

Seine Majestät der Deutsche Kaiser, König von Preußen, im Namen des Deutschen Reichs einerseits, und Seine Majestät der König von Korea andererseits, von dem Wunsche geleitet, die Beziehungen zwischen den beiden Reichen dauernd freundschaftlich zu gestalten und den Handelsverkehr zwischen den beiderseitigen Staatsangehörigen zu erleichtern, haben den Entschluß gefaßt, zur Erreichung dieser Zwecke einen Vertrag abzuschließen und haben zu diesem Ende zu Ihren Bevollmächtigten ernannt:

Seine Majestät der Deutsche Kaiser, König von Preußen, Allerhöchstihren Generalkonsul in Yokohama, Eduard Zappe,Seine Majestät der König von Korea, Allerhöchstihren Präsidenten des Auswärtigen Amtes, Würdenträger des ersten Ranges, Ersten Vizepräsidenten des Staatsraths, Mitglied des Königlichen Geheimen Raths und zweiten Vormund des Kronprinzen, Min Jöng Mok, welche, nachdem sie sich ihre Vollmachten gegenseitig mitgetheilt und solche in guter und gehöriger Form befunden haben, über nachstehende Artikel übereingekommen sind.[51]

[3-35] 차페의 서명이 있는 독일어로 작성된 조독수호통상조약문

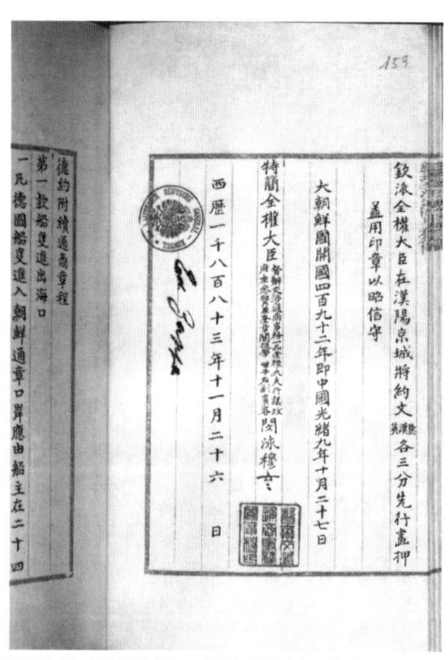

欽派全權大臣在漢陽京城將約文 各三分先行畫押
蓋用印章以昭信守
大朝鮮國開國四百九十二年卽中國光緖九年十月二十七日
特簡全權大臣 閔泳穆
西歷一千八百八十三年十一月二十六日
德約附續通商章程
第一款船隻進出海口
一凡德國船隻進入朝鮮通章口岸應由船主在二十四

[3-36] 한자로 작성된 조독수호통상조약문

51 조약문은 다음을 참조한다. 『고종실록』 20권, 고종 20년 10월 27일; *Stenographische Berichte über die Verhandlungen des Deutschen Reichstags 5. Legislaturperiode, 4. Session. 1884: vol. 4, Anlagen zu den Verhandlungen des Reichstages: Aktenstück no. 171*: Handel-, Freundschafts- und Schiffahrtsvertrag zwischen dem Reich und dem Königreich Korea, Vom 26. November 1883, pp. 1303~1322.

1883년 11월 26일 조선 측 독판교섭통상사무 민영목(閔泳穆, 1826~1884)이 차페와 파크스와 각각 조독수호통상조약과 조영수호통상조약을 체결하였다. 조약 제1조에는 각각 조선과 독일제국, 조선과 영국의 영원한 평화와 우호 관계를 약속한다고 밝혔다. 조독수호통상조약은 조약의 유효 기간을 10년으로 하고, 그 내용은 조영수호통상조약과 대체로 비슷하였다. 최혜국 대우, 선박 내왕 및 관세 규정, 치외법권 인정, 특권에 대한 균등 참여 보장 등이 규정되었다. 이 조약문을 토대로 조선은 다른 서양 국가와도 조약을 체결하였다. 1884년 6월 26일에는 이탈리아와, 1884년 7월 7일에는 러시아와, 1886년 7월 4일에는 프랑스와, 1892년 6월 23일에는 오스트리아-헝가리와, 1901년 3월 23일에는 벨기에와, 1902년 7월 15일에는 덴마크와 수호통상조약을 체결하였다.

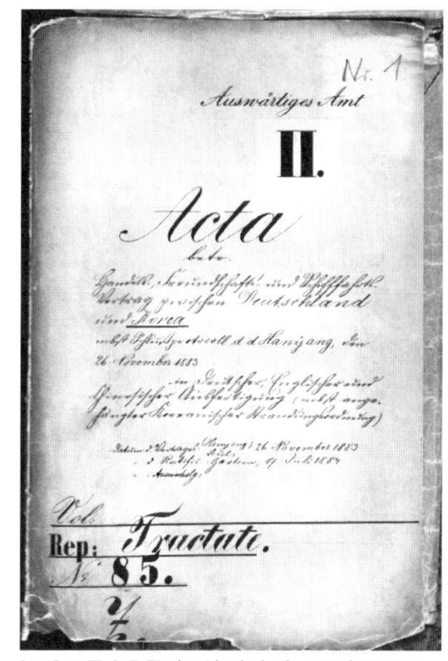

[3-37] 조독수호통상조약 관련 외교 문서(1883년)

1884년 6월 28일 조독수호통상조약이 독일제국의회에서 과반수의 찬성으로 비준되었다. 그러나 조약문에 부가규정이 첨부되었는데, 조약문에 적힌 독일 국적의 사람이 조선에서 부동산을 '매입'한다는 문구에 '매도'란 단어도 포함하여야 한다는 내용이었다.[52] 조약 비준 증명서는 1884년 11월 18일 조선에 처음으로 독일 총영사관이 설립되면서 파견된 오토 젬브쉬(Otto Zembsch, 1841~1911) 해군 대령이 조선 측과 한 부씩 교환하였다.

독일은 조선과 수호통상조약을 체결하였음에도 조선에 대한 관심

52 *Stenographische Berichte, 5. Legislaturperiode, 42. Session*. 1884: vol. 76, pp. 1084~1086.

[3-38] 오토 폰 비스마르크(1895년경)

[3-39] 자오저우만을 점령한 독일 함대(1897년 11월 14일)

이 매우 미약하였다. 6월 26일과 28일 독일제국의회에서 조독수호통상조약 비준에 관한 논의를 할 당시에 독일제국의회는 독일 식민지 정책에 대한 기본 원칙에 대해서도 토론하였다. 이때 독일 상인들의 권익은 보호해야 하지만 식민지는 두지 않을 것임을 분명히 하였다. 그보다는 다른 서양 열강의 식민지 정책으로부터 독일의 경제와 무역을 보호하자는 데 의견을 모았다. 비스마르크는 정치인이나 외무성이 아닌 상인들이 직접 자신을 보호해야 한다는 입장이었다.[53] 빌헬름 2세(Wilhelm II, 1859~1941, 재위 1888~1918)가 즉위하고 1890년 비스마르크가 실각하자, 빌헬름 2세는 동아시아에서 식민지 정책을 펼치기 시작하였다. 그러나 그는 청의 일부 지역을 식민지로 삼는 것에 관심이 있었고, 조선에 대해서는 통상 외에는 관심이 없었다.

53 ibid, pp. 1049ff.

4장

한국에서 업적을 세운 독일인

1910년까지 한국에 체류하거나 다녀간 독일인들의 목록은 꽤 긴데, 현재 입증할 수 있는 사람들만 300명 이상에 달한다. 물론 이들 모두가 큰 업적을 세운 것은 아니다. 한국에 체류한 독일인들의 의도와 동기는 다양하였고, 대부분은 독일과 한국의 정치, 경제에 큰 영향을 미치지 않았다. 이 장에서는 한국에서 독일의 위상을 높이고 당시 한국에 큰 영향을 미쳤으며, 오늘날까지도 큰 의미를 갖고 있는 인물들을 소개하고자 한다.

1. 파울 게오르크 폰 묄렌도르프_조선 정부의 외교 고문, 재정 고문

조선은 문호 개방 후 외교 통상 사무를 관장하기 위해 1882년 통리아문을 확충 개편하여 통리교섭통상사무아문을 설치하였다. 그러나 250년 가까이 쇄국 정책을 실시한 까닭에 외교 문제에 관해서는 경험이 부족하였다. 고종은 청에 외무 정책, 해관 업무, 내무 개혁에 대하여 의견을 줄 수 있는 사람을 추천해 달라고 요청하였다. 이에 조선의 내정에 영향을 미치고 있던 청의 직예총독 이홍장은 1882년 그의 개인비서이며 법률가이자 중국 학자인 파울 게오르크 폰 묄렌도르프[Paul Georg von Möllendorff, 穆麟德(목인덕)]를 조선으로 보냈다.

【4-1】 이홍장(1895년)

묄렌도르프는 조선 정부 최초의 서양인 고문일뿐만 아니라 고위직을 맡은 최초의 서양인이었다. 그가 맡은 직책은 다른 서양 열강들이 탐내던 직책이었다. 임기는 3년이었지만 그가 조선에서 행한 개혁과 정치 활동이 광범위하기 때문에 오늘날까지도 묄렌도르프는 많은 토론회, 국제 세미나 학술 연구 등의 대상이 되고 있다.

【4-2】 파울 게오르크 폰 묄렌도르프(중국 닝보)

묄렌도르프는 1847년 2월 17일 독일 브란덴부르크의 체데니크에서 태어났다. 아버지는 게오르크 하인리히 폰 묄렌도르프(Georg Heinrich von Möllendorff, 1811~1861)로 프로이센의 경제참사관이었고, 어머니는 엠마 폰 묄렌도르프[Emma, 결혼 전 성은 마이어(Meyer), 1817~ 1872]였다. 아버지가 작센주의 괴를리츠(Görlitz)로 파견되면서 파울 게오르크와 남동생인 오토 프란츠 폰 묄렌도르프(Otto Franz von Möllendorff, 1848~ 1903)는 괴를리츠에서 초등학교와 인문계 고등학교를 졸업하였다.

묄렌도르프는 일찍부터 동양 언어에 관심을 가졌다. 1865년 봄에 고등학교를 졸업하고 잘레 강가에 위치한 할레 대학교에서 법학, 문헌학, 동양어문학을 공부하였고, 히브리어도 집중적으로 배웠다. 1867~1868년에 튀링엔 제86보병연대에서 군 복무를 마치고 1년 뒤인 1869년에는 법학 공부도 마쳤다. 『덕문신보(德文新報, Der Ostasiatische Lloyd)』[1]는 묄렌도르프가 법학박사 학위까지 받았

1 1886년 상하이에서 발행된 가장 오래된 독일어 일간지이다. 1899~1916년에 주간지

다고 했지만 그의 아버지가 원했던 박사 학위는 끝내 받지 못하였다.[2] 그는 대학을 마치고 북독일연방(Norddeutscher Bund)에서 영사직을 얻고자 했으나 뜻을 이루지 못하였다. 묄렌도르프는, 가족과 친분이 있는 괴를리츠 출신의 베를린 시청 인사과의 루드비히 폰 게르스도르프(Ludwig von Gersdorff, ?~1870)를 통해 영국인 로버트 하트(Robert Hart, 1835~1911) 경이 청에 해관을 세우는 데 도움을 줄 수 있는 세관 직원을 구한다는 소식을 들었다. 1861년 아버지가 돌아가셨기 때문에 묄렌도르프는 가족들에게 경제적 도움을 주기 위하여 청에서 일하기로 결심하고 자신이 계획한 일을 포기하였다.[3]

[4-3] 로버트 하트 경

1869년 9월 초, 베를린에서 필요한 서류와 돈을 마련한 후 트리에스트로 가서는 배를 여러 번 갈아타고 두 달이나 걸려서 상하이에 도착하였다. 1869년 11월 1일에 일을 시작하였고, 12월 14일에 한커우(漢口)로 전속되어 중국어를 집중적으로 공부하였다. 그러나 묄렌도르프는 지루한 청의 해관 업무에 만족하지 못하였다.

1873년 동생인 오토 프란츠가 통역관 학생으로 청에 오자 묄렌도르프는 원래 계획대로 독일이 청에 새로 개설한 영사관에서 일을 하기로 마음먹었다. 1874년 중반 묄렌도르프는 청 해관을 사직하고 독일 영사관과 공사관에서 통

[4-4] 오토 프란츠 폰 묄렌도르프

로 발행되었다.

2 P. G. von Möllendorff, *OL*, vol. 15, 26. April 1901, p. 352; 최종고, 『한독교섭사』, 110쪽; 묄렌도르프의 조카의 아들인 울리히 폰 묄렌도르프 박사의 진술(2011. 1. 28).

3 이와 관련하여 다음을 참조한다. Moellendorff, R[osalie] von, *P. G. von Moellendorff. Ein Lebensbild*, Leipzig, 1930, pp. 3~27.

역 일을 시작하였다. 1877년 여름 휴가를 보내러 독일에 갔다가 지금의 노르트라인베스트팔렌주의 에센-베르덴 출신 개신교 목사의 딸인 로잘리 홀트하우젠(Rosalie Holthausen, 1848~1943)과 결혼하였다.[4] 1879년 1월 톈진으로 파견되었고, 그곳에서 청 말기의 가장 유력한 정치가인 이홍장과 '아시아의 비스마르크'[5] 라고 불린 영국 정치가이자 홍콩의 8번째 총독이었던 존 포프 헤네시(John Pope Hennessy, 1834~1891) 경을 만나게 되었다.

[4-5] 이홍장(후베르트 보스, 1898년)

> 망자(묄렌도르프)를 만난 어느 누구도 사람을 끄는 그의 마법으로부터 벗어날 수 없었다. 모든 분야의 지식을 섭렵한 그는 청중을 사로잡는 능력이 있었다. 전형적인 독일인이었고 쾌활한 성격과 신분에 의한 오만함을 지니지 않은 그는 곳곳에서 많은 친구를 사귈 수 있었다. ……
>
> Niemand, der mit dem Verstorbenen in nähere Berührung kam, konnte sich dem Zauber seines gewinnenden Wesens entziehen. Auf allen Gebieten des Wissens zu Hause wusste seine Unterhaltung den Zuhörer stets mächtig zu fesseln. Sein kerndeutsches, offenes Wesen, die Abwesenheit jeden Standeshochmuths gewannen ihm überall Freunde. ……[6]

이 글은 1901년 4월 26일 『덕문신보』에 실린 묄렌도르프에 대한 추도사의 일부이다. 묄렌도르프는 청에 있는 서양인들뿐만 아니라 청인들에게도 인기가 있는, 호감을 주는 사람이었다. 그러나 그에 대한 평

4 Leifer, Walter, "Paul-Georg von Möllendorff - Gelehrter und Staatsmann in einer Übergangszeit", Leifer, Walter (Ed.), *묄렌도르프(P.G. von Möllendorff)*, Seoul, 1983, p. 75.

5 Ehlers, Otto E., *Im Osten Asiens*, Berlin, 1896, p. 120.

6 "P.G. von Möllendorff †" *OL*, vol. 15, 26 April 1901, p. 352.

가는 그가 조선에서 영향력 있는 직위에 오르게 되면서 달라졌다. 조선이 1876년 문호를 개방하고, 1882년 5월에 서양 국가로는 최초로 미국과 조약을 체결하게 되면서 조선에 대한 주도권을 놓고 각국이 경쟁하게 되었다. 열강들은 자국의 이해만 앞세우면서 이익을 취하려 했기 때문에 조선에서의 묄렌도르프의 역할이 열강의 질투를 유발한 것은 어쩌면 당연한 일이었다. 특히 오래전 청의 공관에서 근무할 때 묄렌도르프에게 악의적이었으며 일을 방해하던 사람이 있었는데, 다름 아닌 상사였던 막스 폰 브란트 공사였다.

[4-6] 『덕문신보Der Ostasiatische Lloyd』

독일에서 멀리 떨어진 아시아에서 활동하였던 이 두 인물의 판이한 성격과 둘의 갈등은 독일의 외교 문서뿐만 아니라 묄렌도르프에 관한 수많은 자료에서도 찾아볼 수 있다.『덕문신보』는 다음과 같이 적고 있다.

> 브란트 공사와의 갈등으로 (묄렌도르프는) 공관 일을 그만두고 다시 해관으로 거처를 옮겼다.
>
> Misshelligkeiten mit dem Gesandten Herrn von Brandt veranlassten ihn (Möllendorff) aber aus dem Staatsdienst auszuscheiden und wieder zum Zollamt zurückzukehren.[7]

특정 자금에 대한 외무부의 합당한 반환 요청과[8] 자신이 묄렌도르프의 청의 공관직 채용에 반대하는 편지에 대하여 브란트는 다음의 내용을 일기에 적었다.

---

7 "P. G. von Möllendorff †", op.cit, p. 352.

8 Kleiner, Jürgen, "Paul Georg von Möllendorff. Ein Preuße in koreanischen Diensten", *ZDMG*, vol. 133, no. 2 (1983), pp. 396~399.

> 지난밤 화가 나서 잠을 청할 수 없었다. 오늘 오후 도대(道臺)가 보낸 왕용호 전신부장이 와서 공사의 편지 복사본이 첨부된 아문의 편지를 보여줬다. 이런 거짓말이 다 있다니! 나를 파멸시키기 위한 계략이다!
>
> Ich habe die Nacht vor Ärger nicht schlafen können. Heute Nachmittag kam Wang Yung-ho, der Direktor der Telegraphen, vom Tautai geschickt und zeigte mir den Brief des Jamens, dem eine Kopie eines Schreibens des Gesandten beigefügt war. Welche Lügen! Um mich zu ruinieren!

이에 대해 로잘리 폰 묄렌도르프는 다음과 같이 적었다.

> B. 공사가 청인들에게 모략을 써 묄렌도르프의 위치를 해하려고 시도한 것이 한두 번이 아니다.
>
> Aber es war nicht das letzte Mal, dass Herr v. B. Moellendorff bei den Chinesen zu schaden und seine Stellung zu untergraben suchte.[9]

브란트는 묄렌도르프를 어떻게 생각하는지 분명하게 표출하기도 하였다. 동아시아에서 쌓은 업적과 외교 사안 및 개인적인 경험을 자세하게 기록하여 3권으로 엮은 『동아시아에서의 33년, 독일 외교관의 기억들(Dreiunddreissig Jahre in Ost-Asien· Erinnerungen eines deutschen Diplomaten)』을 1900년과 1901년 라이프치히에서 출판하였는데, 묄렌도르프의 이름은 단 한 차례도 언급하지 않았다.

묄렌도르프와 브란트의 갈등 원인에 대해서는 추측만 있을 뿐이다. 업무적 문제였는지 또는 개인적인 이유에서였는지는 자세히 밝혀지지 않았다. 그러나 만약 이 둘의 관계에 문제가 없었더라면 묄렌도르프는 공관을 떠나지 않았을 것이고, 공관에서 일하는 것을 만족스럽게 생각했을 것이다. 따라서 묄렌도르프를 자랑스러워하며 그를 연구

9 Moellendorff, R[osalie] von, op. cit, P. 34 .

하는 독일 학자는 브란트가 묄렌도르프를 혐오한 것을 고마워해야 할지도 모르겠다라고 말하기도 한다. 만약 브란트가 없었더라면 조선 정부 최초의 서양인 고문으로 독일인이 선택되지 않았을 것이다. 묄렌도르프가 조선 정부 최초의 서양인 고문이었다는 사실은 당시뿐만 아니라 오늘날에도 묄렌도르프를 특별한 인물로 만들어준다.

[4-7] 막스 폰 브란트

계속적으로 이리저리 이전되고, 영사로의 임명은 지연되고, 무엇보다도 브란트 베이징 주재 독일 공사와의 개인적인 갈등으로 묄렌도르프는 1882년 9월 공관직을 사직하였다.[10]

이홍장 밑에서 일을 시작한 지 얼마 지나지 않아 묄렌도르프를 조선으로 보내면 어떻겠냐는 의견이 나왔다. 이에 묄렌도르프는 한국어를 집중적으로 공부하면서 새롭지만 전도유망한 업무를 시작하기 위한 노력을 하였다. 외국인 고문을 초빙한다는 조선 정부의 계획을 나중에서야 알게 된 미국, 영국, 일본은 자국 출신의 사람으로 대체하려고 무단히 노력하였다. 그때까지 완전히 폐쇄되었던 조선에 자국의 고문을 앉히면 정치적, 경제적 이득을 취할 수 있을 것이라 생각하였기 때문이다. 청 해관의 묄렌도르프의 상사였던 로버트 하트 총독도 공개적으로 묄렌도르프의 초빙을 반대하면서 무급으로 영국인을 보내겠다고 청인들에게 제안하였다. 그러나 다른 나라들의 노력에도 불구하고 이홍장은 묄렌도르프를 조선 정부의 고문으로 추천하였고, 1882년 11월 18일에 계약하였다.[11]

[4-8] 로버트 하트 경(1897년)

조선에서의 어려운 직책을 맡게 될 인물로 묄렌도르프를 선택한 이

10 Moellendorff, R[osalie] von, op. cit, pp. 29 ~ 32.
11 Moellendorff, R[osalie] von, op. cit, pp. 35 ~ 39.

유를 이홍장은 톈진에 머물고 있던 김윤식(金允植, 1835~1922)에게 다음과 같이 설명하였다.

[4-9] 김윤식

> 독일인들은 일본인들에게 존경 받는다. 묄렌도르프는 독일인이다. 지금까지 일본인들은 조선의 의견을 고려하지 않고 그들의 의지를 관철시켰다. 내 생각에는 묄렌도르프가 앞으로 일본이 조선에서 주도권을 잡는 것을 막을 수 있을 것이다.
>
> Die Deutschen flößen den Japanern Achtung ein. Möllendorff ist ein Deutscher. Bisher haben die Japaner ihren Willen ohne Rücksicht auf die koreanische Meinung durchgesetzt. Nach meiner Ansicht kann Möllendorff in Zukunft die Japaner hindern, in Korea ihren Übermut spielen zu lassen.[12]

그 해 12월 4일 묄렌도르프는 톈진을 떠나 즈푸로 가서 6일 홍신호를 타고 조선으로 갔다. 조선 왕실의 외척인 조영하를 필두로 하는 조선 사절, 김윤식, 청의 고위 관리, 미국에서 돌아온 청의 대학생 두 명, 카이핑 광산회사(Kaiping Mining and Engineering Company)의 영국 엔지니어 버넷(R. R. Burnett)과 버틀러(G. A. Butler)가 동행하였다.[13] 12월 8일 조선 서해안의 제물포 앞에 있는 섬에 정박하였다. 다음 날인 12월 9일 묄렌도르프는 월미도에 도착하여 처음으로 조선 땅을 밟았다. 후에 고종이 그에게 월미도를 하사하였다. 이에 대해 『덕문신보』는 다음과 같이 보도하였다.

12 Kim, Jang-soo, *Korea und der Westen von 1860 bis 1900. Die Beziehungen Koreas zu den europäischen Großmächten, mit besonderer Berücksichtigung der Beziehungen zum Deutschen Reich.* Frankfurt a. M., Bern, New York, 1986.

13 Deuchler, *Confucian Gentlemen and Barbarian Envoys. The Opening of Korea, 1875-1885.* Seattle, London, 1977, p. 161; Moellendorff, R[osalie] von, op. cit, pp. 41f.

[4-10] 제물포 앞 월미도(1890년경)

오래전에 조선 황제는 최근에 별세한 묄렌도르프에게 감사의 표시로 이 섬 (서양인은 월미도를 로즈 아일랜드라 부른다)을 하사하였다. 그러나 당시 묄렌도르프는 이를 정중히 거절하였다.

Vor vielen Jahren bot der Kaiser von Korea aus Dankbarkeit dem kürzlich verstorbenen Herrn P. G. von Möllendorff diese Insel (Roze-Island von den Fremden genannt) als Geschenk an; bescheidener Weise aber schlug Möllendorff sie damals aus.[14]

12월 13일에 묄렌도르프는 한성에 도착하였고 12월 26일에 고종을 알현하였다.[15] 고종과 대면한 최초의 서양인 묄렌도르프는 비록 '유교 교육을 받지 않은 야만인'이었지만, 준비를 많이 해 왕 앞에서 어떻게 행동해야 하는지 잘 알고 있었다. 연미복을 입고 휘장을 달고 예절에 따라 안경을 벗은 다음 고종 앞에서 몸을 세 번 숙였다. 그 다음에

14 *OL*, vol. 15, 31. May 1901, p. 455: Koreanisches.

15 Lee, Yur-Bok, *West goes East. Paul Georg von Möllendorff and Great Power Imperialism in Late Yi Korea*, Honolulu, 1988, p. 47.

[4-11] 경복궁 근정전

는 한국어로 암기한 문장을 말하였다.[16]

> 신이 귀국에 와 불러 보시니 감축하와, 갈력진심 하올 것이니, 군주께서도 강신을 신임하옵시기를 바라나이다. (신(臣)을 귀국에 불러주셔서 감사드리며, 최선을 다할 것이니 왕께서도 신을 신임하시기 바랍니다.)

고종은 낯선 독일인의 이와 같은 행동이 마음에 들었는지, 묄렌도르프에게 안경을 다시 쓰게 한 다음 가족에 대해 물어보았다. 그는 아이를 곧 출산하게 될 아내 로잘리를 거처가 마련된 다음 톈진에서 데려올 것이라 대답하였다. 묄렌도르프도 고종의 환대에 큰 감동을 받았다. 알현 직후 새로 설치된 통리아문 참의(參議)를 맡게 되었는데 이는 오늘날의 차관에 해당하는 직급이다.[17]

16 Moellendorff, R[osalie] von, op. cit, p. 48.

17 Moellendorff, R[osalie] von, op. cit, p. 48f; Lee, Yur-Bok, op. cit, p. 48.

묄렌도르프는 수년간 외교 업무를 담당하였고, 청의 해관에서도 오랫동안 일한 경험이 있었기 때문에 우선 세관 사무를 청식(淸式)으로 구축하는 임무를 받았고, 외교 정책에 관한 고문 역할도 담당하였다. 그는 맡은 업무를 성공적으로 이끄는 한편, 조선 관료들로부터 인정을 받기 위해 일정 부분 조선의 관습을 따랐고, 고종의 권유에 따라 항시 조선의 관복를 착용하였다. 묄렌도르프는 목인덕(穆麟德)이라는 조선 이름을 지었는데, 사람들은 그를 목참판이라 불렀다.[18] 이렇게 묄렌도르프는 조선에 왔던 다른 서양인들보다도 조선인들과 가까운 독일인이 되었다.

[4-12] 한복을 입은 파울 게오르크 폰 묄렌도르프

1883년 1월 말부터 4월 10일까지 묄렌도르프는 청의 상하이와 톈진을 방문하였다. 그곳에서 조선에서 활동하는 데 필요한 자금을 구하려 애썼으며, 해관 개설에 경험이 많은 유럽과 미국의 직원들을 구하였다. 그뿐만 아니라 외국 상사와 상인들에게 조선을 알리고자 노력하였다. 그곳에서 항해, 무역 관계, 영업 면허 등에 관한 계약을 체결하였고, 상하이와 한성을 연결하는 해저케이블 설치 및 한성과 블라디보스토크를 잇는 육로를 협상하였으며, 조선의 양잠업 발전을 위한 협상을 하였다.[19]

묄렌도르프가 조선으로 돌아온 이틀 후에 고종이 경복궁 근처 박동(지금의 종로구 수송동)에 위치한 집을 하사하였다. 이 집은 작은 궁궐과 같았는데, 묄렌도르프는 거처 겸 직무실로 이용하였다. 묄렌도르프는 이에 대해 다음과 같이 적고 있다.

건물은 조선식이지만 크고 매우 쾌적하다. 새로 도배하였고, 바닥에는 융

18 Moellendorff, R[osalie] von, op. cit, p. 49.
19 Moellendorff, R[osalie] von, op. cit, pp. 52 ~ 54.

[4-13] 묄렌도르프의 집 앞에 모인 통리아문 관리들(1884년)

단 대신 녹색 직물을 깔았다. 기둥에는 금박이 찍힌, 금언이 적힌 붉은 종이가 붙어 있다. 벽에는 큰 그림이 걸려 있으며 종이 창문에는 보라색 커튼이 쳐 있다. 내부는 서양인이 봤을 때는 매우 신기하고 말로 묘사하기 힘들지만 유럽식 가구를 놓으면 편안하게 꾸밀 수 있다. …… 두 건물로 된 본채 앞에는 큰 마당이 있는데, 나중에 그곳에 테니스장과 정원을 만들었다. 살림집 옆에는 창고, 부엌 그리고 하인들이 기거하는 행랑채가 있고, 그 외에도 안채, 부엌과 행랑채가 있는 마당이 3개 더 있다.

Zwar ganz koreanisch ist das Gebäude, doch großartig und sehr bequem. Alles neu beklebt, der Fußboden mit grünem Wollstoff anstatt der Teppiche belegt, die vielen Pfeiler mit Sinnsprüchen auf rotem mit Gold betupftem Papier verziert. An den Wänden große koreanische Gemälde, vor den vielen Papierfenstern lila Gardinen. Die innere Einrichtung ist für unsere Begriffe ziemlich wunderlich und schwer zu beschreiben, doch lässt es sich mit europäischen Möbeln überall behaglich machen. …… Vor dem Haupthaus, das eigentlich aus zwei Häusern besteht, ist ein großer freier Platz, aus dem später ein Tennisplatz und großer Garten entstand. Außer dem Wohnhaus, in dessen nächster Nähe Vorratshäuser, Küchen- und Dienerwohnungen waren, gehörte zu dem Grundbesitz ein zweiter, dritter und vierter Hof, je mit Wohn-, Küchen- und Dienerhäusern.[20]

1885년 말 묄렌도르프가 조선을 떠난 이후에는 남대문 근처에 있던 독일 영사관이 1886년 이곳으로 옮겨왔다.[21] 몇 년이 지난 후 독일 영사관은 회현동과 상동 중간인 남산 기슭으로 이사하였다. 1902년 6월 14일 하인리히 와이퍼트(Heinrich Weipert) 영사는 새로운 독일 영사관 건물을 개관하면서 기념식을 크게 열었다.

묄렌도르프는 1882년 말부터 1885년까지 비교적 짧게 조선에 체류하였음에도 불구하고 조선의 개화기에 중요한 역할을 하였다. 고종은 묄렌도르프를 크게 신뢰하고 존경하였기 때문에, 그에게 많은 영향을 받았다. 그는 해관(海關) 총세무사(總稅務司)로 활동하였을 뿐만 아니라, 재무·법률·군사·농업·수공업·상업 등 다양한 분야에서 고문으로 활동하였다. 현대식 교육 체계와 기술 지식의 전수, 전통 수공업에 기반을 둔 산업 구조 건설에도 노력하였다. 그는 단기간에 독일인 고문에서 조선 정부의 고위 관료로 부상하였다. 통리교섭통상사무아문 협판(協辦), 통리군국사무아문 주사(主事), 전환국 총판(總辦)까지 맡았다. 외교 고문으로 조미수호통상조약 문서를 비준하는 데 도움을 주었을 뿐만 아니라, 이어서 체결된 영국, 독일, 러시아, 이탈리아와의 통상조약에도 직접 참여하였다. 묄렌도르프는 조선이 가능한 한 많은 나라들과 조약을 체결해야 독립을 보장받을 수 있다고 확신하였기 때문에 여

20 Moellendorff, R[osalie] von, op. cit, pp. 54f.
21 Kraus, Friedrich, "Das Königreich Korea", *Unsere Zeit*, vol. 1(1889), p. 73.

러 나라와의 조약 체결에 힘을 썼다. 그러나 그의 노력은 조선과 청 사이의 전통적인 권력 관계에는 반대되는 처사였을 뿐만 아니라 조선에서 점차 커지고 있는 일본의 영향력을 막을 수는 없었다. 청은 자국의 이해를 관철하고 대변하기 위해 묄렌도르프를 조선으로 파견했지만, 곧 그가 청의 이해와는 반대되는 방향으로 행동한다는 것을 깨닫게 되었다.[22]

야심 찬 개혁을 실현시키기 위해 '독일인이며 한국인' 인 묄렌도르프는 다양한 국적의 수많은 전문가를 조선으로 초빙하였다. 물론 동향인을 우선적으로 불러온 경우도 꽤 있어서, 후에 독일과 경쟁하는 다른 강국들은 이 점을 묄렌도르프에 대한 주된 비난거리로 삼았다.[23] 특히 해관에서 일할 직원으로 독일인을 많이 고용하였고, 1883년에는 독일 지리학자인 카를 크리스티안 고체(Carl Christian Gottsche, 1855~1909)를 초빙하여 조선의 지질 조사를 하도록 하였다. 고체는 1884년에 총 8개월 동안 조선에 체류하며 8개 도를 모두 돌며 두 차례에 걸쳐 철저한 조사를 실시하였다. 2차 지질 조사에는 고체의 아내인 베르타 에밀리(Bertha Emilie, 1857~1939)도 동행하였다.

묄렌도르프는 1884년과 1885년에 또 다른 전문가를 조선으로 초빙하였다. 독일계 미국인 요세프 로젠바움(Joseph Rosenbaum)은 한강변의 백사(白沙)로 유리를 제작하고자 하였다. 그러나 백사가 유리 제작에 적합하지 않았기 때문에 이 프로젝트는 결국 중단되었다. 이후 로젠바움은 묄렌도르프의 제안으로 성냥 공장을 세웠으나 파산하였다.

22 Deuchler, op. cit, pp. 162~164; Leifer, Walter, op. cit, pp. 79~82; Park, Chan Il, "Thesen zur Wirtschaftspolitik und zum Wirtschaftskonzept Möllendorffs", Leifer, Walter(Ed.), *묄렌도르프(P.G. von Möllendorff)*, Seoul, 1983, pp. 244~253; 최종고, 앞의 책, 116~118쪽; Kleiner, *Paul Georg von Möllendorff*, pp. 409~412.

23 Deuchler, op. cit, p. 163.

이외에도 상하이에 살고 있던 아우구스트 메르텐스(August H. Maertens)는 양잠을 위해 초청되었고, 일본에 체류하고 있던 크니플러(Kniffler)는 담배 재배를 위한 토지 조사를 위해 불려 왔다. 또 독일 농민 파울 헬름(Paul Helm)을 초청하여 독일식 재배 방법에 따라 큰 면적에 작물을 재배하도록 하였다. 그러나 조선 정부는 투자 의지가 없었기 때문에 이 세 가지 프로젝트는 모두 실패하였다.

【4-14】 이홍장(1896년)

당시 조선 정부는 임오군란의 사후 처리 비용과 개화 정책을 추진하는 데 드는 비용으로 재정이 어려웠다. 재정 부족을 타개하기 위해 묄렌도르프는 새 화폐인 당오전의 발행을 주장하였다. 1884년 3월 묄렌도르프는 전환국의 총판으로 임명되었다. 묄렌도르프는 화폐를 주조하기 위해 프리드리히 크라우스(Friedrich Kraus), 클라우스 디드리히트(Claus Diedricht), 리트(C. Riedt)라는 기술자 3명을 독일에서 데려왔고, 조폐기도 조선의 독일 상사 세창양행(H. C. Eduard Meyer & Co.)을 통해 독일에서 수입하였다.

청의 이홍장은 일본을 견제하기 위해 묄렌도르프를 조선 정부의 고문으로 추천하였는데, 한반도에서 주도권을 잡기 위해 서로 경쟁하는 국가들의 계략과 술수에 결국 굴복해야만 하였다. 묄렌도르프는 조선의 주권을 지키기 위한 한 방편으로 러시아에 도움을 청하였다. 고종의 묵인하에 조선 각료의 인가를 얻지 않은 채, 묄렌도르프는 주일본 러시아 공사관 서기관이었던 알렉세이 니콜라예비츠 스페이어(Aleksej Nikolajewitsch Speier)와 비밀 협상을 벌였다. 러시아 군사 교관 파견을 문의하고 청과 일본 사이에 갈등이 일어났을 때 조선의 보호를 요청하였다. 이 무렵 고종 역시 동일한 목적으로 김용원(金鏞元, 1842~?)을 블라디보스토크로 보냈다. 그 대가로 러시아에게 원산 앞의 영흥만을 조차해 주기로 하였다. 이 협상의 결과로 1885년 6월 조러밀약을 맺게 되었다. 그러나 이는 묄렌도르프의 권한을 벗어나는 행동이었으므로, 외세뿐만 아니라 조선 내각에서도 크게 분노하였다. 특히 김윤식 협판통리내무아문사무를 포함한 대신들은 밀약의 비준을 완강히 거부하였고, 묄렌도르프와 고종의 독자 행동을 비난하였다. 1885년 7월 27일 묄렌도르프는 조러밀약에 대한 책임를 지고 통리교섭통상사무아문 협판에서 물러났고, 9월 4일에는 해관 총세무사에서, 10월 17일에는 전환국 총판에서도 해임되었다. 결국 묄렌도르프는 1885년 12월 5일 청으로 가 이홍장의 개인비서로 일하였다.[24]

묄렌도르프가 파면된 후에도 고종과 이홍장은 조선 정부에 서양인 고문을 둘 생각을 계속하였다. 그러나 해관과 통리교섭통상사무아문에 각각 다른 사람을 앉혀 권한을 제한하였다. 해관 총세무사에는 청의 해관에서 로버트 하트와 일을 하고 이홍장의 지시를 잘 따를 만한 인물로 미국인 헨리 퍼디낸드 메릴(Henry Ferdinand Merrill)을 추천받았다. 통리교섭통상사무아문에는 1880년부터 상하이의 미국 총영사로 활동하였던 미국 오리건 출신 치안관 오언 니커슨 데니(Owen Nickerson Denny, 1838~1900)[25]가 임명되었다.

데니는 묄렌도르프와 비슷한 방식으로 조선의 자주권을 지키기 위

24 Nahm, Andrew C., "Korea and Tsarist Russia: Russian Interest, Policy, and Involvement in Korea, 1884~1904", *KJ*, vol. 22, no. 6(Juni 1982), pp. 6f; Kim, Jang-soo, op. cit, pp. 61~65; 李光麟,『韓國史講座. 近代篇』vol. 5, 서울, 1986, 201~205쪽; Moellendorff, R[osalie] von, op. cit, pp. 81~84 ; Deuchler, op. cit, pp. 163f ; Kleiner, op. cit, pp. 419~424.

25 오언 니커슨 데니는 1877년에 톈진 주재 미국 영사, 1880년에 상하이 주재 미국 총영사를 역임하였다. 1886~1890년 묄렌도르프의 후임으로 조선 정부의 고문으로 일하였다. 러시아 공사 베베르와 합작하여 청에 대항하는 행동을 취하자 이홍장의 노여움을 사 청으로 소환되었다. 그의 뒤를 이어 미국인 찰스 W. 레젠더가 고문직을 수행하였다. 이와 관련해서는 다음을 참조한다. Swartout, Robert R., *Mandarins, Gunboats, and Power Politics: Owen Nickerson Denny and the International Rivalries in Korea*, University of Hawaii Press(November 1980).

해 최선을 다하였다. 그러나 이는 청의 이해와 상충되었다. 이와 같은 사실을 1885~1894년에 총리교섭통상대신으로 조선에 부임한 청의 위안스카이(袁世凱, 1859~1916)[26]가 감지하였는데, 그는 조선에 청의 세력을 부식(扶植)하기 위해 온갖 방법을 동원하였다. 정치적인 음모, 계략과 청의 야심이 데니의 업무를 어렵게 하여 1888년 초 데니는 외교 고문직을 그만두기로 결심하였다.[27]

[4-15] 위안스카이(1915년)

이러한 상황에서 이홍장은 묄렌도르프에게 또 다른 일을 맡기기 위해 조선으로 보냈다. 다른 한편으로는 묄렌도르프를 고문직에 복직시키기 위한 기회를 엿보려는 의도도 있었다. 그러나 묄렌도르프가 조선에 나타나자 반대 움직임이 크게 일어났다. 이는 고종을 압박하였고, 이 때문에 묄렌도르프는 고종을 알현하지도 못하였다. 한참이 지난 후에 고종은 묄렌도르프에게 그가 계획하고 있는 일이 성사될 수 없음을 통보하였다. 베이징 주재 독일 공사 브

26 위안스카이는 청 후기와 중화민국 시기에 활동한 군인, 정치가이다. 1885년 11월 조선 주재 총리교섭통상대신으로 부임하여 조선의 내정과 외교에 간섭하여 청의 영향력을 키워 일본 및 러시아와 경쟁하였다. 1894년 청일전쟁 직후 직예안찰사가 되어 톈진 부근에서 서양식 군대를 훈련시켜 북양군벌의 기초를 마련하였다. 청 귀족들의 시기로 정계에서 물러났으나, 1911년 신해혁명으로 청 정부에 복귀하여 내각 총리대신이 되어 정권을 장악하였다. 그는 혁명군과 연락하는 한편, 청 황제를 퇴위시켰다. 1912년 쑨원을 쫓아내고 중화민국 임시대총통에 취임하였고 1913년에는 초대 대총통에 취임하였다. 1916년 1월 스스로 황제라 칭하고 즉위하였으나 반원(反袁) 운동의 확산과 열강들의 황제제도 취소 권고로 3월에 황제제도를 취소하였다. 1916년 6월 6일 지병으로 사망하였다.

27 Swartout, Robert R., ibid, pp. 42~44, 103~122; Moellendorff, Rosalie von, op. cit, pp. 84f; 최종고, 앞의 책, 120f쪽; Koh, Byong-ik, "The Role of Westerners Employed by the Korean Government in the Late Yi Dynasty", *International Conference on the Problems of Modernization in Asia, June 28~July 7. 1965*, Seoul, Korea University, p. 254; Morse, Hosea Ballou, *The International Relations of the Chinese Empire. vol. 3: The Period of Subjection 1894~1911*, pp. 12~15.

란트는 묄렌도르프가 다시 고문직을 맡는 것에 대해 이홍장에게 직접 반대 의사를 표하였고, 주조선 독일 영사인 페르디난트 크리엔(Ferdinand Krien)에게 전보를 보내 묄렌도르프의 조선 활동을 금지해달라고 요청하였다. 묄렌도르프가 조선에 돌아온다는 계획이 알려지자, 서양 국가들은 긴장하였는데 특히 러시아가 예민하게 반응하여 그가 한성에 도착한 1888년 5월 14일 데니의 계약을 2년 연장하도록 종용하였다.[28]

[4-16] 북독일 로이드의 우편선 프린츠 하인리히호

다시 한번 조선에서, 조선을 위해 일하고자 했던 묄렌도르프의 희망은 이렇게 끝났다. 1888년 7월 중반 묄렌도르프는 청으로 돌아갔고, 다시 이홍장의 개인비서로 일하였다. 1889년 로버트 하트 경의 요청에 따라 상하이 해관 소속 통계국 부국장을 맡으며 해관 업무를 다시 시작하였고, 1897년에 통계국장으로 승진하여 소수의 유럽인들이 살고 있던 저장성의 항구 도시 닝보로 파견되었다.

묄렌도르프는 딸들의 교육을 위해 아내와 딸 셋을 1899년 9월 13일 상하이에서 북독일 로이드의 우편선 프로이센호(Preußen)에 태워 독일로 보냈다. 그는 1877년 이후 독일에 가보지 못해서 휴가를 신청하여 가족을 방문하기로 마음먹었지만, 휴가가 계속 지연되어 1901년이 되어서야 북독일 로이드의 우편선 프린츠 하인리히호(Prinz Heinrich) 탑승권을 예약할 수 있었다. 그러나 운명의 장난처럼 곧 독일에 도착할 것이란 전보를 가족에게 보내고는, 그날 저녁 심한 복통을 앓았다.

28 AA, Korea I, vol. 9: 'Schreiben von Konsul Krien aus Seoul vom 30. Mai 1888'; Moellendorff, R[osalie] von, op. cit, pp. 85f, 88, 92f.

결국 묄렌도르프는 일본이 조선의 외교권을 박탈한 을사늑약 체결 4년 전인 1901년 4월 20일 54세의 나이로 중국 닝보에서 사망하여 그곳 묘지에 안치되었다.[29]

2. 카를 안드레아스 볼터

_독일 상사(商社) 세창양행(世昌洋行, H. C. Eduard Meyer & Co.) 경영자

세창양행(Meyer & Co)은 독일 상인이 세운 무역상사로 1883년 제물포에 진출한 최초의 외국 회사였다. 세창양행의 대표는 독일 함부르크 출신 상인인 하인리히 콘스탄틴 에두아르트 마이어(Heinrich Constantin Eduard Meyer, 1841~1926)였는데, 그는 런던 외에도 톈진, 홍콩, 상하이와 한커우(漢口)에 지사를 두고 동아시아에서 성공적으로 사업을 하였다.

[4-17] 세창양행의 깃발

묄렌도르프가 조선에서 고문직을 맡고 얼마 지나지 않아 마이어는 상하이에 있는 자딘매디슨(Jardine, Matheson & Co, 이화양행(怡和洋行))과 조선의 거래를 성사시켰다. 자딘매디슨은 1832년 7월 1일 윌리엄 자딘(William Jardine, 1784~1843)과 제임스 매디슨(James Matheson, 1796~1878)이 광둥성 광저우에 설립한 회사로 청에서 가장 오래된 영국 상사 중 하나였는데, 톈진에 있는 세창양행과 접촉하여 조선의 제물포에 지사를 열 것을 제안하였다. 조선이 서양에 문호를 개방하는 초기 단계였으므로 마이어는 조선에서 경제적으로 확고하게 자리 잡기 위해 1883년 독일 함부르크 출신 상인이자 세창양행에 지분을 갖고 있

29 "P. G. von Möllendorff †", *OL*, op. cit, p. 353; Moellendorff, R[osalie] von, op. cit, pp. 109, 117f.

는 카를 안드레아스 볼터[Carl Andreas Wolter, 華爾德(화이덕), 1858~1916]에게 조선 지사의 설립과 운영을 맡겼다.[30] 1886년 마이어는 함부르크에 주재하는 초대 주독 조선 명예영사에 임명되었다.

사실 조선에서는 독일 상사가 단 한 곳만 있었으므로, 조선에 영사관 또는 총영사관의 개관을 논의하던 1885년 3월 4일 독일 제국의회에서 자유당 의원들은 이를 웃음거리로 만들었다. 리히터 의원은 다음과 같이 조롱하였다.

[4-18] 하인리히 콘스탄틴 에두아르트 마이어

> 지금까지 마이어라는 상인 한 명만 그곳에 진출하였다는 사실 외에는 알려진 것이 없다. 마이어가 정말 그곳에 체류하고 있는지도 의문이다. 그곳에 점원 한 명만 두고 자신은 청에 있는 것 같다. 마이어 상사는 조선에 요즘 신문에 언급되는 그 대리인 한 명이 운영하는 가게를 둔 것 같다. 만일 독일 상사라고 할 수 있는 것이 있다는 점을 증명할 수 없는 상황이라 하더라도 24,000마르크의 비용을 지불해야 하는 영사 한 사람이면 그 한 상사를 위해 충분하다고 생각한다. 그 한 가게가 24,000마르크라는 액수만큼이라도 벌고 있는지, 제국이 그 한 가게를 보호하기 위해 이만큼을 지출해야 할 만큼의 수입을 올리고 있는지 의심스럽다. 이 영사관 하나를 내는 데 동의하는 것도 내키지 않는데, 마이어라는 단 한 명을 위해 영사관을 넘어 총영사관을 설립해야 한다는 것은 너무 과한 것 같다.
>
> Nun ist weiter nichts nachgewiesen, als dass erst ein Meyer dort angesiedelt ist. Mir ist zweifelhaft, ob der Meyer selbst da ist; ich glaube, er hat nur einen Kommis da, er selbst ist in China, die Firma hat bloß eine Station, einen Vertreter in Korea, der auch in dieser Zeit in den öffentlichen Blättern genannt ist. Nun meine ich: wenn Sie überhaupt nicht im Stande sind, mehr wie ein deutsches Geschäft nachzuweisen, da wäre ein Konsul, dem man 24 000 Mark geben soll, vollständig ausreichend für das eine Geschäft. Mir ist zweifelhaft, ob das eine Geschäft 24 000 Mark für sich verdient, eine Summe

30 Wolter, Carl, "Korea, einst und jetzt", *MGGH*, vol. 17(1901), p. 64.

verdient, die wir von Reichswegen zulegen sollen, um das eine Geschäft von Reichswegen zu schützen. Mir wird es sehr schwer, auch nur dieses eine Konsulat zu bewilligen; aber dass ich für den einen Meyer zu dem Konsul noch einen Generalkonsul hinsetzen soll, das geht mir doch über den Spaß.[31]

[4-19] 오토 폰 비스마르크(1890년)

이 글을 통해 독일 정계에서 조선의 비중이 얼마나 작았는지 잘 알 수 있다. 비스마르크도 청과 비교하였을 때 동아시아에서의 독일 무역에서 조선이 차지하는 비중이 얼마나 작은지 재차 확인하였다. 비스마르크는 "청과의 관계를 소원하게 하면서까지 조선을 대할 만큼의 의미가 조선에는 없다. 이를 다시 한번 강조한다."[32]라고 문서에 기록하였다.

독일은 조선에 총영사와 부영사를 두었지만 다른 나라와 같이 조선 주재 독일 외교관의 직위를 승격시킬 필요가 없다는 입장이었다. 조선 주재 최초의 독일 총영사였던 젬브쉬와 그의 후임으로 1887년까지 조선에서 활동하였던 총영사 페터 켐퍼만(Peter Kempermann, 1845~1900)은 16년 동안 조선에 파견된 독일 외교관 중 가장 높은 직책이었다. 1887년부터 1903년까지 독일은 영사 또는 부영사만 파견하였다[페르디난트 크리엔 영사(근무 기간: 1887~1898), 펠릭스 라인스도르프 부영사(근무 기간: 1898~1900), 하인리히 와이퍼트 영사(근무 기간: 1900~1903)]. 이 같은 독일 정부의 태도는, 조선을 방문한 독일 사람들로부터 조선에는 영사 직급만 파견하여 독일 외교관과 독일 상사인 세창양행이 조선에서 활동하는 데 어려움이 많다며 더 높은 직급의 외교관을 파견하지 않은 독

31 *Stenographische Berichte, 6. Legislaturperiode, 1. Session, 1884~85*: vol. 3, 58. Sitzung, 4. März 1885, p. 1570.

32 AA, Korea 1, vol. 6: 'Aktennotiz Bismarcks vom 20. Juli 1885'.

일 외무부를 비난하는 보고를 받은 후에야 어느 정도 바뀌었다. 한 예로 1899년 6월 29일 프로이센의 하인리히 왕자(1862~1929)는 일본 요코하마에서 빌헬름 2세에게 다음과 같은 내용의 편지를 보냈다.

[4-20] 프로이센의 하인리히 왕자

> 조선은 일반적으로 우리가 큰 관심을 기울이지 않는 나라입니다. 또는 비교적 알려진 바가 많지 않은 나라입니다. 이렇게 된 것은 다른 이유도 많겠지만, 독일제국이 영사관만 운영하기 때문일 것입니다. 제가 지금 받은 인상으로는 변리공사를 파견하는 것이 조선과의 관계와 독일제국의 위상에 맞는다고 생각합니다. 조선의 왕은 이러한 희망을 여러 차례 표현하였다고 합니다. 더불어 독일 영사관 건물 상태라든가 오랫동안 부영사만 파견된 사실은 독일 제국의 위상에 걸맞지 않는다고 말씀드리고 싶습니다.
>
> Korea ist ein Land, dem im Allgemeinen wenig Beachtung geschenkt wird, oder aber über welches verhältnismässig wenig bekannt ist; neben anderen Gründen, dürfte es diesen Umstands zuzuschreiben sein, dass das deutsche Reich nur durch ein Konsulat vertreten ist. Nach meinen jetzt empfangenen Eindrücken, würde ich die Schaffung einer Ministerresidentur, als den koreanischen Verhältnissen und der Würde des deutschen Reiches entsprechend, für wünschenswerth halten. – Der König soll wiederholt nach dieser Richtung hingehende Wünsche geäussert haben. Bemerkt darf noch werden, dass weder das deutsche Konsulatsgebäude, noch der Unstand, dass der Konsul für längere Zeit durch einen Vizekonsul vertreten wird, dem Ansehen des Reiches dienlich sind.[33]

독일 황제의 동생인 하인리히 왕자의 제언은 그 영향력이 컸지만, 3년이 지난 후에야 그가 청했던 사항들이 실현되었다. 1903년 3월 31일

33 AA, Korea I, vol. 27: 'Bericht von Prinz Heinrich an Kaiser Wilhelm II. vom 29. Juni 1899 aus Yokohama'.

콘라트 폰 잘데른(Conrad von Saldern, 1847~1908)이 조선 주재 독일 변리 공사로 임명되었다. 그러나 1905년 12월부터는 다시 부영사[고트프리트 나이(근무 기간: 1905~1907)]와 총영사[프리드리히 크뤼거(근무 기간: 1907~1914)]만 파견되었다.[34]

독일 상사 중에서 조선과의 무역에 관심을 보인 곳은 톈진에 자리 잡은 세창양행뿐이었다. 1883년에 볼터는 유럽으로 잠시 가서 사업 준비를 마친 후 1884년 5월 말에 이화양행의 상선 남승호를[35] 타고 상하이를 떠나 6월 6일에 제물포에 도착하여 조선 땅에 첫발을 디뎠다. 볼터는 아직 개발되지 않은 작은 어촌에 불과한 제물포에 지사를 세워야 했는데, 이는 매우 어려운 일이었다. 볼터는 당시 제물포의 모습을 다음과 같이 묘사하였다.

> 당시 제물포에 대한 인상은 좋지 않았다. 잔교도 없었다. 작고 더러운 삼판을 타고 진흙투성이의 갯벌에 내려야만 했다. 돌을 잘 골라 딛고 뛰어서 육지로 가야 했다. 해안가에는 아직도 예전의 제물포 마을을 이루고 있던 어민들의 낡은 집들이 있다. 여기에 진흙으로 지은 오두막집들이 속속 들어섰는데, 제물포에 도착하는 외국인들이 싸게 부릴 수 있는 인부들이 필요했기 때문이다. 그런데 그 진흙 오두막집들이 계속 들어서서 나중에는 외국인들의 거류지에 속한 땅까지 침범하지 못하도록 막는 것이 매우 힘들었다.
>
> Chemulpo machte damals einen wenig einladenden Eindruck. – Von einer Landungsbrücke war noch nicht die Rede. Man wurde in einem kleinen schmutzigen Sampan an den schlammigen Ebbestrand gesetzt und musste von einem Stein zum anderen springend das feste Land, so gut es eben ging, zu erreichen suchen. Am Lande standen

34 Kneider, Hans-Alexander, "Deutsche Botschafts- und Konsulatsangehörige in Korea bis zum Jahre 1910", 『한국외국어대학교 논문집』, 제33집(vol. 33), 서울, 2001, 575~598쪽.

35 한국해사문제연구소, 『잃어버린 航跡: 大韓海運公社의 40年 1950-1988』, 서울, 2001, 28쪽.

noch die ärmlichen Fischerhütten, die früher das Dorf Chemulpo gebildet hatten, zu denen sich bald, da die ankommenden Fremden Kulis gebrauchten, immer mehr Lehmbuden hinzugesellten, deren weiteren Anbau auf dem zur Fremdenniederlassung gehörigen Lande zu verhindern später große Mühe machte.[36]

볼터가 제물포에 도착했을 때는 유럽인의 수가 무척 적었다. 그가 한동안 기거한 목조집의 주인인 독일 출신 항무부장 슐체(F. W. Schulze) 선장을 비롯해 해관에 고용된 10명 내외 사람들이 다였다. 그중에는 갈리시아 지방 출신의 오스트리아인 이사크 스타인벡(Isaak Steinbeck)이라는 사람이 있었다. 그는 1884년 초에 소규모의 무역업을 하다가 1886년에 '코리아 호텔(Hôtel de Corée)'을 세웠다. 이 호텔은 인기가 많았는데, 특히 제물포에 오는 외국인들이 좋아하였다.[37]

볼터는 지사를 설립하는 데 많은 어려움을 겪었다. 처음 그가 부딪힌 문제는 지불 수단이었다. 조선에는 달러화가 통용되지 않았고, 거래를 할 때는 통상적으로 엽전만 사용하였다. 1달러를 환전하면 500개의 크고 무거운 엽전을 받을 수 있었다. 그렇기 때문에 다음과 같은 상황이 발생하기도 하였다.

조선에서 사업 초기에 약 2,000달러 상당의 물건을 어리석게도 이러한 방식으로 구입했던 기억이 아직도 생생하다. 무거운 엽전을 진 일꾼들이 줄지어서 숨을 허덕이며 카운터로 왔다. 그리고 가게 바닥이 점점 2피트 높이의 엽전으로 쌓이는 것을 보고 놀랐다.

Ich weiß noch sehr wohl, wie es mir erging, als ich im Beginn meiner koreanischen Laufbahn so leichtsinnig gewesen war, für etwa $ 2000

36 Wolter, Carl, op. cit, p. 64.

37 Wolter, Carl, op. cit, p. 64; Benko, Jerolim Freiherr von, *Die Reise S.M. Schiffes Zrinyi nach Ost-Asien 1890 - 1891*, Wien, 1894, pp. 328, 344; *D&C*: 1887.

[4-21] 제물포(1890년경)

Waaren auf solche Weise zu verkaufen. Kuli nach Kuli kam keuchend unter seiner Last in mein Comptoir, und ich sah mit Entsetzen, wie sich der Fussboden desselben langsam mit einem fast 2 Fuss hohen Stapel von Münzen füllte.[38]

그래서 볼터는 초기에는 물물교환만 하였다. 조선에서 수요가 있었던 쇠가죽을 쌀, 콩, 금 등과 교환하였으며, 영국산 면제품을 비롯해 독일산 바늘과 염료를 수입하여 판매하였다. 카를 볼터는 "조선에는 큰 도매상이 없으며, 1884년에는 수도인 한성에 필요한 물자를 공급해주는 일이 주된 사업이었다."라고 저술하였다. 볼터가 직면한 또 다른 문제는 유럽 은행의 지사가 없다는 것이었다. 제물포에 있는 유일한 은행은 일본 은행이었는데, 주로 일본인에게만 월 2퍼센트의 이자로 돈을 빌려주었다. 일본 은행은 유럽인들을 '점차 그 수가 늘어나고 자신들을 위협하는 경쟁자'로 간주하였기 때문에 그들을 신뢰하지 않

38 Wolter, Carl, op.cit, p.65.

[4-22] 제물포(1897년)

았다.[39]

서양의 상사들은 초기에는 연해 운송 사업 분야를 주도하였지만, 얼마 지나지 않아 일본과 청의 경쟁 업체에게 주도권을 빼앗겼다. 1885년에 세창양행은 희화호[헤버호(Hever)][40]로 상하이~나가사키~부산~제물포 구간을 월 2회 운항하였는데, 수익성이 없어 6개월 후에 운항을 중단하였다. 더욱이 서양 상사의 일반 지출 비용은 동양 상사보다 10배나 더 들었다.[41] 그러다 보니 1910년에는 세창양행 외에 서양 상사는 단 6곳만 제물포에서 영업을 하였다. 영국 상사 두 곳[월터 조지 베넷(Walter Georg Bennett & Co.), 홈링거(Holme, Ringer & Co.)], 미국 상사 두 곳[타운젠드(W. D. Townsend & Co.), 스튜어드(E. D. Steward & Co.)], 프랑스 상사 한 곳

39 Wolter, Carl, op.cit, p.66.

40 한국해사문제연구소, 앞의 책, 28쪽.

41 "Aus Korea", *Kölnische Zeitung*, no. 205 von Sonntag, dem 26. Juli 1885; AA, Korea I, vol. 6: Kommentar von Hatzfeld vom 31. Juli 1885 den Artikel aus der Kölnischen Zeitung vom 26. Juli 1885 betreffend; Wolter, op.cit, p.76.

[4-23] 제물포의 홈링거(1898년)

[롱동플레장(Rondon, Plaisant & Cie)], 독일과 일본 합작 회사 한 곳[지멘스-슈커트 칸코쿠 덴케이 고메이 카이샤(Siemens-Schuckert Kankoku Denkei Gomei Kaisha)]이었다. 세창양행과 볼터는 독일과 일본 합작 회사의 경영을 맡았다.[42]

1890년 볼터는 제물포의 언덕 위에 건물을 지었다. 청의 건축가가 설계했는데, 제물포에 세워진 최초의 유럽식 건물로 큰 정원이 있는 궁전 같았다. 세창양행의 유럽인 직원 카를 볼터, 카를 오토 뤼어스, 라우텐크란츠 3명이 사는 사옥이었다.[43] 조선을 방문하는 유럽인들은 제물포에 도착할 때 멀리서 이 건물을 보고는 독일 총영사관이나 조선 왕의 여름 별장 또는 군수의 관저로 생각하였다. 오스트리아 출신의 여행작가 에른스트 폰 헤세 바르테그(Ernst von Hesse-Wartegg)는 『한국. 1894년 고요한 아침의 나라로의 여름 여행(Korea. Eine Sommerreise nach dem Lande der Morgenruhe 1894)』에서 이 건물에 대하여 다음과 같이 묘사하였다.

42 崔聖淵, 『開港과 洋館歷程』, 仁川, 1959, 35, 78, 84쪽; *D&C*: 1910.
43 崔聖淵, 위의 책, 72쪽.

[4-24] 제물포 부두의 모습(1904년)

…… 그 뒤에는 세 번째 언덕이 솟아 있는데, 그곳에는 단단한 네모 모양의 탑이 있는 웅장한 건물에 아름답고 잘 가꿔진 정원이 있었다. 시내에서 넓은 돌계단을 따라 그 집으로 갈 수 있었다. 이 건물을 조선 군수의 관저로 생각하고 선장에게 묻자, 웃으면서 "이곳은 조선인들이 명령할 수 있는 곳이 아니다. 여기에는 조선 관아도 없다. 저 위에 볼 수 있는 아름다운 집은 마이어 씨 소유다."라고 답했다.

…… Hinter ihnen erhebt sich eine dritte Anhöhe, gekrönt von einem ansehnlichen Gebäude mit festem viereckigen Thurme und umgeben von einem hübschen, gut gehaltenen Garten. Eine breite Steintreppe führt aus der Stadt dort hinauf. Ich vermuthete, dass dies wohl die Wohnung des koreanischen Stadt-oder Provinzgouverneurs sei; als

[4-25] **제물포의 외국인 거주지**(1902년) 세창양행 건물이 언덕 위에 있다.

ich aber den Kapitän meines Schiffes darüber befragte, lächelte er und meinte: "Hier haben die Koreaner nichts zu befehlen, und es giebt auch keine koreanischen Behörden. Das schöne Haus, das Sie dort oben sehen, gehört Herrn Meyer."[44]

1901년 조선을 방문한 독일 특파원이자 여행작가인 지크프리트 겐테(Siegfried Genthe, 1870~1904)는 1,950미터 높이의 한라산을 등반한 최초의 서양인으로, 제물포에 도착하였을 때 받은 첫 인상을 다음과 같이 썼다.

눈앞에 보이는 광경을 믿을 수가 없었다. 예쁜 푸른 언덕 위에 수많은 유럽풍의 집, 뾰족한 탑이 있는 교회 건물, 일본과 영국 국기, 그리고 저 언덕 위, 온 세상을 내려다 볼 수 있을 것만 같은 위치에 상징과 같은 검정, 하얀, 붉은 색깔의 웅장한 집이 있었다.

44 Hesse-Wartegg, Ernst von, *Korea.Eine Sommerreise nach dem Lande der Morgenruhe 1894*, Dresden, Leipzig, 1895, p. 29.

Man traut seinen Augen kaum: man sieht auf hübschen grünen Hügeln zahlreiche, europäische Häuser, eine richtige Kirche mit hohem spitzen Turm, ein paar japanische und englische Flaggen, und hoch oben, auf einem alles beherrschenden Hügel, wie ein Wahrzeichen der Stadt auf einem stattlichen Hause die Farben schwarz-weiß-rot![45]

겐테는 계속 설명하였다.

독일 국기가 펄럭이는 산 위에 있는 아름다운 집은 함부르크 출신의 세창양행 대표의 집이다. 조선에서 꽤 알려진 큰 규모의 사업을 하고 있는 유일한 유럽 상사다. …… 조선에서 회사를 차리고 운영하는 카를 볼터는 제물포항이 개항되었을 때 이 위에 아름다운 공원을 마련하였는데, 이제는 언덕 전체를 덮고 있다.

Das schöne Haus hoch oben auf dem Berge aber mit der deutschen Flagge ist die Wohnung des Chefs des Hamburger Hauses E. Meyer & Co., der einzigen namhaften europäischen Firma, die in Korea Handel im großen Stil treibt. …… Ein prachtvoller Park, den Herr Karl Wolter, der Chef und Gründer des hiesigen Geschäfts, bei der Eröffnung des Hafens hier oben angelegt hat, bedeckt jetzt den ganzen Hügel, ……[46]

1892년 10월 조선을 방문하기 위해 제물포에 도착한 학자 오토 에렌프리트 엘러스(Otto Ehrenfried Ehlers, 1855~1895)는 그 건물에서 항구를 내려다 본 전경을 다음과 같이 묘사하였다.

기둥이 세워진 큰 베란다에서 내려다 본 전경은 아름다웠다. 바람에도 흔

45 Genthe, Siegfried, *Korea. Reiseschilderungen*, Berlin, 1905, p. 70.

46 Genthe, Siegfried, ibid, p. 72.

[4-26] **제물포의 외국인 거주지**(1908년) 왼쪽에는 존스턴의 빌라, 오른쪽 언덕에는 세창양행의 빌라가 보인다.

들리지 않는 해안가, 그 앞에 있는 그림과 같이 아름다운 섬과 정박한 선박들, 시내, 여기저기 보이는 정원과 논, 그리고 이와 대비되는 서쪽에 보이는 황량한 산이 매우 인상적인 배경을 만들고 있다.

Herrlich war der Blick von der großen, säulengetragenen Veranda des Hauses auf die von keinem Windhauch gekräuselten Wasser der Bucht mit ihren malerischen Inseln und vor Anker liegenden Schiffen, auf die Stadt und die hier und da hervorleuchtenden Gärten und Reisfelder, zu denen die kahlen, im Westen das Bild abschließenden Berge einen wirkungsvollen Hintergrund bildeten.[47]

1908년 볼터가 가족과 함께 독일로 돌아간 후에는 파울 헨리 테오도르 쉬르바움(Paul Henri Theodor Schirbaum, 1874~1965)이 회사와 저택을 맡았다. 그 집은 유럽에서 온 방문객들에게 좋은 숙소였으나 계속 독일인이 소유하지 못하였다. 한국이 일본에 병합된 지 몇 년이 지

47 Ehlers, Otto E., op. cit, p. 326.

[4-27] 언덕 위에서 본 제물포항(1904년)

난 1916년에 일본인들이 몰수하여 제2차 세계대전이 끝날 때까지 도서관으로 사용하였다. 해방 후에는 인천시립박물관으로 이용하였다. 1945년에는 파울 쉬르바움의 막내아들인 헤르만 쉬르바움(Hermann Schirbaum)이 그동안 많이 손상된 세창양행 사택을 대대적으로 재건하려 하였으나 1950년 한국전쟁이 발발하면서 중단되었다. 반공주의자였던 헤르만 쉬르바움은 북한군에게 끌려가 북한에서 실종되었는데 포로 생활을 하다 사망한 것으로 추정된다. 결국 세창양행 사옥은 재건되지 못하고 1950년 9월 15일 폭격을 받아 잿더미가 되었다. 현재 건물 자리와 공원 비슷한 정원만이 남아 있는데, 인천시가 관리하는 자유공원에 포함되어 있다. 이곳에서는 아름다운 바다가 내려다보이

[4-28] 제물포항의 전경(1904년)

는데, 옛날에 조선을 방문한 유럽인들이 편안하고 쾌적한 숙소에 머물면서 향수를 달래며 보았던 풍경일 것이다.[48]

세창양행의 웅장한 사택만이 제물포를 방문하는 외국인들의 관심을 끈 것은 아니다. 경쟁 관계에 있던 다른 서양 상사들이 인정하고, 놀라워하고 부러워했던 것이 있었는데, 바로 세창양행 독일 직원들의 뛰어난 한국어 실력이었다. 세창양행이 조선에서 성공할 수 있었던 가장

48 崔聖淵, 앞의 책, 71, 75, 95쪽.

큰 이유는, 직원들의 한국어 실력 때문이다. 언어란 의사소통을 위한 수단일 뿐만 아니라 문화적인 차이를 극복하는 데에도 도움을 주고 신뢰를 쌓는 데에도 중요한 기반이 된다. 외국어를 공부하는 사람이라면 누구나 공감할 수 있을 것이다. 조선은 유교 국가로 긴 세월 동안 외부 세계와 단절되어 있었고, 유교 교육을 받지 못한 서양인을 야만인으로 보았는데, 한국어를 배운 서양인들에 대해서는 매우 호의적이었다. 다른 서양 상사의 직원들은 한국어를 배우지 않았기 때문에 유창한 한국어 실력으로 인해 얻을 수 있는 이득을 맛볼 수 없었다. 1899년 제물포의 영국 부영사였던 고피(H. Goffe)도 이것을 인식하고 다음과 같이 말하였다.

> 독일인들은 항상 우리보다 실용적이었는데, 이 사실도 빨리 터득하였다. 그래서 동양에 진출한 독일 상사에는 항상 현지인과 현지어로 사업에 관해 소통할 수 있는 직원을 적어도 한 명은 두었다. 조선에는 영국 상사와 독일 상사가 있다. 독일 상사에는 당연히 한국어를 하는 독일인 점원이 있고, 영국 상사에는 한국어를 하는 영국인 점원이 없다.
>
> Die Deutschen, stets praktischer als wir, erkannten diese Tatsache schnell, und derzeit wird es ein Ausnahmefall sein, wenn eine deutsche Handelsfirma in Asien nicht mindestens einen Mann hat, der mit den Einheimischen Geschäftsgespräche in ihren Dialekten halten kann. Es gibt eine britische und eine deutsche Firma in Korea; es ist beinahe überflüssig zu sagen, dass die deutsche Firma einen Deutschen hat, der Koreanisch reden kann, und dass das englische Haus keinen Koreanisch sprechenden Engländer hat.[49]

독일인들의 '신뢰 구축'을 위한 이 같은 노력은 계속되었고, 조선을

49 Kim, Kwang-Soo, *Der Außenhandel Japans und Koreas unter besonderer Berücksichtigung Deutschlands 1890~1914*, Heidelberg, 1968, p. 160.

방문하는 외국인들로부터 주목 받기 시작하였다. 1904년 『뉴욕이브닝선(New York Evening Sun)』의 영국 특파원 앵거스 해밀턴(Angus Hamilton, 1874~1913)은 독일인에 대해 다음과 같은 존경이 섞인 글을 썼다.

> …… 그러나 그 반면 제물포에는 한성에 지사를 둔 큰 독일 상사가 있다. 이 회사는 제물포와 한성에 한국어를 완벽하게 구사할 수 있는 독일인 점원을 고용하였다. 이는 한국이 계속 발전할 경우 매우 좋은 결과를 낳을 것이며, 독일 상사가 어떠한 원칙을 갖고 동양에서 사업을 하는지를 잘 보여준다.
>
> …… Dagegen befindet sich in Tschemulpo ein bedeutendes deutsches Handelshaus mit einer Filiale in Söul. Diese Firma zeichnet sich dadurch aus, dass sie sowohl in Tschemulpo als auch in Söul Deutsche angestellt hat, die die koreanische Sprache vollständig beherrschen. Das wird bei weiterer Entwicklung des Landes von großem Nutzen sein und zeigt überdies in augenscheinlichster Weise, auf welchen Grundsätzen sich der deutsche Handel im fernen Asien aufbaut.[50]

조선에서 독일인들이 경제활동을 시작하였을 때 세창양행은 조선 정부로부터 물품 구입과 관련하여 특혜를 받을 수 있었다. 이는 묄렌도르프의 도움 때문이었다. 1884년 묄렌도르프와 볼터는 계약을 맺어 세창양행이 화폐 주조 기계와 화폐 주조에 필요한 다른 도구들을 독일에서 구입해 올 것을 합의하였다.[51] 뿐만 아니라 조선 정부는 세창양행을 통해 다양한 무기를 공급받았고, 서울~부산 간 전보 통신망 구축을 위한 물자도 수입하였다.

---

50 Hamilton, Angus, *Korea. Das Land des Morgenrots*, Leipzig, 1904, p. 162.

51 Kim, Zae-Quan, "Möllendorff und die Industrialisierung Koreas", Leifer, pp. 284f; Won, Yu-han, "A study on the introduction of German coinage techniques to Korea", *KJ*, vol. 14, no. 11, Seoul, 1974, pp. 7f.

[4-29] 세창양행의 직원들(1907년) 왼쪽에서 8번째가 카를 볼터이다.

1885년 묄렌도르프가 다른 서양 국가들의 질투를 동반한 정치적인 이유로 해임된 후에도 세창양행은 탄탄하게 구축한 기반을 바탕으로 계속 승승장구할 수 있었다. 1887년 세창양행은 조선에 독일 기선인 조양호(Deutschland)와 창룡호(Signal), 그리고 작은 기함을 공급하였다. 그러나 조선 정부는 비용을 바로 지급할 수 없었기 때문에 조양호와 창룡호는 몇 년 동안 독일기를 달고 운항하였다.[52]

독일 총영사관도 조선의 유일한 독일 상사였던 세창양행을 적극적으로 지원하였는데, 순전히 독일 국적자들의 보호와 독일 상인들의 무역 활동을 보호하기 위함이었다. 그러나 독일 총영사의 활동은 볼터와의 개인적인 관계에 따라 결정되기도 했다.

묄렌도르프가 고문직에서 해임되자 조선 정부의 사업권을 따기 위한 서양 국가들과 동양 국가들 간의 경쟁이 시작되었다. 세창양행도 한성과 제물포를 잇는 철도 건설의 수주를 받기 위해 노력하였지만,

52 한국해사문제연구소, 앞의 책, 32쪽.

조선 정부는 세창양행을 제외하였다. 이에 크리엔 영사가 항의하였다.

[4-30] 제물포 세창양행 사옥의 탑

> 앞에서 언급한 독일 상사가 철도 건설 입찰에 초대되지 않음으로써 독일이 큰 불이익을 받았다는 사실을 다시 한 번 강조하고자 한다.
>
> Ich darf hier nochmals hervorheben, dass die deutschen Interessen dadurch, dass die genannte deutsche Firma zu einer Konkurrenz um den Bau der Eisenbahn nicht eingeladen worden ist, schwer geschädigt worden sind.[53]

1895년 말부터 볼터는 현재의 북한 지역인 평안남도 운산금광 채굴권을 얻으려 하였다. 그러나 금광 채굴권은 철도 건설권과 같이 미국인에게 돌아갔다. 1897년 4월 17일 세창양행은 크리엔 영사의 적극적인 도움으로 마침내 당고개 금광 채굴권을 받을 수 있었다. 이 지역은 현재 북한에 속한 강원도 금성군 당현리 근처로 한성에서 북동쪽으로 약 180킬로미터 떨어진, 약 650제곱킬로미터 크기의 금광이었다.[54] 세창양행은 이 사업을 위해 뒤셀도르프의 광산산업은행의 지원을 받아 다수의 독일 회사로 구성된 신디케이트(syndicate)를 구성하였고, 실이익의 25퍼센트를 조선 정부에 상납하는 조건으로 채굴권을 얻었다.[55] 그러나 일을 시작하기도 전에 조선 광부들과 격렬한 분쟁

53 『舊韓國外交文書』, 德案 1, no. 1637.

54 李培鎔, 「舊韓末 獨逸의 鑛山利權과 當峴金鑛」, 『梨花史學硏究』 12권, 서울, 1981, 13~22쪽; 『고종실록』 37권, 고종 35년.

55 『舊韓國外交文書』, 德案 2, no. 1935; Wolter, Carl, op. cit, p. 72; Genthe, Siegfried, op. cit, p. 133; AA, Korea I, vol. 27: 'Bericht der Firma Meyer & Co. vom August 1898'; "Foreign Interests in Korea", *The Japan Daily Mail*, Yokohama, Tuesday,

이 발생하였는데, 그곳의 광부들이 생업과 생활 터전을 포기하지 않았기 때문이다. 이 문제를 해결하기 위해 독일 영사 크리엔과 볼터는 당고개로 가서 광부들이 1년 더 일할 수 있도록 협의하여 그들의 적개심을 잠재웠다.[56] 1년이 지나고 1899년 중반에야 금광의 총지휘를 맡았던 루이 바우어(Louis Bauer, 1861~1905)가 일을 시작할 수 있었다. 그러나 1900년에 또 다른 심각한 분쟁이 벌어졌다. 이때에는 조선 정부에서도 군사를 보냈는데, 먼 거리에서도 호랑이를 명중시킨다는 호랑이 사냥꾼을 조선 광부 측에서 고용하였기 때문이었다. 상황이 심각하여 세창양행은 유럽인 직원들을 보호하기 위해 독일에서 25대의 연발총과 이에 필요한 탄약을 들여와서 나눠주었다.

【4-31】 조선의 호랑이 사냥꾼(1899년경)

그러나 금광은 수익성이 없는 것으로 판명되었다. 1901년 독일 기술자들은, 조선 정부가 독일인들에게 금광 채굴권을 팔기 위해 몰래 금 조각을 땅 속에 숨겨놓거나 금을 광산 바위 속에 박아놓았다는 사실을 알게 되었다.[57] 결국 수익성 부족으로 인해 1903년 12월 독일은 채굴권을 포기하였다. 당시 그 금광에서는 서양인 9명, 일본인 13명, 조

April 3, 1900.

56 Hamilton, Augus, op. cit, p. 214; Genthe, Siegfried, op. cit, pp. 133~135; AA, Korea I, vol. 29: 'Brief von H.C. Meyer aus Hamburg an Graf von Bülow vom 18. Okt. 1900'.

57 AA, Korea I, vol. 32: 'Militärpolitischer Bericht von Vizeadmiral Bendemann aus Nagasaki vom 7. Okt. 1901'.

[4-32] **케겔과 파울** 1902년 12월 당고개 금광의 독일 기술자 케겔과 파울이 곰 사냥을 하고 있다.

선인 약 300명이 일하고 있었다.[58] 독일 변리공사 잘데른은 그 이후 또 다른 금광 채굴권을 얻기 위해 노력하였고 1907년 3월에야 채굴권을 받을 수 있었다. 새로운 광구는 평안북도 선천군 광지로 약 670제곱킬로미터 크기의 광산으로 5개의 채굴 장소가 있었다.[59] 얼마 후 독일 엔지니어 두 명과 광부 몇 명이 선천에서 일을 시작하였는데, 당고개 금광보다는 수익성이 있었다. 그러나 이번에도 세창양행을 대표로 해 구성된 신디케이트는 손해를 입었는데, 1910년 일본이 한국을 병합하면서 채굴권을 몰수하였기 때문이다.[60]

그럼에도 불구하고 볼터의 노력은 성공적이었다. 1905년에는 거의 모든 유럽 물자의 수입을 세창양행이 도맡았다. 독일이 한국에 수출

58 Hamilton, op. cit, p. 214.

59 Brunhuber, Robert, "Korea und Deutschland. Die wirtschaftliche Lage", *Frankfurter Allgemeine Zeitung* vom 8. Aug. 1907; "Ein deutsches Goldbergwerk in Korea", *OL*, vol.21, 15 Mar., 1907, p. 457.

60 선천 광산의 독일 신디케이트는 1911년까지 *D&C*에 기록되었다.

하는 양이 청이나 일본에 수출하는 양보다 작았지만, 발전하고 있는 한국 산업에서 독일과의 교역은 매우 중요한 부분을 차지하고 있었다. 독일에서는 주로 화학물품, 염료, 철제품, 악기, 기계장치, 운송기, 폭약, 나무·면·종이제품, 농산물 등이 수입되었다. 그러나 독일의 총 수출입 규모를 보면 한국과의 무역 규모는 거의 의미가 없다시피 작았다. 1905년까지 한국에 대한 수출 규모는 독일 전체 수출의 0.003%에 불과하였고, 수입 규모는 이보다 더 작았다.[61]

1907년 10월 1일 볼터는 마이어와의 동업을 그만두고 세창양행을 인수하여 그의 소유로 등기하였다. 마이어는 1908년 1월 1일에 세창양행 제물포 지사의 지분을 매각하여 청의 북부 지역 사업에 집중하였다. 볼터는 이어서 회사명을 카를볼티양행(Carl Wolter & Co.)으로 바꾸었다. 1908년에는 부산에 지사를 설립하면서 사업을 더욱 확장하였으나 1910년 한국이 일본에 합병되면서 부산지사의 문을 닫아야 했다.[62]

볼터의 지속적인 활동으로 1910년 카를볼터양행은 6명의 독일인 직원과 동업자를 보유한 제물포 최대의 유럽 상사가 되었다. 쉬르바움, 파울 프리드리히 바우만(Paul Friedrich Baumann), 헤르만 헨켈(Hermann Henkel), 오토 헨셸(Otto Henschel), 마이어(G. Meyer), 헤크셰르(R. Heckscher)를 비롯하여 일본인 나이토(K. Naito), 다나카(H. Tanaka), 청인 추(S. Chiu)가 그들이다. 이 회사는 선천금광의 신디케이트를 대표하였고, 일본과의 합작 회사인 지멘스-슈커트 칸코쿠 덴케이 고메이 카이샤를 계속 운영하였다. 세창양행은 다음 은행과 회사 들의 대리점 역할도 하였다.[63]

61 Kim, Kwang-Soo, op. cit, pp. 131, 151f, 156.
62 *D&C*: 1908~1910.
63 *D&C*: 1910.

[4-33] 세창양행 앞에서 파울 쉬르바움(왼쪽)과 파울 바우만(1910년)

- Deutsch-Asiatische Bank, Shanghai (독일 아시아은행, 상하이)
- Chartered Bank of India, Australia and China (인도, 호주, 중국 차타드은행)
- Dresdner Bank, Dresden (드레스덴은행, 드레스덴)
- Banque de Commerce de St. Petersburg (상트페테르부르크 상업은행)
- Hamburg-Amerika Linie, Hamburg (함부르크 미국행 선박, 함부르크)
- Russian East Asiatic Steamship Co., Ltd. (러시아 동아시아 증기선 주식회사)
- Norddeutscher Lloyd, Bremen (북독일 로이드, 브레멘)
- Austrian Lloyd, Trieste (오스트리아 로이드, 트리에스트)
- United States & China-Japan S.S. Co. (미국 & 중국, 일본 증기선 회사)
- Indra Line (인드라선박)
- Indo-China Steam Navigation Co., Ltd. (인도차이나 증기선 주식회사)
- Glen Line (글렌선박)
- Dampfschiffs Rhederei "Union" A.G., Hamburg ("유니온" 증기선박 회사, 함부르크)
- Java-China-Japan Lijn (자바, 중국, 일본 선박)
- British India Steam Navigation Co., Ltd. (영국, 인도 증기선 주식회사)
- Loyd's (로이드)

- Yangtsze Insurance Association, Ltd. (양쯔보험협회)
- Verein Hamburger Assecuradeure (함부르크보험연합)
- The North British and Mercantile Insurance Co., London (노스브리티시 & 머컨타일 보험회사, 런던)
- The Liverpool, London, Globe Insurance Co., London (리버풀, 런던, 국제보험회사, 런던)
- Albingia Feuer Versicherung, Hamburg (알빙기아화재보험, 함부르크)
- Friedrich Krupp Grusonverk, Magdeburg (프리드리히 크룹 그루손베르크, 막데부르크)
- A. Borsig Tegel, Berlin A. (보어지히테겔, 베를린)
- Duisburger Maschinenbau-Actien Gesellschaft, vormals Bechem & Keetmann (뒤스부르거 기계공업 주식회사, (구) 베헴 & 케에트만)
- Central Agency Ltd., Glasgow (센트럴 에이전시 주식회사, 글래스고)
- United Alkali Co., Ltd., Liverpool (유나이티드 알칼리 주식회사, 리버풀)
- Dynamit Actien Gesellschaft, vormals A. Nobel, Hamburg (다이너마이트 주식회사, (구) A. 노벨, 함부르크)
- Vereinigte Köln-Rottweiler Pulverfabriken (쾰른 로트바일러 연합 가루공장)
- Chemische Fabriken, vormals Weiler-ter Meer, Uerdingen (화학공장, (구) 바일러터 메어, 위어딩엔)
- C.F. Boehringer & Soehne, Mannheim C. F. (뵈링어 & 죠네, 만하임)
- Henkell & Co., Mainz (헨켈 회사, 마인즈)
- Heidsieck & Co., Reims (하이드지에크 회사, 랑스)

묄렌도르프가 조선에 현대적인 해관을 설립하고 경제 · 정치 · 행정 · 교육 개혁의 초석을 놓았던 것과 같이 볼터는 조선인에게 독일의 위상을 알리고 긍정적인 이미지를 구축하였다. 1908년 볼터는 한국에서의 24년간의 사업을 접고 아내와 8명의 자녀와 함께 함부르크로 돌아갔다. 세창양행은 동업자 쉬르바움에게 넘겼다. 쉬르바움은 세창양행을 1950년 한국전쟁이 발발할 때까지 운영하였다.[64]

볼터 가족이 독일로 보내는 짐 속에는 고종으로부터 하사 받은 병

[4-34] 「해상군선도」 고종이 볼터 가족에게 하사한 병풍이다.

풍이 있었는데, 이는 볼터 가족과 고종의 개인적인 친분을 보여주는 것으로 특히 볼터의 쌍둥이 딸들과 황태자(순종)의 우정을 고맙게 여겨 고종이 준 선물이다. 18세기 말 또는 19세기 초에 제작된 10폭짜리 병풍인 「해상군선도(海上群仙圖)」는 신선 12명과 선동(仙童), 여인 10명이 연회에 참석하러 바다를 건너는 장면이 그려져 있다. 1922년 1월 2일 함부르크에서 태어난 볼터의 외손녀이자 병풍의 소유주인 바바라 미셸 예거후버(Barbara Michel-Jaegerhuber)는 병풍이 한국 국민들 가까이에 있기를 희망하여 2013년 2월 20일에 병풍을 한국으로 보냈다. 이는 100년의 시간과 지구 반바퀴라는 공간을 넘어 돌아온 귀중한 조선 황실의 유물이며, 조선에 온 최초의 독일 상인 볼터와 그의 가족들이 24년을 보낸 조선에서의 추억이 담긴 소중한 물건이다.

64 "Korean Taste of Western Music Traces Back to 1901", *The Korea Times*, 13 Aug. 1982, p. 5.

카를 안드레아스 볼터의 인적 사항[65]

- 1858년 2월 18일 독일 함부르크에서 출생, 1916년 11월 10일 독일 파텐키르헨에서 사망
- 아버지: 요한 하인리히 볼터(Johann Heinrich Wolter), 퀼른에서 조각가로 활동
- 어머니: 헨리에테 파울리네 엘리자베스(Henriette Pauline Elisabeth), 결혼 전 성(姓)은 샤흐트(Schacht). 독일 함부르크 출신
- 아내: 제인 어빙 해네이 볼터(Jane Erving Hannay Wolter), 결혼 전 성은 존스턴(Johnston). 1871년 7월 19일 영국 글래스고에서 상하이의 부유한 상사 대표의 딸로 태어남. 1895년 3월 7일 상하이에서 결혼
- 자녀
  1. 진 클라라 존스턴(Jean Clara Johnston)(쌍둥이): 1896년 3월 30일 중국 상하이에서 출생
  2. 마리온 파울리네 해리어트(Marion Pauline Herriet)(쌍둥이): 1896년 3월 30일 중국 상하이에서 출생
  3. 클라라 로잘린데(Clara Rosalinde): 1898년 6월 18일 한국 제물포에서 출생
  4. 제임스 카를(James Carl): 1900년 3월 8일 한국 제물포에서 출생
  5. 엘자 앨리스(Elsa Alice): 1902년 3월 3일 한국 제물포에서 출생
  6. 카를 콘스탄틴 안톤(Carl Constantin Anton): 1903년 12월 13일 한국 제물포에서 출생
  7. 글래디스 이다(Gladys Ida): 1905년 12월 7일 한국 제물포에서 출생
  8. 아다 모드(Ada Maud): 1907년 8월 14일 한국 제물포에서 출생
- 독일 함부르크로 간 볼터 가족은 1908년 3월 10일부터 알스터가 23번지(An der Alster 23)에서 거주하다가 1908년 7월 30일부터 아우구스트가 12번지(Auguststr 12)에서 거주함.

[4-35] 카를 안드레아스 볼터(1902년)

Auszug
aus dem Taufregister

der evangelisch-lutherischen Kirche St. Jakobi in Hamburg

Jahrgang 1858 Nr. 392 Seite

Täufling: Carl Andreas Wolter
Geboren am: 18. Februar 1858
Getauft am: 20. Juni 1858
Vor- und Zuname des Vaters: Johann Heinrich Wolter
Geburtsort: Cöln am Rhein
Wohnung und Gewerbe: Alter Wandrahm Nr. 46
Bild u. Steinhauer
Vor- und Geburtsname der Mutter: Henriette Pauline Elisabeth
geb. Schacht
Geburtsort: Hamburg
Ort und Tag der Trauung der Eltern: Hamburg, den 3. Mai 1857
Paten: Carl René
Fr. Charlotte Katharina Möller
Andreas Seidenberg
Beischreibung:

Die Übereinstimmung mit dem Original wird beglaubigt.
Hamburg, den 11. August 1993
Das Staatsarchiv

[4-36] 카를 안드레아스 볼터의 세례증명서(1858년)

65 카를 안드레아스 볼터의 세례증명서, 카를 안드레아스 볼터와 제인 어빙 해네이 존스턴의 혼인신고서, 카를 안드레아스 볼터와 가족의 함부르크 자유시 체류허가서, 볼터의 자녀들의 출생신고서, 카를 안드레아스 볼터의 사망신고서를 참조하였다.

3. 요하네스 볼얀 _관립한성덕어학교 교관

22일 학부(學部)로부터 다음과 같은 요청서를 받았다.

"학부에서 관할하는 외국어학교로는 관립한성영어학교, 관립한성아어학교, 관립한성법어학교, 관립한성일어학교, 관립한성한어학교가 있지만, 독일어를 가르칠 학교가 없다. 독일어 학교 개교를 내년 1월 1일로 계획하고 있다. 그러나 우리의 목적에 맞는 적절한 독일어 교관을 이곳에서 찾을 수 없다. 따라서 귀하께서 독일 대표에게 서신을 보내 독일어를 가르칠 마땅한 교사를 찾는 데 도움을 주십사 요청하는 바이다. 될 수 있으면 청이나 일본에서 경험이 있는, 새로 개교할 학교에 적합한 교사였으면 좋겠다. ……'

…… 따라서 청이나 일본에서 교사 경험이 있는 독일 출신 교사가 개교 시점에 맞춰 도착할 수 있도록 협조해 주실 것을 정중히 요청드리는 바이다.

On the 22nd inst. I received a communication from our Educational Department which states as follows:

"Among the schools that are under immediate control of this Department there are already established English, American, Russian, French, Japanese and Chinese Schools, but there is still wanting a school for teaching the German language. Such a school we propose establishing to be opened on the 1st day of January of next year. But as regards a German teacher there does not seem to be any one obtainable here who would suit our purpose. I have therefore to request your Department to write to the Representative for Germany and ask him to give us his kind assistance in obtaining an educated German, preferably from China or Japan to fill the post of German Teacher in the new school. ……"

…… I therefore beg to ask you to be so good as to obtain for us the services of a Scholar of your honorable country from China or Japan who will be able to arrive in time.[66]

66 AA, Korea: *Das Unterrichtswesen in Korea*, vol. 1: annex no. 64, transcript: Mr. Min, Minister for Foreign Affairs to Mr. Krien, German Consul, from 23 Sep. 1897.

1897년 9월 23일 외부대신 민종묵(閔種默, 1835~1916)이 독일 영사 크리엔에게 이 같은 편지를 보냈다. 당시 조선에는 관립한성일어학교(1891년 설립), 관립한성영어학교(1894년 설립), 관립한성법어학교(1895년 설립), 관립한성아어학교(1896년 설립), 관립한성한어학교(1897년 설립)의 5개 외국어학교가 있었다. 외부대신의 편지에서도 알 수 있듯이, 독일어학교가 곧 설립될 예정이지만, 독일어를 가르칠 적절한 교사를 구하는 것이 시급하였다. 크리엔 영사는 요청에 따라 청과 일본에서 알아보았으며, 1889년 2월 27일 독일의 호헨로에 쉴링스퓌르스트 재상에게 다음과 같이 보고하였다.

작년 가을 조선 정부는 1월 1일 덕어학교 개교에 맞춰 제게 동양 문화에 익숙한 적절한 독일어 교사를 찾아줄 것을 요청하였습니다. 그래서 베이징과 도쿄에 있는 독일 공사에게 문의하였고, 일본 공사는 그곳 고등학교에서 교사로 있는 요하네스 볼얀(Johannes Bolljahn)이 덕어학교에 올 의사가 있다고 알려주었습니다. 그러나 일본 정부와의 계약상 7월 1일에야 조선으로 올 수 있다고 하였습니다. 이 상황을 알려주자 조선 정부도 수락하였습니다.
폰 트로이틀러(1858~1933) 공사가 추천한 볼얀은 현재 도쿄에서 독일어와 다른 과목을 가르치고 있습니다. 1862년 출생으로 카민왕립대학교에서 교사 교육을 받았습니다. 그 후 1년 동안 시골학교에서 교사로 있다 우세돔시립학교에서 3년, 맨체스터의 독일어고등학교에서 4년 반 동안 있었습니다. 그 후 파리로 가서 4개월 동안 프랑스어를 공부한 후 독일에서 중학교 교사 자격증을 취득하여 앙거뮌데 중학교 교사로 재직하였습니다. 그곳에 있다 8년 전에 도쿄로 건너가 남자고등학교와 농업대학교에서 독일어를 가르쳤습니다. 그 후 1년 동안 도쿄군사학교에서 독일어 교사로 있다 3년 동안 고등학교 교사로 지냈습니다. ……

Im Herbst vorigen Jahres beschloß die koreanische Regierung, am 1. Januar des Jahres in Seoul eine deutsche Sprachschule zu eröffnen, und ersuchte mich, einen geeigneten, womöglich mit ostasiatischen Verhältnissen bereits vertrauten Lehrer auszusuchen. Ich wandte mich in Folge dessen an die kaiserlichen Gesandtschaften zu Peking und Tokio und erhielt von der letzteren Gesandtschaft zur Antwort, dass der Lehrer an der dortigen höheren Mittelschule, Herr Johannes Bolljahn, bereit wäre, die Stellung anzunehmen, dass er indes wegen seiner Verpflichtung gegen die japanische Regierung den Posten erst am 1. Juli des Jahres antreten könnte. Auf meine Mitteilung davon erklärte sich die hiesige Regierung damit einverstanden.

Herr Bolljahn, der von dem Herrn Geschäftsträger (Carl Georg) von Treutler (1858~1933) warm empfohlen wird, ist zur Zeit in Tokio Lehrer für die deutsche Sprache und verschiedener anderer Fächer. Er ist im Jahre 1862 geboren und auf dem königlichen Seminar in Kammin zum Lehrer ausgebildet worden. Er war zuerst ein Jahr lang als Lehrer an einer Landschule, dann über 3 Jahre an der Stadtschule in Usedom und danach 4 ½ Jahre an der "German High School" in Manchester. Hierauf ging er nach Paris, wo er sich 4 Monate lang im Französischen ausbildete, bestand dann sein Mittelschullehrerexamen in Deutschland und wurde Lehrer an der Mittelschule in Angermünde.

Von dort ging er vor 8 Jahren nach Tokio, leitete daselbst zuerst eine Knabenschule und lehrte gleichzeitig die deutsche Sprache an der landwirtschaftlichen Akademie. Dann war er während eines Jahres Lehrer der deutschen Sprache an der Kriegsschule zu Tokio und später drei Jahre lang an der höheren Mittelschule. ……[67]

묄렌도르프의 교육 개혁의 일환으로 1883년에 조선에 최초로 외국어학교가 설립되었다. 묄렌도르프는 직접 영국인 핼릭팩스(T. E. Hallifax)를 영어 교사로 초빙하였고, 핼릭팩스는 그 해 여름부터 교사로 근무

67 AA, Korea: *Das Unterrichtswesen in Korea*, vol. 1: 'Schreiben von Krien aus Seoul vom 27. Feb. 1898 an Reichskanzler Hohenlohe-Schillingsfürst.'

하였다. 묄렌도르프가 해임된 이후에 외국어학교는 폐교되었지만, 1894년 11월 영어학교가 설립되는 데 초석이 되었다. 1895년 10월에는 1896년 1월 6일 개교를 목표로 한 프랑스어학교 교관으로 에밀 마르텔(Emile Martel, 1874~1949)을 초빙하였다.[68] 10년 후, 1905년 2월 7일 마르텔은 군악대 대장인 프란츠 에케르트의 장녀 아말리에 에케르트(Amalie Eckert, 1876~1969)와 결혼하였다.

[4-37] 요하네스 볼얀(1907년)

조선 학부아문의 주도 아래 조선에서 독일 외교관으로는 가장 오래 근무한(1887~1898년 근무) 크리엔 영사의 적극적인 노력으로 1898년 9월 15일 관립한성덕어학교(이하 덕어학교) 개교식이 거행되었다. 요하네스 볼얀[Johannes Bollijann, 佛耶安(불야안)]은 그날을 다음과 같이 기억하였다.

> 9월 15일 관립한성덕어학교 입학식이 40명이 넘는 학생들과 함께 거행되었다. 당시 학부 협판은 개학식 축사에서 독일어의 중요성을 강조하였다. 많은 에너지와 인내로 덕어학교 설립에 힘써 준 크리엔 영사는 환영사에서 이렇게 많은 수의 학생들이 독일어를 공부하려고 하는 것이 기쁘다고 말하였다. 더불어 독일어의 중요성을 강조하고, 매년 마다 예술과 학문을 배우기 위해 수천 명의 외국인들이 독일에 유학오며, 교양 있는 외국인은 독일어를 할 수 있으며, 전 세계의 10명 중 1명은 독일어를 구사한다고 설명하였다. 그리고는 조선 왕을 치하하는 말로 축사를 마쳤다. ……
>
> Am 15. September v. J. wurde die deutsch-koreanische Sprachschule mit über 40 Schülern feierlichst eröffnet. Der damalige Unterrichtsminister wies in seiner Eröffnungsrede auf die Bedeutung

68 Allen, Horace N., *A Chronological Index. Some of the Chief Events in the Foreign Intercourse of Korea. From the Beginning of the Christian Era to the Twentieth Century*, Compiled by Horace N(ewton) Allen, Seoul ,1901, p. 31.

der deutschen Sprache hin. Herr Konsul Krien, der mit großer Energie und Ausdauer für das Zustandekommen dieser Schule gewirkt hatte, sprach in seiner Begrüßungsrede zunächst seine Freude darüber aus, daß eine so stattliche Anzahl junger Koreaner sich dem Studium der deutschen Sprache widmen wolle. Er betonte dann die Wichtigkeit der deutschen Sprache für das Studium, erwähnte, daß alljährlich Tausende von Ausländern nach Deutschland gehen, um Künste und Wissenschaften zu studieren, daß jeder gebildete Ausländer des Deutschen kundig sei, daß von sämtlichen Bewohnern der Erde jeder zehnte deutsch spreche, und schloß mit einem Hoch auf den Herrscher des Landes. ……[69]

독일 포메른 우세돔섬 출신인 요하네스 볼얀은 1889년 6월 도쿄의 독일 개신교 공동체의 사립학교 교사로 일하기 시작한 이래 10년 동안 일본에 체류하면서 에케르트 자녀의 개인교사로도 일하였으며, 여러 고등학교와 사관학교, 군사학교에서 독일어 교사로 재직하였다.[70] 1898년 볼얀은 대한제국에 설립되는 최초의 독일어학교 교사를 맡기로 결심하였다. 그는 조선에서 국명을 바꾼 대한제국에서 이와 같은 큰 임무를 맡는 최초의 독일인이 될 수 있다는 사실에 매우 끌렸던 것 같다.[71] 덕어학교 초기에 학생 수는 40~70명 정도였고, 학생들의 나이는 16~25세 정도였다. 볼얀은 학생 수가 너무 많다고 판단하여 입학 인원을 최대 40명으로 제한하였고, 다른 외국어학교와는 달리 1년에

69 Bolljahn, Johannes, "Das koreanische Schulwesen", *DZU*, Leipzig, vol. 5, no. 3 (April 1900), p. 200; Paske, J., "Das koreanische Schulwesen", *Der ferne Osten*, Shanghai, vol. 2(1903), p. 70.

70 도리트 페르츠 에케르트(프란츠 에케르트의 손녀)의 1984년 3월 29일자 편지 내용이다.

71 Bolljahn, Johannes, ibid, p. 200.

〈표 1〉 1897~1910년 외국어학교에 입학한 학생의 수[72] (단위: 명)

연도(년) \ 학교	관립일어학교	관립영어학교	관립법어학교	관립한어학교	관립덕어학교
1897	-	50	42	120	-
1898	-	30	62	150	50
1899	10	20	73	141	-
1900	8	47	81	82	-
1901	20	58	98	70	40
1902	16	53	100	52	20
1903	14	62	90	34	20
1906	46	67	30	47	20
1907	201	97	25	27	30
1908	250	94	3	12	18
1909	174	96	9	17	10
1910	138	106	21	36	17

2회가 아닌 1회만 입학생을 선발하였다.[73] (〈표 1〉 참조)

볼얀이 초기에 겪은 문제에 대하여 겐테는 다음과 같이 설명하였다.

그가 초기에 겪은 어려움은 컸다. 학생들의 나이는 15~30세 정도였고, 대부분이 가장이었으며, 한문 또는 한국어만 알고 있는 서로 다른 교육 수준을 가진 학생들이었다. 게다가 조교사나 통역관도 독일어를 전혀 모르는 상태였다!

Die Schwierigkeiten, die er anfangs zu überwinden hatte, waren gewaltig. Schüler im Alter von 15 bis 30 Jahren, meist schon Familienväter, ohne einheitliche Vorbildung, teils mit chinesischen,

72 다음 자료를 참고하여 재작성하였다. 김효전(金孝全), 『구한말의 관립 독어학교』, 2000. 11. 30(n. p.); 최종고, 앞의 책, 163쪽.

73 Bolljahn, Johannes, "Das Schulwesen in Korea", *Zeitschrift für Philosophie und Pädagogik*, Langensalzen, April 1899, p. 127.

[4-38] 관립한성덕어학교 앞에 있는 요하네스 볼얀과 그의 제자들(1900년경)

teils nur koreanischen Vorkenntnissen, und die Hilfslehrer und Dolmetscher ohne die Kenntnis eines einzigen deutschen Wortes![74]

볼얀은 덕어학교 건물을 직접 골라 개조하였다. '언덕 위에 자리 잡은 아름다운 전통 한옥으로 8개의 문을 가진, 한성과 그 주위의 산들이 보이는' 덕어학교 건물을 겐테는 다음과 같이 묘사하였다.

덕어학교 건물은 왕세자가 결혼식을 올린 가례청 뒤 언덕에 아름답게 위치한다. 예전에는 관리의 관사였던 것으로 보인다. 내부는 예전 그대로이나 교실의 의자와 벽에 걸린 지도로 건물의 새로운 용도를 알 수 있다.
Das Gebäude der deutschen Schule liegt sehr hübsch auf einem Hügel hinter dem sogenannten Hochzeitspalast des Thronfolgers.

74 Genthe, Siegfried, op. cit, p. 244.

Augenscheinlich war es früher eine Beamtenwohnung; man hat aber alles drinnen unverändert gelassen, nur die Bänke in den Schulzimmern und die Landkarten an den Wänden lassen den neuen Zweck erkennen.[75]

이광린에 따르면 덕어학교 건물은 경복궁 동쪽의 소안동(현재 서울 안국동 덕성여자중학교 옆)에 있었다고 한다.

덕어학교에서는 회화, 읽기, 쓰기, 문법, 받아쓰기, 작문 수업뿐만 아니라 지리, 수학, 물리, 역사, 체육 수업도 하였다. 고학년은 회계 관리와 번역 수업도 받았다.[76] 이광린에 따르면 덕어학교의 졸업생 수는 매우 적었다고 한다. 덕어학교가 설립된 이후 1908년 5월이 되어서야 첫 졸업시험이 치러졌고, 1910년까지 3년 과정의 덕어학교 졸업생은 단 5명이었다. 이와 비교하여 8년 과정의 영어학교 졸업생은 79명이었고, 6년 과정의 법어학교 졸업생은 26명이었다.[77] '졸업을 한 나이가 많은 학생들'에 대해 겐테는 다음과 같이 말하였다.

한 명은 당고개의 독일 광산에 고용되었고, 한 명은 궁내 통역 보조로 고용되었다. 또 다른 졸업생(백우영)은 새로 부임한 프로이센 출신의 악장(프란츠 에케르트)의 보조로 들어가 악보를 모르는 이 나라에서 음악을 가르치는 어려운 일을 돕고 있다. 네 번째 졸업생은 재능이 특출한 현홍식이라는 인물인데, 젊은 나이인데도 최근 설치된 베를린 주재 조선 영사관의 서기관으로 임명되었다.

Der eine ist auf dem deutschen Goldbergwerk in Tangkogä (Danggogae) angestellt, ein anderer im Palast als Hilfsdolmetscher. Ein dritter

75 Genthe, Siegfried, op. cit, p. 245.

76 Paske, J., op. cit, pp. 70f; Genthe, Siegfried, op. cit, p. 246; Bolljahn, Johannes, "Das koreanische Schulwesen", *DZU*, Leipzig, vol. 5, no. 3 (April 1900), p. 201.

77 李光麟, 『韓國開化史研究』, 서울, 1969, 124쪽.

[4-39] 관립한성덕어학교 앞에 있는 요하네스 볼얀과 그의 제자들(1900년경)

(Baek U-yeong) hilft dem neuangestellten königlich preußischen Kapellmeister (Franz Eckert) beim schwierigen Werk des musikalischen Unterrichts in einem Lande, wo man noch keine Notenschrift kennt, und ein vierter, der besonders begabte Hyen Hong Sik, hat es trotz seiner Jugend schon zum Legationssekretär bei der kürzlich errichteten koreanischen Gesandtschaft in Berlin gebracht.[78]

1903년경 덕어학교 학생 중 세 명이 보조 교사로 고용되었는데, 이들은 '독일어를 매우 유창하게 구사'하였다.[79] 또 고종의 시의였던 분쉬를 도와주도록 졸업생 세 명이 배치되었다. 덕어학교의 교관이었던 요하네스 벨로(Johannes Below)는 『유럽과 미국으로 보낸 조선 사절단, 1889년 1월 1일부터 1905년 12월까지(Die Entsendung koreanischer Missionen nach Europa und Amerika vom 1. 1. 1889~Dez. 1905)』라는 제목으로

78 Genthe, Siegfried, op, cit, p. 249; "Korean Taste of Western Music Traces Back to 1901", op. cit.

79 Paske, J., op. cit, p. 70.

독일 외무부 문서에 글을 남겼는데, 여기에 따르면 1908년 이전에도 덕어학교 졸업생이 배출되었다는 사실을 유추할 수 있다.

> 베를린과 빈 주재 공사관의 서기관으로 덕어학교의 첫 졸업생인 홍힘식이 임명되었는데, 그는 똑똑하고 젊고 노련한 청년으로 독일어도 비교적 잘한다. 지금까지는 궁내 통역관으로 일하였다.
>
> Als erster Sekretär der Gesandtschaft für Berlin und Wien ist der erste Graduierte der hiesigen deutschen Schule, Herr Hong Him sik ernannt, ein intelligenter und gewandter junger Mann, der verhältnismäßig gut Deutsch spricht und bisher als Übersetzer im Palast angestellt war.[80]

1901년 4월부터 덕어학교의 교관 볼얀과 법어학교의 교관 마르텔은 무관학교에서도 독일어와 불어를 가르쳤다.[81] 1905년 일본이 조선의 외교권을 뺏는 등 보호국을 만들기 위한 준비를 하자 볼얀은 외국어학교와 같은 시설이 계속 유지될지 의문스럽다며, 독일로 돌아가서 고향에서 교사 일을 계속하기로 마음먹었다. 볼얀 외에도 조선 주재 변리공사였던 잘데른의 글을 보면, 당시 조선의 정세에 대해 독일이 어떠한 입장이었는지 잘 보여준다.

> 폐하께서는 이미 제 보고서를 보고 아시겠지만, 일본이 조선 내정을 장악하여 이 시설(외국어학교)의 존폐가 불투명합니다. 일본인들이 학교를 감시하고, 정부 돈으로 받은 필기도구와 기타 물자를 학생들로부터 빼앗아서 매우 가난한 젊은 학생들도 직접 구입해야 합니다. 덕어학교는 학생 자의에 따라 입학할 수 있기 때문에 차츰 학생 수가 줄어들 것으로 보이며, 관아에서 일하고자 하는 조선인의 경우 독일어보다는 일본어나 영어를 배우는 것

80 Below, Johannes, "1898~1911: die erste deutsche Sprachschule in Seou", Below, Johannes (Ed.), *Deutsche Schulen in Korea*, Waegwan, 1998, p. 54.

81 *The Korea Review*, vol. 1, no. 4(April 1901): News Calendar, p. 172.

이 훨씬 유리하기 때문에 더 그러할 것으로 보입니다. 상사에서도, 심지어 독일 상인들도 독일어를 하는 조선인보다는 영어나 일본어를 할 수 있는 점원을 더 선호합니다. 그래서 이 학교의 재학생 수는 줄어들 것으로 보입니다. 현재는 약 25명이 다니고 있습니다.
프로이센 국적의 교관인 요하네스 볼얀이 ……, 독일 정부는 덕어학교의 유지를 원하는지 질문을 하였습니다. 일본인들이 덕어학교를 개편할 것은 뻔하지만, 어떠한 방법으로 할지는 아직 밝혀지지 않았습니다.
볼얀은 머지 않은 미래에 독일로 돌아가서 교사 자리를 얻고자 합니다. 그러나 덕어학교를 더 유지하려고 한다면 한동안은 조선에 머물겠다고 합니다. …… 위에서 말한 볼얀은 …… 프로이센 학교에서 다시 교사로 일하고 싶어합니다. 이것이 가능한지 불가능한지는 모르지만 제 생각에, 그는 인격적으로나 예의범절에 관해서 하자가 없을 뿐만 아니라 신뢰할 수 있고 매우 부지런한 사람입니다.
제가 좋아하는 지인이자 친구인 볼얀의 미래를 위해 이런 글을 적으면서 폐하에게 덕어학교의 유지 여부에 관하여 어떠한 생각을 갖고 계신지 여쭙고 싶습니다. 제 생각에는 학교 유지를 위해 특별히 큰 노력을 할 정도로 국가적으로 중요한 사안은 아니지만, 그렇다고 해서 폐쇄를 추진할 필요는 없는 것 같습니다. 지금 이대로 흘러가도록 두고, 조선인들이 이 시설을 계속 유지하고자 할 때, 그리고 볼얀이 독일로 돌아간다면 그 자리를 다른 교사에게 넘기는 것이 좋겠습니다.
앞에서 특별히 국가적으로 중요하지 않다고 표현한 것은 이 학교가 운영되는 동안 독일 정신에 큰 도움이 되지 않았다는 것입니다. 조선에서 큰 목적이 없고, 있다고 해도 순전히 무역을 하기 위한 것이기 때문에 우리가 조선에서 얻으려는 것은 상인들의 활동을 통해서만 달성될 수 있다고 생각합니다. 이런 시설들은 우리가 계측할 수 없는 일에 속함으로 완전히 무시할 수는 없는 부분입니다.
볼얀의 미래에 대해 그리고 덕어학교를 어떻게 처리해야 하는지에 대해 폐하께서 답을 주십사 요청드립니다. ……
…… Wie Eure Exzellenz aus meiner Berichterstattung wissen, nehmen die Japaner jetzt das koreanische Regierungswesen in die

Hand, und es scheint zweifelhaft, wie sie sich zu dem Fortbestehen dieser Einrichtungen (den Fremdsprachenschulen, der Verf.) stellen werden. Sie lassen die Schulen durch Japaner inspizieren und haben den Schülern, welche bisher Schreibutensilien und anderes Zubehör aus Regierungsmitteln geliefert erhielten, diesen Vorteil entzogen, so daß diese, durchwegs ganz arme junge Leute, sich diese Sachen jetzt selbst beschaffen müssen. Da die Schule sich aus Freiwilligen rekrutiert, so besteht Befürchtung, daß sie nach und nach zurückgehen wird und dies umso mehr, als die Koreaner, welche sämtlich nach einem Regierungsamte drängen, wenn sie Japanisch oder Englisch lernen, viel bessere Aussichten haben, als bei Erlernung der deutschen Sprache. Auch ein Kaufmann, selbst ein Deutscher, kann viel besser einen Koreaner gebrauchen, der Englisch oder Japanisch kann, als einen deutschsprechenden. So entsteht Gefahr, daß die Anstalt nach und nach zurückgehen wird. Gegenwärtig hat die Schule ungefähr 25 Schüler.

Der Vorstand, der preußische Staatsangehörige Herr Johannes Bolljahn, …… hat mir nun die Frage näher gelegt, ob wir ein erhebliches Interesse am Fortbestehen dieser deutsch-koreanischen Schule haben. Umformen werden die Japaner sie jedenfalls, wie sie das tun werden, ist noch nicht zu übersehen.

Herr Bolljahn hat den lebhaften Wunsch, in nicht zu langer Frist nach Deutschland zurückzukehren und dort angestellt zu werden, erklärt sich aber bereit, falls wir die Schule zu erhalten versuchen wollen, noch einige Zeit hier zu bleiben. …… Der genannte Herr Bolljahn …… würde sich außerordentlich gern der königlich preußischen Schulverwaltung wieder zur Verfügung stellen und strebt danach, in Preußen Seminarlehrer zu werden. Ohne mir ein Urteil darüber anzumaßen, ob dieses an und für sich möglich ist, bin ich doch der Meinung, daß es nur nützlich sein kann, …… besonders auch da der genannte Lehrer in menschlicher und sittlicher Beziehung nicht nur vollkommen einwandfrei, sondern auch als hervorragend zuverlässig

und tüchtig bezeichnet werden kann.
Indem ich diese empfehlenden Worte für die Zukunft meines lieben Bekannten und Freundes Bolljahn niederschreibe, möchte ich Eure Exzellenz bitten, in geneigte Erwägung zu ziehen, wie wir uns hier zum Fortbestehen der deutschen Schule stellen wollen? Meines gehorsamen Erachtens liegt kein erhebliches nationales Interesse dafür vor, daß wir uns besonders aktiv dafür verwenden, wenn ich auch gerade nicht vorschlagen würde, daß wir auf ihre Aufhebung hinwirken sollen. Ich meine, wir lassen die Sache laufen, wie sie will, und sorgen dafür, daß, falls die Koreaner diese Einrichtung erhalten wollen und wenn Herr Bolljahn nach Deutschland geht, eine andere geeignete Persönlichkeit an seiner Stelle herauskommt.
Wenn ich oben gesagt habe, daß ein besonderes nationales Interesse hier nicht in Frage kommt, so meine ich damit, daß das Bestehen dieser Schule dem Deutschtum hier nicht erheblich genützt hat. bei den geringen Interessen, die wir in Korea haben und die doch wesentlich nur kommerzieller Natur sein sollen, bin ich der Meinung, daß das, was wir in Korea wünschen, nur durch die Tätigkeit des Kaufmanns erobert werden kann. Immerhin gehören solche Einrichtungen, wie diese, mit zu den Imponderabilien, welche nicht ohne Weiteres missachtet werden dürfen.
Eure Exzellenz geneigten Äußerungen über die Zukunftsmöglichkeiten des Lehrers Bolljahn und darüber, wie ich mich der deutsch-koreanischen Schule gegenüber zu verhalten habe, darf ich gehorsamst entgegensehen. ……[82]

베를린으로부터 온 답신이 어떠한 내용이었는지, 그리고 볼얀이 독일의 학교에서 근무할 수 있었음에도 불구하고 어떠한 이유에서 돌아

82 AA, Korea: *Akten betreffend das Unterrichtswesen in Korea*, vol. 1: 'Schreiben von Conrad von Saldern aus Seoul vom 15. März 1905 an den Reichskanzler Graf von Bülow'.

[4-40] 요하네스 볼얀과 제자들(1907년)

가지 않고 계속 한성의 덕어학교에서 교관으로 남았는지는 알려지지 않았다. 한일병합 이후에 모든 관립외국어학교는 폐쇄되었고, 외국어 수업은 일본의 식민지 정책에 따라 1911년 11월 1일 일반 고등학교 교육에 포함되었다. 당시 덕어학교의 학생 수는 3명뿐이었다.

1911년 4월 11일 요하네스 볼얀은 휴가를 받아 독일에 갔다가[83], 다시 한성으로 돌아와 프란츠 에케르트의 손자 등의 개인교습을 하면서 돈을 벌었다.[84] 1920년에는 사망한 에케르트의 아내 마틸데 에케르트와 함께 독일로 돌아갔다. 볼얀의 조선에서의 오랜 생활은 성공적이었다고 할 수도 있지만, 그가 희망하였거나 목표로 세웠던 것을 모두 실현하지 못한 채 마감해야 했다. 독일에 도착한 후 발트해의 포메른 지방 슈비네뮌데에서 한성에서 사망한 독일 상인 알베르트 프리드리히

83 *OL*, vol. 25, 21 April 1911, p. 377: PN.

84 1984년 4월 5일 대구에서 보내온 이마쿨라타 수녀(프란츠 에케르트의 손녀)의 편지, 1984년 3월 29일 발레히텐-도팅겐에서 보내온 도리트 페르츠 에케르트(프란츠 에케르트의 손녀)의 편지를 참조하였다.

고르샤키(Albert Friedrich Gorschalki)의 아내 빌헬미네 고르샤키(Wilhelmine Gorschalki)를 만났다. 1922년 9월 15일 볼얀과 고르샤키 부인은 결혼하였다. 1928년 10월 25일 볼얀은 66세의 나이로 사망하여 출생지인 파스케의 묘지에 안치되었다.[85]

4. 프란츠 에케르트_군악대 대장

대신님 귀하!
황제폐하께서 독일제국의 음악가 F. 에케르트에게 조선의 국가를 작곡하고 이곳에서 음악 수업을 한 것에 대한 공로로 3등 태극장(太極章)을 수여하시겠다는 대신님의 29일자 편지를 잘 받았습니다. 함께 보내주신 훈장과 임명장을 에케르트에게 즉시 인도하였으며, 황제폐하께서 관대하게 수여하신 훈장에 대해 진심으로 감사하다는 인사를 전해주십사 대신께 요청드립니다.
독일제국민에게 보여주신 영예에 대해 저 또한 기쁘며, 이 기회를 빌어 대신께도 제 공경심을 다시 한번 드립니다.

H. 와이퍼트

Herr Minister!
Euer Excellenz sehr gefälliges Schreiben vom 29.v.M., mit welchem Sie mir mitteilen, daß seine Majestät gnädigst geruht habe, dem Deutschen Reichsangehörigen Musikdirektor F. Eckert in Anerkennung seiner Verdienste um die Komposition der koreanischen Nationalhymne und den hiesigen Musikunterricht die 3te Klasse des Tai keuk Ordens zu verleihen, habe ich zu erhalten die Ehre gehabt. Herr Eckert, dem ich die mitübersandte Dekoration und

85 Bräsel, Sylvia, "Johann Bolljahn (1862~1928): Begründer des Deutschunterrichts in Korea - zur interkulturellen Karriere eines pommerschen Lehrers in Ostasien", *Baltische Studien*. vol. 95 N.F. (2009), Kiel, 2010, pp. 133~150.

das Patent alsbald übermittelt habe, hat mich ersucht, Eure Excellenz zu bitten, Seiner Majestät seinen tiefgefühlten und ehrfurchtsvollen Dank für die ihm gnädigst verliehene hohe Auszeichnung gefälligst zum Ausdruck bringen zu wollen.

Indem ich diesem Wunsche Folge leiste und mich beehre auch meinerseits meine Gefühle lebhafter Freude und Genugthuung anläßlich der einem Deutschen Reichsangehörigen erwiesenen Ehre auszusprechen, benutze ich diesen Anlaß Eurer Excellenz die Versicherung meiner ausgezeichneten Hochachtung zu erneuern.

H. Weipert

1903년 1월 6일 한성 주재 독일 영사 와이퍼트는 이 편지를 외부대신 조병식(趙秉式, 1832~1907)에게 보내면서 프란츠 에케르트[Franz Eckert, 埃巨多(애거다)]라는 독일인이 받은 훈장에 대해 감사하였다.[86] 그러나 35년도 넘게 동아시아에서 살았던 에케르트의 삶과 업적에 대해서는 그리 알려진 것이 많지 않다.

1852년 4월 5일 프란츠 에케르트는 독일 발덴부르크 근처의 노이로데(현재 폴란드 노바루다)에서 법원 관리의 아들로 태어났다. 그는 여러 학교를 다녔는데, 특히 음악에 소질이 있어 브레스라우와 드레스덴 음악학교에서 공부하였다. 그 후 슐레지엔의 나이세에서 군악대로 복무하였는데, 복무 중 빌헬름스하펜의 해군 군악대 지휘자로 초빙되었으나 오래 근무하지 않았다. 당시 독일 해군은 아일랜드 출신의 존 윌리엄 펜턴(John William Fenton, 1828~1890)의 후임으로 일본 해군에서 일할 지휘자를 찾고 있었다. 이 자리에 에케르트가 선택되어 1879년 3월 그의 나이 27세 때 도쿄로 가게 되었다.[87]

86 『舊韓國外交文書』, 德案 2, no. 2819.

87 Eckardt, Andre, "Unserem Mitgliede Franz Eckert, dem Pionier deutscher Musik in Japan zum Gedächtnis", *MOAG*, vol. 21(1927), between no. D and E.; Zoe,

에케르트가 일본에 갈 당시에는 서양 음악이 일본에 거의 알려져 있지 않았기 때문에 그는 일본에 낯선 음, 낯선 멜로디 그리고 서양 악기를 알리는 역할을 하게 되었다. 에케르트는 일본에 서양 음악을 알린 명실상부한 '선구자'였다. 1879년 4월 에케르트는 2년 계약으로 일본 해군 군악대의 대장으로 부임하였다. 그의 임무는 독일의 군악을 일본에 소개하고 알리는 것이었다. 1883년 2월부터 1886년 3월까지 음악 교사로 일하였으며, 일본 문부성의 현악과 관악심사위원회에서 작곡과 화성학을 담당하였다. 1888년 3월 군악대 대장직을 사임한 이후에는 일본 황실의 고선음악부로 사리를 옮겨 제례음악을 담당하였다. 1873년 설립된 도야마육군학교에서 1892~1894년 독일 군악을 가르쳤다. 또한 일본 황실을 위한 오케스트라를 만들고 1897년 3월부터 1899년 3월까지 해군 군악대를 이끌었다. 그가 맡았던 중요한 임무 중 하나는 문부성에서 초등학교 음악교과서 제2권과 제3권을 편찬한 것이었다.

[4-41] 프란츠 에케르트

1898년 1월에는 천황의 어머니인 구조 아사코[九条夙子, 에이쇼황태후(英照皇太后), 1834~1898]의 장례음악을 작곡하였다. '가니시미노 기와미(크나큰 슬픔)'라는 제목의 이 곡은 이후부터 황실에 장례식이 있을 때마다 연주되었다.

에케르트의 가장 큰 업적은 일본의 국가를 만든 것이다. 그가 일본에 도착하고 1년이 지난 1880년 일본 해군부로부터 국가를 작곡해달라는 요청을 받았다. 대부분의 음악가들은 오랫동안 불릴 수 있는 곡

Cincaid, "Composer of Japan's National Anthem Organized Bands Here", *The Japan Advertiser*, Tokyo, 7 Dec. 1926, p. 10; 李毎浪, 『韓國音樂史』, 서울, 1985, 422, 549, 550쪽; "Franz Eckert", 『日本歷史大事典』, vol. 19, 290쪽; 野村光一, 『フランツ・エッケルト – 音樂教育の推進, 音樂お雇い外国人』, vol. 10, 東京, 1971, 143~161쪽.

을 새로 만들고자 했을 것이다. 그러나 에케르트는 완전히 새로운 곡을 창작하지 않았다. 일본 국가의 탄생에 대해 에케르트는 다음과 같이 설명하였다.

> 얼마 전에 해군부로부터 국가(國家)가 인정하는 국가(國歌)가 없기 때문에 국가를 작곡해달라는 요청을 받았다. 일본 멜로디 여러 개를 요구해서 받았는데, 그중 다음 몇 가지를 골라 화음을 맞추고 유럽 악기로 연주할 수 있도록 편곡하였다.
>
> Vor einiger Zeit wurde ich vom Marine-Ministerium aufgefordert, eine Nationalhymne zu componieren, da eine vom Staate angenommene nicht existire. Auf mein Verlangen wurden mir mehrere japanische Melodien vorgelegt, von welchen ich die im folgenden mitgetheilte wählte, harmonisierte und für europäische Instrumente arrangirte.[88]

일본의 고전음악가이자 궁내부 작곡가였던 하야시 히로모리(林広守, 1831~1896)가 일본의 고전음악 중에서 국가로 사용할 적절한 멜로디를 선별하였고 이것을 에케르트는 유럽 관악기로 연주할 수 있도록 편곡하였다. 1880년 11월 3일 천황의 생일잔칫날에 「기미가요(君が代)」가 황궁에서 처음 연주되었다.[89] 가사는 일본 시집인 『고킨와카슈(古今和歌集)』(『고킨슈(古今集)』로 알려져 있다.)에서 가져왔다.[90]

> 임의 치세는
> 천 대에 팔천 대에
> 작은 조약돌이 큰 바위가 되어
> 이끼가 낄 때까지!

88 Eckert, Franz, "Die japanische Nationalhymne", *MOAG*, vol. 3, no. 23 (March 1881), p. 131.

89 野村光一, op. cit, pp. 149f.

90 Eckardt, Anclre *Unserem Mitgliede Franz Eckert*, p. 4.

[4-42] 「기미가요」의 악보와 가사

1888년 일본 해군부는 일본 국가의 총보(總譜)를 발행하여 외국에도 공표하였다.

앙드레 에카르트(André Eckardt) 교수는 『독일 자연과학과 문화인류학 회지(Mitteilungen der Deutschen Gesellschaft für Natur- und Völkerkunde)』에 「회원 프란츠 에케르트, 일본에서 독일 음악을 전파한 선구자를 기억하며(Unserem Mitgliede FRANZ ECKERT, dem Pionier deutscher Musik in Japan zum Gedächtnis)」라는 논문을 발표하였는데, 에케르트가 일본에서 수년간 이룩한 업적과 직업 윤리에 대해 설명하였다.[91]

> 프란츠 에케르트는 사람들의 칭찬이나 비난에 신경 쓰지 않고 밤늦게까지 일하였고, 악보를 쓰고 새로운 멜로디를 생각해냈다. 새벽 4시에 일어나 하루를 시작하였다. 처음에 어려운 작품을 다룰 때는 진전이 없었지만, 반주를 새로 쓰고 다른 곡을 군악으로 편곡하였다. 수많은 모음곡, 행진곡, 춤

91 Eckardt, Andre, op.cit, pp.3f.

곡, 국가가 그의 펜에서 탄생하였다. 이때 독일 음악이 큰 영향을 미쳤다는 것은 당연하다. 오늘날 독일 곡이 일본인들이 즐기는 민요가 되었다면, 그것은 에케르트의 덕분일 것이다.

에케르트는 1880~1890년대에 다양한 일본 곡을 작곡하였고, 일본 멜로디를 현대식 음악으로 바꿔 서양 악기에 맞게 편곡하였다. 대표적인 작품으로 다음과 같은 곡들이 있다.

「하루사메(봄비)」,

「마리우따 히또시또 야(공놀이)」,

「에시고 지시」,

「가포레(익살스러운 춤)」,

「로쿠단(고토 독주곡)」

그 밖에도 에케르트는 뤼순 행진곡, 자오저우 행진곡, 분열 행진곡, '도쿄에 대한 기억' 등 다양한 행진곡을 작곡하였다.

【4-43】 에케르트의 일본 국가 총보 표지 초안 쿠르트 네토Curt Netto가 그린 수채화이다.

Einfach und unbekümmert um Menschenlob und Menschentadel arbeitete Franz Eckert bis in die Nacht hinein, schrieb Noten und ersann neue Melodien und in der Frühe, oft schon um 4 Uhr, begann er von neuem sein Tagewerk. Unmöglich konnte er anfangs mit schweren Stücken vorankommen, so war er genötigt, die Begleitungen neu zu schreiben und andere Stücke für Militärmusik zu arrangieren. Eine Menge von Liederpotpourris und Märschen, Tänzen und Hymnen floß aus seiner Feder. Daß dabei deutsche Melodien eine große Rolle spielen, ist selbstverständlich. Wenn heute so manches deutsche Lied zum Gemeingut des japanischen Volkes geworden ist, so ist dies sicher zum großen Teil sein Verdienst.

In den 80er und 90er Jahren komponierte er auch verschiedene japanische Lieder oder er übertrug japanische Melodien in moderne Notenschrift, harmonisierte und arrangierte sie für europäische Instrumente. Besonders zu nennen sind:

Harusame (Erwachen des Frühlings),

Mariuta hitots'to ya (Ballspiel),

Echigo jishi,

Kappore (humoristischer Tanz),
Rokudan (für Koto).
Daneben komponiert Eckert verschiedene Märsche wie z. B. den Port Arthur-Marsch, Kiautschou-Marsch, Defilier-Marsch, den Marsch "Souvenir de Tokyo" usw.[92]

1899년 3월 31일 에케르트는 건강상의 이유로 황실 궁내부에서 사직하고 20년 동안 가지 못했던 고향으로 돌아갔다.[93] 독일에 도착한 지 얼마 지나지 않아 프로이센 왕립악단 단장으로 일하게 되었으나 오래 근무하지 못하고 곧 대한제국으로 오게 되었다. 에케르트가 대한제국에 오게 된 배경에 대해서는 여러 의견이 있다.

1896년 5월 민영환(閔泳煥, 1861~1905)은 러시아의 니콜라이 2세(Nikolai II, 1868~1918, 재위 1894~1917)의 대관식에 참석하기 위해 상트페테르부르크를 방문한 후 유럽 8개 국가를 순방하고 돌아왔다. 고종은 유럽 왕들이 어떠한 방식으로 축하행사를 거행하는지 민영환으로부터 들었다. 군악대가 매우 인상적이었던 민영환은 유럽식 군악대를 설치할 것을 고종에게 제안하였고, 독일 영사에게 연락을 취하여 대한제국에도 그 명성이 알려진 에케르트를 불러왔다고 한다.[94]

또 다른 추측도 있다. 1883년 11월 26일 저녁, 조약 협상을 위해 일본 주재 독일 총영사 차페가 타고 온 독일 전함 라이프치히호(SMS Leipzig)의 해군 군악대는 조독수호통상조약 체결을 기념하는 행사에서 간주곡을 연주하였다. 이런 음악을 한번도 들어보지 못한 한국인

92 도리트 페르츠 에케르트의 1984년 2월 26일자 편지.
93 野村光一, op. cit, p. 148;『音樂事典』, 東京, 1卷, 253쪽.
94 李宥善,『韓國洋樂八十年史』, 서울, 1968, 195쪽; "Der Deutsche, der Nationalhymnen für Asien schrieb", *Ost-Dienst*, Beilage: Korea-Dienst, no. 143(May 1983).

들의 반응을 로잘리 폰 묄렌도르프는 다음과 같이 묘사하였다.

[4-44] 민영환

> 헤르비히 선장은 축하를 위해 라이프치히호의 해군군악대를 한성으로 보냈다. 만찬은 악대의 연주로 시작하였다. 모든 손님들이 자리를 잡고 음식을 기다리고 있었다. 그러나 음식이 좀처럼 안 나와 남편이 그 이유를 알아보려고 나갔는데, 한국인 하인들이 김이 나는 접시와 그릇을 손에 들고 놀라서 움직이지 못하고 있었다. 음악을 듣느라 시중드는 일을 잊었던 것이다.
>
> 그 다음 날 군악대는 박동 우리 집의 큰 마당에서 연주를 하였는데, 색색의 옷을 입은 한국인들이 우리 집 주변에 있는 낮은 집 지붕에 올라서서 새로 만나게 된 낯설지만 아름다운 음악을 접하고는 입을 다물지 못할 정도로 놀라고 경탄하였다.
>
> Kapitän Herbig hatte zu diesen Feierlichkeiten die Musikkapelle der Leipzig nach Seoul geschickt. Sie spielte zuerst im Jamen zu Beginn des Diners. Alle Gäste hatten ihre Plätze eingenommen und warteten auf die Speisen, die aufgetragen werden sollten. Endlich ging mein Mann hinaus, um sich nach dem Grund der Verzögerung umzusehen, da standen die koreanischen Diener mit den dampfenden Tellern und Schüsseln in den Händen, vor Erstaunen wie festgebannt, und lauschten der Musik, darüber hatten sie vergessen zu servieren.
>
> Am anderen Tag spielte die Kapelle in unserem großen Hof in Paktong, da saßen die Koreaner in ihren bunten Gewändern rings um unser Haus auf den Dächern ihrer niedrigen Häuser, in Staunen und Verwunderung über dies neue Wunder der Fremden fast erstarrt.[95]

95 Moellendorff, R[osalie] von, op.cit, p.66.

그러나 이 연주가 한국의 관리들에게 큰 인상을 주어 독일 지휘자를 초청하게 되었는지는 확인되지 않는다.

아무튼 대한제국은 황실에 유럽식 군악대를 설치하기로 결정하였다. 그리고 군악대의 단장으로 오보에 연주의 대가이자 뛰어난 음악이론가인 에케르트가 결정되었다. 에케르트는 수년간 일본에서 활동하였고 일본과 독일을 포함한 여러 나라에서 훈장을 받았기 때문에 그의 명성은 한국에도 알려져 있었다. 에케르트는 한성 주재 독일 영사 와이퍼트로부터 궁내에 군악대를 설치하고 유럽 악기를 가르치라는 대한제국 황제의 제안을 전달받았다. 에케르트는 소덴과 라인에르츠 온천에서 요양과 치료를 하여 건강을 회복한 후 1901년 2월 19일 대한제국의 수도에 도착하였고, 한 달이 지난 3월 19일에 고종을 알현하고 환영인사를 받았다. 그는 가족을 데려오지 않았으며, 50개의 목관악기와 금관악기를 가지고 왔다.[96]

에케르트가 도착하기 전에 대한제국 정부는 이윤용(李允用, 1854~1939)을 임시 군악대장으로 임명하여 군악대 조직과 대원 선발 등을 준비하도록 하였다. 그러나 대한제국은 오랜 쇄국 정책으로 인해 서양 문물을 거의 받아들이지 않아, 서양 음악을 전혀 몰랐기 때문에 에케르트는 일본에서와 마찬가지로 처음부터 힘겹게 하나씩 헤쳐 나아가야 했다. 에케르트는 우선 100명의 일반 군인 중 음감을 가진 30명을 선발하였다. 일본에서의 경험을 교훈 삼아 많은 노력과 인내를 기울여 대원을 교체하는 등 6개월 만에 자질 있는 50명으로 구성된

96 Allen, op. cit, p. 44; 李宥善, 앞의 책, 194~197쪽; 張師勛, 『黎明의 東西音樂』, 서울, 1974, 189~199쪽; 南宮堯悅, 「舊韓末 이래 洋樂 80年史 정리」, 『한국일보』, 서울, 14 July 1982; 전성환, 「황제의 명을 받아 민영환이 가사를 지은 에케르트의 〈대한제국 애국가〉」, 『음악동아』, 서울, 1986년 1월호, 102~104쪽; *The Korea Review*, vol. 1, no. 2 (Feb. 1901), p. 74: News Calendar; "Korean Taste of Western Music Traces Back to 1901", *The Korea Times*, 13 Aug. 1982.

【4-45】 **한성의 거리**(1902년) 명동성당이 보인다.

군악대를 만들었고, 서양 악기 연주를 가르쳤다. 대원 수는 70명까지 늘어나기도 하였다.[97]

군악대 교육은 매우 성공적이어서 왕실의 공식 행사 외에 매주 목요일마다 파고다 공원에서 연주를 하여 한성에 살고 있던 외국인들을 즐겁게 하였다. 직접 작곡한 행진곡뿐만 아니라 바그너의 가곡도 연주하였다.[98]

에케르트는 조선에서 일을 시작한 지 얼마 지나지 않아 대한제국의 국가를 작곡하라는 임무를 받았다. 짐작컨대 에케르트는 일본의 경우와 마찬가지로 조선의 여러 민요들의 멜로디를 차용하여 유럽 악기

97 Eckardt, Andre, op. cit, p. 5.

98 Kroebel, Emma, *Wie ich an den Koreanischen Kaiserhof kam*, Berlin, 1909, pp. 147f.

[4-46] 파고다 공원의 프란츠 에케르트와 군악대

로 연주할 수 있게 편곡했을 거라고 생각된다. 여러 민요에서 따왔을 것이라는 가설은 공식적으로 나온 대한제국 애국가의 원본 표지에 쓰인 "한국의 모티프를 따옴(Nach koreanischen Motiven)"이라는 문구가 뒷받침해준다. 에케르트는 민영환의 도움으로 애국가에 적절한 멜로디의 민요를 붙이고 민영환은 영국 국가 "God Save the King"과 비슷한 가사를 작사하였다.

대한제국 국가(대한제국 애국가)는 1901년 7월 1일 공식적으로 연주되었고, 1901년 9월 7일 고종의 50세(만49세) 생일 축하 연회에서 최초로 공개되었다. 그러나 악보는 기술적인 문제로 독일에서 컬러 인쇄하여 제본함에 따라 1902년 8월 15일에서야 정식으로 소개될 수 있었다. 이 악보는 50개 국에 전달되었다.[99]

대한제국 애국가의 가사는 다음과 같다.

상제는 우리 황제를 도으사
셩수무강하사 해옥주를
산같이 받으시고
위권이 환영에 떨치사
오천만 세에 복록이 일신케 하소서
상제는 우리 황제를 도우소서

그러나 이 국가는 높고 낮은 음이 많아 연주하기도, 부르기도 어려웠다. 한일병합 이후에 대한제국 애국가는 금지되고 기미가요로 대체되었다. 1902년 12월 에케르트는 대한제국 애국가의 작곡과 군악대의 성공적인 교육을 인정받아 고종으로부터 3등급 공로 훈장을 받았다.[100]

에케르트는 한국에서 1년을 생활한 후인 1902년 3월에 일본 고베에 도착한 가족을 데리고 한국으로 왔는데, 부인과 6명의 자녀 중 딸 셋 만 왔다. 아들 셋은 독일의 기숙학교에 남았다.[101]

고종의 시의였던 분쉬는 에케르트의 집과 그의 생활방식에 대해 다음과 같이 적었다.

시내 위쪽에 숲이 우거진 남산에 독일 음악감독 에케르트가 살았다. 에케르트는 노이로데 시골 출신이기 때문에 몸가짐이 촌스럽다. 집에서 돼지를 몇 마리 키웠는데, 가족이 아직 안 왔기 때문에 살아있는 생명체를 곁에 두고 싶어서였다. 그러나 이 돼지들이 어느 정도 살이 오르자 3마리를 차례로

99 南宮堯悅, 「개화기의 한국 음악 - 프란츠 에케르트를 중심으로」, 『음악교육』, 서울, 1987, 7월호, 71f쪽; 전성환, 앞의 글, 102~104쪽.

100 李宥善, 앞의 책, 196쪽; 『舊韓國外交文書』, 德案 2, no. 2819.

101 Claussen-Wunsch, Gertrud (Ed.), *Dr. med. Richard Wunsch. Arzt in Ostasien*. Büsingen/Hochrhein, 1976, p. 98.

도둑맞았다. 남은 돼지는 모두의 의견에 따라 제때에 도살하였다. 덕분에 에케르트, 독일어 교사 볼얀, 나는 좋은 고기와 햄을 먹을 수 있었는데, 소시지는 아쉽게도 먹기 직전에 누군가가 훔쳐갔다. 나는 고기를 먹을 때 어울리는 좋은 노래 가사를 지었다.

Hoch über der Stadt, am bewaldeten Südberge (Namsan) wohnt der deutsche Musikdirektor Eckert. Eckert ist auf dem Lande bei Neurode zu Hause und hat daher ländliche Allüren. Er hatte sich eine kleine Schweinezucht zugelegt, um in Abwesenheit seiner Familie wenigstens etwas Lebendiges um sich zu haben. Drei von den Schweinen sind, eines nach dem anderen, gestohlen worden, als sie bereits einen gewissen Grad von Fettigkeit erreicht hatten. Das vierte ist dann aber auf allgemeinen Beschluß noch rechtzeitig geschlachtet worden, und so haben wenigstens Eckert, der deutsche Lehrer Bolljahn und ich jeder noch etwas Wellfleisch und Schinken bekommen. Die Wurst ist leider auch noch im letzten Augenblick gestohlen worden. Ich habe zu dem Wellfleischessen schöne passende Lieder gedichtet.[102]

[4-47] 프란츠 에케르트가 작곡한 대한제국 애국가 표지

에케르트는 1901년 한국에 처음 왔을 때에는 남산이 아니라 지금의 중구 태평로 덕수궁 근처에 거주하였다. 나중에야 오늘날의 중구 회현동의 남산으로 이사하였다.[103]

에케르트는 군악대 대장과 작곡가로 활동하는 동안 한국의 전통음악을 연구하면서 전통음악 관청에서 일하였다. 한국의 민속음악에 관심을 가져, 시간이 있을 때마다 민속음악의 멜로디를 바탕으로 작곡을 하거나 서정적인 가사를 작성하기도 하였다.

102 Claussen-Wunsch, Gertrud, op. cit, p. 98.
103 李宥善, 앞의 책, 196쪽.

공식 행사 또는 공원에서 공연을 할 때 에케르트는 많은 사람들의 칭찬을 받았고, 당시 한국에 살고 있는 유럽인들뿐만 아니라 한국인들에게도 인기 있는 음악가였다. 1909년 베네딕도 수도회 신부로 한국에 온 적이 있고, 1950년 뮌헨 대학의 동아시아 학부에 한국학을 설립한 앙드레 에카르트(Andre Eckardt, 1884~1974) 교수도 프란츠 에케르트를 만난 후 그를 존경하게 되었다.

나도 곧 일본과 대한제국의 국가를 만들고 현재 한성에서 군악대장으로 활동하고 있는 독일 음악가 프란츠 에케르트를 만났다. 기쁜 마음으로 밤 연주 초대에 응하였다. 그리고 그가 정말 짧은 시간에 45명의 금관악대를 양성한 것을 보고 놀라지 않을 수 없었다. 독일 민요 메들리는 대원들뿐만 아니라 청중들에게도 인기가 많았다. 베르디, 비제, 리하르트 바그너의 작품을 연주하는 것을 독일 악대가 봤더라면 크게 칭찬하였을 것이다. 8년 동안 프란츠 에케르트는 한국인 박선생을 부악대장과 그의 후임으로 교육시켰다.

Bald wurde ich auch mit dem deutschen Kapellmeister Franz Eckert, dem Schöpfer der japanischen und koreanischen Nationalhymne, bekannt, der in Seoul die Militärkapelle leitet. Gerne folgte ich seiner freundlichen Einladung zu einem Musikabend und war erstaunt, in welch kurzer Zeit mein Landsmann eine Blechmusikkapelle von 45 Mann ausgebildet hatte. Ein Potpourri deutscher Volkslieder war bei Bläsern wie Hörern besonders beliebt. Der Vortrag von Kompositionen von Verdi, Bizet und Richard Wagner hätte auch jeder deutschen Kapelle Ehre gemacht. In achtjährigem Unterricht hatte Franz Eckert einen Koreaner, Pak sonsäng, als seinen stellvertretenden Kapellmeister und Nachfolger ausgebildet.[104]

104 Eckardt, Andre, *Wie ich Korea erlebte*, Frankfurt/Main, Bonn, 1950, p.47

[4-48] **태평로**(1895년) 남대문이 뒤에 보인다.

제1차 세계대전이 발발하자 에케르트는 악대에 대해 예전만큼 재량권을 행사할 수 없었으며, 또한 비교적 큰 규모의 악대를 운영할 재원을 마련할 수도 없었다. 1915년 12월 12일 에케르트는 건강상의 이유로 15년 동안 이끌던 악대를 군악대 대장으로 교육시킨 제1 플루티스트에게 넘겼다.[105]

계약이 끝나고 1916년 1월 31일에 퇴직금이라는 명목으로 돈을 받았는데, 세부 내역은 위로금 50원, 기념품비 500원, 귀국 여행비 900원이었다.[106] 그러나 그는 독일로 귀향하지 못하고 1916년 8월 6일 오후 9시경 회현동 사택에서 64세의 나이로 목의 악성종양으로 사망하

105 張師勛, 앞의 책, 198쪽.

106 『순종실록』 부록 7권, 순종 9년 1월 31일.

였다. 그가 사망할 당시는 제1차 세계대전이 한참 진행 중이었고, 독일과 일본은 적대적인 관계였다. 그럼에도 불구하고 일본 정부는 8월 8일 명동성당에서 거행된 에케르트의 장례식에 사절단을 보냈다. 한국인들뿐만 아니라 에케르트의 업적을 잊지 않았던 일본인들도 그를 기렸으며, 에케르트는 마포구 합정동에 위치한 양화진외국인선교사묘원에 안치되었다. 그가 사망한 다음 날인 8월 7일에 순종은 장례식 조의금으로 100원을 하사하였다.[107] 에케르트는 독일 음악이 오늘날까지 한국에서 사랑 받는 데 기여하였다.[108]

에케르트의 아내 마틸데[Mathilde, 1852~1934, 결혼 전 성은 후흐(Huch)]는 1920년에 볼얀과 함께 오버슐레지엔의 트라흐키르헨(Trachkirchen)으로 돌아갔다. 슐레지엔의 팔케나우[Falkenau, 현재 체코 소콜로브(Sokolov)] 출신인 마틸데는 에케르트와의 사이에서 6명의 자녀를 낳았다.

1. 아말리에(Amalie, 1876~1905): 1905년에 관립한성법어학교 교관이자 볼얀의 동료인 에밀 마르텔과 결혼함.
2. 프란츠(Franz, 1879~1959): 헤드비히 푸더(Hedwig Puder, 1880~1958)와 결혼함. 엔지니어가 되어 일본에서 25년 동안 일함.
3. 안나 이레네(Anna-Irene, 1883~?): 1904년에 황실 궁내부 고문이자 후에 유고슬라비아와 알바니아 대사로 활약한 벨기에 출신 아데마 델콩네(Adhémar Delcoigne, 1866~?)와 결혼함.
4. 카를(Karl, 1884~1959): 헤드비히 보드니히(Hedwig Bodnig)와 결혼하고 슐레지엔에서 고등학교 교사가 됨.
5. 게오르크(Georg, 1886~1945 또는 1946): 슐레지엔에서 우체국장이 됨.
6. 엘리자베트(Elisabeth, 1887~1977): 1907년 함부르크미국소포운송회사(HAPAG) 선장인 파울 오토 프란츠 멘징(Paul Otto Franz Mensing, 1877~1936)과 한성에서 결혼함.

107 위의 책, 순종 9년 8월 7일.

108 張師勛, 앞의 책, 198f쪽.

5. 리하르트 분쉬_고종의 시의(侍醫)

조선에서 큰 업적을 남긴 또 한 명의 독일인은 슐레지엔 출신의 리하르트 분쉬[Richard Wunsch, 富彦士(부언사)]로 1901년 11월부터 1905년 4월까지 고종의 시의로 활동하였다.

세계적으로 유명한 서양의 발견자나 연구자 중에는 동아시아 지역에서 얻은 지식과 경험을 서양에 처음 소개하여 알려진 사람들도 있다. 독일도 다르지 않아 1690~1692년 일본에서 활동한 의사 엥겔베르트 캠퍼(Engelbert Kämpfer, 1651~1716)는 일본과 동아시아를 독일에 소개하였는데, 그가 소개한 동양에 대한 이미지가 19세기까지 이어졌다.

독일 뷔르츠부르크 출신의 의사 필립 프란츠 폰 지볼트(Philipp Franz von Siebold, 1796~1866)는 다방면으로 지식이 풍부하였는데, 1823~1830년, 1859~1862년에 일본에 머물면서 많은 자료를 수집하였다. 이 자료를 토대로 『니폰: 일본과 이웃 및 보호국가에 관한 소개(Nippon: Archiv zur Beschreibung von Japan und dessen Neben- und Schutzländern)』(Leyden, 1832)를 집필하였으며, 이외에 동아시아 여러 나라의 문화, 관습, 언어 및 식물과 동물군에 관한 훌륭한 학술 논문을 발표하였다.

1876년부터 1905년까지 일본 황제의 주치의로 활동하였던 독일 뷔르템베르크 출신의 의사 에르빈 오토 에두아르트 폰 밸츠(Erwin Otto Eduard von Bälz, 1849~1913)는 일본 의학 발전에 큰 기여를 하였으며, 동아시아 인류학 연구에 선구적인 역할을 하였다.[109]

리하르트 분쉬도 앞에서 언급한 선구자들처럼 동아시

FLORA JAPONICA
SIVE
PLANTAE,
QUAS IN IMPERIO JAPONICO COLLEGIT, DESCRIPSIT,
EX PARTE IN IPSIS LOCIS PINGENDAS CURAVIT
DR. PH. FR. DE SIEBOLD.
REGIS AUSPICIIS EDITA.
SECTIO PRIMA
CONTINENS
PLANTAS ORNATUI VEL USUI INSERVIENTES.
DIGESSIT
DR. J. G. ZUCCARINI.
VOLUMEN SECUNDUM,
AB AUCTORIBUS INCHOATUM RELICTUM AD FINEM PERDUXIT
F. A. GUIL. MIQUEL.
LUGDUNI BATAVORUM,
IN HORTO SIEBOLDIANO ACCLIMATATIONIS DICTO.
1870.

【4-49】 지볼트가 저술한 일본 식물계에 관한 책 표지

【4-50】 에르빈 오토 에두아르트 폰 밸츠 (1895년경)

아로 갔던 독일 의사였지만, 안타깝게도 너무 빨리 잊혀졌다. 그의 딸인 게르트루트 클라우센 분쉬(Gertrud Claussen-Wunsch)는 1976년 『리하르트 분쉬. 동아시아의 의사(Dr. med. Richard Wunsch. Arzt in Ostasien)』라는 제목으로 리하르트 분쉬의 일기와 기록물 일부를 책으로 출간하였는데, 동아시아의 19~20세기 모습이 생생하게 담겨 있어 역사적으로 그 의미가 매우 크다. 리하르트 분쉬는 1901년부터 1911년 사망할 때까지 조선, 일본, 청에서 활동하였으며, 독일 의학이 동아시아에 알려지는 데 큰 역할을 한 독일 의사들 중 한 명이다.

【4-51】 리하르트 분쉬

리하르트 분쉬는 1869년 8월 4일 독일 니더슐레지엔의 히르슈베르크(현재 폴란드 옐레니아구라)에서 태어났다. 아버지 프리드리히 분쉬(Friedrich Wunsch)는 제지업자였는데, 1894년 히르슈베르크 근처에 종이공장을 세웠다. 같은 해에 리하르트 분쉬는 그라이프스발트 대학교에서 의학부를 마치고, 『수술로 치료한 사례로 알아보는 흉부 림프관종의 원인(Zur Casuistik der Lymphangiome am Thorax nebst Mitteilung eines neuen durch Operation geheilten Falles)』[110]이라는 논문으로 의학박사 학위를 받았다.

분쉬는 짧은 군 복무를 마치고 그의 멘토이자 평생 유대 관계를 맺은 그라이프스발트 대학병원의 하인리히 헬퍼리히(Heinrich Helferich, 1851~1945) 교수 밑에서 보조의사로 일을 시작하였다. 그러나 결핵에 걸려 스위스의 아로자와 다보스로 갔고, 여러 사설 요양소에서 보조의사로 근무하였다. 다보스에서는 후에 그의 아내가 된 오펜부르크

109 Vianden, Hermann Heinrich, *Die Einführung der deutschen Medizin im Japan der Meiji-Zeit*,. Düsseldorf, 1985, pp. 134~137.

110 Claussen-Wunsch, Gertrud, op. cit, pp. VII-IIX, 1~41; *The Korea Review*, vol. 1, no. 11 (Nov. 1901), p. 503: News Calendar.

출신의 마리 숄(Marie Scholl, 1870~1927)을 만났다. 당시 마리 숄은 친구와 함께 스위스 여행 중이었다. 1899년 분쉬는 런던의 '독일 병원'으로 이직하였다. 독일 병원은 1845년에 독일 이민자를 위해 설립된 곳으로, 기부금과 자원봉사자로 운영되었다. 이곳에 근무하면서 분쉬는 공부를 더 한 다음 런던에서 개원하고 싶다는 꿈을 갖게 되었다. 그 후 베를린으로 가서 세포병리학을 최초로 주장한 루돌프 피르호(Rudolf Virchow, 1821~1902) 교수 밑에서 1899~1900년 겨울학기를 보냈다. 1900년 4월부터 1901년 3월 말까지는 프로이센의 쾨니히스베르크(현재 러시아 칼리닌그라드) 대학병원 부인과에서 게오르크 빈터(Georg Winter, 1856~1932) 교수를 도왔다. 1901년 중반 무렵 개인병원을 열겠다는 그의 계획을 이행하기 위해 런던으로 떠났다. 영어시험을 준비하는 중 만난 밸츠 교수로부터 대한제국의 고종이 시의(侍醫)를 찾고 있다는 얘기를 듣고, 선뜻 응하였다.

1901년 6월 1일 분쉬와 대한제국 정부는 함부르크에서 고용 계약을 체결하였다. 한국에서 상사를 운영하고 있었던 초대 주독 조선 총영사 마이어가 대한제국 정부를 대표하였다. 1901년 9월 3일 분쉬는 함부르크미국소포운송회사(HAPAG)의 제국 우편 운송선 자오저우호를 타고 브레멘을 출발하여 11월 2일 제물포에 도착하였으며 이틀 후인 4일 한성에 입성하였다.[111]

분쉬는 궁궐 안에 있는 작은 사무실을 보고 자신이 생각한 개인병원과는 전혀 다르다는 사실을 깨달았다. 대한제국의 시의는 황실에 고용되어 황제의 진료를 맡았기 때문에 일반 환자를 볼 기회가 거의 없었다.

이러한 실망은 가난한 사람들을 무료로 치료해주는 것에서 보람을

111 Claussen-Wunsch, Gertrud, op. cit, pp. 42, 79; Allen, op. cit, Supplement, p. 7.

[4-52] **함부르크미국소포운송회사(HAPAG)의 제국 우편 운송선 자오저우호** 1904년부터는 프린세스 앨리스호로 불렸다.

느끼면서 해소되었다. 분쉬가 뛰어난 의사라고 알려지면서 한국에 거주하고 있는 유럽인들이 정기적으로 그를 찾아왔고, 나중에는 미국 병원에서 수술도 하였다.[112] 1902년 콜레라가 급속하게 퍼지자 분쉬는 한국 정부에 방역 대책을 건의하였고, 보건 정책과 방역 대책 수립에 큰 영향을 미쳤다. 다음은 분쉬가 일기에 적은 그의 활동이다.

> …… 질병을 궁으로 들여올 수 있다고 우려하여 황제가 금지하였음에도 불구하고 직접 가장 더럽고 역겨운 지역을 찾아 그곳 사람들을 치료하였다.
>
> …… und ich habe auch öfter persönlich in den dreckigsten und übelsten Stadtteilen eingreifen müssen, obgleich mir der Kaiser das verboten hatte, aus Angst, ich könne ihm die Krankheit in den Palast einschleppen.[113]

한국에 도착하고 한 달이 지난 후 분쉬는 집을 구하였는데, 다음과 같이 묘사하였다.

112 Claussen-Wunsch, Gertrud, op. cit, p. 92.

113 Claussen-Wunsch, Gertrud, op. cit, pp. 121~124, 133.

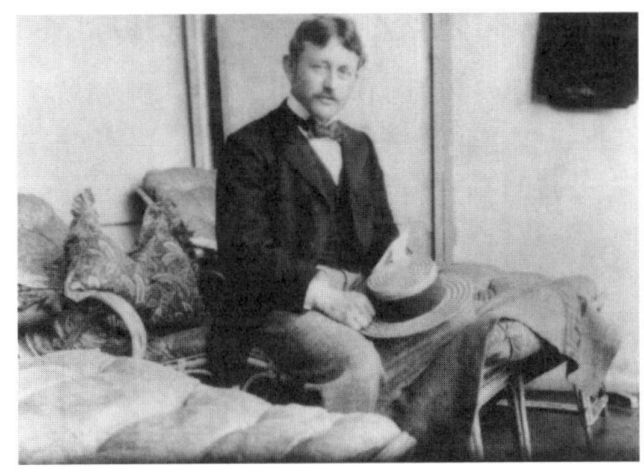
[4-53] 리하르트 분쉬

(12월) 3일부터 집을 구해서 살고 있다. …… 미국 선교사 소유의 땅을 빌렸는데, 그 집은 시내 한가운데 언덕 위에 있다. 건물이 두 채로 되어 있고 딸기밭, 과일나무, 포도나무 등이 있는 아름답고 큰 정원에 둘러싸였다. …… 미국 선교사 두 명이 얼마 전까지 여기에 살았다. 그들이 고용한 하인들도 그대로 물려받았다. 하인들은 1. 문지기, 2. 경호원, 3. 요리사, 4. 시중을 들어주고 청소를 해주는 소년이 있다. …… 통역관도 배정받았는데, 그가 풍기는 석탄 냄새에 익숙해질 만하니 …… 그 불쌍한 녀석을 체포해갔다. 혁명 사상을 지녔다고 한다. 그 외에도 덕어학교의 학생 두 명을 더 데려갔다.

Seit dem 3. des Monats (Dezember) bin ich hier in einem gemieteten Haus. …… Schließlich habe ich von der amerikanischen Mission ein größeres Grundstück gemietet, mitten in der Stadt auf einem Hügel gelegen, mit zwei Häusern, umgeben von einem wunderbaren großen Garten mit vielen Erdbeerbeeten, Zwergobstbäumen, Weinstöcken etc. …… Zwei amerikanische Missionarinnen haben es bis vor kurzem bewohnt. Von ihnen habe ich auch die ganze Dienerschaft übernommen. Sie besteht aus: 1. einem Torwärter, 2. einem Kiero (eine Art Leibwächter), 3. einem Koch und 4. einem Boy, der die Stelle des Stubenmädchens und Dieners vertritt. …… Einen offiziellen Dolmetscher hatte ich auch schon zugewiesen bekommen und als ich mich eben etwas an seinen Kohlgeruch gewöhnt hatte ……, da wurde mir der arme Kerl verhaftet. Angeblich soll er revolutionäre Ideen haben. Mit ihm zur gleichen Zeit auch zwei andere Schüler der deutschen Sprachschule.[114]

114 Claussen-Wunsch, Gertrud, op. cit, pp. 83f.

그러나 분쉬는 이 집에서 오래 거주하지 못하였다. 1년 후에 다른 곳에 집을 샀고, 1903년 3월 2일 그 집에 대해 다음과 같이 설명하였다.

> 어제 저녁에 사교장에서 미정논 장군이 스트레비츠키의 땅을 사지 않았다고 들었다. 스트레비츠키 대령은 7년 동안 한국 주재 무관으로 있었고 이제 귀국한다고 들었다. 베베르가 저녁식사 때 그 땅의 가격이 약 3,750엔이라고 말해주었다. 다음 날 스트레비츠키에게 가기로 결심하고는 오후에 그 땅을 매입하였다. 서대문 앞에 크고 높고 잘 가꿔진 정원과 두 채로 된 집 그리고 마구간. …… 이 거래를 한 이유는 한국인과 선교사들로부터 벗어나고 땅과 집을 소유하고 싶은 소망 때문이다.
>
> Gestern abend hörte ich im Club, daß General Mi Jung Non das Strebitskysche Grundstück nicht gekauft habe. Colonel Strelbitsky war 7 Jahre russischer Militärattaché in Korea und geht jetzt nach Hause. Waeber sagte mir beim Abendessen, daß der Preis etwa 3750 Yen sei. Ich beshloß, am folgenden Tag zu Strelbitsky zu gehen und kaufte heute nachmittag das Grundstück. Großer, hoch und gut gelegener Garten vor dem kleinen Westtor mit zwei Häusern und einem Pferdestall. …… Meine Gesichtspunkte für den Kauf waren der Wunsch nach Unabhängigkeit von Koreanern und Missionaren und mein Interesse, ein Stück Land und ein Haus zu besitzen.[115]

1902년 한성의 독일 공동체는 크리엔 영사, 브링크마이어 서기관, 볼얀, 에케르트, 고르샬키, 손탁, 분쉬 7명뿐이었다. 그래서 독일인이 새로 오면 모두 기뻐하며 맞이하였다. 분쉬의 일기를 주의 깊게 읽어보면, 에케르트의 세 딸이 조선에 오자 이들을 매우 관심 있게 관찰하였음을 알 수 있는데, 당시 결혼 적령기였던 분쉬로서는 당연한 호기심이었다. 그는 자신의 생각을 여과 없이 일기장에 적었다.

115 Claussen-Wunsch, Gertrud, op. cit, pp. 138f.

[4-54] 집 앞에 있는 리하르트 분쉬와 하인들(1903년경)

1902년 3월 29일: 에케르트의 가족이 도착한 것을 축하하기 위해 볼얀 집에서 저녁식사. 딸들은 친절하고 똑똑한 것 같다? 그런데 예의가 없다. (p. 103)

1902년 5월 17일: 에케르트의 딸들은 너무 순진한 것 같다. (p. 115)

1902년 8월 16일: A. 에케르트 양의 도움으로 집안 내부를 완전히 바꿨다. 군악대 대장의 세 딸 중 한 명은 매우 친절하고 호감이 간다. (p. 124)

1902. 3. 29: Abends bei Bolljahn Dinner für Ekerts angekommene Familie. Mädchen ganz nett, sehr gebildet? Jedenfalls ohne Kinderstube. (p. 103)

1902. 5. 17: Ekerts Mädchen doch etwas zu naiv. (p. 115)

1902. 8. 16: Mein Haus habe ich im Innern mit Hilfe von Fräulein A. Ekert mächtig umgeändert, eine der drei Töchter des Musikdirektors, ein nettes und gefälliges Mädchen. (p. 124)

일기에서 보듯이 분쉬가 에케르트의 장녀 아말리에[Amalie, 애칭은 말헨(Malchen)]에게 호감이 있었음을 알 수 있으나, 다음 이유에서 아말리에와 결혼하지 않았다.

【4-55】 두 명의 조선인 간호사가 리하르트 분쉬 집 앞에 서 있다(1904년경).

1903년 6월 15일: 이제 직장도 있고, 집고 있고, 정원도 있고, 아내를 먹여 살릴 수 있는 수입도 있다. 그러나 항상 그렇듯이 모든 것이 준비되어 있어도 결혼할 여자가 없다. 여기에는 결혼할 만한 여자가 없으며, 선택할 수 있는 대상이 없다. 군악대 대장의 딸 중 한 명과 약혼을 할 뻔하였지만, 조심스럽고 힘들어서 그만두었다. 그녀를 무척 좋아해서 궁에서 일할 수 있도록 힘써줬다. 그녀는 월 200마르크를 받고 일하고 있으며, 게다가 정부로부터 집과 사무실을 받았다. 그녀는 똑똑하고 경제 관념이 있으며, 일본어·한국어·영어·프랑스어·독일어를 잘할 뿐만 아니라 피아노도 잘 친다. 한 마디로 좋은 점이 아주 많다. 그러나 나의 지위에 걸맞는 아내가 되지는 못할 것이다.

1903. 6. 15: Ich habe nun auch eine Stellung, ein Haus, einen großen Garten und ein Einkommen, mit dem ich evtl. eine Frau ernähren könnte. Aber so geht es einem, wenn es Brei regnet, hat man keinen Löffel. Hier sind keine heiratsfähigen Mädchen, wenigstens keine Auswahl. Ich war nahe daran, mich mit einer der Töchter des Musikdirektors zu verloben, habe es aber als vorsichtiger Mann gelassen, wenn es mir auch sehr schwer geworden ist. Ich habe das Mädchen riesig gern. Ich habe dafür gesorgt, daß sie eine Stellung hier am Hofe bekam mit monatlich 200 Mark Gehalt, dazu freie Wohnung und Station. Sie ist auch gescheit und wirtschaftlich, spricht japanisch, koreanisch, englisch, französisch und deutsch fließend. Sie spielt famos Klavier, kurz, sie hat viele gute Seiten. Aber sie wird nie eine Dame werden, wie ich sie mir jetzt für meine Repräsentationspflichten vorstelle. (p. 147f) "

이와 관련해 분쉬의 딸 클라우센 분쉬는 다음과 같이 설명하였다.

아버지의 일기에는 몇 장에 걸쳐 아말리에 에케르트에 대한 호감이 적혀 있다. 계속 그녀와 결혼을 해야 하는지 고민하였다. 몇 장씩 그녀와 결혼해야 하는 이유와 결혼해서는 안 되는 이유를 나열하다가 다음의 말로 고민을 마쳤다.

나는 다른 사람인 척하기 싫다.
그럼에도 내가 어떤 경우에는 그렇게 한다는 것을 알고 있다.
스스로를 거짓으로 몰고 갈 필요는 없다.
자부심이 있으면서도 겸손할 수 있다. (p.148)

In seinem Tagebuch setzte er sich seitenlang mit seiner Neigung zu Amalie Eckert auseinander. Immer wieder überlegte er sich, ob er sie heiraten soll und kann. Er schlägt sich noch auf einigen Seiten des Tagebuchs mit dem Für und Wider dieser Eheschließung herum und beendet dann dieses Kapitel mit dem Spruch:

Ich will nicht mehr als Andere sein
und weiß, ich bin das doch in manchen Dingen.
Man braucht sich nicht zur Heuchelei zu zwingen,
kann stolz und doch bescheiden sein. (p. 148)

분쉬는 결국 1899년부터 오랜 우정을 나눈 마리 숄과 1907년 7월 13일 이탈리아 밀라노에서 결혼하였다. 아말리에 에케르트는 관립한성법어학교의 교관 에밀 마르텔과 결혼하였다. 1905년 2월 7일 한성의 프랑스 공관에서 결혼식을 올리고 한국에서 계속 생활하였다. 에밀 마르텔은 1949년 9월 19일 서울에서 사망했고, 양화진외국인선교사묘원에 장인 프란츠 에케르트 옆에 안치되었다. 아말리에 마르텔은 한국전쟁 중 북한에 포로로 잡혀갔다 풀려난 다음 1953년 봄 프랑스로 갔다가, 1955년 미국으로 건너가 오리건주 포틀랜드에서 생을 마감하였다. 아말리에는 현재 공개되지 않은 일기장을 남겼는데, 그 일기장에 대해서는 필자가 다른 책에서 자세하게 언급하겠다.

[4-56] 아말리에 마르텔(에케르트)의 일기

리하르트 분쉬는 한국에 도착하여 얼마 후 관청에 외래진료를 포함한 광범위한 치료를 할 수 있는 병원 개원에 필요한 자금을 신청하였다. 그러나 분쉬의 개원 계획은 여러 음모로 실현되지 못하였다. 무엇보다도 한국에서의 입지를 강화하려는 다른 서양 국가들의 견제가 가장 큰 이유였다. 병원 개원 계획이 실패하면서 분쉬는 한국에서 의사로서의 입지에 큰 타격을 입게 되었고, 밸츠가 후임자를 찾는다는 소식을 듣고는 1905년 4월 일본 천황의 시의직을 맡았다.[116]

그러나 분쉬가 처음 받은 인상과는 달리 일본의 상황도 긍정적이지 않았다. 한가하게 지내던 한성과 달리 세계적인 도시로 성장하고 있는 한편 외세의 영향으로부터 벗어나려는 도쿄로 일자리를 옮기면서 많은 문제가 발생하였다. 밸츠 교수가 일본에 체류한 29년 동안 맡았던 다양한 직위와 업무 중에서 분쉬에게는 영국 대사관의 의사직만 주어졌다. 이는 영국 언론뿐만 아니라 영국 하원에서도 큰 논쟁을 불러일으켰다. 그러나 독일 대사관의 의사직은 월급이 적었기 때문에 공익을

116 Claussen-Wunsch, Gertrud, op. cit, pp. 104, 110.

위한 명예직이나 다름없었다.[117]

1907년 봄 독일에서 휴가를 보내는 동안 분쉬의 아버지가 4월 25일 사망하였다. 장례식을 마치고 베를린과 런던으로 가서 주일본 영국 대사관의 의사직을 유지할 수 있는지 알아보았다. 1907년 7월 13일 마리 쇨과 결혼한 다음 7월 31일 나폴리를 출발하여 일본으로 돌아갔다. 영국 정부는 분쉬에게 영국 대사관에서의 그의 자리를 보장해주었지만, 영국 의사와 협업할 것을 요구하였다. 이런 처사가 마땅치 않은 데다가 이미 일본에는 의사가 많이 양성된 상태였기 때문에, 분쉬는 베이징 '독일 병원'의 관의이자 설립자인 에드문트 디퍼(Edmund Dipper, 1871~1933)의 제안에 따라 그의 파트너로 칭다오로 갔다. 1908년 4월 9일 도쿄 주재 독일 대사 필립 알폰스 프라이헤르 뭄 폰 슈바르첸슈타인(Philipp Alfons Freiherr Mumm von Schwarzenstein, 1859~1924)에게 그의 결정을 구두로 알리고, 5월 15일 서면으로 사직서를 제출하였다. 일본을 떠나기 전인 1908년 4월 26일 분쉬의 딸이 태어났다. 분쉬는 6월 5일 요코하마에서 프린츠 하인리히호를 탔고, 다음 날 청을 향해 출발하였다.

분쉬는 독일의 칭다오 조계지에서 만족스러운 의사 생활을 할 수 있었다. 시간이 많이 소요되는 업무가 많지 않았기 때문에 분쉬는 파버 병원에서 근무하면서 개인 병원도 운영하였다. 1908년 7월 디퍼 박사가 유럽으로 장기간 여행을 떠났을 때 분쉬는 파버 병원의 확장과 운영을 맡았다.

분쉬는 칭다오에서 소아과, 부인과, 외과 등의 진료를 비롯하여 전염

117 "The British Legation at Tokyo and its Medical Officer", *The General Press* Cutting Ass. Ltd., 13 April 1906, p. 255; Vianden, Hermann Heinrich, op. cit, p. 208; Claussen-Wunsch, Gertrud, op. cit, pp. 301~309.

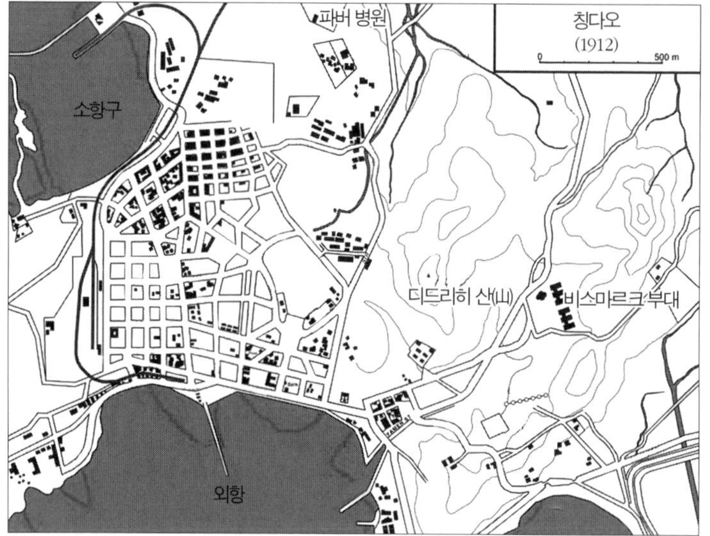

[4-57] 중국 칭다오의 파버 병원 부지(1912년)

병 치료, 열대병 치료, 신경 치료 등 다양한 치료를 맡았다.[118] 1911년 2월 병원에서 환자를 치료하다 발진티푸스에 감염되었는데, 당시에는 치료하기 매우 어려운 질병이었다. 결국 1911년 3월 13일 분쉬는 41세의 젊은 나이로 사망하였고, 3일 후 화장되었다.

6. 앙투아네트 손탁_궁 의전관

1884년 6월 23일 러시아 영사 카를 프리드리히 테오도르 폰 베베르(Carl Friedrich Theodor von Waeber, 1841~1910)[119]는 범선 스코벨레프호

118 Claussen-Wunsch, Gertrud, op. cit, pp. 318~348; "Ein Nachruf für Dr. Wunsch" *OL*, vol. 25, 31 Mar., 1911, p. 314.

119 카를 프리드리히 테오도르 폰 베베르는 러시아의 외교관으로, 1885년 주한 러시아 대리공사 겸 총영사로 조선에 부임하였다. 1894년 주청 러시아 대사로 갔다가 동

[4-58] 톈진(1887년경)

(Skobeleff)를 타고 중국의 톈진을 출발하여 조선의 제물포에 도착하였다. 그의 임무는 조선 정부와 수호통상조약을 맺는 것이었다. 조선은 이미 문호를 개방하여 미국, 영국, 독일, 이탈리아와 조약을 체결하였기 때문에 큰 어려움 없이 임무를 수행할 수 있었다. 1884년 7월 7일 조선과 러시아는 다른 나라들과 체결한 조약을 기반으로 통상조약에 서명하였다.[120]

1년 3개월 후인 1885년 10월 3일 베베르는 총영사로서 제물포에 다시 왔다. 10월 16일 한성에서 김윤식과 조약 비준 확인서를 교환하였고, 최초의 조선 주재 러시아 외교관으로서 일을 시작하였다. 아내 유

학농민운동 때 다시 조선에 와서 청일전쟁 후 삼국간섭에서 중요한 역할을 하였다. 1896년 아관파천을 성공시키고 친러 내각의 조직을 주도하였다. 베베르는 1910년 독일에서 사망하였는데, 그의 묘지는 작센의 라데보일 베스트 공원 묘지에 있다. 그의 묘 옆에는 아내 유제니와 아들 에른스트(1873~1917)의 묘가 있다.

120 Lensen, Georg Alexander, *Balance of Intrigue. International Rivalry in Korea & Manchuria, 1884-1899.* Tallahassee, 1983, vol. 1, pp. 70f.

[4-59] 한성의 러시아 외교관(1895년) 이폴리트 프랑뎅(1852~1924)가 촬영하였다.

제니[Eugénie, 1850. 12. 17~1921. 11. 24, 결혼 전 성은 마아크(Maack), 알자스 로렌 지방의 스트라스부르 출신]와 유제니의 의붓동생 앙투아네트 손탁[Antoinette Sontag, 孫擇(손택)]이 동행하였다. 이 자매는 알자스 지역이 프랑스령이었을 때 태어났지만, 1870~1871년 보불전쟁으로 이 지역이 독일제국 영토로 포함되어 독일 국적자가 되었다.

주청 러시아 영사가 알자스 지방 출신의 독일 여성과 어떻게 결혼하게 되었는지는 밝혀지지 않았으며, 손탁이 왜 조선에 함께 왔는지도 알려지지 않았다. 손탁은 대한제국의 수도 한성에서 막강한 영향력을 지닌 사업을 잘 하는 용기 있는 여성으로 알려졌기에, 여러 외국인이 쓴 한국 기행문에서 언급될 뿐만 아니라 독일 외무부 외교문서에도 언급되었다. 그러나 중요한 인물로 많은 사람의 존경을 받으면서 손탁 여사라고 불리던 그녀에 대해서 알려진 사항은 그리 많지 않다. 그녀는 항상 배후에서 활동하였고 직접 쓴 글을 남기지 않았기 때문이다. 알려진 것이라고는 이미 알려진 사실을 다시 반복하여 말하는 수준에 불과하여, 필자는 이 여성에 대한 전반적인 사실들을 수집하기 위하여 많은 자료를 살펴보아야 했다.

[4-60] 명성황후

손탁이 조선에 도착하여 처음 맡았던 일은 카를 폰 베베르의 관저를 돌보는 일이었다. 1885년 당시 한성에 체류하고 있던 독일 여성은 손탁 자매와 묄렌도르프의 아내인 로잘리 폰 묄렌도르프 세 명뿐이었다. 1885년 12월 5일 묄렌도르프 일가가 조선을 떠났고, 그 이후에 손탁이 왕실과 가까워진 것으로 추정된다.

궁궐로 외국 외교관들이 삽삭스럽게 그리고 선혀 익숙하지 않은 태도를 취하면서 찾아오자 조선의 왕과 왕비는 이들 앞에서 어떻게 행동해야 할지 몰라 불안해했다. 명성황후(明成皇后, 1851~1895)는 가까운 곳에 있는 서양인에게 물어보는 것이 좋겠다고 생각하고 이러한 상황이 발생하면 로잘리 폰 묄렌도르프에게 연락을 취하였다. 그러나 로잘리 폰 묄렌도르프가 조선을 떠남에 따라 베베르 영사는 손탁을 요리사 겸 의전관으로 궁에 추천하였고, 이후 명성황후는 손탁을 찾았다. 당시 40세 정도였던 손탁의 자세와 행동은 왕비에게 매우 긍정적인 인상을 남겼다. 왕비는 외국 사절단을 접견할 때 손탁에게 담당 궁내관을 돕고 필요한 지시를 내리도록 하였다. 왕비는 서양의 관습, 예술, 음악, 요리 등에 많은 관심을 보였다.[121]

손탁은 이러한 업무를 점차 자주, 더 많이 맡게 되었다. 손탁은 창덕궁의 접견실을 서양식으로 꾸몄고, 서양요리를 선보였으며, 왕과 왕비가 즐겨 마셨다고 전해지는 커피를 최초로 조선에 소개하였다. 또 왕

121 최종고, 앞의 책, 193f쪽.

[4-61] 창덕궁(1910년)

과 왕비에게 쿠키와 케이크를 비롯해 직접 요리한 음식을 자주 선보였다. 이렇게 해서 왕실의 신뢰를 쌓아갈 수 있었다. 뿐만 아니라 서양의 유행을 따르고자 했던 고위 관료와 귀족 출신 관료들은 손탁에게 도움을 청해 집의 방 하나를 서양식으로 꾸몄고, 서양 식기를 고를 때에도 조언을 구하였다.

고종은 호의와 감사를 표현하기 위해 손탁에게 1895년 약 3,900제곱미터 규모의 토지와 한옥을 관저로 선물하였다.[122] 이 관저는 정동 29번지로, 지금의 덕수궁(당시 경운궁) 바로 뒤쪽에 있었는데, 현재 이화여자고등학교 자리이다.

당시 정동에는 공관, 관저, 선교회, 서양식 레스토랑이 많이 있었다. 1894년에 주로 서양의 외교관들과 선교사들이 가입한 사교 친목 단체인 정동구락부(Jeongdong Club)가 조직되었는데, 민영환(閔泳煥, 1861~1905), 윤치호(尹致昊, 1865~1945), 이상재(李商在, 1850~1927) 등 국내

122 장규식 연세대학교 국학연구원 교수와의 개인 인터뷰 내용.

[4-62] 경운궁

인사들도 가입하였다. 일본의 압력이 거세지자 고종도 정동구락부 회원들에게 조언을 구하기도 하였다. 정동구락부 모임은 대부분 정동 손탁의 관저에서 이루어졌는데, 손탁은 편안한 분위기를 제공하고 잘 접대하였다. 특히 정동구락부와 긴밀한 관계를 유지하고 있던 독립운동가 서재필[徐載弼, 1864~1951, 영어 이름은 필립 제이손(Philip Jaisohn)]은 자주 손탁을 찾았다. 서재필은 1896년 4월 7일 『독립신문』을 한글과 영어로 창간하였다. 『독립신문』은 조선 국민들에게 조선의 정치, 사회 그리고 경제의 불공정한 상황을 알리고자 하였고, 더불어 외국인들에게도 조선의 상황을 이해시키고자 하였다. 1896년 7월 2일 서재필의 주도로 독립협회가 결성되었는데, 독립협회는 정치사회 단체로 조선의 독립성을 주장하고 내정 개혁을 위해 노력하였다.

1902년 손탁은 살고 있던 한옥을 서양식 2층집으로 개조하였는데, 이 작업은 1884년부터 20년 동안 조선에 체류하면서 한성의 많은 역사적인 건물을 지었던 러시아의 건축가 아파나시 이바노비치 세레딘

[4-63] 러시아 공사관에서 내려다 본 한성 1895년에 윌리엄 헨리 잭슨William Henry Jackson이 촬영하였다.

사바틴(Afanasii Ivanowitsch Seredin-Sabatin, 1860~1921)이 맡았다. 1903년 완성된 이 집에 손탁은 집을 구하지 못한 젊은이들(주로 남자들)과 유럽식 숙소를 원하는 여행객을 위한 호텔을 운영하였다. 2층은 양반 또는 고위직 관료를 위한 공간으로 꾸몄고, 1층은 일반 손님을 위한 공간으로 침실, 레스토랑 그리고 세미나실을 구비하였다. 손탁의 거처는 1층에 있었다. 손탁의 집은 한성 최초의 서양식 호텔이었다.[123]

[4-64] 이토 히로부미

이곳을 찾는 손님들은 독일의 중국 조차지 자오저우의 주지사 오스카 폰 트루펠(Oskar von Truppel, 1854~1931), 분쉬, 밸츠, 수많은 외교사절단뿐만 아니라 조선의 고위직 정치인, 장교, 학자, 기자, 명사 등도 있었다. 초대 조선 총독 이토 히로

123 최종고, 앞의 책, 195쪽.

[4-65] 손탁 호텔(1912년)

부미(伊藤博文, 1841~1909)[124]도 손탁 호텔에서 1904~1905년에 체류하였다. 손탁 호텔은 한국을 방문하는 손님들을 위한 편안한 숙소였을 뿐만 아니라, 친목을 도모하는 곳이기도 했고, 각국 외교관들의 외교 각축장이기도 했다.

1894~1895년 청일전쟁이 일본의 승리로 끝나면서 청은 조선에 대한 영향력을 완전히 잃게 되었고, 한반도에서 주도권을 갖기 위해 경쟁하는 나라는 러시아와 일본으로 압축되었다. 조선 내각도 친일파와 명성황후를 중심으로 구성된 친러파로 나뉘었다. 명성황후는 자신에 대한 음모가 계획되고 있다는 소문을 듣고는 반대파를 내쫓으려 하였다. 일본은 점점 커지고 있는 명성황후의 영향력을 막기 위해 모든 수

124 이토 히로부미는 일본의 정치가로 조선 통감부의 초대 통감이었다. 이토는 메이지유신 이후 신정부에 참여하여 외국사무국 판사, 내무경 등을 지냈으며, 1881년 그와 대립하던 오쿠마 시게노부를 몰아내고 메이지 정권 최고 실권자가 되었다. 1905년 특명전권대사로 대한제국에 파견되어 한국 정부와 고종을 압박하여 을사조약 체결을 강요하였다. 조약 체결 후 설치된 통감부의 초대 통감이 되었다. 일본의 근대화를 이끈 인물로 평가받고 있으나 아시아 침략에 앞장서고 조선의 식민지화의 기초를 닦은 인물로 1909년 만주 하얼빈에서 안중근에게 저격당하여 사망하였다.

단을 동원하였는데, 결국 역사적으로 정당화될 수 없는 극단의 조치를 취하였다. 1895년 10월 8일 일본은 명성황후를 시해하였다.

[4-66] 러시아 공관의 고종의 거처

명성황후가 살해된 직후 신분의 위협을 느낀 고종은 정동에 있던 러시아 공관으로 거처를 옮겼다. 고종은 이곳에서 상황이 호전될 때까지 1년간 머물다가 환궁하였다.[125]

고종이 러시아 공사관으로 옮겨오기 전에는 손탁은 고용 계약을 체결하지 않은 채 일이 있을 경우에만 궁에서 일을 하였다. 그러나 고종이 러시아 공관에 머물 동안 손탁은 고종을 극진히 받들었고 이에 감동받은 고종은 환궁한 후 그를 궁 의전관으로 임명하였다. 손탁은 궁내의 살림을 맡았을 뿐만 아니라 외교관과 외국 사절단의 접견과 만찬을 담당하게 되었다. 그는 궁내의 행정을 비롯하여 관습과 예절에도 영향을 미쳤으며, 한성의 건축에도 영향력을 행사하였다. 각국의 외교관들은 조선에서 그들의 목적을 관철시키기 위해 종종 손탁의 도움을 청하였고, 궁궐 내에 암계(暗計)가 가끔 있었다. 이에 대해 클라우센 분쉬는 다음과 같이 설명하였다.

> 손탁은 한성의 건축에도 영향력을 행사하였다. 새로운 황궁 건설과 황궁의 정원 구성에도 세련되지는 않지만 그녀의 입김을 느낄 수 있었다. 옛날 조선의 모습을 좋아하는 내 입장에서는 그녀의 영향력으로 인해 원래 관습이 자리를 잃게 되는 것이 안타깝다. 외교관을 위한 만찬은 프랑스식으로 마련되었다. 손탁의 경제 관념으로 궁은 많은 돈을 아낄 수 있었다고 한다. 환영식은 모두 그녀가 맡았고, 그렇기 때문에 부패가 차단될 수 있었다고 한다.

125 Han, Woo-Keun, *The History of Korea*, Translated by Lee Kyung-shik, edited by Grafton K. Mintz, Seoul, 1981, pp. 430~434; Hulbert, Holmer B., *The Passing of Korea*, New York, 1906, pp. 129 ~147.

Fräulein Sontag hatte sogar Einfluß auf die Architektur Seouls. Auch beim Bau des neuen Kaiserpalastes und der Neuanlagen der kaiserlichen Gärten machte sich ihr – nicht immer kultivierter – Geschmack bemerkbar. Vom Standpunkt der Freunde des alten Korea war es ebenfalls zu bedauern, daß durch ihren Einfluß die einheimischen Gebräuche verdrängt wurden. Die Festessen für ausländische Diplomaten wurden ganz nach französischem Geschmack arrangiert. Man sagt, Fräulein Sontags ökonomische Fähigkeiten hätten dem Hof viel Geld erspart. Alle Empfänge wurden von ihr inszeniert und dabei habe ihre feste Hand der Korruption Einhalt geboten.[126]

그러나 손탁이 준비하는 프랑스 요리에 대해 조선 최초의 독일 무관 알렉산더 폰 클래어(Alexander von Claer, 1862~1946)는 클라우센 분쉬와는 생각이 달랐다. 폰 클래어의 다음 글을 보면 알 수 있다.

진정한 스트라스부르 출신의 타고난 요리 솜씨로 이곳에서 이국적인 맛있는 요리를 제공해주었고, 그녀는 하얀 앞치마를 두른 조선인 요리보조사들과 함께 영광스럽게 직접 요리에 참여하였다. 나중에는 곱게 차려 입고 식탁 상석에 앉아 직접 요리한 음식을 앞에 두고, 샴페인이 잔에 채워지면 잔을 들고 자리에서 일어나 엄숙한 목소리로 "황제 폐하를 위하여!"라고 외쳤다.

Mit dem angeborenen kulinarischen Talent einer echten Strassburgerin stellte sie für so exotische Verhältnisse recht annehmbare Menüs zusammen und schwang, um mit ihnen Ehre einzulegen, höchstselbst den Kochlöffel, inmitten des weissbeschürzten koreanischen Küchenpersonals, das sie sich herangezogen hatte. Später präsidierte sie dann in grosser Aufmachung am Kopf der Gästetafel dem selbst bereiteten Mahle,

126 Claussen-Wunsch, Gertrud, op. cit, p. 75.

erhob sich, als der Champagner gereicht wurde, mit dem Sektkelche in der Hand feierlich von ihrem Sitz und sprach die Worte: "His Majesty the Emperor![127]

매우 부지런한 사업가였던 손탁은 호텔 외에 높은 월세를 받는 세 채의 집을 소유하고 있었다. 이에 대해 엠마 크뢰벨(Emma Kroebel)은 다음과 같이 적었다.

그 당시 형편으로 안락하다고 할 수 있는 세 채의 집을 외국 공관 관계자에게 빌려주었다. 물론 합당한 월세를 받고.
In ihren für dortige Verhältnisse komfortabel eingerichteten drei Häusern gewährte sie den garçons der internationalen Diplomatie gastliche Aufnahme – selbstverständlich gegen entsprechende Bezahlung.[128]

크뢰벨은 궁내는 물론 고종에게 미치는 손탁의 정치적인 영향력에 대해서도 설명하였는데, 이러한 영향력 때문에 손탁은 '왕비의 관을 쓰지 않은 조선의 왕비' 라고도 불렸다.

이 같은 상황에서 외국과의 관계가 손탁으로 인해 어느 정도 영향을 받았다는 것은 부인할 수 없다. 나이는 많지만 정신은 아직도 정정한 이 여인의 영향력은 점차 커져만 갔다. 사업권 등과 같은 권리를 조선 정부로부터 신속하게 그리고 안전하게 받으려고 할 때 손탁과 접촉하였고, 그녀의 개입으로 원하는 것을 얻을 수 있다는 확신이 있었다. 그녀의 호의를 무시해서는 안 된다. 손탁만이 황제와 조선 황실, 그리고 정부와 소통할 수 있는 유일한 통로였다.
Daß unter solchen Umständen die Beziehungen der auswärtigen

127 Claer, Alexander von, 'Bericht aus dem Jahre 1904'. 미공개 문서이다.
128 Kroebel, Emma, op. cit, p. 136.

【4-67】 정동에 있었던 손탁 호텔(1905년)

Staaten durch Fräulein Sontag eine gewisse Kontrolle zuließen, kann nicht geleugnet werden. In jedem Falle verstärkte sich infolgedessen der Einfluß der zwar schon alten, aber durchaus noch geistig frischen Dame. Wer wert darauf legte, Zugeständnisse irgend welcher Art, wie Konzessionen etc. von der koreanischen Regierung schnell und sicher zu erreichen, wandte sich an sie und konnte sicher sein, daß ihre Intervention den gewünschten Erfolg hatte. Wehe aber denen, die sich ihre Gunst verscherzten! Denn sie allein war das Medium im Verkehr mit dem Kaiser, wie überhaupt mit dem koreanischen Hofe und der Regierung.[129]

클라우센 분쉬는 손탁의 성격을 다음과 같이 묘사하였다.

당시의 시각으로 손탁은 세련되지는 않지만, 현실적이고 실용적인 사고를 가진 사려 깊은 여성으로 한성에 온 유럽인들이 자문을 구할 수 있었고, 그녀의 호의를 받은 사람들은 조언을 받을 수도 있었다.
Wenn Fräulein Sontag auch keine hochkultivierte Dame im damaligen Sinne war, so war sie doch bestimmt eine mit beiden

129 Kroebel, Emma, op. cit, pp. 136f.

Beinen auf dieser Erde stehende, praktische, umsichtige Frau, an die sich nach Seoul verschlagene Europäer wenden konnten und Rat fanden, wenn die Betreffenden ihre Gunst genossen.[130]

클래어는 손탁에 대해 다음과 같이 설명하였다.

도착하고 바로 며칠 지나지 않아(1904년 2월-필자 주) 폰 잘데른 공사는 나를 그녀에게 안내했다. 그녀는 덩치가 큰 품위 있는 여성으로 50대 후반 정도로 보였으며, '알레마니엔' 사투리를 감추려 하지 않아 고향이 어딘지 알 수 있었다. 편안하고 자연스러운 몸짓, 어머니같은 유머를 지녔다. 황실의 운명에 대해서 말할 때는 우울해했다. 일본인들에 대한 증오를 동향인들 앞에서는 그대로 내보였다.

Herr von Saldern führte mich gleich in den ersten Tagen (Februar 1904, der Verfasser) zu ihr. Ich traf eine behäbige würdige Dame, hohe Fünfzigerin, die die Unterhaltung mit uns im unverfälschten 'Alemannisch' ihrer Heimat führte. Ihre gemütliche natürliche Art, ihr Mutterwitz nahmen für sie ein; gelegentlich verfiel sie in melancholische Betrachtungen über das Schicksal ihres kaiserlichen Gönners. Ihrem Hass gegen die Japaner liess sie vor uns Landsleuten frei die Zügel schiessen.[131]

일본인들에 대한 혐오 때문에 일본의 한국 점령이 확실시되자 손탁은 한국에서의 오랜 체류를 청산하였다. 이는 1909년 4월 3일 주조선 독일 부영사 프리츠 벤드슈흐(Fritz Wendschuch, 1873~?)가 독일 재상 베른하르트 하인리히 마르틴 카를 퓌르스트 폰 뷜로(Bernhard Heinrich Martin Karl Fürst von Bülow, 1849~1929)[132]에게 보낸 보고서에서 알 수 있다.

130 Claussen-Wunsch, Gertrud, op. cit, p. 75.

131 Claer, Alexander von, op. cit.

132 베른하르트 하인리히 마르틴 카를 폰 뷜로는 독일의 정치가, 외교관으로 1899년에 백작, 1905년에 제후가 되었다. 로마 주재 대사, 외상을 역임한 후 1900~1909년 독

그녀의 계약은 1914년 5월 13일까지였지만 조선 황실은 상황이 변함에 따라 그녀의 업무가 줄어든 것을 고려하여 2월 이후로 계약을 파기하기로 결정하였습니다. 손탁은 악의적인 일본인과 조선 궁내관의 궂은 행동에 고통을 많이 받았기 때문에 계약을 적절한 조건으로 종결하는 것을 원하였으며, 70세가 다 되었기 때문에 여생을 유럽에서 보내고자 하였습니다.

Obwohl ihr Vertrag noch bis zum 13. Mai 1914 läuft, hat das Ministerium des Kaiserlichen Hauses mit Rücksicht darauf, dass ihre Dienste zufolge der veränderten Verhältnisse nur noch selten in Anspruch genommen zu werden brauchen, im Februar d. Js. die Absicht zu erkennen gegeben, den Vertrag mit ihr zu lösen. Da Fräulein Sontag in den letzten Jahren viel unter dem chikanösen Verhalten missgünstiger japanischer und auch koreanischer Hofbeamten zu leiden gehabt hat, so entsprach die alsbaldige Lösung des Vertrages zu angemessenen Bedingungen völlig ihren Wünschen, um so mehr, als sie 70 Jahre alt ist und den Rest ihres Lebens in Europa verleben möchte.[133]

여기서 말한 '적절한 조건'은 독일 영사와 일본 총독부가 협의하여 결정하였고, 양측이 모두 만족할 수 있는 조건에 합의하였다.

1. 손탁이 궁에서 성실히 수행한 업적을 인정하여 조선을 떠날 때 30,000엔(=63,000마르크)과 상여금, 여행비를 받는다.
2. 황제가 하사한 한성의 대지는 손탁의 소유로 인정한다.
3. 고용 계약과 계약 파기에 대해서는 앞으로 양측이 어떠한 이의도 제기하지 않는다.

1. Fräulein Sontag in Anerkennung ihrer dem Hofe treu geleisteten

일제국의 재상으로서 자오저우만 조차, 바그다드 철도 건설 등 제국주의적 정책을 폈으나 이는 독일의 고립을 가져왔다.

133 AA, Korea I, vol. 38: 'Bericht von Vizekonsul Dr. Fritz Wendschuch aus Seoul vom 3. April 1909 an Reichkanzler von Bülow'.

Dienste den Betrag von 30.000 Yen (=63.000, -M), einschliesslich Gratifikation und Reisespesen, beim Verlassen Koreas ausbezahlt erhält.

2. ihr zum grössten Teile auf Kaiserlicher Schenkung beruhender Grundbesitz in Seoul als ihr unbestrittenes Eigentum anerkannt wird und
3. gegenseitig keinerlei Ansprüche aus dem Anstellungsvertrage und dessen Lösung in Zukunft geltend gemacht werden.[134]

이 보고서에서 벤드슈흐 부영사가 손탁의 나이에 대해 언급한 부분이 있다. 크뢰벨과 분쉬도 그녀의 나이를 말한 적이 있다. 1905년 약 1년 동안 한국 황실에서 손탁을 대신하여 일을 했던 크뢰벨은 1909년 『한국 황실에서 일하게 된 경위. 여행에 대한 인상 그리고 기억들(Wie ich an den koreanischen Kaiserhof kam. Reise-Eindrücke und Erinnerungen)』이라는 회고록을 발표하였는데, 회고록 111쪽에 다음과 같은 글이 적혀 있다.

…… 한국 황실에서 매우 영향력이 큰, 아니 한국 황실을 주도하는 여인은 지금(1909년 – 필자 주) 70세인 알자스 출신의 손탁이다. 그녀의 집들은 현대적인 유럽 건축법을 따랐다.

…… und auch die Häuser einer am Kaiserhof von Korea überaus einflußreichen, ja dominierenden Dame, des jetzt (gemeint ist 1909, der Autor) bereits siebzigjährigen Fräuleins Sontag, die eine Elsässerin von Geburt ist, weisen eine moderne Architektur und europäischen Stil auf.

분쉬도 궁 의전관이었던 손탁의 나이에 대해 언급한 적이 있다. 클라우센 분쉬가 쓴 『리하르트 분쉬. 동아시아의 의사』 74쪽에 "리하르

134 ibid.

[4-68] 앙투아네트 손탁(오른쪽 위)과 엠마 크뢰벨(오른쪽 아래)(1905년)

트 분쉬가 조선에 있을 때 손탁은 매우 건강한 60대 중반의 여성이었다."라고 적혀 있다.

이 세 명의 말이 사실이라면 손탁은 1839년에 태어난 것으로 추정된다. 그러나 최종고 교수는 다르게 보았다. 그는 한독관계사를 집중적으로 연구하여 1983년 『한독교섭사』를 출판하였는데,[135] 194쪽에서 앞서 세 명과는 다르게 손탁의 나이를 적고 있는데 상당한 차이가 있다.

> 1885년 8월 28일 베버(베베르-필자 주)는 대리공사 겸 총영사로 가족과 함께 서울에 들어왔는데 손탁 양도 함께 왔다. 당시 그녀의 나이는 32세. 아름다운 용모, 부드러운 태도, 거기다 음악과 그림에도 뛰어나 그녀는 이내 서울 주재 외교관들 사이에 인기가 높았다.

196쪽에는 또 이렇게 적혀 있다.

> 거기다 단 하나 있던 남동생은 1차대전에서 전사하였다. 고독한 나머지 동

135 최종고, 『한강에서 라인강까지: 한독관계사』, 서울, 2005.

생 웨베르(베베르-필자 주) 부인을 찾아갔는지는 몰라도 러시아에 갔다가 1925년 거기에서 사망하였다. 향년 71세였다.

[4-69] **트루펠 주지사가 손탁 호텔을 방문한 모습**(1904년 11월)
왼쪽부터: 스텐더, 콘라트 폰 잘데른. 윗줄 왼쪽부터: 에른스트 크뢰벨 대위, 파울 쉬르바움, 뮐러 대위, 슈트라우스, 알 수 없음. 중앙: 앙투아네트 손탁, 오스카 폰 트루펠, 아말리에 에케르트. 아래 오른쪽: 고트프리트 나이

최종고 교수에 따르면 손탁은 1853년 또는 1854년에 태어나서 한국을 떠난 1909년에는 56세 또는 57세였다고 할 수 있다.

손탁은 독일제국 국적자였기 때문에 독일 영사관에 등록되어 있었다. 독일 부영사가 본국의 재상에게 특정인에 대한 보고서를 보낼 때에는 잘못된 사실을 보고하지 않기 위해 사전에 조사를 철저히 했을 것이다. 그리고 조선에서 3년 반 동안 체류하였던 분쉬는 손탁이 경영하는 호텔의 단골 손님으로, 그녀의 나이에 대해 언급할 정도로 그녀를 매우 잘 알았을 것으로 보인다. 또한 손탁과 상당 기간 함께 일했던 크뢰벨도 그녀의 나이를 잘 알고 있었을 것이다. 이 세 명이 손탁의 나이를 잘못 알고 있었을 가능성은 희박하다. 궁 의전관으로 활동하였던 손탁의 사진은 몇 장 밖에 없지만, 이 사진들을 분석해 보아도 벤드슈흐, 분쉬, 크뢰벨의 진술이 옳음을 알 수 있다. 자우저우의 주지사 트루펠이 1904년 한성을 방문하였을 때 손탁의 호텔 앞계단에서 단체 사진을 찍었는데 손탁도 보인다. 이 사진에서 손탁의 모습은 당시 51세였다고는 믿기 힘들다.

손탁은 한국에서 대략 25년 동안 체류한 후 1909년 9월 조국으로 돌아갔다. 호텔은 프랑스인 보에르(J. Boher)에게 팔았다. 보에르는 1909년 8월 3일 이 호텔을 인수하고 이름을 '손탁 호텔(Sontag Hotel)'

로 바뀠다. 그때까지 서양 사람들은 "Imperial Household, privat Hotel"이라고 불렀고, 한국 사람들은 한성빈관, 손탁 부인가, 손탁양저 등 다양한 이름으로 불렀다.

관립한성덕어학교의 교관이었던 볼얀은 독일 정부로부터 나이가 지긋한 손탁을 상하이까지 동행할 것을 요청 받아 그곳에서 손탁을 배웅하였다. 손탁은 상하이에서 한국인 비서와 함께 프랑스 기선을 타고 고향으로 돌아갔다.[136]

[4-70] 보에르가 인수한 손탁 호텔 광고지(1914년)

손탁은 남프랑스의 칸느 지역에 도착하여 여생을 보낼 목적으로 작은 빌라를 지었다. 그녀가 저축한 재산은 의붓언니 유제니 폰 베베르의 이름으로 러시아 은행에 예금하였다가 러시아 기업에 투자하였다. 그러나 1917년 러시아에서 사회주의 혁명이 일어나면서 투자한 회사는 국영화되었고, 손탁의 전 재산은 몰수되었다. 돈을 모두 잃은 손탁은 생활이 어려워졌다. 하나 있던 오빠는 제1차 세계대전에서 사망하였기 때문에 오늘날 작센주 마이센 지역인 라데보일시 니더뢰스니츠에 살고 있는 의붓언니네로 가기로 결심하였다. 당시 유제니 폰 베베르는 블루멘가(Blumenstraße) 6번지인 '빌라 코리아'에 살고 있었다. 카를 폰 베베르가 1910년 1월 8일 사망하여 공동묘지에 안치된 후 유제니는 1921년 11월 24일 니더뢰스니츠로 왔던 것이다. 손탁은 1925년 86세의 나이로 사망하였는데, 어디에 안장되었는지는 아직도 밝혀지지 않았다. 구한말 조선에서 매우 큰 영향력을 가졌고 많은 재산을 지녔던, '즉위식만 하지 않은 조선의 왕비' 손탁은 이렇게 생을 마감하였다.

손탁 호텔은 1917년까지 운영되었고, 이후에 이화학당에서 23,060달러에 사들여 기숙사로 활용하였다. 1922년 10월에 낡은 건물을 철

136 "Fräulein Antoinette Sontag", *OL*, vol. 23, 24 Sep. 1909, p. 625.

거하고, 1923년 프라이홀(Frey Hall)을 세우고 150명을 수용할 수 있는 기숙사와 이화전문학교로 사용하였다. 이 건물에는 총 10개의 교실, 3개의 실험실, 회의실 그리고 식당이 있었다. 1935년 이화전문학교를 다른 지역으로 옮긴 후에는 이화여자중학교가 들어왔으나 몇 년 후에 다른 건물로 이사 갔다. 1971년부터 서울예술고등학교가 이 건물을 사용하였으나, 1975년 5월 12일 건물이 화재로 타버려 서울예술고등학교는 평창동으로 옮겨 갔다. 현재 이곳에는 서울 최초의 서양식 호텔 '손탁 호텔'이 있었다는 작은 기념비만 남아 있다.[137]

7. 베네딕도 수도회의 한국 선교 활동

독일 바이에른 지방의 상트오틸리엔 베네딕도 수도회는 1909년 한국에서 선교를 시작한 이후 많은 활동을 하였다. 1884년 스위스 출신의 안드레아스 암라인(Andreas Amrhein, 1844~1927) 신부는 독일 팔츠 지역의 라이헨바흐에서 베네딕도 수도회의 선교 단체를 처음 결성하여 1884년 6월 29일 바티칸의 승인을 받았다. 그러나 라이헨바흐 선교회의 선교 계획은 순탄하지 않았다. 그래서 또 다른 선교 단체를 브라이스가우 지방의 프라이부르크 근방 암머스 호수에서 북동쪽으로 약 6킬로미터 떨어진 엠밍에 만들었다. 1887년 1월 6일 이곳에 암라인 신부는 첫 베네딕도 수도회 선교의 집을 세웠다.

[4-71] 안드레아스 암라인 신부

오딜리아(660~720) 또는 오틸리아, 오틸리에라고도 불리는 여인은 알자스 지방의 아티히 대공의 딸로 태어날 때부터 시각 장애

137 최종고, 앞의 책, 196쪽.

인이었다. 아버지는 딸의 장애를 치욕스럽게 여겨 그녀를 살해하려 하였다. 그러나 어머니인 베레스빈다는 딸을 유모에게 맡겨 봄레담 수도원으로 보내 그곳에서 자라도록 하였다. 에르하르트 폰 레겐스부르크 주교가 아이에게 세례를 주자 기적적으로 시력을 회복하였다. 그 후 오빠가 수도원에 있던 오딜리아를 부모님의 성으로 데려왔다. 그러나 그녀는 원하지 않는 결혼을 피해 달아났다. 도망갈 때 엠밍의 한 바위에 금이 생겼고 그곳에 오딜리아는 몸을 숨길 수 있었는데, 그때 아버지가 떨어지는 돌덩이를 맞고 상처를 입었다. 오딜리아는 아버지가 늙고 병에 걸린 후에 다시 아버지를 찾았고, 아버지는 화해의 의미로 스트라스부르 남쪽에 있는 호헨부르크를 선물하였다. 690년 이곳에 오딜리아는 수녀원을 세우고 첫 수녀원장이 되었다.

Als Odilia(660~720), auch Ottilia oder Ottlilie genannt, eine Tochter des elsässischen Herzogs Athich, blind zur Welt kommt, empfindet ihr Vater diese Behinderung seiner Tochter als Schande für sein stolzes Geschlecht und will sie ermorden lassen. Doch die Mutter, Bereswinda, rettet sie, indem sie das kleine Mädchen in die Hände einer Amme im Kloster Baume-les-Dames zur weiteren Erziehung gibt. Bei der Taufe durch den Bischof Ehrhard von Regensburg erhält Odilia als junges Mädchen durch ein Wunder ihr Augenlicht. Später wird sie von ihrem Bruder aus dem Kloster geholt und auf die elterliche Burg gebracht. Um ihrer geplanten Vermählung zu entkommen, muss sie indes vor ihrem Vater erneut fliehen. Auf der Flucht öffnet sich bei Emming ein Felsspalt, in dem sich Odilia verstecken kann. Der Vater wird durch herabstürzende Felsbrocken verwundet. Viele Jahre später sucht Odilia erneut ihren Vater auf, als dieser alt und krank ist. Zur Versöhnung schenkt ihr der Vater die Hohenburg südlich von Straßburg, wo Odilie im Jahr 690 ein Frauenkloster gründet und dessen erste Äbtissin wird.

암라인 신부는 이 전설에 큰 인상을 받고 엠밍이라는 마을 이름을 '상트오틸리엔'으로 바꿨다. 그 후 베네딕도 수도원도 이 이름으로 계

[4-72] **상트오틸리엔 수도원**(독일 바이에른)

속 불렸다.[138]

1887년부터 상트오틸리엔은 빠른 속도로 확장되는 수도회와 수녀회의 본부가 되었고, 얼마 지나지 않아 해외로 선교사들을 파견하였다. 그러나 암라인 신부와 수사들이 당시 독일령이었던 오늘날의 탄자니아, 브룬디, 르완다에서 선교 활동을 시작할 때는 매우 어려운 상황이었다. 파견된 선교사의 반 이상이 선교 활동 첫 해에 질병에 걸려서 또는 폭력 사태로 목숨을 잃었다. 그곳에 처음 세운 수도원은 1889년에 파괴되었고, 1891년에는 첫 수도원장과 그의 후임자가 죽었다. 그 이후에도 많은 선교사들이 말라리아에 걸리거나 현지 사람들의 폭동 등으로 큰 피해를 입었다. 1905~1907년에 발생한 마지마지전쟁으로 베네딕도 수도회의 신부들이 다수 희생되었고 수도원은 또다시 파괴되었다.[139]

138 상트오틸리엔 베네딕도 수도원의 설립과 역사에 관해서는 다음을 참조한다. http://www.erzabtei.de/

139 Renner, Frumentius, "Die Berufung der Benediktiner nach Korea und Manchukuo", Renner, Frumentius (Ed.), *Der fünfarmige Leuchter*, St. Ottilien,

이런 상황이었기에 구스타브 샤를 마리 뮈텔(Gustave Charles Marie Mütel, 1854~1933) 주교의 한국에서의 선교 활동을 도와주라는 로마의 제안을 인력 부족을 이유로 거절할 수밖에 없었다. 1908년 상트오틸리엔 수도원에는 단 9명의 신부만 남아 있었다. 그 해 가을 뮈텔 주교는 로마로 가는 길에 상트오틸리엔을 찾아 한국의 선교 활동에 동참해줄 것을 요청하였다. 뮈텔 주교의 자신의 활동과 한국의 상황에 대한 설명은 노르베르트 베버(Norbert Weber, 1870~1956) 대주교의 마음을 움직였고, 결국 대주교는 멀고 먼 한국에 베네딕도 선교단을 보내기로 결심하였다.

[4-73] 구스타브 샤를 마리 뮈텔 주교

1909년 봄 딜링엔 베네딕도 수도원장인 보니파시오 사우어(Bonifatius Sauer, 1877~1950) 신부와 모(母) 수도원 상트오틸리엔의 재정 담당인 도미니쿠스 엔스호프(Dominikus Enshoff, 1868~1939) 신부는 선발대로서 밀라노, 제노바, 콜롬보, 광저우, 일본을 거쳐 한국으로 갔다. 이들은 1909년 2월 25일 한성에 도착하였다.[140] 제일 먼저 할 일은 한성에 수도원을 세울 만한 적절한 장소를 물색하는 것이었다. 오랜 수색 끝에 적절한 장소를 찾았는데, 구시가지 내 북동쪽에 위치한 백동 지역으로 현재의 혜화동 혜화문 근처였다. 사우어 신부의 이름으로 매입하였으며,[141] 성베네딕도 수도회의 한국 주소는 다음과

1971, pp. 391~393.

140 "Brief des P. Bonifazius Sauer von seiner Reise nach Korea", *Missions-Blätter*, vol. 13, no. 7(Apr. 1909), pp. 109~111; no. 8 (May 1909), pp. 118~121; Renner, *Die Berufung*, p. 393.

141 Ro, Paul M., "Zum 60jährigen Jubiläum des Benediktinerordens in Korea", Kaspar, Adelhard and Placidus Berger, *Hwan Gab*, Münsterschwarzach, 1973, p. 63; Kugelmann, Willibald, "Gründungsbericht der Abtei St. Benedikt in Seoul, ihrer Verlegung nach Tokwon und Tätigkeit der Benediktiner im apost. Vikariat Wonsan", Kaspar, pp. 80~84.

【4-74】 한성의 작은 혜화문(1907년)

같았다.

한성 백동, 혜화문 안쪽, 성베네딕도 수도회, 사우어 수도원장[142]

엔스호프 신부는 임무를 성공적으로 마치고 1909년 8월 8일 일본을 경유하여 독일로 돌아갔다. 한성에서 엔스호프 신부와 사우어 신부가 토지 매입과 관련한 협상을 하는 동안 상트오틸리엔 수도원에서는 카시안 니바우어(Cassian Niebauer, 1882~1966) 신부, 앙드레 에카르트(André Eckardt, 1884~1974) 신부, 파샤리스 판가우어(Paschalis Fangauer, 1882~1950) 수사, 일데폰스 플뢰칭어(Ildefons Flötzinger, 1879~1952) 수사, 마르틴 후버(Martin Huber, 1882~1910) 수사, 콜룸반 바우어(Columban Bauer, 1887~1971) 수사를 한국으로 배정하였다. 이로써 1909년 12월 13일 한성의 첫 독일 수도회인 성베네딕도 수도원 원장으로 승격된 보니파시오 사우어 신부는 1909년 12월 28일 제물포에 도착한 신부와

142 Renner, Frumentius, *Die Berufung*, p. 397.

【4-75】 백동의 베네딕도 수도원(1910년)

수사들의 지원을 받게 되었다.[143]

이들이 도착하였을 때에는 이미 청의 건축회사가 세운 1층짜리 기와집이 어느 정도 완성되어 있었다. 당시에는 매우 큰 금액인 10,000마르크를 어느 '독일 여성 기부자'가 쾌척함에 따라 수도원 건설 비용으로 사용되었다.[144] '독일 여성 기부자'가 누구인지는 밝혀지지 않았지만, 당시 한국 상황과 체류하고 있던 독일인의 수를 보았을 때, 그리고 큰 액수의 기부금으로 봤을 때 손탁으로 추정된다. 손탁은 1909년 9월 24일 한국을 떠났지만 베네딕도회의 프로젝트에 대해 정확히 알고 있었으며, 사우어 신부와 엔스호프 신부와 회동했음이 분명하다. 손탁은 살던 집과 오랜 기간 한국에 체류하면서 펼쳤던 다양한 사업을 청산하면서 부유한 상태로 떠났을 것으로 예상되므로 이 추측이

143 Renner, Frumentius, *Die Berufung*, p. 398; Kugelmann, Willibald, op. cit, p. 81

144 Kugelmann, Willibald, op. cit, p. 81.

[4-76] 혜화동의 베네딕도 수도원(1913년)

맞는 것으로 보인다. 다른 독일인들도 베네딕도 수도회의 일을 도왔다. 빌리발트 쿠겔만(Willibald Kugelmann) 신부는 수도원 축제에 수도원 식구들뿐만 아니라 수도원의 각별한 친구이자 지원자의 자격으로 크뤼거 총영사와 제물포에서 상사를 운영하는 볼터양행의 헨켈 가족이 참석하였다고 기록하였다.

> 수도원의 지원자는 마르텔 가족, 헨켈 부부, 쉬르바움, 바우만이었다. 헨켈은 수도원장인 보니파시오가 돈이 없어 힘들어 할 때 낮은 금리로 대출을 받을 수 있게 항상 도움을 주었다. 그런데 수도원은 항상 돈이 없었다.
>
> Hausfreunde des Klosters waren Familie Martel, Herr Henkel mit Frau, die Herren Schierbaum und Baumann. Herr Henkel half immer wieder mit einer Anleihe zu niedrigen Bankzinsen aus, wenn der Prior und später der Abt Bonifatius in Geldnot war, was eigentlich fast immer der Fall war.[145]

145 Kugelmann, Willibald, op. cit, p. 83.

【4-77】 **베네딕도회의 직업 학교 단체 사진**(1915년) 일데폰스 수사(오른쪽에 앉아 있음), 목공소의 수사들, 한국 목수들. 신고딕 양식 독서대의 일부가 오른쪽과 왼쪽에 각각 있다.

일본의 식민지 정책 때문에 베네딕도 수도회는 교사 양성 세미나 또는 교육 목적의 다른 시설과 프로그램을 운영할 수 없었다. 그래서 주로 수공업자, 특히 목공기술자를 기르는 데 집중하였다. 곧 이곳에서 뛰어난 목공술을 배울 수 있다는 사실이 널리 알려지게 되었다. 베네딕도회의 직업 학교에서 교육을 받은 한국인 목수들의 뛰어난 실력은 명동성당 안의 신고딕 양식 독서대에서 볼 수 있다. 쿠겔만 신부는 초기 선교 활동의 작업 분배를 다음과 같이 설명하였다.

> 세 명 밖에 안 되는 신부들은 의무적으로 합창단에서 노래를 해야 했다. 새로 도착한 수사 중 일데폰스 수사는 목수로 수도원 내부 시설을 맡았다. 파샬 수사는 정원사로 밭 관리를 맡았고, 콜룸반 수사는 요리사이자 제빵사였다. 1913년 바실리우스 하우저 수사가 그 일을 맡았고, 그 이후 콜룸반

수사는 닭장을 담당하였다. 그러나 나중에 너무 많은 닭들이 병에 걸려 죽어버려서 닭장을 없앴다. 닭장을 없앤 다음에 콜룸반 수사는 양봉가가 되어 양봉장을 관리하였다.

Für die wenigen drei Patres begann damit die Chorpflicht, von den neueingetroffenen Brüdern arbeitete Br. Ildefons als Schreiner an der Inneneinrichtung des Hauses, Br. Paschal legte als Gärtner einen ausgedehnten Gemüsegarten an, Br. Kolumban war Koch und Bäcker, bis er 1913 von Br. Basilius Hauser abgelöst wurde und von da ab die Hühnerfarm übernahm, die freilich später wieder aufgelassen werden musste, weil viele Tiere erkrankten und eingingen. Ersatz für sein Amt als Geflügelwart bot sich Br. Kolumban als Bienenzüchter in seinem Bienenstand.[146]

1909년 12월에 도착한 에카르트 신부는 거의 20년 동안 한국에 체류하면서 집중적으로 한국을 연구하였다. 제1차 세계대전이 발발하기 직전 에카르트 신부가 편찬한 한국어 문법책이 출판되었는데, 이 책은 독일에서 최초로 출판된 체계적인 한국어 문법책이다. 1928~1929년 에카르트 신부는 독일로 돌아가서 한국에서 수집한 광범위한 자료를 연구하고 논문을 쓰기 위해 수도회에서 탈퇴하였다. 1930년 그는 뷔르츠부르크에서 『한국의 교육체계(Das Schulwesen in Korea)』라는 주제로 박사학위를 받았고, 1950년 뮌헨대학교 동아시아학부 중국문학과 철학과 교수직을 맡았다. 1974년 1월 사망할 때까지 교수로 활동하였다. 에카르트는 명실상부하게 한국 문화를 독일뿐만 아니라 서양에 알리는 데 크게 기여하였다. 그는 한국이 동아시아에서 중국과 일본 다음으로 큰 자체적인 문화를 보유한 국가임을 알리는 데 노력하였는데, 독일에서는 그를 한국학의 창설자로 부르기도 한

146 Kugelmann, Willibald, op.cit, p.82.

다.[147]

[4-78] 앙드레 에카르트

1911년에는 8명의 수사가 한국에 충원되었다. 1911년 초에는 대수도원장 노르베르트 베버가 동행하였다. 베버 총원장(Erzabt)은 『아침 고요의 나라에서. 한국 기행문(Im Lande der Morgenstille. Reise-Erinnerungen an Korea)』에서 한국 여행과 체류 경험을 잘 묘사하였다.

수도회의 초석은 놓여졌지만 사우어 신부는 수공업자를 길러내는 것만으로 만족하지 못하고, 상트오틸리엔 베네딕도 수도회의 원래 소명인 선교 활동을 위해 노력하였다. 그러나 한성에서는 먼저 와있던 파리 외방 전교회(Société des Missions Etrangère de Paris, MEP)가 포교를 독점하고 있어 선교 활동을 할 수 없었다. 그러다가 제1차 세계대전에서 많은 프랑스 선교사들이 전사하여 선교사가 부족해지자, 1920년 사우어 신부는 뮈텔 주교에게 한국의 포교 지역 한 곳을 할당해줄 것을 요청하였다. 뮈텔 주교는 이 요청을 수락하였다. 함경남도와 함경북도가 포교 지역으로 선정된 후, 1920년 8월 25일 사우어 신부가 로마 교령에 따라 포교 지역 담당 신부로 지정되었고 1921년 5월 1일 명동성당에서 주교로 임명되었다. 1927년 11월 17일 베네딕도 수도회는 공식적으로 북한 지역의 항구 도시인 원산 근처의 작은 마을인 덕원으로 이전하였다. 1928년 7월 19일에는 만주의 옌지를 두 번째 포교지로 선정하였다.

[4-79] 노르베르트 베버 대수도원장(1902년)

베네딕도 수도회는 덕원에 불가사리 학교라고 불린 어린

147 Huwe, Albrecht, "André Eckardt. Deutschlands erster Koreanist", *Bilanz einer Freundschaft. Hundert Jahre deutsch-koreanische Beziehungen*, Herausgegeben vom Komitee 100 Jahre deutsch-koreanische Beziehungen, Bonn, 1984, pp. 39f.

[4-80] 덕원의 베네딕도 수도원

이 학교를 세워 독일어를 가르쳤다. 또한 신학 학교를 세워 신부들을 양성하였다. 1943년 학생 수는 100명을 넘기도 했다. 1925년에는 수녀의 파견도 점차 늘어나 베네딕도 공동체의 규모가 커졌다. 베네딕도회 수녀들의 업무는 주로 교육과 간호였다.[148]

1948년 8월 15일 한반도 남쪽에는 대한민국이 세워지고 같은 해 9월 2일 한반도 북쪽에는 조선민주주의인민공화국이 수립되면서 덕원에서의 베네딕도회 활동도 어렵게 되었다. 독일 신부, 수녀들과 비교적 좋은 관계를 유지하던 러시아 주둔군이 한국에서 후퇴한 다음, 1949년 5월 이들은 모두 북한군에게 체포되어 평양 법원에서 재판을 받았으며, 반공 활동을 이유로 수년간의 강제노동을 선고 받았다. 올라프 그라프(Olaf Graf) 신부는 체포 당시와 그 후 상황을 다음과 같이 생생하

148 Kugelmann, Willibald, op. cit, pp. 90f, 96, 108.

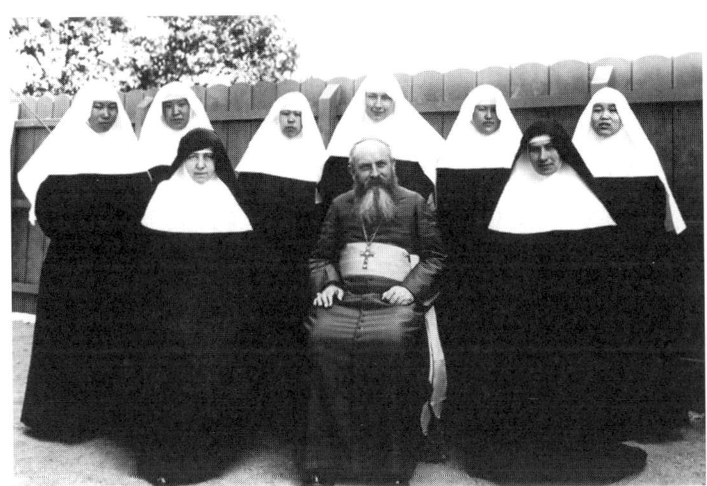

[4-81] **베네딕도 수녀회 수녀들과 보니파시오 사우어 주교**(1930년, 한국 덕원)

게 기록하였다.

자정 즈음에 이곳 공산경찰이 수도원을 습격하여 늙고 심한 천식을 앓고 있는 주교님과 원장, 부원장, 신학 학교 교장, 수도원 간부직을 맡고 있는 수사를 압송하였다. 이틀 후에는 원산 수도회의 모든 독일인 신부와 수사, 수녀에 대한 체포 명령이 떨어졌다. 나중에 체포된 성직자들은 약 석 달 동안 평양 교도소에 갇혔다. 작은 방에 모두를 가두었고, 체포 이유는 말해 주지 않았다. 이후 압록강 북쪽의 외진 산기슭에 위치한 강제노동 수용소로 보내져 4년 반 동안 강제노동을 하도록 하였다. 그러나 보니파시오 주교와 그와 함께 체포된 사람들은 독실에 감금되어 반공 사보타주를 이유로 재판을 받았는데, 이들은 살아서 감옥을 나오지 못했다.

Um die Mitternachtsstunde drang ein Überfallkommando der einheimischen kommunistischen Polizei ins Kloster ein und entführte zunächst den greisen, von schweren Asthmaanfällen geplagten Bischof zusammen mit dem Prior, dem Subprior, dem Direktor des Priesterseminars und einigen weiteren Mitbrüdern in leitenden Stellungen. Zwei Tage später erfolgte die Verhaftung aller übrigen deutschen Patres und Brüder sowie der Schwestern in

[4-82] 베네딕도 수도회와 함께 있는 보니파시오 사우어 주교(1937년, 한국 덕원)

deren Wonsaner Konvent. Während diese zweite Gruppe alle ca. drei Monate lang im Pyengyanger Zuchthaus gefangen gehalten wurden, auf engsten Raum zusammengepfercht, natürlich ohne jede Angabe von Gründen, um dann ihren Leidensweg in das Konzentrationslager eines abgelegenen Bergtals des Nordens nahe am Yalu-Flusse anzutreten für vier und ein halbes Jahr, öffnete sich für Bischof Bonifatius und die gleichzeitig mit ihm Verhafteten sogleich je eine einzelne Kerkerzelle, die sie – bald darauf in einem Scheinprozeßverfahren wegen antikommunistischer Sabotage zu jahrelanger schwerer Zwangsarbeit verurteilt – nie mehr lebend zurück in die Freiheit verlassen sollten.[149]

149 Graf, Olaf, "Abtbischof Bonifatius Sauer OSB. Lebensbild des Gründers der Benediktinermission in Korea", Kaspar, p. 77.

독일 신부, 수사, 수녀의 대부분은 압록강 수용소로 보내졌지만, 한국에서 독일 베네딕도회를 설립한 사우어 주교는 1950년 2월 7일 평양 감옥에서 사망하였다.[150]

베네딕도 수도회는 오늘날까지 경상북도 칠곡군 왜관을 중심으로 대구, 서울, 부산 등에서 수도회와 수녀회를 운영하고 있다. 왜관 수도원은 1964년 2월 바티칸의 답서로 대수도원으로 승격되었다.

150 Graf, Olaf, *Abtbischof Bonifatius Sauer*, pp. 77f.

5장

대한제국의 종말

1. 한국을 둘러싼 헤게모니 싸움

독일과 한국 간의 초기 관계는 비교적 좋았다. 독일 공관과 한국 황실이 주고 받은 서신의 내용은 한국에 거주하는 독일인들과 관련된 온갖 종류의 안건들에 대한 것으로, 부동산 매매, 임금 인상, 훈장 수여, 접견 요청, 독일과의 통상 관련 업무 등이었다. 간혹 한국은 정치적인 기밀에 관하여 문의하였는데, 이에 대하여 독일 측은 통상적으로 친절하게, 그리고 좋은 의도로, 그러나 큰 관심 없이 답하였다.

舊韓國外交文書

第十五卷

德 案 1

(高宗 19年3月~光武 元年12月
西紀 1882年4月~西紀 1897年12月)

高麗大學校亞細亞問題硏究所

[5-1] 『구한국외교문서』 덕안 1

1885년 4월 영국은 세계 각지에서 대립하고 있던 러시아가 조선에까지 진출하는 것을 우려하여 러시아를 견제하기 위해 여수와 제주도 사이에 위치한 전라남도의 작은 섬 거문도[포트해밀턴(Port Hamilton)]를 점령하였다. 당시 거문도는 대한해협의 문호에 해당하였으며, 러시아 동양 함대의 중요한 해로였다. 거문도 불법 점령에 대해 조선 정부는 영국에 강력하게 항의하였고, 조선 주재 각국 외교관에게 도움을 요청하였다. 주조선 독일 총영사 젬브쉬는 조선의 주장에 동의하였지만[1], 이는 젬부쉬 개인의 의견이지 독일의 공식적인 입장이 아니었기에 곧 독일 외무성으로부터 지적을 받았다.[2] 비스마르크는 이번에도 조선의 청원을 들어주지 않았는데, 독일에게 조선의 비중이 그리 크지 않음을 다시 한번 보여주었다.[3] 조선에 대한 독일의 입장은 1890년대 초 정치적인 노선을 바꿔 식민지 정책을 선언하고 동아시아로 진출할 때에도 바뀌지 않았다. 독일은 동아시아 식민지 정책의 중점을 청에 두었고, 결국 1897년 11월 14일 오토 폰 디더리히스(Otto von Diederichs) 제독이 자오저우만을 점령하였다. 독일과 조선의 통상이 더 이상 늘어나지도 않을 뿐더러, 개선 가능성도 보이지 않았기 때문에 독일에게 조선은 큰 의미가 없었다.

이렇듯 열강들의 야욕 속에 둘러싸여 국제적 위험에 놓인 조선은 이렇다 할 대책도 없이 외세에 의존하고 있었고 국가 재정은 더욱 궁핍해져갔다. 이 와중에도 지방관들의 횡포와 수탈이 계속됨에 따라 전국 곳곳에서 농민 봉기가 일어났다.[4] 사회적 불안은 확산되었고 동시에 외세 침략에 대한 위기감은 더욱 커지고 있었다.

---

1 『舊韓國外交文書』 德案 1, no. 117; AA, Korea II, vol. 2: 'Schreiben von Zembsch aus Seoul an Bismarck vom 27. Juni 1885'.

2 AA, Korea II, vol. 2: 'Schreiben von Hatzfeld aus Berlin an Zembsch vom 26. Aug. 1885'.

3 AA, Korea II, vol.1: 'Randbemerkung Bismarcks auf dem Schreiben von Schweinitz an Bismarck vom 8. Juli 1885'.

4 Nahm, Andrew C., *Korea. A History of the Korean People, Tradition and Transformation*, New Jersey, Seoul, 1988, pp. 173~175; Sohn, Pow-key [et al.], *The History of Korea*, Seoul, 1982, pp. 207~212; Han, Woo-keun, *The History of Korea*. Translated by Lee Kyung-shik, edited by Grafton K. Mintz, Seoul, 1981, pp. 403~415; Lee, Ki-baek, *A New History of Korea*. Translated by Edward W. Wagner with Edward J. Shultz, Seoul, 1984. pp. 281~290; Eckert, Carter J. [et al.], *Korea Old and New. A History*, Seoul, 1990, pp. 214~222; 李光麟, 『韓國史講座』, 275~313쪽.

[5-2] **거문도** 여수와 제주도 사이에 있다.

개항 이후 조선에 외국 자본과 저렴한 수입품이 들어왔기 때문에 조선의 농민들은 매우 싼 가격으로 물건을 팔아야 했다. 특히 일본은 자국의 저렴한 물건을 조선에 팔고 조선의 쌀, 콩 등 곡물과 금 등을 수입하면서 폭리를 취하였다. 조선 농민들은 면제품, 솥, 농기구 등 생필품을 사기 위해 쌀을 팔았는데, 이 과정에서 일본 상인들은 생활이 어려운 농민들에게 돈을 빌려주고 수확물의 일부 또는 전부를 가져가는 고리대를 행하였다. 일본 상인들의 곡물 대량 수입으로 곡물 가격이 폭등하여 식량이 부족해진 함경도, 황해도에서 곡물 수출을 금하는 명령이 내려지기도 하였으나 일본의 항의로 효과가 없었다. 농민들의 생활은 더 힘들어졌고 일본에 대한 적개심은 더욱 높아져갔다. 한편 조선 농민들은 새로 제정된 판매법이나 자금 거래에 관한 절차를 몰랐기 때문에 일본인을 포함한 외국인들은 조선 농민들의 토지를 마

[5-3] 광화문(1895년경)

구 사들였다. 외국인들은 조선이 각국과 맺은 조약을 바탕으로 하여 조약에 정해진 지역의 토지와 상가를 합법적으로 또는 불법적으로 터무니없이 저렴한 가격으로 사들일 수 있었다. 이 때문에 한국인들 사이에 팽배했던 외국인에 대한 혐오는 더욱 가중되었다.

이러한 상황 속에서 최제우(崔濟愚, 1824~1864)가 1860년에 창시한 동학(東學)[5]이 인간 평등과 사회 개혁을 주장하며 사회 변혁을 갈망하는 농민들에게 큰 호응을 얻었다. 지배층에 대한 반발, 외국 세력에 대한 저항으로 농민들은 보국안민(輔國安民), 부패 정치 개혁을 주장하는 동학에 가담하였고, 동학은 사회 개혁 운동으로 발전하였다.

1892년 동학교도들은 전라도 삼례에 모여 충청과 전라 관찰사에게

5 동학(東學)에 관하여 다음을 참조한다. Choi, Dong-hi, "Tonghak Movement and Chundo-gyo", *KJ*, vol. 3, no. 5(May 1963), pp. 14~19; Choi, Dong-hi, "The Life and Thought of Ch'oe Che-u", *KJ*, vol. 11, no. 9(Sep. 1974), pp. 25~31; Kim, Yong-choon, "An Analysis of Early Ch'eondogyo Thought", *KJ*, vol. 17, no. 10(Oct. 1977), pp. 41~46.

1864년에 처형된 창시자 최제우의 억울한 누명을 풀어줄 것과 동학교도에 대한 탄압을 금지할 것을 요구하였다. 해당 관찰사는 교조신원(敎祖伸寃)은 정부의 권한이므로 기각하였으며, 향리들의 교도 탄압은 금지시킬 것을 약속하였다. 그러나 여기에 만족하지 않은 동학교도들은 서울로 올라가 3일 동안 왕궁 앞에 무릎을 꿇고 교조의 신원을 호소하였다. 이에 고종은 "집으로 돌아가 안심하고 생업에 종사한다면 마땅히 소원대로 시행하겠다."고 하여 그들이 해산하도록 하였다. 그러나 정부는 상소를 올린 주모자를 체포할 것을 명하고 관련 책임자들을 문책하였으며, 지방관들의 동학교도에 대한 탄압은 더욱 가혹해졌다. 이때 서울에는 '동학교도 수만 명이 서울에 올라와 외세 배격 운동을 벌이고 있다.'는 소문이 돌아, 외국인들은 불안에 떨었다. 외국인들은 밤에는 외출을 하지 않았고 미국인, 러시아인, 프랑스인들은 군인들을 집 주변에 배치하였다.

조선 정부에서 동학을 금지하고 부패한 관리가 농민을 약탈하는 일이 전국 곳곳에서 계속되는 가운데 1894년 전라도에서 전봉준(全琫準, 1854~1895), 손화중(孫華仲, 1861~1895) 등이 동학교도들과 농민들을 이끌고 대규모로 봉기하였다. 전라도 지방군은 잘 조직되고 수적으로도 우세한 이 농민군대에 맞서기에는 부족하였고, 동학농민군은 황토현에서 관군을 물리치고 전주성을 점령하였다.

동학농민군의 전주성 점령에 놀란 조선 정부는 주조선 청 대사인 위안스카이에게 동학농민군을 진압하기 위한 지원군 파견을 요청하였다. 청은 조선에서의 청의 위치를 다시 정립하기 위한 좋은 기회라 생각하여 즉시 군대를 보냈다. 그러자 일본도 자국민 보호를 구실로 군대를 파견하였다. 일본의 이러한 행동은 1885년 4월 18일 톈진에서 갑신정변의 사후 처리를 위해 일본의 이토 히로부미와 청의 이홍장이 체결한 조약에 따른 것이었다. 톈진조약에는 양국이 조선에 군대를 파

[5-4] 한성으로 압송되는 전봉준(1895년)

견할 경우 상대국에게 우선 통보한다는 내용을 담고 있다. 그러나 이 때에는 동학농민군이 전주에서 철수하여 정부와 휴전한 상태였으므로 청과 일본 군대의 주둔은 무의미하게 되었다. 이에 청은 일본에 공동 철병을 주장하였으나 일본은 이 제안을 거부하였다.

청은 일본과의 대립을 평화적으로 해결하기 위해 1894년 초 영국, 러시아, 미국에게 중재를 요청하였다. 독일은 처음에는 이 문제에 개입하기를 거부하였지만, 영국과 청이 다시 중재를 요청하자 참여하겠다고 답하였다. 이에 따라 주청 독일 공사와 주일본 독일 공사는 서양 열강의 공동작전에 동참할 것을 지시 받았다. 그러나 주조선 영사였던 크리엔은 외교 중재에 참여하라는 지시를 받지 못하였다. 그 이유는 그의 임무와 업무 역량은 다른 나라의 공사의 것과는 동일하지 않았기 때문이다.[6]

6 AA, Korea I, vol. 14: 'Schreiben Hatzfelds an Caprivi vom 5. und 9. Juli 1894, Schreiben von Seckendorff aus Tientsin vom 10. Juli 1894'; *Die Grosse Politik der Europäischen Kabinette 1871 ~ 1914*. vol. 9: no. 2213, pp. 241f.

서양 열강들의 노력은 일본의 확고한 신념을 꺾는 데 실패하였다. 일본은 청과의 전쟁을 일으킬 명분을 찾으려 급급하였고, 그 구실을 잡기 위해 청에 조선의 내정을 공동으로 개혁하자는 안을 내놓았다. 청은 일본이 기대한 대로 이 제안을 거절하였고 청과 일본의 회담은 결렬되었다. 1894년 7월 23일 일본군은 경복궁을 점령하고 고종과 왕비를 인질로 삼았다. 이어 민씨 일파를 쫓아내고 흥선 대원군을 앞세워 친일 정권을 세우고 개혁을 추진하도록 하였다.

이에 동학농민군은 반외세를 외치며 다시 봉기하였으나 일본군과 합세한 관군에게 진압당하였다. 동학농민군의 지도자들은 붙잡히거나 죽임을 당하였는데, 전봉준도 한성으로 압송되어 처형당하였다. 동학농민운동은 실패하였지만, 동학의 남은 세력들은 산골 등에서 일본 세력과 친일파에 대항하는 농민 봉기를 일으키기도 하였다.[7]

청일전쟁은 1894년 7월 25일 청의 군인들을 태우고 조선으로 가던 영국의 수송선 가오슝호(高升, Kowshing)를 일본 해군이 침몰시키면서 시작되었다. 1894년 8월 1일 일본이 청에 정식으로 선전포고를 하자 영국은 서양 열강들이 공동작전으로 개입할 것을 제안하지만, 이때도 독일은 중립을 지켰다. 이때까지만 해도 일본과 독일은 친선 관계를 유지하였다. 그러나 전쟁 후 일본과 독일의 관계는 멀어지게 되었다. 일본이 청에 승리하면서 1895년 4월 17일 시모노세키조약이 체결되었는데, 조약 내용 중 일부가 프랑스와 러시아의 요구 사항과 충돌하였고, 이에 따라 독일과 일본의 관계도 틀어지기 시작하였다. 독일은 청에서

7 Han, Woo-keun, op. cit, p. 413; Lewin, Bruno, "Geschichte Koreas", Barloewen, Wolf-D. v. (Ed.), *Abriss der Geschichte außereuropäischer Kulturen, vol .2: Nord- und Innerasien, China, Korea, Japan*, bearbeitet von Hans Findeisen, Bertold Spuler, Werner Eichhorn, Roger Goepper, Bruno Lewin, Horst Hammitzsch,München, Wien, 1964, p. 234.

[5-5] 가오슝호의 침몰(1894년)

큰 경제적인 이득을 얻고자 하였는데, 일본이 청을 지배할 경우 무역에 상당한 타격을 입을 것을 우려하였다. 게다가 프랑스와 러시아가 동맹을 맺게 되면 유럽에서 독일의 입지도 위험해질 수 있다고 판단하였다. 러시아의 관심을 동양으로 돌림으로써 자국의 안전을 확보하기 위해 독일은 러시아가 제안한 러시아, 프랑스, 독일의 합동 개입에 동의하였다. 이에 따라 1895년 4월 23일 시모노세키에서 러시아, 프랑스, 독일 삼국은 랴오둥반도를 청에 반환하라고 일본에게 요구하였다. 아시아에서의 중립적 지위를 벗어나 갑자기 임무를 맡게 된 독일은 일본과의 관계에서 상처를 남겼고, 이는 이후 조선에서 일본의 영향력이 점차 커지면서 독일과 조선과의 관계에도 영향을 미쳤다.[8]

일본이 청에 승리함으로써 동아시아의 판도가 새롭게 구성되었다.

8 *Die Grosse Politik der Europäischen Kabinette 1871-1914*. vol. 9, p. 270; Kim, Jang-soo, *Korea und der Westen von 1860 bis 1900. Die Beziehungen Koreas zu den europäischen Großmächten, mit besonderer Berücksichtigung der Beziehungen zum Deutschen Reich*, Frankfurt a. M., Bern, New York, 1986 pp. 80f, 94f.; Stingl, Werner, *Der Ferne Osten in der deutschen Politik vor dem Ersten Weltkrieg(1902 - 1914)*, vol. 1, Frankfurt/Main, 1978, pp. 102~106.

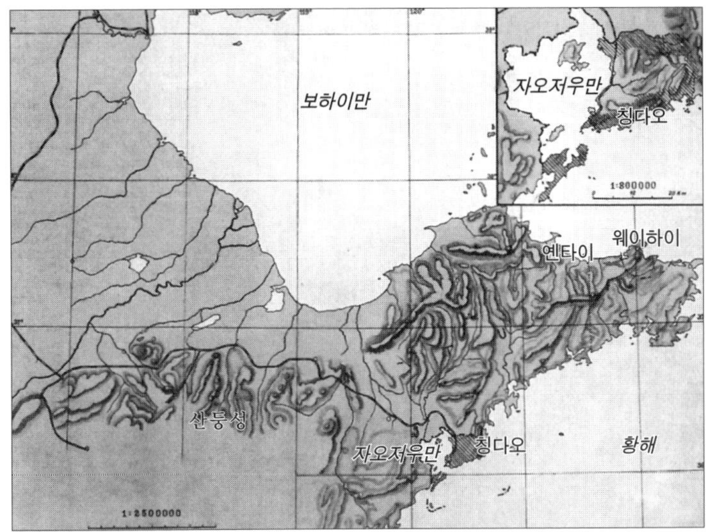

【5-6】 1912년의 산둥 반도 독일 식민지인 자오저우 조차지가 표시되어 있다. 오른쪽 위는 자오저우 조차지를 확대한 것이다.

그때까지만 해도 청과 더 친밀하였던 영국은 자국의 경제 종사자들을 보호하기 위해 일본쪽으로 기울었다. 청은 이제 더 이상 스스로를 보호할 능력이 없었기 때문이다.

1896년 청과 러시아는 동맹밀약을 맺었다. 두 나라는 일본과 경쟁관계에 있었고, 러시아의 경우는 영국과 세계 각지에서 경쟁하고 있었기 때문이다. 그러나 청과 동맹밀약을 체결했음에도 불구하고 러시아는 1897~1898년 확장 정책의 일환으로 전략상 중요한 청의 랴오둥 반도를 조차지(租借地)로 삼았다. 프랑스, 영국, 독일도 청 정부에게 특정 지역을 조차해줄 것을 강압적으로 요청하였다. 독일은 1897년 무력으로 자오저우만을 소유하게 되면서 동양 식민지 정책에 적극적으로 동참하였으며, 동아시아 함대를 새로운 보호 구역에 배치하였다.

청일전쟁 때문에 한동안 일본과 러시아가 조선에 대해 크게 관심을 쏟지 않았지만 청이 물러나면서 한반도를 둘러싼 일본과 러시아의 경쟁에 다시 불이 붙었다. 1894년 8월 흥선 대원군이 이끄는 내각은 일본의 압박을 받아 청으로부터의 독립을 선언하였고, 청은 시모노세키조약 대로 조선이 자주국임을 수용하여야 했다. 이로써 수백 년간 지속되어 오던 청과 조선의 사대관계는 종결되었다.

[5-7] 이노우에 가오루

청일전쟁 직전 조선의 내정 개혁을 강제로 추진한 일본은 전쟁 중에는 조선의 개혁에 적극 간여하지 못하였다. 이에 따라 조선 정부가 주도적으로 개혁을 진행하여 정부 조직의 개편, 재정의 일원화, 신분제도 철폐 등 여러 방면에 걸쳐 대대적인 개혁을 실시하였다(갑오개혁). 그러나 청과의 전쟁에서 승세를 잡은 일본은 조선의 개혁에 적극적으로 간섭하기 시작하였다.

개혁 초기에 일본은 민씨 일파를 견제하기 위해 흥선 대원군을 내세웠으나 그는 실권이 없었을 뿐만 아니라 이 개혁에 대해 불만이 많았다. 대원군은 고종을 폐하고 손자를 왕위에 올릴 계획까지 세우고 이를 위해 일본을 쫓아내려고 하였으나 실패하였다. 이렇게 되자 일본은 이노우에 가오루(井上馨, 1836~1915)를 공사로 파견하여 대원군을 정권에서 물러나게 하고 새로운 내각을 구성하여 개혁을 추진하게 하였다. 1895년 1월 7일 고종은 종묘에서 갑오개혁의 기본 강령인 홍범 14조를 선포하고 개혁을 추진하겠다는 의지를 보였다.

조선 내에서 일본의 입김이 커지자 조선 정부 내에서 일본을 배척하고 러시아에 의지하려는 움직임이 일어났다. 이러한 정책을 추진한 세력은 일본의 압력으로 그 세력이 약해진 명성황후와 민씨 일파였다. 명성황후는 박영효(朴泳孝, 1861~1939) 등 친일 세력을 정부 조직에서 몰아내고 친러 성향의 인물들을 등용하였다.[9] 이에 일본은 자신들의 세

9 Han, Woo-keun, op. cit, p. 424; Lewin, Bruno, op. cit, p. 234.

【5-8】 명성황후를 시해한 자객들(1895년)

력을 회복하기 위해 노력하였다.

1895년 9월 미우라 고로(三浦梧楼, 1847~1926)가 이노우에 가오루에 이어 공사로 부임하였다. 미우라 고로의 지휘하에 데라자키 다이키치(寺崎泰吉), 구니토모 시게아키(國友重章), 이에이리 가키쓰(家入嘉吉), 기쿠치 겐조(菊池謙讓) 등 일본인과 친일파 조선인들은 1895년 10월 8일 이른 새벽 궁궐에 잠입하여 명성황후와 궁녀들을 살해하였다(을미사변). 궁내부 대신이었던 이경직(李耕稙, ?~1895)도 이들에게 살해되었다. 미우라 고로와 이 사건에 참여하였던 일본인들은 일본으로 불려가 히로시마 법원에서 재판을 받았지만 증거 부족으로 56명의 피고인 모두 무죄 판결을 받았다.[10]

【5-9】 미우라 고로

한국인들은 명성황후 시해 사건에 분개하였고 반일 감정

10 Nahm, Andrew C., op. cit, pp. 182~184.

이 빠른 속도로 퍼져 조선 정부에서 일본이 누리고 있던 지위가 약화되었다. 그런 와중에 일본이 추진하였던 개혁도 중단되었다. 고종은 충격에서 벗어나자 즉시 특별재판을 열어 명성황후를 살해한 혐의로 재판을 받은 조선인 14명 중 7명에게 사형을 선고하였고, 이어 궁궐의 경비도 강화하였다. 김홍집을 포함한 많은 관료들은 고종에게 계속적으로 근대적 개혁을 추진하도록 요구하였다. 이에 1895년 10월 26일에 칙령을 선포하여 태양력을 도입하였고 12월 30일에는 단발령이 내려졌다. 고종도 상투를 잘랐고 모든 각료와 양반도 그렇게 하도록 지시하였다. 그러나 유생들은 단발령에 크게 격분하였고 심지어 지방 관리들이 폭행을 당하기도 하였다.[11]

을미사변으로 국민의 반일 감정이 치솟는 가운데 시행된 개혁, 특히 단발령에 대한 반발로 전국의 유생들을 중심으로 반일, 반근대화를 외치는 의병 운동이 일어났다. 이렇게 전국이 혼란한 가운데 "단발령에 반대하기 위해 보수적인 유생들이 서울까지 올라올 것이다", "서울 내에서도 강한 반일 운동이 일어날 것이다", "흥선 대원군의 적손이자 고종의 조카였던 이준용(李俊鎔, 1870~1917)에게 왕위를 내줘야 한다" 등의 소문과 일본의 음모론이 번지자, 1896년 2월 2일 고종은 베베르 러시아 공사에게 비밀 편지를 보냈다. 이 편지에서 고종은, 그가 배반자들로 둘러싸였고, 그들은 왕세자를 살해하려는 계획을 짜고 있기 때문에 왕세자를 러시아 공관으로 보내려고 한다고 적고 있다. 이러한 고종의 요청을 베베르는 러시아 정부의 동의 없이 받아들였다. 친러 성향의 관료와 러시아 공관 관계자의 도움으로 고종과 왕세자는 궁녀로 위장하여 1896년 2월 11일 경복궁을 벗어나 극비리에 러시아

11 Nahm, Andrew C., op.cit, pp.183~188.

[5-10] 정동의 러시아 공관(1896년)

공관으로 거처를 옮겼다.[12]

[5-11] 고무라 주타로

고종이 1896년 2월 11일부터 1897년 2월 20일까지 러시아 공관에 머무는 동안 러시아는 조선에서의 영향력을 더욱 확고히 하였다. 반면 일본은 조선에서의 영향력이 점차 약화되는 것을 느끼고 러시아와 협력하기에 이르렀다. 당시 조선 주재 일본 공사였던 고무라 주타로(小村壽太郎, 1855~1911)는 베베르와 접촉하여 1896년 4월과 5월에 반일 관료의 직위를 해제하고 고종이 환궁할 수 있는 방법을 협상하였다.

1896년 5월 14일 협상 내용은 '베베르 고무라 각서(경성의정서)'로 작성되어 양측이 서명하였다. 이 문서의 주요 내용은 고종의 환궁 문제는 왕의 재량에 맡기되 그의 안전을 위협하는 모든 요소가 없어지는 대로 양국의 대표가 왕에게 환궁을 권고하고, 왕이 온건한 인물을 관료로 임명하도록 양국 대표가 조언을 할 수 있으며,

12 Nahm, Andrew C., op. cit, p. 185.

양국은 동일한 수의 양국 군인을 조선에 주둔시킨다 등이다. 이는 러시아와 일본 두 나라가 조선에서 힘의 균형을 유지하려는 의도였다.

[5-12] 야마가타 아리토모

이외에도 일본과 러시아는 여러 각서를 체결하였다. 1896년 6월 9일에는 러시아의 외무장관 알렉세이 보리소비치 로바노프 로스토프스키(Aleksey Borisovich, Lobanov Rostovsky, 1824~1896)와 일본 총리 야마가타 아리토모(山縣有朋, 1838~1922)가 의정서를 체결하였고, 1898년 4월 25일에는 주일 러시아 공사 로만 로마노비치 로젠(Roman Romanovich Rosen, 1847~1921)과 일본 외무대신 니시 도쿠지로(西德二郎, 1847~1912)가 협정을 체결하여 조선에서의 러시아와 일본의 위상을 합의하였다. 모든 합의문에는 양국이 조선의 내정에 개입하지 않는다는 내용이 들어 있는데 러시아는 이것으로 영국과 일본이 연맹을 맺지 못하도록 하려던 것이었다.[13]

[5-13] 로만 로마노비치 로젠(1882년)

1897년 2월 20일 고종은 러시아 공관을 떠나 경운궁(덕수궁)으로 환궁하였다. 고종이 환궁한 뒤 조선의 관리들과 정치 세력들은 힘을 모아 '칭제건원(稱帝建元)'을 추진하였다. 그들은 이것이 조선의 자주독립을 강화하는 한 방법이라고 보았기 때문이었다. 또한 러시아도 고종에게 조선이 청, 일본과 동등한 지위를 가진 국가임을 강조하라며 황제에 즉위할 것을 권유하였다. 고종은 이 제안을 받아들여 1897년 10월 12일 웅장한 대관식을 거행하였고, 새 국호를 대한제국으로 제정하였다.

독일에서는 고종의 황제 즉위를 가소롭게 여겼다. 독일 황제 빌헬

13 Choi, Mun Hyung, "The Onslaught of Imperialist Powers and Its Influence in Korea", *KJ*, vol. 24, no. 3 (March 1984), pp. 15f.

[5-14] 정동의 경운궁과 그 뒤로 보이는 러시아 공사관(1904년)

름 2세는 한국의 소식을 알리는 크리엔 영사의 전보에 대해 '하! 새로운 동료가 생겨 영광이며, 공화국의 대통령이 생긴 것보다는 훨씬 낫다.'[14]고 끄적거렸다. 독일은 고종을 황제라 칭하는 것과 관련하여 러시아가 하는 방식을 따랐고, 그렇게 함으로써 한국에 대해서는 러시아가 주도권을 가지라는 뜻을 내보였다. 또한 주러 독일 대사인 후고 폰 라돌린(Hugo von Radolin, 1841~1917)은 독일은 한국과의 무역에만 관심이 있을 뿐 러시아의 이권을 가로막을 생각이 없다는 점을 확인해 주었다. 동시에 독일이 중립적 입장임을 일본에 알리는 데 힘쓰고 있었다. 그래서 주조선 독일 영사인 크리엔은 독일 정부로부터 엄격한 중립성을 지키고 특정 국가의 편을 들지 않도록 주의할 것을 당부 받았다.[15]

[5-15] 독일 황제 빌헬름 2세

14 AA, Korea I, vol. 25: 'Schreiben Kriens aus Seoul vom 14. Okt. 1897' (with marginal note from Wilhelm II.).

15 AA, Korea I, vol. 25: 'Schreiben des AA vom 7. März 1898 an Radolin und

그러나 1899년 프로이센의 하인리히 왕자가 한국을 방문하게 되자 일본은 독일을 불신하게 되었다. 일본의 언론에서는 독일이 자오저우만을 점령한 이후 한국도 넘보고 있다는 근거 없는 의심을 보도하였다.[16] 이와 관련하여 『덕문신보』는 다음과 같이 적고 있다.

[5-16] 프로이센의 하인리히 왕자

하인리히 왕자의 한국 방문은 일본인들을 불안하게 한 것으로 보인다. 독일이 한국을 제2의 자오저우로 만들려고 하는 것이 아니냐며 경계하였다. 『일본통신(Japan Mail)』은 근거 없는 내용의 기사를 썼는데, 기사의 번역은 다음과 같다.
"일본은 독일에 대해 화가 났다. 독일이 한국을 침략하려고 한다고 일본이 믿는 것 같다. …… 뿐만 아니라 일본은 하인리히 왕자의 방문이 여행 이상의 성격을 지녔다고 생각한다. 일본은 독일이 한국을 둘러보며 제2의 자오저우가 될 만한 곳을 물색하는 것으로 보고 있다. 또한 볼터의 요청에 따라 독일 영사가 광산 채굴권을 획득하려는 노력은 독일의 새로운 공격적인 정책의 일부라고 믿고 있다. ……"
Der Besuch des Prinzen Heinrich …… hat die Japaner offenbar so nervös gemacht, dass sie sich berufen fühlen, Deutschland zu warnen, in Korea, "ihrer Interessensphäre", ein zweites Kiautschou zu suchen. Eine Probe des dabei zu Tage kommenden Unsinns giebt ein Artikel der『Japan Mail』, der in Uebersetzung wie folgt lautet:
Der 'Nippon' ist sehr böse auf Deutschland. Er glaubt, dass Deutschland es auf einen Vorstoß in Korea abgesehen hat ……. Ueberdies sieht der 'Nippon' in dem Besuch des Prinzen Heinrich …… viel mehr als nur das Interesse eines Vergnügungsreisenden. Er vermuthet, dass Deutschland sich umsieht nach einem neuen Kiautschou in Korea und behauptet, dass die Beharrlichkeit, mit

Krien'.

16 AA, Korea I, vol. 27: 'Schreiben Leydens an Bülow vom 10. Juli, 28. und 30. Aug., 5. Oct. 1899'.

der der deutsche Konsul die Forderungen des Herrn Wolter auf Bergwerksprivilegien . ······ betreibt, in Uebereinstimmung steht mit dieser neuen Agressions-Politik Deutschlands. ······[17]

하인리히 왕자는 독일 함대 제독의 자격으로 한국을 방문하였고 독일과 한국의 무역을 촉진시키려고 하였지만 어떠한 성과도 얻지 못하였다. 1900년 8월 일본은 주독일 일본 대사를 통해 한국이 일본에 합병될 경우 독일이 어떠한 입장을 취할지 떠보았다. 당시 독일은 한국에서는 무역 외에 다른 쪽에는 관심도 없고 한국과 관련된 모든 분쟁에 대해서는 중립성을 지킬 것이라고 여러 차례 확인해 주었다.[18]

1902년 새로운 권력 구도가 형성되었다. 1월 30일에 러시아가 항상 우려하였던 영국과 일본의 동맹이 체결되었다(제1차 영일 동맹). 두 나라는 한국과 청의 독립을 승인하고 영국은 청에, 한국은 일본에 각각 특수 이익을 지님을 인정하고 제3국으로부터 이익을 침해당할 시에 필요 조치를 취하기로 합의하였다. 또한 한쪽이 다른 나라와 교전할 때에는 동맹국은 중립을 지키며, 한쪽이 두 나라 이상과 교전할 때에는 동맹국이 협동 전투에 임한다 등의 내용을 체결하였다. 뷜로 독일 재상은 독일이 영일 동맹과는 전혀 관련이 없다고 판단하였지만[19], 영일 동맹에 대한 대응책으로 1895년의 삼국 간섭을 개정하자는 러시아의 제안은 거절하였다. 독일은 내심 일본과 러시아 간의 갈등으로 인해 독일이 동아시아에서 상업적인 큰 이득을 취할 수 있을 것이라 판단하였고, 동시에 러시아와 영국의 충돌이 유럽 외의 다른 지역에서 발

17 *OL*, vol. 13, 9. Sep 1899, p. 858: Uebersicht der Presse Ostasiens.

18 AA, Korea I, vol. 29: 'Telegramm von Bülow an Richthofen vom 9. Sep. 1900'; Korea I, vol. 30: 'Schreiben des AA an Wedel in Tokio vom 9. Nov. 1900'; Korea 10, vol. 1: 'Schreiben Richthofens an Graf Arco in Tokio vom 27. Juni 1901'.

19 *GPEK*, vol. 17, p. 147.

[5-17] 뤼순 항(1907년)

발하기를 기대하였다.[20]

영일 동맹 이후 일본의 입지는 강화되어 미국, 영국과 함께 의화단 운동 이후 만주에 주둔하고 있는 러시아군의 철수를 요구하였다. 이에 러시아는 세 번으로 나누어 철병하기로 하였으나 1903년 4월로 예정된 2차 철병을 이행하지 않고 오히려 군대를 증파하는 등 적극적인 만주 지배 정책을 펼쳤다. 게다가 한국 정부에 용암포 조차를 요구하였다. 용암포의 조차지화는 일본의 항의로 무산되었으나 한국 정부는 용암포를 개항지로 삼는다고 선포하였다. 이렇게 만주와 한반도를 놓고 일본과 러시아는 침략적 의도를 노골적으로 드러내면서 수차례 협상을 거쳤으나 결렬되었다. 러시아와 일본의 전쟁 위험이 높아지자 한국은 1904년 1월 21일 국외 중립을 선언하였다.,

일본은 1904년 2월 6일 러시아와 외교 관계를 단절하였다. 1904년 2월 8일 저녁, 일본 전함이 랴오둥 반도의 뤼순 항[Port Arthur]에 정박한

20 AA, Korea 10, vol. 2: Promemoria vom 24. März 1902; Stingl, Werner, op. cit, p. 358.

[5-18] **1905년 5월 14일 쓰시마 해전** 우샤코브 대장이 이끄는 러시아 전투함은 격렬했던 쓰시마 해전 첫날 침몰당하였다.(블라디미르 에미셰브Vladimir Emyshev, 1905년)

러시아 군함을 공격함으로써 러일전쟁은 시작되었다.

그 다음날 일본 군대는 제물포에 상륙하여 한성으로 진군하고 한국이 국외 중립을 선언하였음에도 불구하고 한성에 침입하여 여러 건물을 점유하고 군사적 위협을 가하였다.[21] 같은 날 오후에 제물포에 정박하고 있던 일본 함대와 러시아 함대는 해전을 벌였다. 일본은 해전이 시작되고 이틀이 지난 2월 10일에야 러시아와의 전쟁을 공식적으로 선언하였다. 러시아는 계속되는 일본과의 전투에서 단 한번도 승리를 거두지 못하였다. 1904년 8월 러시아의 태평양 함대는 큰 타격을 입었으며, 1905년 2월 러시아를 지원하기 위해 발틱 함대가 아프리카의 희망봉을 돌아서 겨우 동아시아까지 왔지만 쓰시마 해전에서 전멸

21 Nahm, Andrew C., op. cit, pp. 202f.

당하였다.[22]

러일 전쟁 중 독일은 중립을 고수하였지만, 러시아쪽으로 조금 더 기울어진 중립이었다. 이는 빌헬름 2세가 러시아의 차르와 친선 관계를 유지하고 있었을 뿐만 아니라, '황인종은 위험하다'는 생각을 갖고 있었기 때문이었다.

2. 일제의 한국 강점

러일전쟁 중인 1905년 여름, 일본은 미국, 영국과 각각 가쓰라·태프트 밀약과 제2차 영일 동맹을 맺고 일본의 한국 지배를 외교적으로 보장받았다. 미국 대통령 시어도어 루스벨트(Theodore Roosevelt, 1858~1919)는 러시아와 일본이 장기간 전쟁을 수행하기 어려운 정황을 눈치채고 강화를 위한 조정에 나섰다. 1905년 9월 5일 미국의 중재로 미국 포츠머스에서 일본과 러시아는 강화 조약을 체결하였다. 조약의 주요 내용은 한국에 있어서 일본의 우월권 승인, 북위 50도 이남의 사할린을 일본에 할양할 것, 청의 승인하에 랴오둥 반도 조차권을 일본에 위양할 것 등이었다. 이로써 일본은 한국을 점령할 수 있는 국제적 승인을 얻은 것과 다름없었다.

[5-19] 시어도어 루스벨트

결국 1905년 11월 17일 일본은 한국 정부에 다음과 같은 내용을 담은 조약을 체결하도록 강요하였다.[23]

22 러일전쟁은 다음을 참조한다. Stingl, Werner, op. cit, pp. 458, 490ff; Zühlke, Herbert, *Die Rolle des Fernen Ostens in den politischen Beziehungen der Mächte 1895~1905*, pp. 262ff.

23 Kleiner, Jürgen, *Korea auf steinigem Pfad*. Berlin, 1992, p. 76; 제2차 한일협약의 내용

1. 일본 정부가 앞으로 한국의 외국에 대한 관계 및 사무를 감리, 지휘한다.
2. 한국은 일본 정부의 중개를 거쳐서만 국제 조약을 체결할 수 있다.
3. 일본 통감이 한국에 주재하여 일본을 대표한다.
4. 일본과 한국 사이에 현존하는 조약은 본 조약에 저촉되지 않는 한 효력이 계속된다.
5. 일본 정부는 한국 황실의 안녕과 존엄을 보장한다.

그러나 이와 같은 조약 내용을 한국 정부에 제시할 때 보였던 일본의 태도는 한국에서의 그들의 행태를 보여주는 듯했다. 이에 관해 이기백은 다음과 같이 묘사하였다.

> 보호조약 체결을 위해 일본은 정치계의 원로인 이토(伊藤博文)를 파견하였다. 이토는 주한일본공사(駐韓日本公使) 하야시(林權助, 1860~1939)와 함께 일본 군대를 거느리고 궁궐에 들어가서 황제와 대신들을 위협하여 일본 측의 보호조약안을 승인할 것을 강요하였다. 그러나 듣지 아니하자, 가장 반대가 심하던 참정(參政; 수상, 首相) 한규설(韓圭卨, 1848~1930)을 일본 헌병이 회의실에서 끌어내고 말았다. 그 뒤에 일본 군인이 외부(外部)로 가서 외부대신인(外部大臣印)을 가져다가 조약에 날인하여 버렸다.[24]

고종과 대신들의 강력한 반대에도 불구하고 이완용을 비롯한 을사5적을 앞세운 일본은 조약 성립을 일방적으로 공포하였다(을사조약). 이 조약의 성립으로 한국의 외교권은 일본에 완전히 박탈당하여 외국에 있던 한국 외교 기관은 모두 폐쇄되었고 미국, 청, 영국, 독일, 벨기에 등 주한 공사들은 철수하였다.

1906년 2월 1일 일본은 조약 규정에 따라 한국에 통감부를 세우고 이토 히로부미를 초대 통감으로 임명하였다. 통감부는 원래 외교 사항

은 『고종실록』(46권, 고종 42년 11월 17일)을 참조한다.

24 Lee, Ki-baek, op.cit, p. 310.

만을 관리하기로 하였으나 실제로는 일본이 필요로 하는 모든 분야를 간섭, 감독하여 한국의 모든 내정을 관장하는 기관이 되었다. 황제의 권한은 축소되었고 한국 군대의 규모도 줄었으며, 한국의 통신 기관도 일본이 장악하였다. 이로써 한국의 주권은 사실상 빼앗긴 것과 다름 없게 되었다.

【5-20】 통감부(1906년)

강압적으로 체결된 을사조약(제2차 한일협약)을 인정하지 않았던 고종은 한국에 남은 몇 안 되는 외국 공관에 도움을 요청하였지만 아무 소용이 없었다. 러일전쟁이 벌어지기 전에 고종은 신변이 위협을 받게 되면 독일 관저로 피신할 수 있는지 긴박하게 독일 변리공사인 잘데른에게 의견을 타진하였으나 그는 독일의 중립성만 주장하였다. 얼마 후 고종이 빌헬름 2세에게 개인적으로 도움을 요청하려 했을 때에도 잘데른 변리공사는 이를 막았다.[25] 이는 독일이 한국의 독립운동에 도움을 줄 수 없음을 확실히 보여주는 대답이었다. 독일은 일본과 한국의 문제에 참여하지 않는 관망자를 자청하였다.

그럼에도 특명대사였던 민철훈(閔哲勳, 1856~1925)은 1905년 11월 21일과 24일에 독일의 지원을 요청하는 고종의 친서를 독일 외무부에 전달하였다. 그러나 요청에 대한 답은 없었고, 두 차례에 걸쳐 보낸 친서는 독일 외무문서 보관소로 보내졌다.[26] 1906년 1월에는 대한

25 AA, Japan 20, vol. 2: 'Schreiben von Saldern aus Seoul an Reichskanzler Bülow vom 15. März 1905'.

26 AA, Korea 10, vol. 4: 'Schreiben von Min Cheol-hun vom 21. Nov. 1905 an das AA'; AA, Japan 20, vol. 3: 'Schreiben von Min Cheol-hun vom 24. Nov. 1905 an

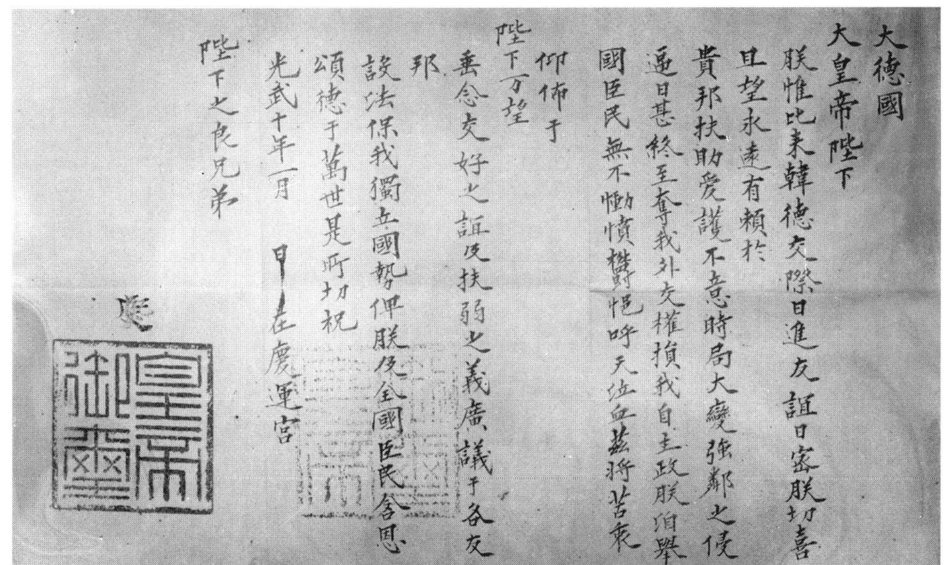

大德國
大皇帝陛下
朕惟比來韓德交際日進友誼日密朕切喜
且望永遠有賴於
貴邦扶助愛護不意時局大變強鄰之侵
逼日甚終至奪我外交權損我自主政朕洎擧
國臣民無不憤懣悒呼天泣血茲將苦衷
仰佈于
陛下万望
垂念交好之誼及扶弱之義廣議于各友
邦
設法保我獨立國勢俾朕及全國臣民含恩
頌德于萬世是所切祝
光武十年一月 日 在慶運宮
陛下之良兄弟
熙
皇帝御璽

[5-21] 고종이 독일 황제 빌헬름 2세에게 보낸 친서

제국 황실의 프랑스인 고문이었던 알폰스 트레물레(Alphonse Trémoulet, 1845~?)를 통해 세 번째로 지원을 호소하였지만, 이 친서 역시 5월 말에 독일 외무부로 전달되어 이전과 같은 방법으로 처리되었다. 두 장을 한 봉투에 넣은 이 친서는 한자로 쓰여졌으며, '독일 황제 폐하'로 시작하여 다음 내용이 이어졌다.

> 이웃 강대국(일본)의 공격과 강압이 날로 심해져 마침내 외교권을 박탈당했고 독립을 위협받고 있습니다. 우리는 하늘에 호소하고 있습니다. 짐은 폐하에게 고통을 호소하고 다른 강대국들과 함께 약자의 보호자로서 본국의 독립을 보장해 줄 수 있는 폐하의 우의를 기대합니다.[27]

그러나 이 친서도 독일의 빌헬름 2세에게 전달되지 않았다. 지원이

das AA'.

27 Emperor Gojong's Letter to German Kaiser Unearthed. At: english.chosun.com, vom 21.Feb.2008/Site/data/html_dir/2008/02/21/2008022161015.html.

필요한 긴박한 상황에서 대한제국의 황제 고종이 독일의 도움을 요청한 이유는 정확하게 밝혀지지 않고 있다. 다만 미국, 영국, 러시아는 이미 일본의 한국에 대한 지배권을 인정하였기 때문에 도움을 줄 수 있는 나라는 독일 밖에 없었다고 판단한 것 같다. 독일이 중립을 고수하며 이 전쟁에 참여하지 않았기 때문에 독일 황제의 지원을 호소한 것인지, 또는 궁내부의 궁 의전관이었던 손탁에 대한 신임이 두터워 독일에 대한 호의가 깊어서 빌헬름 2세에게 친서를 보냈는지는 알 수 없다. 이유가 어찌되었건 친서에 대한 독일의 반응은 냉담하였다. 이번에도 독일은 지원 요청을 거부하였고, '정세를 볼 때 한국 황제의 요청을 들어줄 수 없기 때문에' 고종의 친서는 빌헬름 2세에게 전달되지도 않았다.[28]

한국이 일본에게 외교권을 박탈당함에 따라 독일도 1905년 12월 2일부터 모든 외교 업무를 주일 독일 대사관이 처리하도록 하였다. 또 한성의 변리공사를 부영사로 대체하였다.[29] 을사조약 제1조에 의거하여 외국에 파견되었던 모든 한국의 사신과 영사들은 한국으로 돌아왔고, 그들이 맡았던 업무는 일본 외교관들이 인계받았다. 독일에서 한국의 이권을 대변하였던 명예영사인 마이어도 이 규정을 따라야 했으므로, 1905년 12월 15일 함부르크의 주독일 조선 영사관은 폐쇄되었다.[30]

한국의 정치에 대해 중립적이고 수동적인 자세가 특징이었던 독일과 한국의 22년의 외교 관계가 이렇게 종결되었다. 당시 한국에는 독

---

28 AA, Korea 10, vol. 5:'Notiz vom 19. Mai 1906'; Emperor Gojong's Letter to German Kaiser Unearthed. At: english.chosun.com, vom 21.Feb.2008.

29 AA, Deutschland 135: 'Schreiben des AA an Arco und Saldern vom 2. Dez. 1905'.

30 AA, Korea 10, vol. 4: 'Schreiben Inouyes vom 12. und 18. Dez. 1905 an das AA in Berlin'.

【5-22】 **한성의 전경**(1907년) 오른쪽에 독일 영사관이 보인다.

일 상사가 단 한 곳뿐이었는데, 독일 상인들의 다양한 노력이 있었음에도 불구하고 독일은 무역에서도 한국과의 교역을 확대할 필요성을 느끼지 못하였다. 독일의 동아시아에 대한 관심은 오로지 중국의 거대한 잠재 시장에만 집중되어 있었다. 그러나 독일은 자국의 안녕을 유지하기 위하여 한국과 한국을 둘러싸고 일어나는 국제 정세와 사건들에 대하여 정확하게 주시하고 있었다. 유럽에서 서로 힘을 겨루고 있던 세력들이 아시아에 관심을 두고 있었기 때문에, 한국에서 발생한 일들이 어떤 면에서는 독일에게는 반가웠다.

한국이 사실상 일본의 보호국이 된 이후에도 독일은 계속적으로 관망하는 자세를 고수하였다. 1906년 4월 독일제국의회에서는 한성의 부영사를 총영사로 승격하기로 결정하였고, 1907년부터 1914년까지 고트프리트 나이(Gottfried Ney, 1874~1952) 부영사와 그의 후임인 프리드리히 크뤼거(Friedrich Krüger, 1857~1937) 총영사는 한성에서 영사 업

【5-23】 한성의 독일 영사관

무를 담당하였다.

뷜로 독일 재상은 동아시아에서 정치적인 분쟁에 휘말리는 것을 원하지 않았다. 한국의 입장을 옹호하거나 한국 편을 들어서 독일의 입장이 곤란해지는 것을 원하지 않았고, 독일이 청에서 얻는 경제적 이익이 컸으므로 다른 열강들이 청을 침략해 전쟁이 일어나지 않기를 바랐다.[31] 독일은 일본의 정치적인 야망과 충돌하지 않는 선에서 한국과의 교역을 추진하였는데, 그 규모는 극히 작았다. 일본은 한국에서 일본 상인들에게만 특혜를 주지 않고 외국인들도 동일한 조건으로 경제 활동을 할 수 있도록 하겠다는 원칙을 독일 외무부에 전달하였다. 한국에 남은 서양 상인의 수가 매우 적었기 때문에 이와 같은 약속은 하기도 쉬웠고 이행하기도 쉬웠다. 독일은 일본이 한국을 사실상 보호국화하자 자국에 이득이 될 것이라고 생각하였다. 일본에 의해 한국

31 Stenographische Berichte, 9. Legislaturperiode, 1906. vol. 128, 117. Sitzung, 14. Nov. 1906, pp. 3628.

[5-24] 한성 주재 미국 공사관 앞에 선 외교사절단(1905년 5월 23일) 왼쪽부터: 고든 패독(미국 공사관 서기관 겸 총영사), 필립스 대위(영국 친위대 사령관), 해밀턴 홈스(영국 공사관 비서), 포터(영국 공사관 비서), 레옹 뱅카르(벨기에 총영사), 존 뉴웰 조던 경(영국 변리공사), K. T. 쳉(청 전권대사), 호러스 뉴턴 알렌(미국 전권공사), 빅토르 콜랭 드 플랑시(프랑스 공사), 콘라트 폰 잘데른(독일 변리공사), 청 서기관

이 경제적으로 발전하게 되면 한국과의 무역 규모가 작더라도 독일이 간접적으로라도 이득을 취할 수 있을 것이라고 여겼다. 이런 입장을 강하게 지지하였던 잘데른 한성 주재 변리공사는 한국의 관리들을 긍정적으로 평가하지 않았다.

> 졸기만 하고 뇌물로 매수할 수 있으며 자리를 지키지 않는 한국의 관리를 부지런한 일본인으로 교체하는 것은 이 나라에 손해가 아니다. 일본이 경찰권을 이양 받았다. 이는 한국에 손해가 아니다. 한국의 경찰은 제멋대로, 뇌물에 의해, 협박을 하며 일하는 게 다반사다. 우리 독일인들은 차분히 보기만 하면 되고 새로운 질서에서 득을 보면 된다.
>
> Nicht zum Schaden des Landes werden die schläfrigen und gänzlich bestechlichen koreanischen Beamten, von denen man nie jemanden auf seiner Amtsstube anwesend fand, durch japanische fleißige

[5-25] 의병(1907년)

Beamte ersetzt. Die ganze Polizei wird von Japan übernommen. Das ist kein Schaden für das Land. In Willkür, Bestechung, Erpressung besteht die wesentlichste Beschäftigung der koreanischen Polizei. Wir Deutschen können ruhig zusehen und aus der Neuordnung der Dinge Nutzen ziehen.[32]

독일을 비롯한 서양 열강들은 한국이 일본의 보호국이 된 것이 한국의 경제 발전에 도움이 될 것이므로 환영할 만한 일이라고 평가하였지만, 한국 국민들은 당연히 크게 반발하였다. 한성에서 뿐만 아니라 전국 곳곳에서 을사조약에 반대하는 항일 운동이 일어났다. 조약의 파기를 주장하는 상소와 연설이 계속되었고, 시위와 철시가 행해졌으며 심지어 울분을 이기지 못하고 자결하는 사람들도 많았다.[33] 일본의 통제에도 불구하고 언론들은 조약의 부당함을 국내외에 알렸다. 또한

32 AA, Japan 20, vol. 1: 'Schreiben Salderns aus Seoul vom 27. April 1905'.

33 Kleiner, Jürgen, op. cit, p. 77; Lee, Ki-baek, op. cit, p. 311.

의병이 각처에서 봉기하여 무력으로 항쟁하기도 하였다. 그러나 이러한 항의에도 불구하고 일본의 정책은 바뀌지 않았고, 서양 열강들도 한국의 독립을 위해 애쓰지 않았다.

【5-26】 헤이그 특사 왼쪽부터: 이준, 이상설, 이위종

1906년 1월 29일 고종은 친서를 작성하여 기사화함으로써 공개적으로 조약의 무효를 선언하였고 서양 열강의 도움을 호소하였다. 이 친서는 1906년 말에 『런던 트리뷴』에서 기사화되었고, 1907년 초에 『대한매일신보』에 실렸다. 고종은 주권을 되찾기 위한 외교적 노력을 멈추지 않았다. 1907년 6월 헤이그에서 열린 제2차 만국평화회의에 이준(李儁, 1859~1907), 이상설(李相卨, 1870~1917), 이위종(李瑋鍾, 1887~?)을 특사로 보내 한국의 독립을 호소하도록 하였다.[34] 그곳에서 기자 몇 명은 이들을 후원해 주었지만 한국은 일본의 보호국으로 외교권이 없었으므로 회의에 참석할 자격이 없다며 회의장에 입장하지도 못하였다. 아이러니하게도 조약의 부당함과 한국의 독립을 한국의 특사들이 호소하고자 했지만, 독립국이 아니라는 이유로 입장할 수 없었다.

헤이그 특사의 임무가 실패한 후 일본은 한국에 대한 지배력을 더 강하게 행사하기 시작하였다. 1907년 7월 19일 일본의 강요로 고종은 퇴위하였고, 황태자인 순종(純宗, 1874~1926)이 즉위하였다. 의지도 박약하고 군왕으로서의 교육도 충분히 받지 못한 순종은 일본의 꼭두각시가 되었다.

고종의 퇴위에 대한 독일의 일반적인 의견은 주일 독일 대사였던 필

34 Lee, Ki-baek, op.cit, p.311.

립 알폰스 프라이헤르 뭄 폰 슈바르첸슈타인 (Philipp Alfons Freiherr Mumm von Schwarzenstein)이 1907년 7월 26일 뷜로 재상에게 보낸 편지에서 잘 알 수 있다.

【5-27】 순종(1909년)

> 고종 황제의 퇴위는 일본의 계획에서는 큰 비중을 차지하지 않는 것으로 보입니다. 일본 정부가 중요하게 생각하는 것은 한국에 대한 실질적인 주권 행사입니다. 누가 대한제국의 황제가 되든 일본은 상관이 없으며, 지금까지 외교권을 박탈하여 행사하였던 것과 같이 앞으로 내정도 지휘할 수 있으면 그만이라 생각하고 있습니다. …… 독일의 이해와 관련해서는 일본이 하는 대로 지켜보면 될 것 같습니다. 한국의 운명은 러일전쟁이 끝났을 때, 그리고 1905년 11월 조약의 체결로 인해 정해졌습니다. 지금 벌어지는 일들은 앞서 있었던 사건들의 결과들일 뿐입니다. 이미 완결된 사실들을 우리는 받아들여야 합니다. 감성 정치는 재상의 성향에 맞지 않습니다. 그러나 한국인과 한국에 대해 동정을 갖기도 힘듭니다. '스스로를 도와라, 그러면 하느님이 곁에 있어주리라' 란 기본 원칙을 이 약한 민족은 진지하게 실행하려고 노력조차 하지 않았습니다. 일이 이렇게까지 진전되었기 때문에 일본이 한국의 주권을 얻어 이 나라의 통치에 대한 완전한 책임을 맡는 것이 더 낫다고 생각합니다. 그렇게 되면 한국에서 그다지 큰 규모는 아니지만 무역을 하고자 할 때 적어도 누구와 이야기를 나눠야 하는지 알 수 있으니까요. 상황은 해결되었습니다.
>
> In dem japanischen Programm hat, wie ich glaube, die Absetzung des Kaisers nur eine nebensächliche Rolle gespielt. Worauf es der japanischen Regierung ankommt, ist die tatsächliche Ausübung der Herrschaft in Korea. Wer nominell den koreanischen Kaiserthron einnimmt, ist für Japan ziemlich gleichgültig, sofern es nur in

Zukunft dort die innere Haltung ebenso kontrolliert, wie schon bisher die äusseren Angelegenheiten. ……
Soweit unsere deutschen Interessen in Frage kommen, glaube ich, dass wir gleichmütig dem Vorgehen Japans zuschauen können. Das Schicksal Koreas war durch den Ausgang des russisch-japanischen Krieges und durch die Konvention von November 1905 besiegelt. Was sich jetzt ereignet, sind lediglich Folgeerscheinungen jener Ereignisse. Mit der vollendeten Tatsache haben wir uns abzufinden. Gefühlspolitik zu treiben dürfte Euerer Durchlaucht Neigungen schwerlich entsprechen. Aber selbst Mitleid kann man kaum mit dem koreanischen Volke und seiner Dynastie haben. "Hilf Dir selbst und Gott wird Dir beistehen" ist ein Grundsatz, den jenes schwächliche Volk in der Gegenwart niemals auch nur ernstlich versucht hat in die Praxis zu übersetzen. Nachdem die Dinge einmal so weit gekommen sind, ist es, glaube ich besser, dass reiner Tisch gemacht wird, indem Japan die volle und ungeteilte Kontrolle über Korea und damit auch die volle Verantwortung für die Regierung dieses Landes übernimmt. Wir wissen dann wenigstens, an wen wir uns wegen unserer übrigens nur geringfügigen Handelsinteressen in Korea zu halten haben.[35]

아직 정확하게 밝혀지지 않았지만, 독일과 대한제국 사이에는 정치적·경제적 관계 보다는 개인적으로 연관되어 있는 부분이 있다.

경제적 목적보다는 정치적으로 독일이 일본을 지원하고자 하는 의도에서 나이 부영사는 1906년에 더럼 화이트 스티븐스(Durham White Stevens, 1851~1908)[36] 고문을 통해 이토 히로부미 통감에게 고종의 비

35 AA. Korea 1, vol. 37: 'Bericht von Mumm von Schwarzenstein an Reichskanzler Bülow vom 26. Juli 1907'.

36 더럼 화이트 스티븐스는 미국 외교관으로, 1883년부터 일본 외무성에서 일하였고, 1904년 한국 정부의 외교고문이 되었다. 1908년 3월 미국 기자회견에서 한국에 대한 일본의 보호정치를 정당화하고 지지하는 발언을 하자 이에 격분한 장인환(張仁煥,

밀 개인 계좌에 대한 정보를 알려주었다(이는 오늘날 스위스 은행의 비밀 계좌와 같은 것이다.). 독일은 이런 비밀 정보를 누출한 것에 대해 한때 죄책감을 느끼기도 했지만, 이를 해소해 줄 만한 사건이 얼마 지나지 않아 발생하였다. 이와 관련하여 크뤼거 총영사가 다음과 같이 말하였다.

> (개인 계좌에 대한 정보를 알린 것) 올바른 처사였음이 밝혀졌다. 얼마 지나지 않아 한국 정부의 한 관계자가 이토에게 고종 황제의 비밀 계좌를 폭로하였다. 그러나 이토 통감은 이미 독일로부터 통보 받아 그 사실을 알고 있었기 때문에 독일 황제가 일본 뒤에서 다른 짓을 한다는 비난을 면할 수 있었다.
> Dieser Schritt (die Preisgabe des Privatkontos) sollte sich bald als richtig erweisen, denn kurze Zeit darauf hinterbrachte ein in Ungnade gefallener koreanischer Palastbeamter dem Marquis Ito die Depotgeschichte, so dass letzterer deutscherseits schon vorher unterrichtet war, und der hiesigen Amtsstelle der mögliche Vorwurf erspart geblieben ist, mit dem Kaiser hinter dem Rücken der Japaner Durchsteckereien zu treiben.[37]

1903년(또는 1904년) 고종은 잘데른 주조선 독일 공사와 상하이 덕화은행의 부제(Buse) 은행장의 도움으로 베를린에 있는 디스콘토게젤샤프트 은행에 개인 계좌를 개설하였다. 1906년 12월 31일 비자금의 규모는 518,800마르크였다.[38]

고종은 일본에게 재산을 몰수당하지 않기 위해 해외 계좌를 개설했을 뿐만 아니라 한성과 칭다오의 부동산에도 투자하였다. 1906년

1875~1930)과 전명운(田明雲, 1884~1947)에 의해 캘리포니아주 오클랜드역에서 살해되었다.

37 AA, Korea I, vol. 37: 'Schreiben Konsul Krügers aus Seoul an Botschafter Mumm von Schwarzenstein in Tokio vom 7. Okt. 1907'.

38 AA, Korea I, vol. 37: 'Englische Übersetzung eines Schreibens von Krüger aus Seoul vom 17. Juli 1907 an Marquis Itō Hirobumi'.

말 고종은 한성에 있는 프랑스 총영사관의 땅과 건물 그리고 내부 시설물들을 일화 250,000엔에 구입하였다. 서대문 앞에 있는 유럽풍으로 지어진 집 두 채도 고종의 개인 재산이었지만, 이는 모두 궁 의전관인 손탁의 소유로 등록되었다. 고종은 칭다오의 부동산에도 투자하려 했지만 당시 독일군 대위였던 에른스트 크뢰벨에게 사기를 당하였다. 이와 관련하여 크뢰거 총영사는 다음과 같이 기록하고 있다.

[5-28] 상하이의 덕화은행(1895년)

손탁 궁 의전관이 약 2년 전 유럽에 장기 체류할 동안 칭다오의 크뢰벨 대위의 아내가 손탁의 일을 맡아줬다(1905~1906). 크뢰벨 대위도 잠깐씩 서울에 왔다. 그는 고종에게 칭다오에 있는 자신이 소유한 땅을 사도록 설득하였다. 크뢰벨은 60,000엔을 현금으로 받아 칭다오로 갔다. 고종은 칭다오의 땅을 손탁 궁 의전관의 이름으로 등록하라고 명하였다. 그때까지만 해도 손탁은 이 일에 대해 모르고 있었다. 1907년 봄 칭다오에 거주하고 있던 레만 제국판사가 한성으로 휴가를 왔을 때 고종은 그 땅이 손탁의 이름으로 등록되었는지 물었지만, 그 땅은 크뢰벨의 소유가 아니었기에 손탁의 이름으로 이전되지 않았다고 레만은 답하였다. 오늘까지 이와 관련하여 어떤 진전도 없다. 크뢰벨 대위가 고종의 돈 60,000엔을 사기친 것 같다. 일본인들이 이 사건에 대해 알게 되면 칭다오에서 시끄러운 일이 발생할지도 모른다.

Als die bekannte Palastintendantin Fräulein Sontag vor ca. 2 Jahren für längere Zeit in Europa weilte, wurde sie auf ihrem hiesigen Posten durch die Ehefrau eines Hauptmanns a.D. Kroebel aus Tsingtau vertreten [1905-1906]. Hauptmann a.D. Kroebel selbst hielt sich auch wiederholt vorübergehend in Seoul auf. Er hat den Ex-Kaiser

[5-29] 칭다오(1909년)

zu beschwatzen gewusst, ein angeblich Kroebel'sches Grundstück in Tsingtau käuflich zu erwerben. Zu besagtem Zweck soll p. Kroebel im ganzen 60.000 Yen bar erhalten und nach Tsingtau mitgenommen haben. Es war Weisung ergangen, das Grundstück auf Namen von Fräulein Sontag, die hiervon derzeit aber nichts wusste, einzutragen. Wie der im Frühjahr 1907 auf Urlaub in Seoul anwesende Kaiserliche Richter Dr. Lehmann aus Tsingtau, der zur Sache befragt wurde, an Fräulein Sontag geschrieben hat, war bis Ende Juni d. Js. die Überschreibung des fraglichen Grundstückes, über welches dem p. Kroebel übrigens durchaus kein Verfügungsrecht zusteht, nicht erfolgt. Auch heute ist noch nichts veranlasst. Um die 60.000 Yen wird der Ex-Kaiser wohl durch den edlen Hauptmann a.D. gebracht worden sein. Vielleicht hat die Affaire noch einmal ein kriminelles Nachspiel in Tsingtau, falls die Japaner erst dahinterkommen.[39]

39 AA, Korea I, vol. 37: 'Schreiben Konsul Krügers aus Seoul an Botschafter Mumm von Schwarzenstein in Tokio vom 7. Okt. 1907'.

그러나 그 후 이 사건이 어떻게 전개되었는지 독일의 외교 문서에 더 이상 언급되지 않은 것으로 보아 어떠한 일도 일어나지 않았던 것으로 판단된다.

헤이그 특사 파견으로 인해 하야시 곤스케 대사가 한국에 파견되었다. 하야시 곤스케는 고종의 비자금에 대해 바로 조사에 착수하였고, 이에 관해 크뢰거에게도 문의하였다. 얼마 지나지 않아 독일 영사관에 고종의 비자금 인출 요구 편지가 도착하였고, 베를린의 외교부는 이에 응해 주조선 독일 영사관이 돈을 지급해줄 것을 명하였다. 그러나 독일은행 측에서는 계좌 주인의 서면 해지 요청 없이는 예금을 지급할 수 없다면서 지급을 거부하였다. 일본의 압력을 받은 고종은 결국 1907년 11월 14일 서면으로 계좌 해지 요청을 보냈다. 당시 유럽의 금융시장은 위기에 처해 있었는데, 상하이의 덕화은행은 적자를 면하기 위한 자구책으로 유가증권을 현금화하는 것을 1908년 8월까지 미뤘고, 그 이후에 독일 영사관으로 돈을 보냈다. 수수료를 뺀 총 249,767.28엔을 1908년 3월 24일과 7월 13일 두 번으로 나눠서 한국의 경제부에 지급하였다. 이 일도 문서로 기록되어 보관되었다.[40]

일본은 오래전부터 계획하였던 한국의 강점을 위해 꾸준히 일을 진행하고 있었다. 1907년 7월 24일 일본은 7개 조항을 넣은 한일신협약(정미7조약)을 한국과 체결하여 통감이 법령 제정권, 고위 관리 임명권, 행정권 등을 갖도록 하여 통감의 권한을 크게 강화하였다. 일본이 한국의 행정부에 대한 권한도 획득하게 되면서 한국은 더 이상 일본의 동의 없이는 법과 규정을 제정할 수 없었고, 관리를 임명 또는 해고할 수도 없었으며, 행정조치를 자체적으로 이행할 수 없었다. 또한 고문

40 AA, Korea, vol. 37: 'Schreiben Krügers an die Deutsch-Asiatische Bank in Shanghai vom 2. Nov. 1907, Schreiben Krügers an Bülow vom 15. Nov. 1907, Schreiben von Wendschuch an Bülow vom 18. Aug. 1908'.

제도를 없애고 각 부의 차관 이하 관리에 일본인을 다수 임명하도록 하였으며, 경비 절감을 이유로 한국의 군대를 해산하였다.

[5-30] 안중근

해산된 부대들은 일본 군대와 시가전을 벌였으나 패배하고, 지방으로 내려가 의병에 가담하여 무력 항쟁을 전개하였다. 의병 활동 외에도 국내외에서 매국노와 일본 침략자를 처단하는 의거 활동이 전개되었다. 나철(羅喆, 1863~1916), 오기호(吳基鎬, 1865~1916) 등은 을사조약을 주도한 을사 5적을 처단하려 하였으며, 1909년 10월 26일 안중근(安重根, 1879~1910) 의사는 만주의 하얼빈에서 초대 통감인 이토 히로부미를 사살하였다. 또한 애국 계몽 단체들이 조직되어 국민의 실력을 키우고 애국심을 높이려는 활동을 여러 분야에서 전개하였다. 그러나 국권을 지키려는 노력들은 일본의 탄압으로 위축되었다.

한국의 비극의 마지막 장이라고 할 수 있는 한일병합은 1910년 5월 통감으로 임명된 데라우치 마사타케(寺内正毅, 1852~1919)[41]에 의해 이루어졌다. 데라우치는 새 통감으로 부임하기 전에 일본에서 경찰권을 위양받는 조약을 체결하고 한국에 왔다. 그는 일본 헌병을 증원하여 경찰 업무를 담당하게 하였으며, 신문 등의 발행을 중지시켜 한국 국민에게 정보를 제공하지 못하도록 하였다.

[5-31] 데라우치 마사타케

러일전쟁이 일어나기 전에 이미 서울에서는 친일파가 조직화되었는데, 1904년 8월 18일에 일본군의 통역이었던 송병준(宋秉畯, 1858~1925)이 유신회를 조직하여 일진회로 이름을

41 데라우치 마사타케는 일본의 군인, 정치가로 1901년 일본 육군장관을 역임하고 1910년 한일합병 후 초대 조선 총독을 지냈다. 1916년 10월 9일부터 1918년 9월 29일까지 일본의 제18대 총리로 한국과 중국에서 일본의 제국주의 정책을 수행하였다.

바꾸었다. 그는 동학교도인 이용구(李容九, 1868~1912)가 조직한 진보회와의 합동을 추진하여 같은 해 12월 2일에 진보회를 흡수하여 일진회에 통합하였다.

[5-32] 이용구

일진회 회원들은 한국이 쇄국 정책을 끝내고 경제적으로 발전하기 위해서는 일본과의 관계가 필수적이라고 주장하였다. 가장 열성적인 지지자는 이완용(李完用, 1858~1926)이었다. 1906년 이토 히로부미 통감은 이완용을 총리대신으로 임명하였고, 이완용은 고종의 퇴위를 강요하는 작업에서 핵심적인 역할을 하였다. 1910년 이완용은 다시 한번 일본이 쓴 각본에 따라 한국을 둘러싼 비극에서 주인공 역할을 맡았다. 새 통감인 데라우치 마사타케는 이완용과 함께 한일병합 조약문을 준비하였고, 이완용은 총리대신 자격으로 조약에 서명하였다. 그에 대한 보상으로 일본은 이완용에게 백작(伯爵) 지위를 내렸고, 1921년에는 후작(侯爵)을 주었다. 그러나 한국 국민들은 그를 최악의 매국노로 불렀다.

[5-33] 이완용

마침내 1910년 8월 22일 대한제국은 공식적으로 일본에 병합되어 주권을 잃었다. 8월 29일에 순종은 폐위당하고 주권을 일본에 넘긴다는 공포를 하도록 강요받았다.[42] 한일병합조약이 반포되면서 519년 동안 지속되었던 조선 왕조가 사라졌다. 일본은 한국이 다른 국가들과 체결하였던 모든 조약을 무효로 하였다. 유럽 언론들이 일본의 처사에 대해 거의 동조하지 않았음에도 불구하고 독일은 다른 열강들과의 공동 행동을 포기하였고 한일병합에 대해 전혀 이의를 제기하지 않았다. 독일

42 Lee, Gi-baek, op.cit, pp.309~312; Kleiner, Jürgen, op.cit, pp.77f; Nahm, Andrew C., op.cit, pp.214~219.

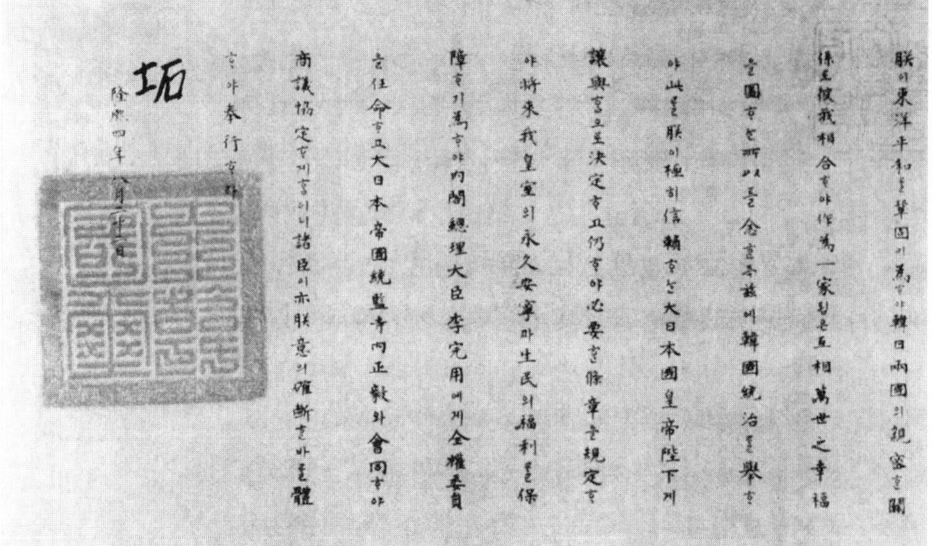
朕이東洋平和를鞏固히爲하야韓日兩國의親密한關
係로彼我相合하야作爲一家함은互相萬世之幸福
을圖하난所以를念하고玆에韓國統治를擧하
야此를朕이極히信賴하난大日本國皇帝陛下께
讓與하기로決定하고仍하야必要한條章을規定하
야將來我皇室의永久安寧과生民의福利를保
障하기爲하야內閣總理大臣李完用에게全權委員
을任命하고大日本帝國統監寺內正毅와會同하야
商議協定하게하이니諸臣이亦朕意의確斷한바를體
하야奉行하라
隆熙四年八月二十二日
坧

[5-34] **한일병합조약문**(1910년 8월 22일) 이완용이 서명하고 순종의 옥새가 찍혔다.

과 한국의 무역 규모가 워낙 작았기 때문에 한일병합으로 인하여 무역에 대한 피해가 거의 없을 것이라고 판단하였기 때문이다. 그러면서도 독일은 일본과 한국의 병합을 공식적으로 인정하지는 않았다.[43]

제1차 세계대전으로 일본이 독일에 전쟁 선포를 하였을 때 크뤼거 총영사는 1914년 8월 26일 한성의 독일 영사관을 닫았다. 한성에 있는 미국 총영사관에서 한성에 체류하고 있던 독일인들을 돌봤다. 1918년 전쟁에 패하면서 독일의 동양에서의 경제 활동도 끝났다. 이미 제1차 세계대전 초기에 독일의 중국 식민지인 자오저우만은 일본에 넘어갔다. 1919년 6월 28일 베르사유 조약이 체결되고 얼마 지나지 않

43 AA, Japan, vol. 22: 'Schreiben des AA an seine Vertretungen in Tokio, Paris, London, Washington und Seoul vom 9. Nov. 1910, Schreiben Chindas an Staatssekretär Alfred von Kinderlen-Wächter vom 9. Dez. 1910'; *GPEK*, vol. 32, p. 145.

아 독일은 일본과 다시 외교 관계를 맺었고, 1920년 8월 10일 빌헬름 솔프(Wilhelm Solf, 1862~1936)는 초대 주일 독일 대사가 되었다.

베네딕도 수도회의 원장 사우어 신부를 비롯하여 베네딕도 수도회 소속 신부들이 한국에서 계속 선교 활동과 교육 활동을 펼치면서 주일 독일 대사관과 연락을 취했기 때문에 독일은 간접적으로 한국과 접촉을 다시 시작하였다. 1921년에 독일 외무부의 동아시아부가 한성에 영사관을 설치할 것을 고려하였고, 마침내 1928년 6월 13일에 한성에 독일 영사관을 세웠다. 그러나 1930년 봄에 영사관이 다시 폐쇄되면서 한국과 관련된 업무는 랴오둥 반도의 다롄에서 맡게 되었다.

1954년 10월 한국 정부는 독일 레마겐에 소규모의 상공회의소를 설치하였고, 1955년 12월 독일과 대한민국의 공식적인 외교 관계가 시작되자 상공회의소를 총영사관으로 변경하였다. 1956년 8월에는 주독 한국 총영사관이 쾰른으로 이전하였으며, 1956년 8월 8일 독일연방공화국은 서울에 총영사관을 설치하였다. 1958년 양국은 총영사관을 대사관으로 승격하였다.[44]

44 Köllner, Patrick., "Die deutsch-koreanischen Beziehungen von 1945 bis zur Gegenwart", Below, Johannes (Ed.), *Deutsche Schulen in Korea. Die deutsch-koreanischen Beziehungen im Überblick.* Waegwan, 1998, *Deutsche Schulen in Korea*, p. 77.

6장

1910년까지 한국에 온 독일인

1883년 11월 26일 월요일, 독일의 일본 주재 총영사 차페와 조선의 독판교섭통상사무 민영목은 한성에서 조독수호통상조약에 서명하였다. 이 조약으로 독일과 조선은 공식적인 수교를 맺었다. 그러나 22년 후인 1905년 11월 17일 금요일, 을사조약으로 조선이 일본에게 외교권을 강탈당함에 따라 독일과 조선의 외교 관계는 종결되었다.

독일인과 한국인은 공식적인 외교 관계를 맺기 전에 접촉이 있었으며, 수교 후에는 독일인들이 한국에서 거주하고 일을 하였다. 외교 관계가 종결된 후에도 독일인들은 한국을 방문하였다. 1910년 8월 22일 한국은 주권을 강탈당하고 일본의 식민지가 되었고, 이후 오랫동안 독일과 한국은 외교적 접촉이 중단되었다.

독일인이 처음 한반도를 밟은 순간부터 대한제국이 주권을 잃을 때까지 300명 이상의 독일인이 한국을 짧게 방문하거나 한국에서 일을 하고 거주하였다. 미국인과 영국인의 수와 비교하면 극히 적지만 이들을 이 책에서 다루는 이유는 바로 이 독일인들이 독일과 한국의 관계를 형성하고 특징짓는 데 큰 역할을 하였기 때문이다. 물론 다른 사람들에 비해 상대적으로 보다 덜 중요한 역할을 한 사람들도 상당수 있

[6-1] **대한제국 황제의 가족**(1918년) 왼쪽부터: 의민태자(1897~1970, 영친왕이라 불림. 고종의 일곱째 아들로 대한제국의 마지막 황태자), 순종(고종의 둘째 아들로 대한제국의 마지막 황제), 고종, 복녕당 귀인 양씨(1882~1929, 고종의 후궁이며 덕혜옹주의 생모), 덕혜옹주(1912~1989, 고종의 넷째 딸)

음은 말할 나위도 없다. 그렇지만 여기에서는 그 역할이 미미했던 사람이라도 모두 언급하고자 한다. 독일인들이 한국을 방문하거나 장기간 체류하게 된 이유는 각기 달랐다. 이 장에서는 그들을 다음과 같이 분류하여 정리하였다.

1. 외교관, 공관 소속 직원
2. 한국 관청의 관리
3. 군인과 귀족
4. 상인, 엔지니어, 광원
5. 교수, 교사, 학자

6. 신부, 수사신부(修士神父), 수사(修士)
7. 모험가, 여행가, 작가
8. 민간 선박 선원
9. 기타
10. 가족

이 목록은 25년 가까이 이 주제를 연구하고 인물들을 찾는 작업을 계속해온 필자의 연구 결과물이다. 이 목록은 아직 완성되지 않았다. 그러나 1910년까지 한국을 잠시라도 방문하거나 한국에서 생활하였던 대부분의 독일인이 이 목록에 포함되어 있다고 필자는 자신 있게 말할 수 있다.

이 목록에 포함된 독일인들은 사료에 한 번 이상 언급된 사람들이다. 그런 이유로 정기적으로 자오저우만과 한국의 여러 항구를 왕래하였던 독일 선원들은 이 목록에 넣지 않았다. 또한 이민을 가서 다른 국적을 취득한 독일인들도 이 목록에 넣지 않았다. 같은 이유로 묄렌도르프의 요청에 따라 1884~1885년 한강의 백사로 유리를 만들려고 했던 독일 태생의 미국인 로젠바움도 이 목록에서 언급하지 않았다.

어떤 독일인은 정보가 많지만 어떤 독일인은 정보가 현저히 적은데, 한국에서 체류한 기간과 활동에 비례한다. 필자는 다양한 경로를 통해 이 독일인들의 인적 사항을 알아내려 노력하였다. 독일인들에 대한 참고문헌은 인물의 인기도에 비례하는데 한국에서 인기 있었던 독일인들에 관한 참고문헌은 많았다.

몇몇 독일인은 한국에서 새로운 이름을 갖기도 했는데 한자로 표기하였다. 이 장의 '3. 군인과 귀족' 목록에서는 해당 인물의 최종 직급을 적었고, 직급을 구체적으로 알 수 없는 경우에는 육군 장교 또는 해군 장교로 표시하였다. 독일에 관한 연구를 하고 있는 학자들의 수고를 덜어주기 위해 각 독일인이 언급되었던 문헌과 한국에 관해 언급되었던 문헌을 해당 인물 소개의 말미에 적었다. 물론 여기에 모든 문헌을 나열한 것은 아니다. '10. 가족' 목록에서는 몇몇 인물을 제외하고는 각 독일인에 대한 자세한 설명이나 참고문헌을 적지 않았다. 그보다는 가족 중 '주요 인물'에 집중하였고, 대신 가족관계를 밝혔다.

[6-2] **일본 공관의 정원에서 찍은 단체 사진**(1903년 6월 6일) 뒷줄 왼쪽부터: 알렉산더 파블로프(러시아 공사), 모나코 여사(이탈리아 변리공사 아틸리오 모나코의 아내), 레옹 뱅카르(벨기에 총영사), 구스타부스 카운트 드 슈타켈베르크(러시아 함대 사령관), 존 뉴웰 조던 경(영국 변리공사), 빅토르 콜랭 드 플랑시(프랑스 공사, 오른쪽), 드 라벤(러시아 대령, 조던과 플랑시 앞에 서 있다). 앉아 있는 여자들 왼쪽부터: 마리 뱅카르 양(딸), 마리 뱅카르 여사(엄마), 드 라벤 여사, 파블로프 여사, 엘리즈 뱅카르 양. 앞줄 왼쪽부터: 하야시 곤스케(일본 공사), 고든 패독(미국 총영사), 콘라트 폰 잘데른(독일 변리공사), S. 하기와라(일본 공사관 서기관)

1. 외교관, 공관 소속 직원

(1) 조선에 체류한 외교관, 공관 소속 직원

Bern, Fritz Heinrich (베른, 프리츠 하인리히)

1903~1910년에 서기관 보조로 일하였고, 1910~1914년에는 한성 주재 영사관에서 서기관으로 근무하였다. 1907년 12월 28일에 그동안의 공로를 인정받아 순종으로부터 훈5등을 하사 받았다. 일본과 한성의 독일 공관이 폐쇄된 이후 1914년 8월 말에 독일 대사관과 영사관의 다른 직원들과 함께 미네소타호를 타고 미국으로 갔다.

주요 참고문헌

D&C: 1904~1914.
"Deutsche Beamte in Japan", *OL*, vol. 28, zweite Hälfte, Juli bis Dez. 1914, no. 36, p. 244.
JD: 1911~1914.
『순종실록』 1권, 순종 즉위년 12월 28일 1번째 기사.

Brinckmeier, Robert Hans Carl (브링크마이어, 로베르트 한스 카를)

생몰: 1840. 10. 6 독일 볼펜뷔텔~1930. 4. 24 한국 제물포

이칭: 卜隣美(복인미)

직업: 외교관

1897년 3월 5일부터 1910년까지 한성 주재 독일 공관의 서기관으로 활동하였다. 1907년 12월 28일에 그동안의 공로를 인정받아 순종으로부터 훈5등을 하사 받았다. 공관을 그만 둔 후에도 일본인 아내 하추(1937년 제물포에서 사망)와 딸 테레사와 함께 한국에 거주하였다. 90세의 나이로 사망하여 인천외국인묘지에 안치되었다. ➡ '6장 2. 한국 관청의 관리' 참조

주요 참고문헌

Allen, p. 52.
D&C: 1898~1910.
Goosmann, Rudolf, "Es begann mit einem Telegramm", *Koreana*, vol. 7, no. 3(1976), p. 17~19.
The Korea Review, vol. 3, no. 11 (Nov. 1903), pp. 507~509: News Calendar.
Meiklejohn's: 1889, 1890.
『舊韓國外交文書』, 德案 2: no. 1876, 1962, 1978, 2929.
『순종실록』 1권, 순종 즉위년 12월 28일 1번째 기사.
인천외국인묘지 브링크마이어의 묘비.

Budler, Hermann (부들러, 헤르만)

생몰: 1846. 7. 28 독일 아렌스베르크(메클렌부르크 지역)~1893. 11. 18 중국 광저우

이칭: 卜德樂(복덕락)

직업: 통역관, 외교관

1883년 10월 13일부터 12월 9일까지 조선과의 조약 체결 협상을 맡은 주일본 독일 총영사 차페의 통역관으로 일본 요코하마에서 조선으로 왔다. 1883년 10월 24일 라이프치히호를 타고 제물포항에 도착하였고, 부들러는 독일과 조선의 조약 협상에 참석하였다. 조약을 성공적으로 체결한 다음 1883년 12월 1일 일본으로 돌아갔다.

[6-3] 1885년 영사관에서의 헤르만 부들러(오른쪽)

1884년 6월 24일 조선 주재 부영사의 자격으로 다시 조선에 왔는데, 총영사 젬부쉬가 1884년 10월 14일 업무를 시작할 때까지 그를 내신하여 영사 업무를 맡았다. 그리고 총영사 젬부쉬가 떠난 후 후임인 켐퍼만이 도착할 때까지 1885년 8월 11일부터 1886년 5월 17일까지 한 차례 더 조선에서 영사 업무를 수행하였다. 1893년 11월 18일 중국 광저우에서 자살하였다.

주요 참고문헌

AA, Korea I, vol. 3: 'Schreiben aus Chemulpo vom 18. Okt. 1884'.

AA, Korea I, vol. 5: 'Notiz vom Mai 1885 betreffend den Kaiserlichen Dolmetscher Vizekonsul Hermann Budler'.

AA, 'Kurzbiographie Hermann Budler'.

Allen,' pp. 15, 20, 52.

"Aus Korea", *Kölnische Zeitung*, no. 205, 26. Juni 1885.

D&C: 1885 ~ 1886.

Deuchler, Martina, *Confucian Gentlemen and Barbarian Envoys. The Opening of Korea, 1875 ~ 1885*, Seattle, London, 1977, pp. 170, 272: footnote 59, 284: footnote 55.

Kleiner, Jürgen, "Paul Georg von Möllendorff. Ein Preuße in koreanischen Diensten", *ZDMG*, Sonderdruck, vol. 133, no. 2, Wiesbaden 1983, pp. 343 ~ 434.

Kim, Dalchoong, *Korea's Quest for Reform and Diplomacy in the 1880's: with special reference to Chinese Intervention and Control*. Phil. Diss., Medford, 1972, p. 335.

"Korea", *ÖMO*, vol. 11, no. 2, 15 Feb.1885, pp. 25 ~ 29, 56 ~ 61.

Mayet, Paul, "Ein Besuch in Korea im October 1883", *MOAG*, vol. 4, no. 3(Sept. 1884), pp. 18 ~ 28.

Meiklejohn's: 1886.

OL, vol. 6, 17. Jun. 1892, p. 578: PN; vol. 8, 1. Dec. 1893, p. 141: PN.

『舊韓國外交文書』, 德案 1, no. 23, 30, 32, 35, 39.

Claassen, H. (클라센, H.)

직업: 영사관 직원

몇 달간 조선 해관에서 일한 후, 1885~1887년에 조선 주재 독일 영사관의 경비로 일하였다. ➾ '6장 2. 한국 관청의 관리' 참조

주요 참고문헌

AA, Korea I, vol. 7: 'Bericht Budlers aus Seoul an Bismarck vom 9. Dez. 1885'.
"Aus Korea", *Kölnische Zeitung*, 5 Jan. 1886.
D&C: 1886~1887.
Meiklejohn's: 1886, p. 119.

Claer, Alexander Karl August von
(클래어, 알렉산더 카를 아우구스트 폰)

생몰: 1862. 6. 11 독일 단치히(현재 폴란드 그단스크)~1946. 8. 11 독일 투칭엔

직업: 군인, 무관

주청 독일 공관 소속의 무관으로 1904년 2월 러일전쟁이 발발하고 몇 주 지난 후에 주청 독일 공관의 무관직은 유지하면서 주한국 독일 변리공사관 소속의 첫 무관으로 파견되었다. 1904년 3월 4일부터 1905년 5월까지 이 직무를 수행하였으며, 1906년 11월 25~27일에 정보 수집을 위해 한국을 다시 방문하였다.

주요 참고문헌

Claer, Alexander von, 'Militärbericht Nr. 16 aus Seoul vom 15. Mai 1904'. (비공개 자료)
Claer, Alexander von, 'Bericht aus dem Jahre 1904'. (비공개 자료)
Claer, Alexander von, 'Bericht aus dem Jahre 1906'. (비공개 자료)
Claussen-Wunsch, Gertrud(Ed.), *Dr. med. Richard Wunsch. Arzt in Ostasien*. Büsingen/Hochrhein, 1976, pp. 174, 175.
Goosmann, Rudolf, "Es begann mit einem Telegramm 1874", *Koreana*, vol. 7, no. 3(1976), pp. 17~19.
OL, vol. 17, 17 Jul. 1903, p. 98: PN; 25 Sep. 1903, p. 479: Flotte und Heer; vol. 18, 29 Apr. 1904, p. 479: PN; vol. 20, 9 Nov. 1906, p. 884: PN; vol. 21, 11 Jan. 1907, p. 73: PN.
Schmidt-Lermann, Hans, *Alexander von Claer. Lebenslauf*, München [without year] (비공개 자료)
『舊韓國外交文書』, 德案 2, no. 2936f, 2943, 2950.

Domke, Max Julius (돔케, 막스 율리우스)

생몰: 1857. 11. 14 독일 단치히(현재 폴란드 그단스크)~1894. 11. 14 한국 한성

이칭: 唐開(당개), 唐傑(당걸)

직업: 서기관

1885년 5월 1일 주조선 독일 영사관 수습 보조 요원으로 고용되었는데, 두 달이

지난 7월 1일에 서기관으로 정식 채용되었다. 37번째 생일날에 폐결핵으로 사망할 때까지 서기관으로 재직하였다.

주요 참고문헌

AA, 'Personalakte Max Julius Domke'.
Allen, pp. 18, 52.
Benko, Jerolim Freiherr von, *Die Reise S.M. Schiffes Zrinyi nach Ost-Asien(Yangse-kiang und Gelbes Meer) 1890 - 1891*, Wien, 1894, p. 340.
D&C: 1886 ~ 1895.
Meiklejohn's: 1886 ~ 1895
Hesse-Wartegg, Ernst von, *Korea. Eine Sommerreise nach dem Lande der Morgenruhe 1894*, Dresden, Leipzig, 1895, p. 185.
Konsul Emil Brass, "Reise durch Korea", *Export*, vol. 15, no. 11, Berlin, 1893: Vereinsnachrichten, 4 Fortsetzungen.
The Korean Repository, vol. 2, no. 1(Jan. 1895), p. 38: Obituary.
『舊韓國外交文書』, 德案 1, no. 1258.

Kalitzky, Friedrich August (칼리츠키, 프리드리히 아우구스트)

생몰: 1866. 9. 10 독일 그로스하이데크루크(동프로이센, 현재 러시아 칼리닌그라드) ~ 1904 한국 한성

이칭: 賈利咨吉(가리자길)

직업: 서기관

1894년 12월 17일부터 1897년 2월 10일까지 주조선 독일 영사관 서기관으로 근무하였다. 서기관을 사직한 후에도 서대문 근처 정동에서 아내와 함께 살았다. 1903년 중반 유럽 여행을 갔다가 1904년 8월 한국으로 돌아온 지 얼마 지나지 않아 사망하였다. 칼리츠키 부부의 묘는 인천외국인묘지에 있다.

[6-4] 한성의 독일 영사관 입구(1903년경)

주요 참고문헌

AA, Kurzbiographie Friedrich August Kalitzky.
Allen, pp. 30, 52.
D&C: 1896, p. 81.
『舊韓國外交文書』, 德案 2, no. 2604.

Kempermann, Peter (켐퍼만, 페터)

생몰: 1845. 3. 1 독일 크레펠트 ~ 1900. 11. 6 오스트레일리아 시드니

이칭: 景佰曼(경백만)

직업: 외교관

1886년 5월 17일 부들러 부영사에 이어 영사직을 맡았다. 켐퍼만은 조선에 파견된 최초의 독일 총영사로 1887년 5월 22일까지 주조선 독일 총영사로 활동하였다. 페르디난트 크리엔 부영사가 그의 후임자로 선정되었다. 1900년 오스트레일리아 시드니에서 사망하였다.

주요 저술

"Corea und dessen Einfluss auf die Bevölkerung Japans", *Verhandlungen der Berliner Gesellschaft für Anthropologie, Ethnologie und Urgeschichte*, vol. 8(1876), pp. 78 ~ 83.

주요 참고문헌

AA, Korea I, vol. 5, R 18905, 'Schreiben von Zembsch aus Seoul vom 25. Mai 1885'.

AA, 'Kurzbiographie Peter Kempermann'.

Allen, pp. 20, 52.

Brandt, Max von, *Dreiunddreissig Jahre in Ost-Asien. Erinnerungen eines deutschen Diplomaten*. 3 vols, Leipzig, 1900 ~ 1901: vol. 2, p. 146.

Goosmann, Rudolf, "Es begann mit einem Telegramm 1874", *Koreana*, vol. 7, no. 3(1976), pp. 17 ~ 19.

OL, vol. 6, 16 Oct. 1891, p. 42: PN; 18 Dec., p. 182: PN; 25 Dec., p. 201: PN; 18 Mar. 1892, p. 374: PN; *OL*, vol. 10, 6 Mar. 1896, p. 494: PN; *OL*, vol. 11, 8 Sep. 1897, p. 1546: PN.

『舊韓國外交文書』, 德案 1, no. 417, 478, 487, 513, 546.

Krien, Ferdinand (크리엔, 페르디난트)

생몰: 1850. 1. 31 독일 노첸도르프(동프로이센, 현재 폴란드 크르지자노보) ~ 1924. 3. 7 독일 베를린

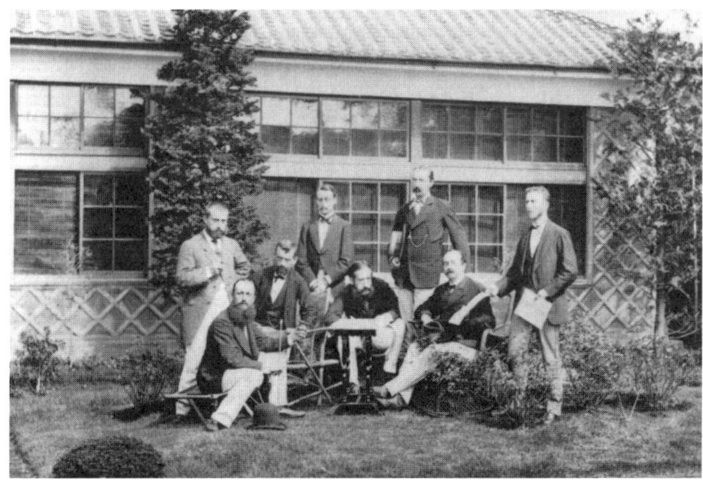

[6-5] **페르디난트 크리엔**(오른쪽) 1875년 도쿄 주재 독일 공사관에서 통역관으로 활동할 때이다.

이칭: 口麟(구린), 具麟(구린)

직업: 외교관

1887년 5월 일본 도쿄의 공사관에서 통역관으로 일하다 조선 주재 영사관으로 파견되어 1887년 5월 22일 켐퍼만 총영사로부터 인계를 받았다. 1889년 4월 27일 영사로 임명되었고, 1898년 12월 5일 라인스도르프 부영사가 파견될 때까지 조선에서 활동하였다. 조선에서 11년 반 동안 일하였는데, 조선에서 가장 오래 근무한 독일 영사였다.

주요 참고문헌

AA, 'Kurzbiographie Ferdinand Krien'.

Allen, pp. 21, 23, 25, 40, 52.

Benko, Jerolim Freiherr von, *Die Reise S.M. Schiffes Zrinyi nach Ost-Asien(Yangse-kiang und Gelbes Meer) 1890 ~ 1891*, Wien, 1894, pp. 336ff.

"Der Besuch des deutschen Geschwaders in Korea", *OL*, vol. 11, 13 Aug. 1897, pp. 1451f.

Choi, Chong Ko, "Paul-Georg von Möllendorff und das koreanische Recht", Leifer, Walter(Ed.): *묄렌도르프(P.G. von Möllendorff)*, Seoul, 1983, p. 195.

Claussen-Wunsch, Gertrud (Ed.), *Dr. med. Richard Wunsch. Arzt in Ostasien*. Büsingen/Hochrhein, 1976, p. 212.

D&C: 1889 ~ 1899.

Genthe, Siegfried, *Korea. Reiseschilderungen*, Berlin, 1905, p. 243.

Hesse-Wartegg, Ernst von, *Korea. Eine Sommerreise nach dem Lande der Morgenruhe 1894*, Dresden, Leipzig, 1895, p. 185.

Kleiner, Jürgen, *Korea. Betrachtungen über ein fernliegendes Land*, Frankfurt a. M. 1980, pp. 73, 283f.

"Korea", *OL*, vol. 8(1893&94), pp. 25, 75.

The Korean Repository, vol. 1, March 1892, p. 100: Record of Events. Vol. 4, July 1897, p. 280: Notes and Comments; Sep. 1897, p. 358: Notes and Comments.

Kroebel, Emma, *Wie ich an den koreanischen Kaiserhof kam. Reise-Eindrücke und Erinnerungen*, Berlin, 1909, pp. 142f.

OL, vol. 6, 30 Oct. 1891, p. 73: PN; 11 Mar. 1892, p. 358: PN; 25 Mar., p. 390: PN; vol. 8, 13 Oct. 1893, p. 25: Korea; 3 Nov., p. 75: Korea; vol. 14, 16 Feb. 1900, p. 120: PN; vol. 17, 29 May 1903, p. 867: PN; 26 Jun., p. 1010: PN; vol. 18, March 1904, p. 516: PN; vol. 20, 15 Jun.1906, p. 1129: PN; 13 Jul., p. 81: PN; 31 Aug., p. 421: PN.

The Independent, 독립신문. vol. 1, no. 25, 2 June 1896; no. 32, 18 Jun.; no. 64, 1 Sep.; no. 70, 15 Sep.; no. 73, 22 Sep.; no. 79, 6 Oct.; no. 87, 24 Oct.; no. 105, 5 Dec.; no. 106, 8 Dec.: Brief Notice.

『舊韓國外交文書』, 德案 1, no. 568, 863 ~ 865, 902, 927, 931, 933, 1188f; 德案 2, no. 1870, 1982, 1989, 1992.

Krüger, Friedrich (크뤼거, 프리드리히)

생몰: 1857. 1. 11 덴마크 코펜하겐~1937. 6. 30 독일 라인펠트(슐레스비히 홀슈타인주)

직업: 외교관

[6-6] 독일 총영사관(1907년)

1906년 11월 26일 한국 주재 총영사로 임명되었고, 1907년 6월 6일 나이 부영사의 일을 인계받아 한국에서 일을 시작하였다. 1908년 7월 18일~1909년 5월 크뤼거 총영사가 독일에서 휴가를 보내는 동안 프리츠 벤드슈흐 박사가 대신하여 업무를 보았다. 제1차 세계대전이 발발하자 1914년 8월 26일 크뤼거는 독일 영사 업무를 미국 총영사에게 인계하고, 한국의 독일 총영사관 직원들과 함께 일본으로 갔다. 크뤼거 총영사는 한국이 일본에 강점되기 전 한국에 주재한 마지막 독일 대표라고 할 수 있다. 1928~1930년 한반도에 다시 독일 영사가 파견되었다가 철수하였고, 대한민국 정부 수립 후인 1956년 10월이 되어서야 주한국 독일 총영사가 새로 임명되었다.

주요 참고문헌

AA, 'Kurzbiographie Friedrich Krüger'.

AA, Korea I, vol. 38: 'Schreiben aus Seoul vom 26. Apr. 1909'.

"Ausflug nach Korea", *Shanghaier Nachrichten*, supplement to *Der Ostasiatische Lloyd*, vol. 23, no. 39, 24 Sep. 1909, pp. 276~279.

"Die Benediktinermission in Seoul", *OL*, vol. 26, 6 Sep. 1912, p. 15: Vermischte Nachrichten.

Bockenheimer, Philipp, *Rund um Asien*, Leipzig, 1909, p. 380.

"Deutsche Beamte in Japan", *OL*, vol. 28(1914), p. 244.

OL, vol. 11, 17 Sep. 1897, p. 1608: PN; vol. 17, 3 Apr. 1903, p. 558: PN; 18 Dec., p. 988: PN; vol. 21, 18 Jan. 1907, p. 118: PN; 3 May, p. 781: PN; 22 Nov., p. 951: PN; vol. 22, 31 Jul. 1908, p. 225: PN; 20 Mar., p. 548: PN.

Ney, Gottfried (나이, 고트프리트)

생몰: 1874. 8. 12 독일 슈파이어~1952. 11. 16 독일 슈타른베르크

이칭: 那爾(나이), 那伊(나이)

직업: 외교관

[6-7] 잔더 대위, 나이 부영사, 폰 에첼 소령(1906년, 한성)

1904년 4월 21일 한성 주재 독일 변리공사관 부영사로 임명되었다. 1904년 5월 5일에 한성에 도착하였으며, 1905년 12월 4일 잘데른 변리공사의 업무를 넘겨받았다. 1906년 4월 1일 설립된 독일 총영사관 건물 건축과 행정 전반의 일을 맡았던 나이는 오스트리아-헝가리를 대변하기도 하였다. 1907년 6월 6일 크뤼거 총영사에게 업무를 넘기고 1907년 7월 26일 한국을 떠났다.

주요 참고문헌

AA, Korea I, vol. 37: 'Schreiben Krügers aus Seoul vom 07. Okt. 1907'.
AA, 'Kurzbiographie Gottfried Ney'.
Claussen-Wunsch, Gertrud (Ed.), *Dr. med. Richard Wunsch. Arzt in Ostasien*. Büsingen/Hochrhein, 1976, pp. 166, 219, 251.
D&C: 1905~1906.
"Ein deutsches Bergwerk in Korea", *OL*, vol. 21, 15 Mar. 1907, p. 457.
"Korea", *Deutsche Japanpost*, no. 37 (1905), p. 254.
OL, vol. 17, 18 Dec. 1903, p. 988: PN; vol. 18, 15 Apr. 1904, p. 647; 29 Apr., p. 735: PN; vol. 21, 8 Feb. 1907, p. 238: PN; 2. Aug., p. 214: PN; vol. 22, 1 May 1908, p. 827: PN; vol. 25, May 1911, p. 489: PN; vol. 26, 16 Feb. 1912, p. 142: PN; vol. 27, 14 Feb. 1913, p. 165: PN.
『舊韓國外交文書』, 德案 2, no. 2956, 2959, 2966, 2969, 2977, 2988, 3037.

Reinsdorf, Ludwig Wilhelm Felix

(라인스도르프, 루드비히 빌헬름 펠릭스)

생몰: 1858. 8. 3 독일 라이프치히~1932. 4. 16 독일 베렌펠스(에르츠 산맥)

이칭: 賴思德(뇌사덕)

직업: 외교관

베이징 주재 독일 공관에서 통역 수습생을 지냈고, 1885년 8월 11일~10월 7일까지 휴가를 떠난 부영사 부들러를 대신하여 조선으로 파견되었다. 이후 광저우와 홍콩의 영사관에서 영사를 대신하여 일하였으며, 1887년 9월 다시 통역관으로 조선에 파견되어 1887년 10월 5일 한성에 도착하였다. 1888년 3월 29일 한성에서 외교관으로 정식 임명되었고, 1892년 2월 5일부터 1896년 4월 24일까지 부영사로 활동하였다. 1896년 4월부터 1898년 6월까지는 아모이(厦门, 샤먼)와 타이완에서 독일 정부를 대표하였다. 1898년 7월 15일에 다시 한성으로 와서 이틀 후에 부영사로 임명되었고, 영사 대리로 일하다가, 12월 5일에 크리엔 영사가 한국을 떠남에 따라 영사 업무를 맡았다. 정식으로 승진이 되어 영사가 된 것은 1900년 1월 3일이다. 1900년 4월 1일에 일본 공관의 통역관이었던 하인리히 와이퍼트에게 영사 업무를 넘겨주었다.

[6-8] 루드비히 빌헬름 펠릭스 라인스도르프 부영사(1899년)

주요 참고문헌

AA, 'Personalakte Felix Reinsdorf'.
Allen, pp. 21, 23, 40, 42, 52.
D&C: 1889~1900.
Hesse-Wartegg, Ernst von, *Korea. Eine Sommerreise nach dem Lande der Morgenruhe 1894*, Dresden and Leipzig, 1895, pp. 83, 185.
The Independent, 독립신문. vol. 1, no. 2, 9 Apr. 1896; no. 6, 18 Apr. 1896: Local Items.
The Korean Repository, vol. 5, July 1898, p. 280: Arrivals.

Meiklejohn's: 1889 ~ 1900.
OL, vol. 10, 24 Apr. 1896, p. 660: PN; vol. 13, 23 Sep. 1899, p. 894: Korea; vol. 16, 23 May 1902, p. 421: PN; vol. 20, 7 Dec. 1906, p. 1064: PN; vol. 21, 22 Nov. 1907, p. 951: PN; vol. 22, 20 Mar. 1908, p. 548: PN; 17 Jul., p. 136: PN; vol. 25, Juni 1911, p. 513: PN; 21 July, p. 54: PN; 18 Aug., p. 135: PN; 24 Nov., p. 444: PN.
『舊韓國外交文書』, 德案 2, no. 1894, 1982.

Saldern, Conrad von (잘데른, 콘라트 폰)

생몰: 1847. 1. 3 독일 플라텐부르크(브란덴부르크주) ~ 1908. 6. 8 독일 베를린

이칭: 謝爾典(사이전)

직업: 외교관

1903년 1월 9일 변리공사로 한성에 파견되어 4개월이 지난 1903년 4월 24일에 한성에 도착하였다. 그 다음 날 와이퍼트 영사의 일을 넘겨받았다. 잘데른은 변리공사급으로 한국에 파견된 최초이자 마지막 독일 외교관이었다. 1905년 12월 4일에 영사 업무를 나이 부영사에게 넘겨주고 1905년 12월 19일에 한국을 떠났다.

주요 참고문헌

AA, 'Kurzbiographie Conrad von Saldern'.
Claer, Alexander von, '*Bericht aus dem Jahre 1904*'. (비공개 자료).
Claussen-Wunsch, Gertrud (Ed.), *Dr. med. Richard Wunsch. Arzt in Ostasien*. Büsingen/ Hochrhein, 1976, pp. 142, 146, 152 ~ 154, 157, 160, 165, 167, 170, 175, 196, 198, 200 ~ 203, 206, 208f, 219, 254, 281f, 295.
D&C: 1904 ~ 1906.
Kleiner, Jürgen, *Korea. Betrachtungen über ein fernliegendes Land*, Frankfurt, 1980, pp. 282, 285.

[6-9] **콘라트 폰 잘데른**(1904년) 독일 영사관 뒷문에서 말과 함께 있다. 그의 뒤 오른쪽에 남대문이 보인다.

"Korea", *Deutsche Japanpost*, no. 37(1905), p. 254.
The Korea Review, vol. 3, no. 5(May 1903), p. 223; no. 11 (Nov. 1903), p. 508; vol. 5, no. 9(Sep. 1905), p. 354: News Calendar.
OL, vol. 13, 4 Feb. 1899, p. 352: PN; vol. 14, 9 Feb. 1900, p. 101: PN; vol. 15, 12 Jul. 1901, p. 595: PN; vol. 16, 16 May 1902, pp. 399f: PN; 17, 20 Feb. 1903, p. 316: PN; 20 Mar., p. 480: PN; 27 Mar., p. 519: PN; 1 May 1903, p. 714: PN; 29 May, p. 866: Korea; vol. 18 May 1904, p. 923: PN; vol. 19 April 1905, p. 670: PN; 1 Oct., p. 405: PN; Dec. 1905, p. 1052, 1101: PN; 29 Dec., p. 1188: PN; vol. 22, 10. Jul 1908, p. 87.
『舊韓國外交文書』, 德案 2, no. 2861~2863.

Schmidt, C. H. (슈미트, C. H.)

직업: 공관 직원

독일 영사관 최초의 경비원이었고, 1884년 말부터 1885년까지 제물포에서 일했던 것으로 추정된다.

주요 참고문헌

D&C: 1885.
Meiklejohn's: 1886.

Weipert, Heinrich (와이퍼트, 하인리히)

생몰: 1855. 6. 12 독일 하나우~1905. 4. 4 프랑스 보르도

이칭: 瓦以璧(와이벽)

직업: 외교관

일본 주재 독일 공관에서 통역관으로 일하다가 1900년 1월 6일 한국 주재 영사관의 행정 업무를 맡으라는 요청을 받았다. 1900년 4월 1일 라인스도르프 영사의 업무를 넘겨받았고 같은 해 9월 29일 한국 주재 영사로 임명되었다. 그의 임기 동안 독일 영사관은 새 건물로 이사하였고, 1902년 6월 14일 입주를 기념하는 행사를 열었다. 그 건물의 소유주는 세창양행이었다. 1903년 4월 25일 와이퍼트는 업무를 잘데른 변리공사에게 넘기고 5월 초에 휴가 차 독일로 떠났다.

[6-10] 독일 국기를 게양하는 모습(1902년)
와이퍼트 영사가 독일 영사관 앞에 있다.

주요 참고문헌

AA, 'Kurzbiographie Heinrich Weipert'.
Allen, pp. 42, 52.
Claussen-Wunsch, Gertrud(Ed.), *Dr. med. Richard Wunsch. Arzt in Ostasien*. Büsingen/Hochrhein, 1976, pp. 81, 90, 96, 100~103, 112f, 115f, 119f, 128, 135, 139f, 146, 151, 156, 168, 187, 198, 232..
D&C: 1901~1903.
Genthe, Siegfried, *Korea. Reiseschilderungen*, Berlin, 1905, pp. 96, 233.
The Korea Review, vol. 1, no. 12(Dec. 1901), p. 559; vol. 3, no. 5(May 1903), p. 223: News

Calendar.
OL, vol. 14, 16 Feb. 1900, p. 120: PN; vol. 16, 11 Jul. 1902, p. 550: Korea; 14 Nov., p. 928: PN; vol. 17, 1 May 1903, p. 714: PN; 29 May, p. 866: Korea; vol. 19, May 1905, p. 926: Nachruf.
Vizeadmiral Bendemann in Port Arthur und Korea, *OL*, vol. 15, 4. Oct. 1901, p. 849.
『舊韓國外交文書』, 德案 2, no. 2197, 2291, 2320, 2861, 2863, 2963, 2965, 3007.

Wendschuch, Fritz (벤드슈흐, 프리츠)

생몰: 1873. 2. 9 독일 드레스덴~?

직업: 외교관

1908년 7월 18일부터 1909년 5월까지 휴가를 떠난 크뤼거 총영사의 일을 대신하였다.

주요 참고문헌

AA, 'Kurzbiographie Fritz Wendschuch'.
Claer, Alexander von, *Bericht aus dem Jahre 1904*. (비공개 자료)
D&C: 1909.
'Die Hungersnot in Korea', *OL*, vol. 23, 12. Mar. 1909, p. 532: Vermischte Nachrichten, *Kölnische Zeitung*, 1 April 1909: Asien.
OL, vol. 16, 5 Sep. 1902, p. 722: PN; 31 Oct., p. 891: PN; vol. 17, 20 Mar. 1903, p. 480: PN; 27 Mar., p. 519: PN; vol. 20, 20 Jul. 1906, p. 124: PN; vol. 22, 31 Jul. 1908, p. 225: PN; 18 Dec., p. 1195: PN; vol. 23, 14 May 1909, p. 980: PN; vol. 24, 7 Oct. 1910, p. 349: PN; vol. 26, 16 Feb. 1912, p. 142: PN; 8. Mar., p. 211: PN; vol. 27, 28 Feb. 1913, p. 208: PN; 11 Apr., p. 355: PN; 25 Jul., p.74: PN.

Zembsch, Otto (젬부쉬, 오토)

생몰: 1841. 5. 31 독일 켐펜(동프로이센, 현재 폴란드 케프노)~1911. 3. 2 독일 베를린

이칭: 曾額德(증액덕)

직업: 외교관

1884년 최초의 조선 주재 독일 영사로 임명되어 1884년 10월 9일 제물포에 도착하였고, 부들러 부영사로부터 일을 넘겨받았다. 젬부쉬는 총영사급이었으나 공식 직함은 영사였다. 젬부쉬가 휴가를 간 1885년 2월 25일~5월 15일에는 부들러 부영사가 영사 업무를 보았다. 1885년 하바나(쿠바) 주재 영사로 임명됨에 따라 1885년 5월 25일 개인적인 편지를 통해 페터 켐퍼만을 자신의 후임자로 추천하였다. 1885년 8월 11일 부들러 부영사에게 임시로 영사 업무를 맡겼다. 1886년 5월 17일 부들러는 켐퍼만에게 영사 업무를 인수인계하였다.

주요 참고문헌

AA, 'Kurzbiographie Otto Zembsch'.
AA, Korea I, vol. 4: 'Schreiben aus Seoul vom 9. Dez. 1884'.

AA, Korea I, vol.5: 'Notiz vom Mai 1885 betreffend den Kaiserlichen Dolmetscher Vizekonsul Hermann Budler und Brief von Zembsch aus Seoul vom 25. Mai 1885'.
Allen, pp. 15, 16, 20, 52.
Deuchler, Martina, *Confucian Gentlemen and Barbarian Envoys. The Opening of Korea, 1875-1885*, Seattle, London, 1977, pp. 170, 208.
Kleiner, Jürgen, *Korea. Betrachtungen über ein fernliegendes Land*, Frankfurt a. M. 1980, p. 282.
"Korea", *ÖMO*, Wien, 15 Feb. 1885, no. 2, pp. 25 ~ 29(Part1), pp. 56 ~ 61(Part 2).
Moellendorff, R[osalie]. von, *P. G. von Moellendorff. Ein Lebensbild*, Leipzig, 1930, p. 70.
『舊韓國外交文書』, 德案 1, no. 26f, 30, 83, 111, 197.

[6-11] **일본 공관의 정원에 모인 외교관들**(1905년) 첫째 줄 왼쪽부터: 고든 패독(미국 공사관 서기관 겸 총영사), 레옹 뱅카르(벨기에 총영사), 아틸리오 모나코(이탈리아 변리공사 겸 총영사), 빅토르 콜랭 드 플랑시(프랑스 공사), 하야시 곤스케(일본 공사), 호러스 뉴턴 알렌(미국 전권공사), 존 뉴웰 조던 경(영국 변리공사), K. T. 쳉(청 전권대사). 둘째 줄 왼쪽부터: 후루야(일본 무관), 코쿠부(일본 2등 서기관), F. 베르토(프랑스 공사관 서기관), L. 브라운(직급은 알려지지 않음), 하기와라(일본 공사관 서기관), 콘라트 폰 잘데른(독일 변리공사). 셋째 줄 왼쪽부터: 더햄 화이트 스티븐스(일본 외무부의 미국인 고문), 두앙(프랑스 장교), 메가타 다네타로(한국 정부의 일본인 재정 고문), 미마시(일본 영사), E. 해밀턴 홈스(영국 영사관 비서), H. 포터(영국 영사관 비서), 고트프리트 나이(독일 부영사)

(2) 조선 외의 국가에 체류한 외교관, 공관 소속 직원

Arendt, Carl Hermann Julius Eduard

(아렌트, 카를 헤르만 율리우스 에두아르트)

생몰: 1838. 12. 1 독일 베를린~1902. 1. 30 독일 베를린

직업: 통역관, 베를린 대학교 동양학부 중국어학과 교수

베이징 주재 독일 공관의 서기관과 통역관으로 조약 체결 협상을 위해 조선을 방문하는 막스 폰 브란트를 수행하였다. 1882년 6월 21일부터 7월 2일까지 조선에 체류하였다.

[6-12] 카를 아렌트

주요 저술

"Beiträge zur Kenntnis der neuesten chinesischen Literatur", *MOAG*, vol. 1, no. 8, pp. 37~39; vol. 2, p. 25.

Bilder aus dem häuslichen und Familienleben der Chinesen. Berlin, 1888.

"Chu-Hsü, der Usurpator von We. Aus dem Jahr 719 v. Chr.", *MOAG*, vol. 2, supplement 2.

"Das schöne Mädchen von Pao. Eine Erzählung aus der Geschichte Chinas im 8. Jhd. v. Chr", *MOAG*, vol. 2, supplement 1.

"Der Kaiser in seinem Verhältnis zu den Vasallenfürsten nebst Andeutungen über die barbarischen(nicht chines.) Völkerschaften im jetzigen China. Zur Zeit der Chou-Dynastie", *MOAG*, vol. 2, supplement 22, pp. 7ff.

"Die Schlacht bei Hsüko(707 v. Chr.)", *MOAG*, vol. 2, supplement 3, pp. 259~267.

Einführung in die Nordchinesische Umgangssprache. Stuttgart, Berlin, 1894.

Handbuch der Nordchinesischen Umgangssprache. Stuttgart, Berlin, 1891.

"Peking und die Westlichen Berge", *Mitteilungen der Geographischen Gesellschaft Hamburg*, vol. 9(1889-90), pp. 57~96.

주요 참고문헌

AA, 'Kurzbiographie Carl Arendt'.

Brandt, Max von, *Dreiunddreissig Jahre in Ost-Asien*. Erinnerungen eines deutschen Diplomaten, vol. 3, Leipzig, 1900-1901, pp. 237 ff.

BJDN, vol. 7(1902), Totenliste, 1902, p. 7.

Matzat, Wilhelm, *Das Sprachwunder. Emil Krebs(1867-1930). Dolmetscher in Peking und Tsingtau. Eine Lebensskizze*, Tsingtau.org, 2007, p. 3.

Moellendorff, R[osalie]. von, *P. G. von Moellendorff. Ein Lebensbild*, Leipzig, 1930, pp. 27, 90.

OL, vol. 10, 29. Nov. 1895, p. 182: PN.

Bohlen und Halbach, Gustav Georg Friedrich Maria von

(볼렌 운트 할바흐, 구스타브 게오르크 프리드리히 마리아 폰)

생몰: 1870. 8. 7 네덜란드 덴하그~1950. 1. 16 오스트리아 블륀바흐

이칭: 크룹 폰 볼렌 운트 할바흐로 개명(1906년 10월 15일)

직업: 법학자, 외교관, 크룹 AG의 감독위원장

베이징 주재 독일 공관의 서기관으로 재직 중 1901년 9월 24일 독일 함대 부총독 펠릭스 벤데만을 비롯한 다른 장교들과 함께 고종을 알현하였다. 1906년 프리드리히 알프레트 크룹(Friedrich Alfred Krupp)의 장녀인 베르타(Bertha)와 결혼하면서 크룹 폰 볼렌 운트 할바흐(Krupp von Bohlen und Halbach)로 개명하였다.

[6-13] **구스타브 게오르크 프리드리히 마리아 폰 볼렌 운트 할바흐** 맨 왼쪽이 볼렌 운트 할바흐이다. 1900년 베이징 주재 독일 공관에서 서기관으로 근무할 때이다. 앉아 있는 사람은 독일 공사관 서기관 필립 알폰스 뭄 폰 슈바르첸슈타인, 그 뒤 인물은 미확인, 서기관 콘라드 폰 데르 골츠, 주무관 도브리코브

주요 참고문헌

AA, Korea I, vol. 32: 'Schreiben Weiperts aus Seoul vom 27.Sep.1901'.

NDB, vol. 13, pp. 138~143.

Schmidt, Vera, *Aufgabe und Einfluß der europäischen Berater in China: Gustav Detring(1842-1913) im Dienste Li Hung-changs*, Wiesbaden, 1984, p. 132.

Brandt, Max August Scipio von

(브란트, 막스 아우구스트 스키피오 폰)

생몰: 1835. 10. 8 독일 베를린~1920. 8. 24 독일 바이마르

이칭: 巴蘭德(파란덕)

직업: 외교관, 신문기자

33년 동안 동아시아에서 외교관으로 지내면서 조선을 여러 차례 방문하였다. 1870년 6월 1일 처음 조선에 왔는데, 일본 주재 북독일연맹의 총영사 자격으로 부산에 있는 일본 공장을 시찰하는 한편, 조선에서 일본인이 가지는 위상을 정확하게 파악하기 위한 목적이었다. 동시에 조선과 프로이센의 무역 가능성을 가늠해 보려는 의도도 있었다. 그러나 조선인들이 완강히 거부하여 브란트는 바로 다음 날 부산을 떠나야 했다.

[6-14] **막스 아우구스트 스키피오 폰 브란트**(1892년)

두 번째 조선 방문은 성공적이었다. 베이징 주재 독일 외교관이 된 브란트는 전함 스토쉬호와 포함 볼프호를 이끌고 조선과의 조약 체결을 위해 1882년 6월 18일 즈푸를 떠나 21일에 조선 제물포에 도착하였다. 스토쉬호의 함대장인 루이 폰 블랑, 베이징 주재 독일 공관의 통역관인 카를 아렌트와 광저우 주재 독일 공관의 통역관 보조인 클레멘스 폰 케텔러가 동행하였다. 조약 체결을 위한 협상은 27일에 시작하였고, 사흘 후에 조인하여 조약 체결이 성공적으로 이루어졌다. 7월 2일에 독일 사절단은 청으로 돌아갔다.

브란트의 세 번째 조선 방문은 개인적인 이유였다. 1893년 4월 15일 한

[6-15] 막스 폰 브란트의 결혼식 1893년 4월 15일 한성에서 헬렌 막시마 허드와 결혼하였다.

성에서 주조선 미국 변리공사이자 총영사였던 오거스틴 허드(Augustine Heard)의 딸 헬렌 막시마 허드(Helen Maxima Heard)와 결혼하였다.

주요 저술

***Deutsche Revue*에 발표한 논문**

"China und seine Beziehungen zu Hinterindien und den Vertragsmächten", vol. 19(Feb. 1894).
"Das Cabinet Salisbury und die ostasiatische Frage", vol. 20(Aug. 1895).
"Der französisch-siamesische Friedensschluß", vol. 18(1893).
"Der kommende Kampf in Ostasien", vol. 33(1908).
"Deutschland und Spanien", vol. 32, no. 3(1907).
"Die Frauen in den Vereinigten Staaten", vol. 32, no. 4(1907).
"Eine Armee des weißen Kreuzes gegen die Kriegshetze", vol. 30, no. 3(1905).
"Eine deutsche Antwort auf einen englischen Brief", vol. 30, no. 2(1905).
"Hat die Diplomatie Fortschritte oder Rückschritte seit Bismarck gemacht?", vol. 28, no. 3(1903).
"Land der Morgenruhe", vol. 18, no. 3(1893), pp. 57~64.
"Li Hung Changs Weltreise und die chinesische Diplomatie", vol. 21(Nov. 2896).
"Östliche Verfassungswehen", vol. 34(1909).
"Vorzugsrechte", vol. 33, no. 1(1908).
"Was in Ostasien geschehe muß", vol. 20(Nov. 1895).
"Was verstehen wir von Kolonien?", vol. 30, no. 4(1905).

***Deutsche Rundschau*에 발표한 논문**

"Der chinesisch-japanische Konflikt", Feb. 1895.
"Die koreanische Frage", vol. 8(Sep. 1894).
"Ein englischer Consul und Diplomat in Ostasien", vol. 83(1895), pp. 257f.
"Koreanische Frage", vol. 80(1893), pp. 459~464.

"Ostasiatische Probleme", vol. 81(1894), pp. 241f.
"Zur ostasiatischen Frage", Juli 1895.
"Zwei asiatische Staatsmänner. Ito Hirobumi Li Hung Chang", vol. 87(1896), pp. 230f; vol. 88(1896), pp. 30f.

***Die Gegenwart*에 발표한 논문**

"China und seine politische Stellung zur Außenwelt", 1879, pp. 129f, 149f, 179f.
"Japan", 1873, p. 2f, 49f, 83f.

***MOAG*에 발표한 논문**

"Chronologisches Verzeichnis der Kaiser und Siogune", vol. 1, no. 1, pp. 14~18.
"Das Solfatarenfeld des Vulkans Komangatake und des Yesan bei Hakodate", vol. 1, no. 3, pp. 4f.
"Der japanische Adel in seinen verschiedenen Classen. Eintheilungen, Titeln und Würden, I. vor 1868, vol. 1, no. 6, pp. 5-8.
"Der Taifun vom 13. September 1874", vol. 1, no. 6, pp. 11~13.
"Die Anfertigung des Krepppapiers", vol. 1, no. 5, pp. 5~7.
"Die Entdeckung Japans und die Einführung des Christentums", vol. 5(1874), p 28f.
"Höhenbestimmungen", vol. 1, no. 3, p. 10.
"Stammtafel der Siogun Familien bis zu Iye Yasu", vol. 1, no. 1, pp. 19f.
"The Discovery of Japan and the Introduction of Christianity", vol. 1, no. 5, pp. 28~33.
"The Relations between the English and the Japanese from 1600 to 1854", vol. 1, no. 5, pp. 33~37.
"Ueber den Farbendruck der Japaner", vol. 1, no. 4, p. 2.
"Ueber japanische Emailarbeiten", vol. 1, no. 5, pp. 1~3.

저서

Aus dem Lande des Zopfes. Plaudereien eines alten Chinesen, Leipzig, 1893.
China und Japan jetzt und später, Leipzig, 1914.
China und seine Handelsbeziehungen zum Ausland mit besonderer Berücksichtigung der Deutschen(= Schriften der Centralstelle zur Vorbereitung von Handelsverträgen, Heft 5), Berlin, 1899.
Colonienund Flottenfrage (Vortrag), Berlin, 1897.
Der Chinese in der Öffentlichkeit und der Familie Wie er sich selbst sieht und schildert In 82 Zeichnungen nach chinesischen Originalen, Berlin, ca. 1910.
Die chinesische Philosophie und der Staats-Confucianismus, Stuttgart,1898.
Die englische Kolonialpolitik und Kolonialverwaltung, Halle a. S. 1906.
Die politische und commercielle Entwicklung Ostasiens während der jüngsten Zeit, Vortrag gehalten am 28. April 1898, Leipzig, 1898.
Die Zukunft Ostasiens. Ein Beitrag zur Geschichte und zum Verständnis der ostasiatischen Frage, Stuttgart, 1895.
Drei Jahre ostasiatische Politik 1894~1897, Stuttgart, 1897.
Dreiunddreissig Jahre in Ost-Asien. Erinnerungen eines deutschen Diplomaten. 3 Bde. Leipzig, 1900~1901.
George Bogle und Thomas Manning, *Aus dem Lande der lebenden Buddhas. Die Erzählungen von der Mission George Bogle's nach Tibet und Thomas Manning's Reise nach Lhasa(1774 und 1812)*, Aus dem Englischen des Mr. Clements R. Markham. Übersetzt und bearbeitet von Wirkl. Geh. Rat Max von Brandt, Hamburg, 1909.

Japan: Erinnerungen eines deutschen Diplomaten, Braunschweig, Hamburg, Berlin, 1920.
Ostasiatische Fragen. China, Japan, Korea, Berlin, 1897.
Sittenbilder aus China Mädchen und Frauen Ein Beitrag zur Kenntnis des chinesischen Volkes, Stuttgart, 1895.
Sprache und Schrift der Chinesen, Breslau [without year, ca. 1883].
Zeitfragen-die Krisis in Südafrika-China-Commerzielles und Politisches-Colonialfragen, Berlin, 1900

주요 참고문헌

AA, 'Kurzbiographie Max von Brand'.
Allen, pp. 7, 26.
Choi, Chong Ko, "Paul-Georg von Möllendorff und das koreanische Recht", Leifer, Walter (Ed.): *묄렌도르프(P. G. von Möllendorff)*, Seoul, 1983, pp. 195, 206 ~ 208.
Cramer, "Über die Reise der kaiserlichen Corvette Hertha, insbesondere nach Korea" (Sitzungsbericht vom 15. Feb. 1873), *ZEV*, vol. 5(1873), pp. 49 ~ 57.
"Der Freundschaftsund Handelsvertrag zwischen Deutschland und Korea", *Daheim*, zweite Dahcim-Bcilage zu no. 2, Leipzig, 1883.
Deuchler, Martina, *Confucian Gentlemen and Barbarian Envoys. The Opening of Korea, 1875~ 1885*, Seattle, London, 1977, pp. 26, 109, 125, 161.
Ehlers, Otto E., *Im Osten Asiens*, Berlin, 1905. (Fifth edition), pp. 99f.
Franke, Otto, *Erinnerungen aus zwei Welten: Randglossen zur eigenen Lebensgeschichte*, De Gruyter, 1954, pp. 46f.
Hiyama, Masako, "Max von Brandt (1835 ~ 1920)", *Brückenbauer. Pioniere des japanisch-deutschen Kulturaustausches*, Berlin: Iudicium, 2005.
Lee, Hong-jik, "Die Handelsverträge Koreas mit den europäischen Staaten. Aus: *Moderne koreanische Geschichte*, vol. 1: *Die Regierungszeit der Bedrängnis(1863 - 1895)*, Aus dem Koreanischen von R. Andreas Domschke", *한 Kulturmagazin*, vol. 1982, no. 1, pp. 134 ~ 155.
Meissner, Kurt, *Deutsche in Japan 1639~ 1960*, Tokyo 1961, pp. 17, 20, 22f, 25f, 31f, 35, 50, 58f, 62.
Moellendorff, R[osalie]. von, *P. G. von Moellendorff. Ein Lebensbild*, Leipzig, 1930, pp. 32, 34, 87 ~ 89, 92f.
NDB, vol. 2, pp. 531.
OL, vol. 6, 17 June 1892, pp. 578f: PN; vol. 10, 15 Nov. 1895, p. 133: PN; 29 Nov., p. 182: PN; 13 Dec., p. 231: PN; 20 Dec., p. 252: PN; 20 Mar. 1896, p. 540: PN; 10 Apr., p. 611: PN; 17 Apr., p. 635: PN; 15 May, p. 732: PN; 29 May, p. 781: PN; 19 Jun., p. 860: PN.
Puster, Aya, "Max von Brandt no hajimeteno Nippon taizai", *Ronja Nihon no yōgaku* , Ōsaka, 1998.
The North China Herald, 28 Apr. 1903, p. 609.
Wippich, Rolf-Harald, "Max von Brandt und die Gründung der OAG. Die erste deutsche wissenschaftliche Vereinigung in Ostasien", *Studien des Instituts für Kultur der deutschsprachigen Länder*, 1993, no. 11, pp. 64 ~ 77.
Wippich, Rolf-Harald, *Strich und Mütze Max von Brandt und Japan Diplomat, Publizist, Propagandist*, Tokyo, 1995.
Wippich, Rolf-Harald, *Japan als Kolonie? Max von Brandts Hokkaido-Projekt 1865/67*, Hamburg, 1997.

Szippel, Richard, *Max von Brandt and German Imperialism in East Asia in the Late Nineteenth Century*, Phil. Diss. University of Notre Dame, Notre Dame, Indiana, USA, August 1989.
『舊韓國外交文書』, 德案 1, no. 1.

Coates, Georg (코아테스, 게오르크)

생몰: 1853. 12. 5 독일 루켄발데(브란덴부르크주) ~ 1924. 10. 19 독일 베를린

직업: 외교관

요코하마 주재 총영사로 있을 때 1901년 10월 4일부터 11월 말까지 조선과 블라디보스토크에서 휴가를 보냈다. 돌아가는 길에 오사카의 여러 산업 시설을 구경하였고, 11월 22일 요코하마에 도착하였다. 1906~1907년에는 최초의 에티오피아 주재 독일 공사로 활동하며 에티오피아의 수도 아디스아바바에서 장기간 체류하였다.

주요 참고문헌

BHdAD, vol. 1, pp. 379f.
OL, vol. 6, 1 Apr. 1892, p. 404: PN; 26 Aug., p. 734: PN; vol. 11, 9 Jul. 1897, p. 1289: PN; vol. 13, 11 Mar. 1899, p. 415: PN; 2 June, p. 622: PN; vol. 15, 18 Oct. 1901, p. 888: PN; 22 Nov., p. 1002: PN; vol. 16, 14 Mar. 1902, pp. 212f: PN; 25 Apr., p. 335: PN; vol. 17, 20 Feb. 1903, p. 316: PN; 12 June, p. 939: PN; vol. 25, Mar. 1911, p. 224: PN.

Etzel, Franz Hermann Günther von (에첼, 프란츠 헤르만 귄터 폰)

생몰: 1862. 12. 14 독일 막데부르크 ~ 1948. 1. 21 독일 비스바덴

직업: 기병대 장군, 무관

1902년 초 일본 주재 무관으로 임명되어 1902년 5월 29일부터 1908년 12월 17일까지 도쿄 주재 일본 대사관에서 무관으로 활동하였다. 러일전쟁 중에 일본에서 랴오둥 반도로 가는 도중 막스 호프만 대위와 함께 조선의 제물포에서 며칠 동안 지냈다. 1906년 9월에는 조선으로 출장을 갔다.

[6-16] 프란츠 헤르만 귄터 폰 에첼 소령

주요 참고문헌

AA, Korea I, vol. 36, 'Schreiben von Dr. Ney aus Seoul vom 15. Okt. 1906'.
Claer, Alexander von, 'Bericht aus dem Jahre 1904'. (비공개 자료)
Günther von Etzel, at: www.oocities.org/veldes1/etzel.html.
Günther von Etzel, at: de.wikipedia.org/wiki/G%C3%BCnther_von_Etzel
Montag, Reinhard, "Das Lexikon der deutschen Generale", at: www.lexikon-deutschegenerale.de.
OL, vol. 16, 25 July 1902, p. 592: PN.

Franke, Alwin Wilhelm Otto (프랑케, 알빈 빌헬름 오토)

생몰: 1863. 9. 27 독일 게른로데(니더작센주)~1946. 8. 5 독일 베를린

직업: 통역관, 중국학자, 역사학자

1888년부터 1901년까지 베이징, 톈진, 상하이 주재 독일 공관에서 통역관으로 일하였다. 1899년 9월에 몇 주 동안 조선에 휴가 차 왔다. 한성, 당고개의 독일 광산을 방문하였고, 9월 26일에는 당고개에서 금강산과 원산으로 떠났다.

주요 저술

Kêng Tschi t'u. Ackerbau und Seidengewinnung in China. Ein kaiserliches Lehr-und Mahnbuch, aus dem Chinesischen übersetzt und mit Erklärungen Versehen von O. Franke. Abhandlungen des Hamburgischen Kolonialinstituts, Hamburg, 1913.

Studien zur Geschichte des Konfuzianischen Dogmas und der Chinesischen Staatsreligion: Das Problem des Tsch'un-Ts'iu und Tung Tschung-schu's Tsch'un-Tsiu Fan Lu, Hamburg, 1920.

Erinnerungen aus zwei Welten: Randglossen zur eigenen Lebensgeschichte, Berlin, 1954.

"In den Diamantenbergen Koreas", *OL*, vol. 13, 9 Dec. 1899.

Also published in: Lohmeyer, J., *Auf weiter Fahrt. Selbsterlebnisse zur See und zu Lande*, Berlin, 1910, vol. 3, pp. 150~165.

주요 참고문헌

Jäger, Fritz, "Bibliographie der Schriften von Professor Dr. O. Franke", Schindler, Bruno(Ed.): *Festschrift Otto Franke, Asia Major*, vol. 9, Leipzig, 1933, pp. 3~20.

Matzat, Wilhelm, *Das Sprachwunder. Emil Krebs(1867-1930). Dolmetscher in Peking und Tsingtau. Eine Lebensskizze*, Tsingtau. org, 2007.

NDB, vol. 5, pp. 346 f.

OL, vol. 8, 6 Oct. 1893, p. 6: PN; 30 Mar. 1894, p. 421: PN; 20 Apr., p. 475: PN; 7 Sep., p.

[6-17] 조선을 방문한 프랑케와 그 일행(1899년)

858: PN; vol. 10, 22 May 1896, p. 756: PN; vol. 11, 23 Apr. 1897, p. 931: PN; 28 May, p. 1091: PN; 18 Jun., p. 1192: PN; 2 Jul., p. 1255: PN; vol. 13, 6 May 1899, p. 548: PN; 9 Sep., p. 857: PN; 7 Oct., p. 938: PN; vol. 14, 16 Feb. 1900, p. 120: PN; vol. 15, 19 Apr. 1901, p. 325: PN; 26 Jul., p. 636: PN; vol. 16, 8 Aug. 1902, p. 637: PN; vol. 22, 29 May 1908; p. 1025: PN; 20 Nov., p. 999: PN; vol. 23, 23 Jun. 1909, p. 185: PN.

Schindler, Bruno(Ed.), *Festschrift Otto Franke, Asia Major*, vol. 9, Leipzig, 1933.

Goltz, Conrad Freiherr von der (골츠, 콘라트 프라이헤르 폰 데르)

생몰: 1857. 3. 7 독일 코프리베(포젠, 현재 폴란드 포즈난)~1917. 4. 22 독일 바이서 히르슈(드레스덴)

직업: 통역관, 외교관

1890년부터 1900년까지 베이징 주재 독일 공관의 제1 통역관이었다. 1900년 10월 2일 서기관이 되어 1906년 4월까지 베이징 주재 독일 공관에서 1등 서기관으로도 활동하였다. 1893년 4월 15일 막스 폰 브란트와 헬렌 막시마 허드가 한성에서 결혼식을 올릴 때 증인으로 참석하였다.

주요 참고문헌

BHdAD, vol. 2, pp. 67f.

Matzat, Wilhelm, *Das "Sprachwunder" Emil Krebs(1867-1930), Dolmetscher in Peking und Tsingtau. Eine Lebensskizze, at*: Tsingtau.org, 2007.

OL, vol. 13, 10 Oct. 1898, pp. 30f: PN.

The North China Herald, 28 Apr. 1893, p. 609.

[6-18] 콘라트 프라이헤르 폰 데르 골츠 두 번째 줄, 왼쪽에서 네 번째. 1901년 베이징 주재 독일 공관에서 서기관으로 있을 때이다.

Grünau, Curt Otto Werner Freiherr von

(그뤼나우, 쿠르트 오토 베르너 프라이헤르 폰)

생몰: 1871. 2. 10 독일 크로이츠베르트하임(운터프랑켄 지방)~1939. 12. 2 독일 베를린

직업: 육군 장교, 무관

1896년 1월 30일 베이징으로 파견되어, 1896년 4월 20일부터 1897년 8월 1일까지 베이징 주재 독일 공관에서 무관으로 재직하였다. 1897년 5월과 8월에 조선을 방문하였다.

주요 저술

"Ein Ritt quer durch Korea", *Globus*, vol. 72, no. 10, 11 Sep. 1897, pp. 149~151.

주요 참고문헌

AA, 'Personalakte Grünau'.

"Baron v. Grünaus zweiter Ritt durch Korea", *Globus*, vol. 72, no. 20, 27 Nov. 1897: Aus

allen Erdteilen, p. 322.
BHdAD, vol. 2, pp.119f.
OL, vol. 10, 27 Mar. 1896, p. 565: PN; 10 Apr., p. 611: PN; vol. 20, 16 Mar. 1906, p. 506: PN.
The Korean Repository, vol. 4, June 1897, p. 240: Notes and Comments.
『舊韓國外交文書』, 德案 1, no. 1735 f, 1759; 德案 2, no. 3066.

Hatzfeld-Trachenberg, Alexander Maria Hermann Melchior Graf von

(하츠펠트-트라헨베르크, 알렉산더 마리아 헤르만 멜히오르 그라프 폰)

생몰: 1877. 2. 10 독일 베를린~1953. 11. 27 독일 슐로스 쇤슈타인(비센, 라인란트 팔츠주)

직업: 외교관

1903년 2월 중순부터 1905년 2월 중순까지 도쿄 주재 독일 공관의 외교관 시보로 있었다. 도쿄에 체류하고 있는 동안 1903년 9월 말~10월 초 일주일 동안 한성을 방문하였고, 그 후 뤼순으로 갔다.

주요 참고문헌

AA, 'Personalakte Hatzfeld'.
Alexander Graf von Hatzfeldt, at: www.thepeerage.com/p9766.htm
Claussen-Wunsch, Gertrud(Ed.), *Dr. med. Richard Wunsch. Arzt in Ostasien*, Büsingen/Hochrhein, 1976, pp. 155, 156, 208, 325, 374.
『舊韓國外交文書』, 德案 2, no. 2910.

Ketteler, Clemens August Freiherr von

(케텔러, 클레멘스 아우구스트 프라이헤르 폰)

생몰: 1853. 11. 22 독일 포츠담~1900. 6. 20 중국 베이징

이칭: 克德拉(극덕납)

직업: 통역관, 외교관

1879년 군 복무를 마친 후 외교관이 되어 1881년 청으로 파견되었다. 광저우 주재 독일 공관의 통역관 보조로 있을 때 1882년 6월 조독수호통상조약 체결 협상을 위해 조선을 방문하는 브란트를 수행하였다. 1890년까지 광저우, 베이징, 톈진 주재 독일 공관에서 통역관과 서기관으로 활동하였다. 워싱턴에서 공사관 서기관으로, 멕시코에서 서기관으로 일하였으며 1899년에 베이징으로 돌아왔다. 1900년 6월 20일 의화단운동이 일어났을 때 거리에서 총상을 입고 사망하였다.

주요 참고문헌

Brandt, Max von, *Dreiunddreissig Jahre in Ost-Asien*, vol. 3, pp. 237~239.

Berger, A., *Aus einem verschlossenen Paradiese*, Berlin, 1924, p. 68.
OL, vol. 6, 25 Dec. 1891, p. 201: PN; 10 Jun. 1892, p. 564: PN; 29 Jul., p. 673: PN; vol. 8, 20 Jul. 1894, p. 722: PN; vol. 11. 20 Nov. 1896, p. 217: PN; vol. 13, 15 Apr. 1899, p. 493: PN; 20 May, p. 584: PN; 27 May, p. 604: PN; 17 Jun., p. 653: PN; 24 Jun., p. 672: PN; vol. 14, 2 Mar. 1900, p. 158: PN; vol.16, 19 Sep. 1902, p. 765: PN.
"Baron Clemens von Ketteler †", *OL*, vol. 14, 6 Jul. 1900, pp. 492f.
"Die Ermordung des kaiserlichen Gesandten Freiherrn von Ketteler in Peking", *OL*, vol. 14, 19 Oct. 1900, pp. 845 ~ 847.
DBE, vol. 5, p. 604.
Freiherr Clemens von Ketteler, at: www.deutsche-schutzgebiete.de/ketteler.htm.
"Ketteler, Baron Clemens von Ketteler", 『西洋人名字典』, 東京, 1964, 14쪽.
"Ueber das Abschiedsessen im 'Deutschen Hause' in der Hauptstadt Mexico zu Ehren des Gesandten Freiherrn Clemens von Ketteler", *OL*, vol. 13, 15 Jul. 1899, pp. 722f.
"Trauerfeier für Freiherrn von Ketteler", *OL*, vol. 15, 28 Jun. 1901, p. 552.
"Errichtung eines Ehrengrabes für Freiherrn von Ketteler in Münster", *OL*, vol. 16, 4 Apr. 1902, p. 278.
"Uebergabe des Ketterler-Denkmals in Peking", *OL*, vol. 17, 28 Jan. 1903, p. 195-197.
"Totenfeierlichkeiten für den verstorbenen kaiserlichen Gesandten Freiherrn von Ketteler", *Nachrichten Aus Kiautschou*, Beiblatt zu *Ostasiatischer Lloyd*, no. 32, 10 Aug. 1900, pp. 171f.
BJDN, vol.5(1900), Totenliste 1900, p. 100.
LDG, p. 655.
『舊韓國外交文書』, 德案 2, no. 2240, 2246.

[6-19] 클레멘스 아우구스트 프라이헤르 폰 케텔러(1893년)

Königsmarck, Hans Graf von (쾨닉스마르크, 한스 그라프 폰)

직업: 육군 장교, 통역관, 작가

도쿄 주재 독일 공관의 무관이었던 쾨닉스마르크는 러일전쟁 중 시모노세키를 출발하여 부산과 제물포를 거쳐 즈푸로 이동하였다.

주요 저술

Königsmarck, Hans von, *Japan und die Japaner. Skizzen aus dem Fernen Osten*. Anhang: *Der russisch-japanische Krieg*, Berlin, 1905.
The Markhor. Sport in Cashmere, Translated from the German by Norah Bashford, London, 1910.
Sportliches und Nicht-Sportliches aus anderen Erdteilen. Reise-Erlebnisse, Berlin, 1894.
A German Staff Officer in India, London, 1910.

Meincke, Max (마인케, 막스)

직업: 육군 장교, 외교관

도쿄 주재 독일 공관의 중위 계급 무관으로 근무 중 1896년 9월 13일 크리엔 영사와 함께 고종을 알현하였다. 9월 17일 마인케는 제물포를 출발하여 일본으로 돌아갔다.

주요 참고문헌

The Independent, 독립신문, vol. 1, no. 70, 15 Sep. 1896: Brief Notice.
BHdAD, vol. 3, pp. 313f.

Müller, Max (뮐러, 막스)

생몰: 1872. 12. 4 독일 슈투트가르트~1948. 10. 8 독일 슈투트가르트

직업: 외교관

1902년 5월 6일부터 1910년 1월까지 상하이 주재 독일 총영사관에서 부영사로 활동하였다. 1908년 10월에 한국, 만주, 청의 북부 지역을 여행하였다.

주요 참고문헌

BHdAD, vol. 3, pp. 313f.
OL, vol. 16, 21 Mar. 1902, p. 237: PN; vol. 21, 4 Jan. 1907, p. 35: PN; vol. 22, 9 Oct. 1908, p. 703: PN; vol. 24, 7 Jan. 1910, p. 21: PN; vol. 25, 5 May 1911, p. 420: PN; vol. 28, 27 Mar. 1914, p. 182: PN; 19 Jun., p. 558: PN.

[6-20] **포강반점** Astor House (1910년경) 중국 상하이 북쑤저우로 North Suzhou Road에 위치하였다.

Prittwitz und Gaffron, Wilhelm von

(프리트비츠 운트 가프론, 빌헬름 폰)

생몰: 1866. 6. 4 독일 카발렌(니더슐레지엔주, 현재 폴란드 코발레)~1901. 1. 11 터키 이스탄불

직업: 외교관

1896년 중반부터 1900년까지 베이징 주재 독일 공사관의 서기관으로 일하였다. 1899년 9월 24일 휴가 차 아내와 함께 한성에 왔으며, 9월 28일에는 말을 타고 당고개의 독일 광산을 방문하였다. 10월 10일 제물포에 도착하여 청으로 떠났다. 1901년 이스탄불에서 장티푸스로 사망하였다.

주요 참고문헌

BHdAD, vol. 3, p. 521.
BJDN, vol. 6(1901), p. 322.
OL, vol. 10, 1 May 1896, p. 683: PN; 5 Jun., p. 806: PN; vol. 13, 7 Oct. 1899, p. 938: PN; vol. 14, 9 Feb. 1900, p. 101: PN.

Sander, Hermann Gustav Theodor (잔더, 헤르만 구스타브 테오도르)

생몰: 1868 ~ 1945

직업: 무관

[6-21] **헤르만 잔더** 1906년 9월 조선 상인과 함께 있다.

1905년 12월 6일 폰 데르 마르비치가 이끄는 제61 보병연대 중위로 있던 헤르만 잔더는 도쿄 주재 독일 공관의 무관으로 임명되어 1906년 1월 4일 함부르크를 출발하여 동아시아로 향하였다. 일본에 도착한 직후인 1월 27일에 대위로 승진하였다. 1906년 2월부터 1907년 4월까지 일본에서 일하는 동안 러일전쟁에 대한 정보를 집중적으로 수집하였으며 전쟁터를 수차례 방문하였다.

1906년 9월과 1907년 3월에는 한국도 방문하였다. 1906년 9월 10일 부산에 도착하여 마산포, 원산, 성진을 방문하였으며, 24일 원산을 거쳐 부산, 한성으로 갔다. 한성에 5일 동안 체류한 다음 10월 3일에 제물포를 통해 목포로 갔다가, 4일에는 부산을 경유하여 일본 고베로 갔다. 조선을 두 번째 방문하였을 때는 한성, 북한산성, 수원을 둘러보았으며, 3월 21일에는 고종을 알현하였다. 잔더는 한국 기행을 그림과 글로 기록하였다. 1907년 5월 시베리아 횡단 철도를 이용해 독일로 돌아갔다.

주요 참고문헌

Hermann Sander. Die Reisen des Deutschen Hermann Sander durch Korea, Mandschurei und Sachalin 1906 - 1907. Eine Fotoausstellung. Gestiftet von seinem Enkel Stefan Sander. The National Folk Museum of Korea, Seoul, 2006.

Trummler, Konrad (트루믈러, 콘라트)

생몰: 1864. 1. 16 ~ 1936. 2. 27

직업: 함대 부사령관, 무관

코르베트함 함장 트루믈러는 1902년 6월 29일 빌헬름 2세로부터 일본 주재 무관으로 임명받아 1903년 2월 16일 도쿄에 도착하였다. 러일전쟁 중인 1904년 6월에 일본 수행원과 같이 한국으로 가서, 오스트리아의 해군 소위 폰 콜로레도 만스펠트와 함께 6월 25일 고종을 알현하였다. 1905년 11월 4일에 프리깃함 함장으로 승진하였고 일본 주재 무관직은 코르베트함 함장인 리하르트 랑에가 맡았다.

주요 참고문헌

AA, 'Personalakte Trummler'.
"Liste der Marineattachés des Deutschen Reiches", *Wikipedia*.
OL, vol. 16, 8 Aug. 1902, p. 637: PN.
『舊韓國外交文書』, 德案 2, no. 2968.

Truppel, Oskar von (트루펠, 오스카 폰)

생몰: 1854. 5. 17 독일 카츠휘테(튀링겐주)~1931. 8. 20

직업: 해군 장교, 자오저우 주지사

1901년 1월 27일 자오저우의 주지사인 파울 예슈케(Paul Jäschke, 1851~1901)가 갑자기 장티푸스로 사망하였다. 그때 베를린 해양부 군사국장으로 재직하고(1899년 7월~1901년 4월) 있던 트루펠은 1901년 2월 22일 함대 부사령관의 직급으로 그의 후임이 되었다. 1901년 6월 7일부터 1911년 8월 19일까지 독일 식민지인 자오저우에서 주지사, 민간과 군사 행정부장, 주둔군의 최고 책임자로 활동하였다. 1904년 11월에 한국을 방문하였고, 한성의 손탁 호텔에 머물렀다.

[6-22] **오스카 폰 트루펠** 1910년 4월 산둥 지역 손보기(1867~1931) 주지사가 칭다오에 있는 오스카 폰 트루펠(왼쪽 의자에 앉은 사람)을 방문하였다.

주요 참고문헌

Claussen-Wunsch, Gertrud(Ed.), *Dr. med. Richard Wunsch. Arzt in Ostasien*, Büsingen/Hochrhein, 1976, pp. 75, Foto, 312, 317, 326, 335, 338, 340f, 347.

Franzius, Georg, *Kiautschou. Deutschlands Erwerbung in Ostasien*, 2. Ed., Berlin [without year], p. 133.

OL, vol. 15, 10 May 1901, p. 398: PN; 17 May, p. 419: PN; 7 Jun., p. 493: PN; vol. 21, 27 Sep. 1907, p. 574: PN; vol. 25, 10 Feb. 1911, p. 123: PN; Jun., p. 533: PN; 20 Oct., p. 338: PN.

"Oskar von Truppel", *Wikipedia*.

"Truppel, Oskar(1854~1931), Gouverneur", at: http://www.tsingtau.org/truppel-oskar-1854-1931-gouverneur/

Wer ist's 1909, pp. 1441f.

Zappe, Carl Eduard (차페, 카를 에두아르트)

생몰: 1843. 2. 26 독일 코블렌츠~1888. 3. 26 일본 요코하마

이칭: 察貝(찰패), 佐巴(좌파)

직업: 해군 장교, 통역관

요코하마 주재 독일 총영사로 재직 중인 1883년 10월 조선을 방문하여 조선과 독일의 통상조약을 체결하려 하였다. 10월 21일 오토 헤리비히 선장이 이끄는 라이프치히호를 타고 일본 나가사키를 출발하여 사흘 후에 제물포에 도착하였다. 10월 27일 오전 일본 정부의 농상무성 고문인 파울 마예트 교수, 요코하마 주재 독일 영사관의 통역관 헤르만 부들러, 연락관 역할의 선원 헤스, 플루더와 함께 배에서 내려 한성으로 갔다. 몇 주에 걸친 협상 끝에 11월 26일 조선과 독일의 통상조

약에 조인하였다. 그 다음 날 고종을 알현하고 한성에서 작별 인사를 한 다음 제물포로 가서 12월 1일 라이프치히호를 타고 부산을 경유하여 나가사키로 갔다. 1888년 요코하마에서 사망하였다.

주요 참고문헌

AA, 'Kurzbiographie Zappe'.

Allen, p. 13.

"Die gegenwärtigen Zustände von Korea", *Globus*, vol. 49, no. 9(1886), pp. 139 ~ 142; vol. 10(1886), pp. 151 ~ 154.

Kleiner, Jürgen, *Korea auf steinigem Pfad*, Berlin, 1992, p. 283.

Kleiner, Jürgen, *Korea. Betrachtungen über ein fernliegendes Land*, Frankfurt a. M. 1980, p. 282.

Lane-Pool, Stanley, *The Life of Sir Harry Parkes*, London, New York, 1894, pp. 208 ~ 215.

Mayet, P., "Ein Besuch in Korea im October 1883", *MOAG*, vol. 4, no. 31(Sep. 1884), pp. 18 ~ 28; (Sequel) "Ein Besuch in Korea", *MOAG*, vol. 4, no. 33(Aug. 1885), pp. 146 ~ 152.

Meissner, Kurt, *Deutsche in Japan 1639-1960*, Tokyo, 1961, pp. 25, 39.

Moellendorff, R[osalie]. von, *P. G. von Moellendorff. Ein Lebensbild*, Leipzig, 1930, pp. 65f, 92.

『舊韓國外交文書』, 德案 1, no. 9, 10 ~ 22, 128.

[6-23] 한성의 외국인들(1890년 6월)

2. 한국 관청의 관리

Ahrendts, F. L. (아렌츠, F. L.)

직업: 해관원

1898~1901년 원산 해관(海關)의 부관장이었다.

주요 참고문헌

Allen, p. 59.
D&C: 1898~1901.

Arnous, H. G. (아르누, H. G.)

직업: 해관원, 신문기자

1883년 봄, 묄렌도르프와 함께 조선에 와서 해관의 보조 인력으로 일하였다. 1885년 말 묄렌도르프가 모든 관직에서 물러나면서 조선 관직에 있었던 4명의 독일인도 해임되었다. 아르누도 그중 한 명이었는데, 퇴직금으로 6개월치 월급을 받았다. 그 후에 정확히 어떠한 일을 했는지는 알려지지 않았지만, 몇 년 후에 다시 조선의 해관에서 일했다는 기록이 남아 있다. 1888년 말부터 1900년 초까지 부산에서 해관원으로 일한 것으로 추정되며, 1900년 4월 1일에 마산포 해관의 부관장이 되어 1903년까지 일하였다. 1893~1895년에 조선과 조선인(생활, 관습, 문화 등)에 관한 논문을 여러 편 써서 학회지인 『글로부스(Globus)』에 발표하였다.

주요저술

***Globus*에 발표한 논문**
"Der König von Korea und sein Hof", vol. 66, no. 2(Juli 1894), pp. 26~29.
"Die Frauen und das Eheleben in Korea", vol. 66, no. 10(Aug. 1894), pp. 156~160.
"Spiele und Feste der Koreaner", vol. 66, no. 15(Sep. 1894), pp. 239~241.
"Charakter und Moral der Koreaner", vol. 67, no. 24(Juni 1895), pp. 373~376.
"Gewichte, Maße, Kompaß und Zeiteinteilung in Korea", vol. 68, no. 24a(Dec. 1895), pp. 381~383.

연구논문
Korea. Märchen und Legenden nebst einer Einteilung über Land und Leute, Sitten und Gebräuche Koreas, Leipzig, 1893.

주요 참고문헌

Allen, pp. 12, 59.
Meiklejohn's: 1889, 1890.
D&C: 1884~1886, 1889~1903.
AA, Korea I, vol. 7: 'Schreiben Budlers an Bismarck vom 9. Dez. 1885'.
"Aus Korea", *Kölnische Zeitung*, 5 June 1886.

Bielert, J. (빌러트, J.)

직업: 해관원

1901~1902년 제물포에서 해관원으로 일했으며, 1903년에는 목포에서 해관원으로 일하였다.

주요 참고문헌

D&C: 1901~1903.

Bolljahn, Albert K. W. (볼얀, 알베르트 K. W.)

직업: 해관원

요하네스 볼얀의 동생으로 상하이에 체류하다 1899년 8월 한국으로 여행왔다. 1900~1908년 부산 해관에서 관장 보조로 일하였다.

주요 참고문헌

AA, Korea I, vol. 32: 'Schreiben von Korvettenkapitän Bauer von SMS Geier aus Wusung vom 17. Sep. 1901'.

AA, Korea I, vol. 35: 'Schreiben von Graf Arco-Valley aus Tokio vom 18. Sep. 1904'.

Zabel, Rudolf, *Meine Hochzeitsreise durch Korea während des russisch-japanischen Krieges*, Altenburg, 1906, pp. 99f.

Claussen-Wunsch, Gertrud (Ed.), *Dr. med. Richard Wunsch. Arzt in Ostasien*, Büsingen/Hochrhein, 1976, pp. 210f.

D&C: 1901~1908.

『舊韓國外交文書』, 德案 2, no. 2535f.

Bolljahn, Johannes (볼얀, 요하네스)

생몰: 1862. 2. 20 독일 파스케(폼메른, 현재 폴란드 포메라니아)~1928. 10. 25 독일 스위네뮌데(멕클렌버그 포어포메른주)

이칭: 佛耶安(불야안)

직업: 중학교 교사, 관립한성덕어학교 교관

1889년 6월부터 도쿄의 독일 개신교 공동체 학교에서 교사로 재직하였고, 에케르트의 자녀들의 개인 교사를 하였으며, 도쿄의 여러 학교에서 독일어 교사로 활동하였다. 1898년 9월 15일 개교한 조선의 관립한성덕어학교에서 최초의 교관으로 일하였다. 1901~1902년에는 무관학교에서도 독일어를 가르쳤다. 1920년에는 프란츠 에케르트의 미망인 마틸데 에케르트와 함께 독일로 돌아갔다.

➜ '4장 3. 요하네스 볼얀' 참조

주요 저술

"Anfänge der protestantischen Mission und ihr gegenwärtiger Stand", *ZMR*, vol. 15(1900), pp. 257~264.

【6-24】 요하네스 볼얀(1904년)

"Das koreanische Schulwesen", *DZU*, Leipzig, vol. 5, no. 3(April 1900), pp. 192~209.
"Das Schulwesen in Korea", *Zeitschrift für Philosophie und Pädagogik*, Langensalzen, April 1899, pp. 125~127.
"Der Tag der Witwen in Korea", *OL*, vol. 27, 19 Dec. 1913, p. 574.
"Die Hauptschwierigkeit der Japaner in Korea", *OL*, vol. 24, 25 Feb. 1910, p. 198f
"Die Verschwörung in Korea", *OL*, vol. 26, 28 Jun. 1912, p. 553f.
"Korea, Land und Leute", *ZMR*, vol. 14(1899), pp. 353~360.
"Koreanische Sitten und Gebräuche", *ZMR*, vol. 15(1900), pp. 65~77.
"Kurze Bemerkungen über Korea und koreanische Zustände", *ZMR*, vol. 20(1905), pp. 205~211.

주요 참고문헌

Allen, p. 38.
"Besuch Seiner Koeniglichen Hoheit des Prinzen Heinrich in Seoul", *OL*, vol. 13, 1 Jul. 1899, pp. 687f.
Bräsel, Sylvia, "Johann Bolljahn(1862~1928): Begründer des Deutschunterrichts in Korea zur interkulturellen Karriere eines pommerschen Lehrers in Ostasien", *Baltische Studien*. vol. 95 N.F.(2009), Kiel, 2010, pp. 133~150.
Claussen-Wunsch, Gertrud (Ed.), *Dr. med. Richard Wunsch. Arzt in Ostasien*, Büsingen/Hochrhein 1976, pp. 88, 93, 103, 115, 120, 137, 160, 165, 198, 200, 210.
D&C: 1902~1911.
Genthe, Siegfried, *Korea. Reiseschilderungen*, Berlin, 1905, pp. 244~250.
"German in Korea wrote of old educational system", *The Korea Herald*, International Edition, Seoul, 18 July 1985, p. 4.
Kroebel, Emma, *Wie ich an den koreanischen Kaiserhof kam. Reise-Eindrücke und Erinnerungen*, Berlin, 1909, pp. 142~145.
Meiklejohn's: 1911.
The Korea Review, vol. 1, no. 4(Apr. 1901), p. 172; vol. 2, no. 1(Jan. 1902), p. 32: News Calendar.
The Korean Review, vol.1, April 1901, p. 172.
"Vizeadmiral Bendemann in Port Arthur und Korea", *OL*, vol. 15, 4 Oct. 1901, p. 849.
Wertheimer, Fritz, "Seoul: Blicke in die Hauptstadt Koreas", *OL*, vol. 24, no. 4, 28 Jan. 1910, pp. 106~108.
최종고, 『韓獨交涉史』, 서울, 1983, 156~165쪽.
『舊韓國外交文書』, 德案 1, no. 1794; 德案 2, no. 2093, 2255, 2876, 3060, 3063.
李光麟, 『韓國開化史硏究』, 서울, 1969, 124쪽.
프란츠 에케르트의 손자 찰스 마르텔과 손녀 도리트 페르츠의 증언.

Brinckmeier, Robert Hans Carl (브링크마이어, 로베르트 한스 카를)

생몰: 1840. 10. 6 독일 볼펜뷔텔~1930. 4. 24 한국 제물포

이칭: 卜隣美(복인미)

직업: 해관원, 외교관

1886~1888년에 조선 기함의 장교로 근무하였고, 조선 해관에 들어가서 1888년부터 대략 1897년까지 제물포에서 해관원으로 일하였다. 1897년 3월 5일에 한성

주재 독일 영사관의 서기관으로 고용되었고, 1910년까지 일하였다. 1930년 제물포에서 사망하여 인천외국인묘지에 안치되었다.

➜ '6장 1. 외교관, 공관 소속 직원' 참조

주요 참고문헌

Allen, pp. 35, 52.
D&C: 1889 ~ 1896.
Meiklejohn's: 1889, 1890.
The Korea Review, vol. 3, no.11(Nov. 1903), pp. 507 ~ 509.
『舊韓國外交文書』, 德案 2, no. 2929.

Claassen, H. (클라센, H.)

직업: 해관원, 공관 직원

1884년 말부터 짧은 기간 동안 조선 해관에서 일하였는데, 묄렌도르프가 파직되면서 다른 3명의 독일인(슐체, 크니플러, 아르누)과 함께 관직에서 해직되었다. 그 직후에 한성 주재 독일 영사관 경비로 고용되었다. ➜ '6장 1. 외교관, 공관 소속 직원' 참조

주요 참고문헌

AA, Korea I, vol. 7: 'Bericht Budlers aus Seoul an Bismarck vom 9. Dez. 1885'.
D&C: 1886 ~ 1887.
"Aus Korea", *Kölnische Zeitung*, 5. Jan. 1886..
Meikeljohn's: 1886, p. 119.

Diedricht, Claus (디드리히트, 클라우스)

이칭: 禮德立格(예덕입격)

직업: 기계설계 엔지니어

1885년 4월 조선에 와서 프리드리히 크라우스, C. 리트와 함께 화폐를 제조하는 기계를 설치하였다. 필요한 기계는 묄렌도르프가 세창양행을 통해 독일에서 수입하였다. 1887년 말 일을 끝내고 이듬 해 초에 독일로 돌아갔다.

주요 참고문헌

Allen, p. 17.
D&C: 1887.
Kim, Zae-Quan, "Möllendorff und die Industrialisierung Koreas", Leifer, Walter (Ed.): *묄렌도르프(P. G. von Möllendorff)*, Seoul, 1983, pp. 211 ~ 238.
Park, Chan Il, "Thesen zur Wirtschaftspolitik und zum Wirtschaftskonzept Möllendorffs", Leifer, Walter (Ed.), *묄렌도르프(P. G. von Möllendorff)*, Seoul, 1983, p. 250.
Won, Yu-han, "A study on the introduction of German coinage techniques to Korea", *KJ*, vol. 14, no. 11, Seoul, 1974, pp. 4 ~ 11.
『舊韓國外交文書』, 德案 1, no. 264, 325, 333, 682.

Eckert, Franz (에케르트, 프란츠)

생몰: 1852.4.5 독일 노이로데(슐레지엔주, 현재 폴란드 노바루다)~1916.8.6 한국 한성

이칭: 埃巨多(애거다)

직업: 군악대 대장, 작곡가

1879년 봄 일본 군악대 대장으로 고용되었고, 1900년 말에는 한국 군악대 대장으로 임명되었다. 1901년 2월 19일 한성에 도착한 이후 수년간 많은 업적을 세웠다. 목에 종양이 생겨 1916년 8월 6일 64세의 나이로 사망한 후 양화진외국인선교사묘원에 안치되었다. ➾ '4장 4. 프란츠 에케르트' 참조

주요 저술

"Die japanische Nationalhymne", *MOAG*, vol. 3, no. 23(1881), p. 131.

"Japanische Lieder", *MOAG*, vol. 2, pp. 423~428.

주요 참고문헌

Allen, p. 44, Supplement: pp. 3, 6, 11.

Claer, Alexander von, 'Bericht aus dem Jahre 1904'. (비공개 자료)

Claussen-Wunsch, Gertrud (Ed.), *Dr. med. Richard Wunsch. Arzt in Ostasien*, Büsingen/Hochrhein, 1976, pp. 80, 89, 98, 101, 103, 115, 137, 147, 149, 154, 198, 200.

Curt Netto 1847-1909. Aquarelle und Zeichnungen aus Japan 1873-1885, Ausstellung im japanischen Kulturinstitut Köln vom 6. bis 23. Mai 1980. (Exhibition Cataloge), Köln, 1980, pp. 26, 45.

"Der Deutsche, der Nationalhymnen für Asien schrieb", *Ost-Dienst. Die unabhängige deutsche Ostkorrespondenz*, Hamburg, Beilage: Korea-Dienst, no. 143 (May 1983).

Eckardt, Andre, "Unserem Mitgliede Franz Eckert dem Pionier deutscher Musik in Japan zum Gedächtnis", *MOAG*, vol. 21(1927), between no. D and no. E.

Kleiner, Jürgen, *Korea. Betrachtungen über ein fernliegendes Land*, Frankfurt a. M. 1980, pp. 284f, 290.

Kneider, Alexander, "Der Kgl. Preuß. Musikdirektor Franz Eckert als Kapellmeister am koreanischen Kaiserhof", Komitee 100 Jahre deutsch-koreanische Beziehungen (Ed.), *Bilanz einer Freundschaft. Hundert Jahre deutsch-koreanische Beziehungen*, Bonn, 1984, pp. 36~38.

Kneider, Hans-Alexander, "Franz Eckert: Königlich Preußischer Musikdirektor am koreanischen Kaiserhof", *Daf-Szene Korea. Rundbrief der Lektoren-Vereinigung Korea, no.17: Deutsches in Korea*, Seoul, May 2003, pp. 18~21.

Kroebel, Emma, *Wie ich an den koreanischen Kaiserhof kam. Reise-Eindrücke und Erinnerungen*, Berlin, 1909, pp. 142ff.

Martel, Amalie, *This is my life*. (프란츠 에케르트의 장녀의 비공개 일기)

Meissner, Kurt, *Deutsche in Japan 1639-1960*, Tokyo, 1961, p. 57.

Meissner, Kurt, "Unwissenschaftliches aus der "Gelehrtenkolonie" in Tokyo in den 89er Jahren", *Nachrichten der OAG*, no. 65.

Namgung, Yo-Yol, "The German Bandmaster Korean Taste of Western Music Traces Back to 1901", *The Korea Times*, 13 Aug. 1982, p. 5.

OL, vol. 16, 17 Jan. 1902, p. 51: Korea; 11 Jul., p. 550: Korea; 14 Nov., p. 928: PN.
Schmidlin, Prof. Dr., "Im Lande der Morgenstille", *OL*, vol. 28, 20 Jun. 1914, p. 591.
The Korea Review, vol. 1, no. 2(Feb. 1901), p. 74; no. 9(Sep. 1901), p. 412.
The Korea Review, vol. 2; no. 8(Aug. 1902), p. 365; no. 12(Dec. 1902), p. 557.
Zoe, Cincaid, "Composer of Japan's National Anthem Organized Bands Here", *The Japan Advertiser*, Tokyo, 7 Dec. 1926, p. 10.
野村光一, フランツ·エッケルト 音樂教育の推進, 音樂お雇い外国人, vol. 10, 東京, 1971, 143~161쪽.

[6-25] 프란츠 에케르트와 그의 부인 마틸데가 친구들, 하인들과 함께 한성의 자택 발코니에 서 있다(1908년경).

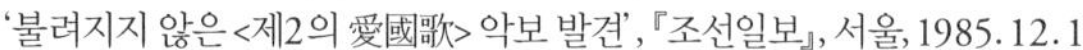

'불려지지 않은 <제2의 愛國歌> 악보 발견', 『조선일보』, 서울, 1985. 12. 1.
'에케르트의 <대한제국 애국가>', 『음악동아』, 서울, 1986년 1월호, 102~104쪽.
『舊韓國外交文書』, 德案 2, no. 239, 244, 266~270, 385, 387f, 459, 461, 506~508, 511, 2369, 2386, 2446f, 2698, 2702f, 2816, 2819, 2891, 2897.
張師勛, 『黎明의 東西音樂』, 서울, 1974.
李惠浪, 『韓國音樂史』, 서울, 1985, 422, 549, 550쪽.
李宥善, 『韓國洋樂八十年史』, 서울, 1968, 129~143, 194~201쪽.
유진영, 「대한제국 시기 독일인 군악대장 프란츠 에케르트(1852~1916)의 활동에 관한 연구」, 『독일연구』 vol. 23, 서울, 한국독일사학회, 2012. 6, 73~101쪽.

Grundmann, W. (그룬트만, W.)

직업: 해관원

1892~1894년 원산 해관장의 보조로 일하였다. 1892년 10월 말 조선을 방문한 오토 엘러스를 만났다.

주요 참고문헌

D&C: 1893~1894.
Ehlers, Otto E., *Im Osten Asiens*, Berlin, 1896, p. 388.

Helm, Paul (헬름, 파울)

이칭: 赫爾瑪(혁이마), 惠林(혜림)

직업: 농민

일본에 체류하고 있을 때인 1885년 3월에 묄렌도르프의 제안을 받아 조선에 현대식 농기계를 소개하고, 넓은 면적에 독일식 방법으로 재배하는 현대식 농업 기술을 전수하려 하였다. 제안을 받고 한 달 후에 조선으로 왔지만, 재배 실험을 할 수 있는 땅을 구할 수 없어서 계획을 실행하지 못하였다. 1885년 초가을에 일본으로 돌아갔다.

주요 참고문헌

Deuchler, Martina, *Confucian Gentlemen and Barbarian Envoys. The Opening of Korea, 1875-1885*, Seattle and London, 1977, pp. 163, 270: footnote 40.
Kleiner, Jürgen, "Paul Georg von Möllendorff. Ein Preuße in koreanischen Diensten", *ZDMG*, Sonderdruck, vol. 133, no. 2, Wiesbaden, 1983, pp. 343~434.
『舊韓國外交文書』, 德案 1, no. 131, 137f, 153f, 157, 293, 298, 303, 307, 413, 429, 437f, 768, 785, 808, 877f.

Henschel, Otto F. E. (헨셸, 오토 F. E.)

직업: 해관원, 세창양행 직원

독일 베를린에서 태어났다. 1901~1908년 부산 해관의 조사관으로 일하였으며, 1908년에 세창양행 부산 지점에서 일하기도 하였다. 1909년에 해관을 그만두고 세창양행의 직원으로 부산에서 근무하다가 1910년부터 제물포에서 일하였다. (1915년까지 일했다는 기록이 있다.) ➾ '6장 4. 상인, 엔지니어, 광원' 참조

주요 참고문헌

AA, Korea I, vol. 35: 'Schreiben von Graf Arco-Valley aus Tokio vom 18. Feb. 1904'; 'Schreiben von Saldern aus Seoul vom 11. Feb. 1904'.
D&C: 1901~1911.
JD: 1911~1915.
Zabel, Rudolf, *Meine Hochzeitsreise durch Korea während des russisch-japanischen Krieges*, Altenburg, 1906, pp. 98f.

Hintze, Julius F. (힌체, 율리우스 F.)

직업: 해관원

독일 바제도우 출신이다. 1888년부터 1893년까지 원산 해관에서 일했던 것으로 추정된다. 1894~1896년에는 제물포에서 일하였다. 양화진외국인선교사묘원에 그의 묘석이 있는 것으로 보아 조선에서 사망했음을 알 수 있으나 묘석에는 출생일과 사망일이 적혀 있지 않다.

주요 참고문헌

D&C: 1889~1896.
Hintze, at: freepages.misc.rootsweb.com/~schipp/Memorials/hintze.html.
Meiklejohn's: 1889, 1890.

Holz, J. C. A. (홀츠, J. C. A.)

직업: 해관원

1889년부터 1896년까지 부산 해관에서 일하였다. 오스트리아의 여행작가 에른스트 폰 헤세 바르테크가 1894년 여름에 조선을 여행하였을 때 홀츠를 만났다.

[6-26] 부산 해관의 직원들(1890년)

주요 참고문헌

D&C: 1889 ~ 1896.
Hesse-Wartegg, Ernst von, Korea. Eine Sommerreise nach dem Lande der Morgenruhe 1894, Dresden und Leipzig, 1895, p. 8.
Meiklejohn's: 1890.

Kniffler (크니플러)

이칭: 克立弗那(극입불나)

직업: 상인

1859년 7월 1일 루이 크니플러가 일본 나가사키에 L. 크니플러 상사를 설립하였는데, 크니플러는 아마도 루이 크니플러의 친척이었던 것으로 추정된다. 크니플러는 1884년 묄렌도르프의 초청에 따라 조선으로 왔다. 그는 조선의 토양이 동아시아 국가에 수출하기 위한 담배를 대규모로 재배하기에 적합한지 조사하였다. 그러나 자금이 부족하여 실패하였다. 1885년 묄렌도르프가 관직에서 물러나면서 같이 해임되어 곧바로 일본으로 돌아갔다.

주요 참고문헌

AA, Korea I, vol. 4: 'Schreiben von Zembsch aus Seoul vom 4. Dez. 1884'.
AA, Korea I, vol. 7: 'Schreiben Budlers aus Seoul an Bismarck vom 9. Dez. 1885'.
Allen, p. 12.
"Aus Korea", *Kölnische Zeitung*, 5 Jan. 1886.
"Baron von Möllendorff", *The Korea Review*, vol. 1, no. 6(June 1901), pp. 249f.
Ostasiatischer Verein Hamburg-Bremen zum 60jährigen Bestehen, Hamburg, 1960, pp.

201f.
Park, Chan Il, "Thesen zur Wirtschaftspolitik und zum Wirtschaftskonzept Möllendorffs", Leifer, Walter (Ed.), *묄렌도르프(P. G. von Möllendorff)*, Seoul, 1983, pp. 239~255.
『舊韓國外交文書』, 德案 1, no. 212, 214, 224, 226~229, 231, 249.

Kofoed, N. C. (코푀트, N. C.)

직업: 해관원

1883년 조선에 해관을 세우는 데 도움을 준 독일인 중 한 명이다. 1883년 중순부터 1886년까지 원산에서 항만 부장으로 일하였다. 그는 하루에 네 번 날씨를 측정하는 일도 하였는데, 그가 제공하는 날씨 정보를 받고 카를 고체는 조선을 돌며 연구하였다.

주요 참고문헌

D&C: 1884~1886.
Gottsche, C., "Ueber Land und Leute in Korea(Vortrag gehalten am 3. Okt. 1885)", *VGEB*, vol. 13(1886), no. 5, pp. 246~262.
Meiklejohns: 1886.

Kraus, Friedrich (크라우스, 프리드리히)

생몰: ?~1916 독일 다름슈타트

이칭: 格老斯(격로사)

직업: 전환국장

1885년 가족과 함께 제물포에 도착하여 묄렌도르프의 후임으로 전환국장직을 맡았다. 디드리히트, 리트와 함께 조선의 새로운 화폐 제조를 위한 기계를 설치하는 일을 맡아 1887년 말에 설치를 완료하였다. 1888년 4월 22일 독일로 돌아갔다.

주요 저술

"Das Königreich Korea", *Unsere Zeit*, vol. 1 (1889), pp. 66~74.
"Die Hauptstadt von Korea und ihre Bewohner", *OL*, 1887, pp. 218, 257, 263.
"Eine Reise nach Korea", *DRGS*, vol. 11(1889), pp. 207~219.

주요 참고문헌

Allen, p. 17.
Won, Yu-han, "A study on the introduction of German coinage techniques to Korea", *KJ*, vol. 14, no. 11, Seoul, 1974, pp. 4~11.
Kim, Zae-Quan, "Möllendorff und die Industrialisierung Koreas", Leifer, Walter(Ed.), *묄렌도르프(P. G. von Möllendorff)*, Seoul, 1983, pp. 272~289.
D&C: 1887.
『舊韓國外交文書』, 德案 1, no. 318, 334, 679f, 715, 802, 804, 894, 910, 917, 920, 937, 940, 963, 968, 984, 989, 1007.

Krebs, C. (크렙스, C.)

직업: 해관원

묄렌도르프가 독일에서 데리고 온 초창기 해관원 중 한 명으로 1883년 중순에는 제물포에서, 1885년에는 부산에서 해관장 보조로 일하였다.

주요 참고문헌

Allen, p. 12.
D&C: 1884 ~ 1885.

Kroebel, Emma (크뢰벨, 엠마)

생몰: 1872. 7. 6 독일 슐레스비히홀슈타인 ~ 1945. 2. 25 독일 베를린

직업: 궁 의전관

대농장 주인인 카를 코제가르텐과 마가레타 카타리나(결혼 전 성은 퀼)의 딸로 독일 슐레스비히홀슈타인에서 태어났다. 1901년 11월 5일 장교인 에른스트 크뢰벨과 결혼해서 미국, 일본, 상하이, 칭다오에 거주하였다. 크뢰벨 대위는 1897년부터 칭다오에서 동아시아 여단의 식사를 담당하였다. 1905년 한국의 궁 의전관인 손탁이 1년 동안 독일로 휴가를 떠나게 되었는데, 이 기간 동안 그녀를 대신할 사람을 구하고 있었다. 한국과도 거래가 있던 남편 에른스트 크뢰벨과 한국을 방문한 적이 있어 손탁을 잘 알고 있던 칭다오 주지사 트루펠의 알선으로 엠마 크뢰벨이 그 일을 맡게 되었다. 1905년 8월부터 1906년 가을까지 황궁에 머물면서 손탁이 하던 일을 대신하였다. 1907년 봄 엠마 크뢰벨과 그녀의 남편은 독일 식민지인 칭다오를 떠났고, 1910년 독일로 돌아갔다.

【6-27】 엠마 크뢰벨

주요 저술

Kroebel, Emma, *Wie ich an den koreanischen Kaiserhof kam*, Berlin, 1909.

주요 참고문헌

Matzat, Wilhelm, *Kroebel, Ernst(1853-1925), Kaufmann, und Emma Kroebel(1872-1945), Schriststellerin, at*: http://www.tsingtau.org/kroebel-ernst-1853-1925-kaufmann-und-emma-kroebel-1872-1945-schriststellerin/
"Nachruf auf Ernst Kroebel", *Ostasiatische Rundschau*, 1925, pp. 139f.

Ladage, Amandus (라다기, 아만두스)

생몰: 1858. 2. 6 독일 함부르크 ~ 1886. 8. 7. 한국 제물포

직업: 해관원

라다기는 조선에 해관을 세운 '개척자' 중 한 명이었으며, 1883년부터 제물포 해관에서 일하였다. 그러나 3년 후 33세라는 젊은 나이로 사망하였고, 인천외국인묘

지에 안치되었다. 사망 원인은 밝혀지지 않았다.

주요 참고문헌

Allen, p. 12.
Meiklejohn's: 1886.
D&C: 1884 ~ 1886.
관세청, 『사진으로 보는 韓國稅關 130年』, 대전, 2008, 134쪽.

Laucht, H. W. (라우흐트, H. W.)

직업: 해관원

1883년 봄 묄렌도르프의 요청으로 조선에 왔고, 조선에 해관을 세운 '개척자' 중 한 명이었다. 1883년 말~1884년 원산 해관에서 감시원으로 일하였고, 1885 ~ 1887년 부산 해관에서 감시원으로 일하였다.

주요 참고문헌

Allen, p. 12.
Meiklejohn's: 1886 ~ 1889.
D&C: 1884 ~ 1887.

Lindholm, K. H. von (린트홀름, K. H. 폰)

직업: 해관원

1894 ~ 1896년 부산 해관장 보조로 있었다.

주요 저술

D&C: 1894 ~ 1896.

Lührss, G. F. W. (뤼르스, G. F. W.)

직업: 해관원

1891 ~ 1892년 제물포 해관 항만장으로 일했던 것으로 추정된다.

주요 참고문헌

D&C: 1892.

Maasberg, C. A. (마스베르크, C. A.)

이칭: 馬仕卜(마사복)

직업: 해관원

1898 ~ 1899년 말 부산 해관에서 검사관으로 일하였으며, 1899년 11월 13일부터는 마산포 해관장이 되었다. 1900년 4월 16일부터는 목포 해관장 보조로 근무하다가, 1902 ~ 1907년 진남포 해관장으로 활동하였다. 1905년 11월 2일에 그동안

의 공로를 인정받아 고종으로부터 훈4등을 하사 받았다.

주요 참고문헌

Allen, p. 59.
D&C: 1898 ~ 1907.
Obenheimer, "Ansteuerung des Hafens von Gensang; Ansteuerung des Hafens von Fusan; Ansteuerung der Masanpho-Föhrde; aus dem Reisebericht SMS Irene", *AHM*, vol. 28(1900), pp. 49 ~ 85.
『고종실록』 46권, 고종 42년 11월 2일, 1번째 기사

Maertens, August H. (메르텐스, 아우구스트 H.)

이칭: 麥登司(맥등사), 麥登士(맥등사)

직업: 양잠 전문가

1884년 초 상하이에 거주하다가 대규모 양잠 공장을 세우기 위해 조선에 왔다. 조선 정부는 처음에는 승인해주지 않았으나, 묄렌도르프의 개입으로 추진되었다. 1884년 10월 조선의 잠상공사(蠶桑公社) 회장으로 임명되고 한 달 뒤에 상하이에서 조선으로 돌아와서는 12월 초부터 개인 자본으로 양잠 사업을 시작하였다. 묄렌도르프는 이 양잠 사업을 돕기 위해 세창양행을 통해 뽕나무 10만 그루를 청에서 수입하여 한성과 제물포에 심었다. 경희궁 한쪽에 뽕나무를 심었는데, 이 때문에 경희궁을 '뽕나무궁궐(Mulberry Palace)'이라 부르기도 하였다.

메르텐스는 양잠 사업을 하기 위해, 서대문 근처와 제물포, 부평에 각각 건물을 세웠다. 1889년 5월 6일까지 잠상공사 회장직을 맡았는데, 메르텐스와 조선 정부 사이에 자금 반환 요청에 관한 분쟁이 일어났다. 이 분쟁은 몇 년 동안 계속되다가 1891년 4월 16일에 합의되었다.

주요 참고문헌

AA, Korea I, vol. 7: 'Schreiben Budlers aus Seoul an Bismarck vom 8. März 1886'.
Allen, p. 13.
D&C: 1887 ~ 1890.
Kim, Zae-Quan, "Möllendorff und die Industrialisierung Koreas", Leifer, Walter (Ed.), *묄렌도르프(P. G. von Möllendorff)*, Seoul, 1983, p. 281.
Koh, Byong-ik, "The Role of Westerners Employed by the Korean Government in the Late Yi Dynasty", *International Conference on the Problems of Modernization in Asia, June 28 July 7. 1965*, Seoul, Korea University, pp. 249 ~ 257.
Meiklejohn's: 1889 ~ 1890.
D&C: 1887 ~ 1890.
Park, Chan Il, "Thesen zur Wirtschaftspolitik und zum Wirtschaftskonzept Möllendorffs", Leifer, Walter (Ed.), *묄렌도르프(P. G. von Möllendorff)*, Seoul, 1983, p. 250.
The Korean Repository, vol. 1(Oct. 1892), p. 321.
『舊韓國外交文書』, 德案 1, no. 841, 857, 862, 904, 924, 926, 951, 958, 965, 978, 993, 997,

[6-28] 1899년의 상원(桑園)

999, 1018, 1026, 1030, 1035, 1046, 1048, 1058, 1066, 1068, 1073, 1082, 1084, 1098, 1100f, 1103f.

Mannheimer, P. E. (만하이머, P. E.)

직업: 해관원

조선에 해관을 세우기 시작할 무렵 조선에 와서 25년 넘게 해관에서 일하였다. 아마도 조선 해관에서 가장 오래 일을 한 독일인일 것이다. 1884년 말부터 1901년까지 해관원으로, 1902년부터 1910년까지는 원산 해관장으로 일하였다.

주요 참고문헌

D&C: 1885 ~ 1910.
Meiklejohn's: 1886 ~ 1890.
Zabel, Rudolf, *Meine Hochzeitsreise durch Korea während des russisch-japanischen Krieges*, Altenburg, 1906, pp. 156, 223.

Meyer, C. A. (마이어, C. A.)

직업: 해관원

1893~1899년 해관 부장이었고, 제물포 해관 항만장으로 재직하였다.

주요 참고문헌

D&C: 1893~1899.

Möllendorff, Paul Georg von (묄렌도르프, 파울 게오르크 폰)

생몰: 1847.2.17 독일 체데니크(브란덴부르크주)~1901.4.20 중국 닝보

이칭: 穆麟德(목인덕)

직업: 통역관, 외교관, 중국학자

1882년 이홍장은 고종의 요청에 따라 조선의 첫 서양인 고문으로 묄렌도르프를 한성으로 보냈고, 묄렌도르프는 12월 8일 처음 조선 땅을 밟았다. 그는 외교 분야에서 고문으로 활동하면서 해관총세무사 등 다양한 고위직을 겸하였다. 그러나 러시아와 조선의 군사 구조에 대해 논의하는 등 러시아 세력을 조선에 끌어들이자, 다른 국가들은 이를 구실삼아 그의 파면을 요구하였다. 결국 청의 이홍장의 압력으로 묄렌도르프는 모든 직책에서 물러나야 했고, 1885년 12월 5일 청으로 돌아갔다. ➡ '4장 1. 파울 게오르크 폰 묄렌도르프' 참조

그 후 묄렌도르프의 후임으로 온 미국인 데니가 외교 고문직에서 물러나려 하자 이홍장은 묄렌도르프를 다시 조선으로 보냈다. 그러나 다른 국가들이 묄렌도르프가 관직을 맡지 못하도록 방해하여 1888년 중반 그는 다시 이홍장에게로 돌아갔다.

주요 저술

A Manchu Grammar: With Analysed Texts, Shanghai, 1892

Classification des dialectes chinois, Ningpo, 1899.

Das chinesische Familienrecht, Shanghai, 1895

"Die Juden in China", *Monatsschrift für Geschichte und Wissenschaft des Judentums*. vol. 1893~1895, pp. 327~331.

Die Weltliteratur. Eine Liste mit Einleitung, Shanghai, 1894.

"Essay on Manchu Literature", *Journal of the China Branch of the Royal Asiatic Society*, vol. XXIV(1889), pp. 1~45.

Manual of Chinese Bibliography, being a List of Works and Essays Relating to China, Shanghai, London, Görlitz, 1876. (형제인 O. F. 폰 묄렌도르프와 함께 집필)

Ningpo Syllabary, Shanghai, 1901

"On the Limitations of Comparative Philology", *Journal of the China Branch of the Royal Asiatic Society*, vol. XXXI(1896/97), pp. 1~21.

Praktische Anleitung zur Erlernung der hochchinesischen Sprache, 4. Ed., Shanghai, 1906.

주요 참고문헌

AA, Korea I, vol. 4: 'Brief von Zembsch aus Seoul vom 9. Dez. 1884'.

AA, 'Kurzbiographie Möllendorff'.

Allen, pp. 12, 15, 16, 18, 19, 59.

"Aus Korea", *Kölnische Zeitung*, drittes Blatt, no. 155, 5 June 1886.

[6-29] 서울 동대문(1895년)

"Baron von Möllendorff", *The Korea Review*, vol. 1(1901), pp. 245~252.
BJDN, vol. 6(1901), p. 324.
Choi, Chong Ko, "Paul-Georg von Möllendorff und das koreanische Recht", Leifer, Walter (Ed.), *묄렌도르프(P.G. von Möllendorff)*, Seoul, 1983, pp. 191~210.
Claussen-Wunsch, Gertrud (Ed.), *Dr. med. Richard Wunsch. Arzt in Ostasien*, Büsingen/Hochrhein, 1976, pp. 66f, 169.
D&C: 1884~1885.
DBE, vol. 7, p. 139.
"Die gegenwärtigen Zustände von Korea", *Globus*, vol. 49, no. 9(1886), pp. 139~142; vol. 10(1886), pp. 151~154.
"Die jüngsten Ereignisse in Korea", *Das Ausland*, vol. 57(1885), pp. 396~399, 413f.
Go, Byong Ik, "Hintergründe der Einstellung von Paul-Georg von Möllendorff", Leifer, Walter (Ed.), *묄렌도르프(P. G. von Möllendorff)*, Seoul, 1983, pp.110~123.
Gottsche, C., "Ueber Land und Leute in Korea. (Vortrag gehalten am 3.Okt.1885)", *VGEB*, vol. 13(1886), no. 5, pp. 246~262.
Hellwald, Friedrich von, "Korea", *ÖMO*, no. 2, 15 Feb. 1887, p. 18.
Hesse-Wartegg, Ernst von, *Korea. Eine Sommerreise nach dem Lande der Morgenruhe 1894*, Dresden und Leipzig, 1895, pp. 185f.
Hollenbach, Thomas, "Möllendorffs Amtsantritt in Korea 1882/83 und die Politik der Mächte", *한(Han) Korea. Kulturmagazin*, vol. 1983, no. 4, pp. 94~109.
Kleiner, Jürgen, "Paul Georg von Möllendorff. Ein Preuße in koreanischen Diensten", *ZDMG*, vol. 133, no. 2(1983), pp. 343~434.

Koh, Byong-ik, "The Role of Westerners Employed by the Korean Government in the Late Yi Dynasty", *International Conference on the Problems of Modernization in Asia, June 28 July 7. 1965*, Seoul, Korea University, pp. 249~257.
"Korea", *ÖMO*, vol. 11(1885), pp. 25~29, 56~61.
Lee, Kwang-rin, "The Role of Foreign Military Instructors in the Later Period of the Yi Dynasty", *International Conference on the Problems of Modernization in Asia. June 28 July 7, 1965*. Asiatic Research Center, Korea University, Seoul, 1965, pp. 241~248.
Lee, Yur Bok, *West goes East. Paul Georg von Möllendorff and Great Power Imperialism in Late Yi Korea*, Honolulu, 1988.
Leifer, Walter (Ed.), *묄렌도르프(P. G. von Möllendorff)*, Seoul, 1983.
Leifer, Walter, "Paul-Georg von Möllendorff Gelehrter und Staatsmann in einer Übergangszeit", Leifer, Walter (Ed.), *묄렌도르프(P. G. von Möllendorff)*, Seoul, 1983, pp. 57~91.
Lie, Kwang Sook, "Das Deutschlandbild in Koreas erster Zeitung in der Zeit Möllendorffs", Leifer, Walter (Ed.), *묄렌도르프(P. G. von Möllendorff)*, Seoul, 1983, pp. 309~350.
Moellendorff, R. von, *P. G. von Moellendorff. Ein Lebensbild*, Leipzig, 1930.
"Moellendorff: First Western Official", *Korea Times*, 11 Apr. 1971.
"Nachrichten über Möllendorff", *Kölnische Zeitung*, zweites Blatt, erste Abendausgabe, no. 246, 4. Sep. 1888.
"P.G. von Möllendorff †", *OL*, vol. 15, 26 Apr. 1901, pp. 352f.
Park, Chan Il, "Thesen zur Wirtschaftspolitik und zum Wirtschaftskonzept Möllendorffs", Leifer, Walter (Ed.), *묄렌도르프(P. G. von Möllendorff)*, Seoul, 1983, pp. 239~255.
Won, Yu-han, "A study on the introduction of German coinage techniques to Korea", *KJ*, vol. 14, no. 11, Seoul, 1974, pp. 4~11.
『舊韓國外交文書』, 德案 1, no. 63f, 105, 147, 213, 265, 272f, 278f, 282, 291, 316, 453, 499, 528, 530,

Mörsel, Ferdinand Heinrich (뫼르젤, 페르디난트 하인리히)

생몰: 1844 독일 단치히(현재 폴란드 그단스키)~1908 중국 칭다오

이칭: 牟世乙(모세을), 毛世乙(모세을)

직업: 해관원, 기상학자, 상인, 신문기자

상하이에 거주하면서 융칭 기선에서 근무하다가 1883년 4월 27일 묄렌도르프의 편지를 받고 제물포 해관의 뱃사공으로 1883년 6월 조선에 왔다. 묄렌도르프가 해관 설립 초기에 초빙한 20명의 직원 중 한 명으로 조선에 해관을 세우고 조직하는 데 '개척자' 역할을 하였다. 기상을 정기적으로 측정하고 조사하여 기록하였으며, 선장 직급이었던 그는 수로안내인과 뱃사공으로도 일하였다. 1887년부터는 해관부 차장으로, 동시에 제물포 항만장으로 1891년까지 활동하였다. 해관에서 해직된 이후 1892년 제물포에 상사를 설립하였다. 중매인, 부동산 중개업자, 경매인 자격증이 있는 수로안내인으로서도 활동하였다. 1894년에는 스탠다드 생명보

험(Standard Life Insurance Company) 대리인으로 일하였다. 1897년 겨울부터 1898년 6월까지 독일에서 휴가를 보내는 동안, 수로안내인으로 수많은 러시아 선박들을 안전하게 항구로 안내한 것을 인정받아 러시아 차르로부터 세인트 스타니슬라스 밴드가 있는 금훈장을 받았다. 1903년 59세의 나이로 제물포에서 은퇴하였고, 1909년까지 외국인 인명록(Directories)[1]에 등재되어 있었다. 칭다오에 설립한 페르디난트 하인리히 뫼르젤 재단을 칭다오 암연구소에 기부하였다.

➜ '6장 4. 상인, 엔지니어, 광원' 참조

*The Korean Repository*에 발표한 논문

"Chinampo and Mokpo", vol. 4(Sep. 1897), pp. 334 ~ 338.
"Climatical Notes. Climatical Records for Chemulpo for the 2nd and 3rd Quarters, 1896", vol. 3(1896), pp. 460f.
"Climatical Notes", vol. 4(Feb. 1897), pp. 76f.
"Eventful Days of 1892, and Most Critical Days of the Present Century", vol. 1(March 1892), pp. 86–88.
"Events Leading to the Emeute of 1884", vol. 4(March 1897), pp. 95 ~ 98; (April 1897), pp. 135 ~ 140, (June 1897), pp. 212 ~ 219.
"Loss of the Idzumo-Maru", vol. 1(April 1892), pp. 122 ~ 124.
"Meteorological Report for February. Chemulpo", vol. 2(April 1895), pp. 152.
"Prospect of More Open Ports", vol. 2(July 1895), pp. 249 ~ 251.
"Quarterly Climatical Report", vol. 3(1896), p. 179.
"Review of the Trade of Corea for 1891 in Comparison with that of 1890", vol. 1(June 1892), pp. 189 ~ 193.
"Wölung Do", vol. 2(Nov. 1895), pp. 412f.

주요 참고문헌

Allen, p. 12.
D&C: 1884 ~ 1909.
Dinklage, L.E., "Beitrag zur Kenntnis des Klimas in Korea", *AHM*, Hamburg, vol. 19(1891), pp. 33 ~ 40.
Meiklejohn's: 1886 ~ 1890.
OL, vol. 13, 7 Oct. 1898, p. 935: Korea.
Seoul Main Customs (Ed.), *1885 Dispatches from Chemulpo*, Seoul, 2007, p. 15.
The Independent, 독립신문, vol. 1, no. 12, 2 May 1896: Brief Notice; no. 97, 17 Nov. 1896: Local Items.
The Korea Review, vol. 1, no. 8(Aug. 1901), p. 358: News calendar; vol. 2, no. 6(June 1902), p. 266: News calendar; vol. 3, no. 1(Jan. 1903), p. 31: News Calendar.
The Korean Repository, vol. 5(June 1898), p. 239: Notes and Comments.
『舊韓國外交文書』, 德案 1, no. 1004, 1010, 1016, 1037, 1041, 1043f, 1055, 1058, 1061,

1 "Directories"는 19세기 말~20세기 초에 중국, 일본, 인도, 한국 등에 거주하거나 일했던 서양인들의 명단이다. 전화번호부와 같다고 볼 수 있다. 참고문헌에 *D&C*와 *JD*가 이것이다.

1069, 1071, 1076f, 1079, 1083f, 1087, 1090, 1093, 1095, 1097, 1128f, 1279, 1292, 1296, 2277f, 2294, 2313, 2326, 2431.

[6-30] 부산항(1903년)

Prahl, J. (프랄, J.)

직업: 해관원

1898년 제물포 해관에서 일하였다.

주요 참고문헌

D&C: 1898.

Reimers, W. (라이머스, W.)

직업: 해관원

1903년 부산 해관에서 일하였다.

주요 참고문헌

D&C: 1903.

Riedt, C. (리트, C.)

이칭: 黎德(여덕)

직업: 화학자

1885년 4월 조선으로 와서 크라우스, 디드리히트와 함께 한성에 조폐 시설을 설치하였다. 화학자인 리트는 금, 은의 분석과 검사를 담당하였다. 1887년에 새 화폐가 발행되어 임무는 끝났지만 디드리히트, 크라우스와 달리 계약을 연장하여, 1889년에야 독일로 돌아갔다.

주요 참고문헌

Allen, p. 17.

D&C: 1887 ~ 1889.

Kim, Zae-Quan, "Möllendorff und die Industrialisierung Koreas", Leifer, Walter (Ed.), *묄렌도르프(P. G. von Möllendorff)*, Seoul, 1983, pp. 211 ~ 238.

Kleiner, Jürgen, "Paul Georg von Möllendorff. Ein Preuße in koreanischen Diensten", *ZDMG*, Sonderdruck, vol. 133, no. 2, Wiesbaden, 1983, pp. 393ff.

Meiklejohn's: 1889.

Won, Yu-han, "A study on the introduction of German coinage techniques to Korea", *KJ*, vol. 14, no. 11, Seoul, 1974, pp. 4 ~ 11.

『舊韓國外交文書』, 德案 1, no. 318, 729, 786, 793f, 799, 803.

Rosenbaum, S. (로젠바움, S.)

직업: 해관원

【6-31】 원산항(1895년)

1883년 봄 조선 해관에서 일하기 위해 상하이에서 조선으로 왔고, 1886년까지 원산 해관장 보조로 일하였다.

주요 참고문헌

Allen, p. 12.
D&C: 1884~1886.
Meiklejohn's: 1886.

Schmidt, W. (슈미트, W.)

직업: 해관원

초기에 해관에서 일했던 직원 중 한 명으로 1883년 말까지 원산 해관에서 일하다 1885~1886년 부산 해관에서 항만장과 해관원으로 활동하였다.

주요 참고문헌

D&C: 1884~1886.
Meiklejohn's: 1886.

Schoenicke, J. F. (쇠니케, J. F.)

이칭: 史納機(사납기)

직업: 해관원

[6-32] 1890년대 상하이 해안 길

1886년 6월 4일부터 제물포 해관장으로 있었다. 3년 뒤에 미국인 헨리 F. 메릴이 제물포 해관장직을 이어받았고, 1889년 11월 11일부터 1892년 11월 11일까지 한성에서 해관 총세무사로 활동하였다.

주요 참고문헌

Allen, pp. 23, 59.

D&C: 1887 ~ 1892.

Ehlers, Otto E., *Im Osten Asiens*, Berlin, 1905(5th Edition), p. 371.

Go, Byong Ik, "Hintergründe der Einstellung von Paul-Georg von Möllendorff", Leifer, Walter (Ed.), *묄렌도르프(P.G. von Möllendorff)*, p. 120.

Kim, Dalchoong, *Korea's Quest for Reform and Diplomacy in the 1880's: with special reference to Chinese Intervention and Controle*, Medford, 1972, pp. 436, 437, 447~449.

Koh, Byong-ik, "The Role of Westerners Employed by the Korean Government in the Late Yi Dynasty", *International Conference on the Problems of Modernization in Asia, June 28 July 7. 1965*, Seoul, Korea University, p. 251.

Meiklejohn's: 1889 ~ 1890.

Moellendorff, R[osalie]. von, *P. G. von Moellendorff. Ein Lebensbild*, Leipzig, 1930, p. 113.

OL, vol. 9(1894/95), 22 Mar. 1895, p. 416: PN; vol. 14, 13 Apr. 1900, p. 262: PN; vol. 17, 10 Apr. 1903, p. 598: PN.

The Korean Repository, vol. 1(Oct. 1892), p. 320: Editorial Comments.

Schulze, F. W. (슐체, F. W.)

이칭: 蕭鬱詩(소울시), 蕭鬱始(소울시)

직업: 해관원

1883년 4월 27일 묄렌도르프는 상하이에 체류하고 있던 슐체를 제물포 항만장으로 공식 임명하였다. 당시 슐체는 상하이의 영국 상사였던 버터필드 앤 스와이어(Butterfield & Swire)의 기선 지룽호(Keelung)의 선장이었다. 그는 임명장을 받음으로써 조선 해관을 설치하는 데 참여하였다. 1885년 말까지 제물포에서 항만장으로 활동하였다. 묄렌도르프가 관직을 떠나게 되면서 다른 독일인인 아르누, 크니플러, 클라센과 함께 해직되었으며, 6개월치 월급을 퇴직금으로 받았다. 슐체가 1890년 조선 기선 착강호의 선장이었다고 기록되어 있는 문헌도 있다. 해직되고 얼마 지나지 않아 상하이로 돌아갔고, 1892년 여름 기상학회가 상하이에 세운 기상자기장관측소에서 활동하였다. ➾ '6장 8. 민간 선박 선원' 참조

주요 참고문헌

AA, Korea I, vol. 7: 'Schreiben Budlers aus Seoul an Bismarck vom 9. Sep. 1885'.
Allen, p. 12.
"Aus Korea", *Kölnische Zeitung*, 26 July 1885.
D&C: 1884~1886.
Gottsche, C., "Ueber Land und Leute in Korea,(Vortrag gehalten am 3. Okt. 1885)", *VGEB*, vol. 13(1886), no. 5, p. 247.
Kleiner, Jürgen, "Paul Georg von Möllendorff. Ein Preuße in koreanischen Diensten", *ZDMG*, Sonderdruck, vol. 133, no. 2, Wiesbaden, 1983, pp. 410, 427.
Meiklejohn's: 1890.
Seoul Main Customs(Ed.), *1885 Dispatches from Chemulpo,* Seoul, 2007, p. 15.
The Korean Repository, vol. 1(Aug. 1892), p. 266: Editorial Comments.
Wolter, Carl, "Korea, einst und jetzt", *Mitteilungen der Geographischen Gesellschaft Hamburg*, vol. 17(1901), p. 65.
『舊韓國外交文書』, 德案 1, no. 164, 185f, 200, 203f, 230, 233, 236, 261, 271, 274.

Sontag, Antoinette (손탁, 앙투아네트)

생몰: 1839(?)~1925

이칭: 孫擇(손택)

직업: 궁 의전관

러시아 변리공사 카를 프리드리히 테오도르 폰 베베르(카를 이바노비치 베베르라고도 불림)의 처제로 알자스 로렌의 스트라스부르 출신이었다. 1885년 10월 3일 조선으로 와서 한성에 있는 베베르의 집안일을 돌봤다. 곧이어 조선 왕실의 궁 의전관으로 활동하며 큰 영향력을 행사하였으며, 손탁 호텔을 운영하였다. 1909년 9월 24일 한국을 떠나 유럽으로 돌아갔다. ➾ '4장 6. 앙투아네트 손탁' 참조

[6-33] 앙투아네트 손탁 (1905년)

주요 참고문헌

AA, Korea I, vol. 37: 'Brief von E. Lehmann aus Tsingtau an Frl. Sontag vom 10. Juli 1907'.

AA, Korea I, vol. 38, R 18938, 'Schreiben von Wendschuch aus Seoul an Fürst von Bülow vom 3. April 1909'.
AA, Korea I, vol. 38: 'Bericht von Vizekonsul Dr. Fritz Wendschuch aus Seoul vom 3 April 1909 an Reichkanzler von Bülow'.
Allen, p. 42.
"Ausflug nach Korea", *Shanghaier Nachrichten*, Beilage zum *Ostasiatischen Lloyd*, vol. 23, no. 39, 24 Sep. 1909, pp. 276~279.
Claer, Alexander von, 'Bericht aus dem Jahre 1904', pp. 25~27, 32, 35, 36. (비공개 자료)
Claussen-Wunsch, Gertrud (Ed.), *Dr. med. Richard Wunsch. Arzt in Ostasien*, Büsingen/Hochrhein, 1976, pp. 68, 74f, 103, 110, 113, 114, 115, 119, 120, 130, 132, 134, 135, 154, 155, 159, 160, 164, 165, 175, 197, 200, 235.
AA: 'Militärpolitischer Bericht über Korea von Vizeadmiral Bendemann vom 7. Okt. 1901'.
D&C: 1889~1890.
"Fräulein Sontag", *OL*, vol. 23, 24 Sep. 1909, p. 625: Korea.
Genthe, Siegfried, *Korea. Reiseschilderungen*, Berlin, 1905.(= *Genthes Reisen*. Hrsg. von Dr. Georg Wegener. *Band 1: Korea*. Berlin, 1905), p. 232.
Kroebel, Emma, *Wie ich an den koreanischen Kaiserhof kam. Reise-Eindrücke und Erinnerungen*, Berlin, 1909, pp. 112, 132~137.
OL, vol. 23, 6 Aug. 1909, p. 283: Vermischtes.
최종고, 『韓獨交涉史』, 서울, 1983, 193~197쪽.
『舊韓國外交文書』, 德案 2, no. 3027, 3030, 3071.

Wunsch, Richard (분쉬, 리하르트)

생몰: 1869. 8. 4 독일 히르슈베르크(슐레지엔주, 현재 폴란드 옐레니아구라)~1911. 3. 13 중국 칭다오

이칭: 富彦士(부언사)

직업: 고종의 시의

1901년 11월 2일 조선에 도착하여 1905년 4월까지 고종의 시의로 일하였다. 그 후 일본과 중국 칭다오로 가서 활동하다, 1911년 3월 13일 발진티푸스에 걸려 사망하였다. ➜ '4장 5. 리하르트 분쉬' 참조

[6-34] 리하르트 분쉬

주요 참고문헌

Allen, Supplement, pp. 7, 9.
"Asien. Die Japaner in Korea", *Tägliche Rundschau*, 14 Jul. 1905, p. 233.
"Asien", *Augsburger Abendzeitung*, 2 Jul. 1903, p. 147.
Claer, Alexander von, '*Bericht aus dem Jahre 1904*', pp. 21, 23. (비공개 자료)
Claussen-Wunsch, Gertrud (Ed.), *Dr. med. Richard Wunsch. Arzt in Ostasien*, Büsingen/Hochrhein, 1976.
D&C: 1902~1906.
"Der russisch-japanische Krieg. Die Japaner in Korea", *Schlesische Zeitung*, April 1905, p. 208.

"Doktor Wunsch", *Deutsche Japanpost*, March 1911, p. 348.
"Ein Nachruf für Dr. Wunsch", *OL*, vol. 25, 31 Mar. 1901, p. 314.
"Korea", *Deutsche Japanpost*, no. 27(1905), p. 74.
"Lokales und Provinzielles", *Bote aus dem Riesengebirge*, 1903, p. 147.
"Mitteilungen", *Medizinische Klinik*, 29 Jan. 1905, p. 197.
OL, vol. 15, 22 Nov. 1901, p. 1001: Korea; 13 Dec., p. 1064: Korea; vol. 22, 29 May 1908, p. 1025: PN; vol. 25, Mar. 1911, p. 290: PN.
"The British Legation at Tokyo and its Medical Officer", *The General Press*, Cutting Ass. Ltd., 13 Apr. 1906, p. 255.
The Korea Review, vol. 1(Nov. 1901), p. 503: News Calendar; vol. 2(Jan. 1902), pp. 31f: News Calendar; vol. 5(Apr. 1905), p. 160: News Calendar.
『舊韓國外交文書』, 德案 2, no. 2550, 2563, 2668, 2676, 2682f, 3032.

Zimmern (치메른)

1886년 1월 5일자 『쾰른 신문(Kölnischen Zeitung)』의 '조선에서' 라는 제목의 기사에 다음과 같은 내용이 실렸다. "묄렌도르프 외에도 4명의 독일인(아르누, 클라센, 크니플러, 치메른)이 조선 관직을 떠나야 한다는 불편한 소식을 전한다. ……" 그러나 기사에서 언급된 치메른이라는 이름은 기자의 실수였던 것으로 추정된다. 부들러 부영사가 1885년 12월 9일 비스마르크 재상에게 제출한 보고서에는 '해관에 있었던 독일인들이 해직되었는데, 그들은 슐체, 크니플러, 클라센이었습니다.' 라고 적혀 있다.

부들러 부영사가 작성한 보고서와, 치메른이란 이름을 가진 독일인이 슐체, 크니플러, 클라센과는 달리 당시에 작성된 외국인 인명록(Directories)에 없는 것을 보았을 때 치메른이란 이름을 가진 독일인은 해관 또는 다른 관직에 종사하고 있는 사람이 아니었으며, 『쾰른 신문』의 기자가 실수한 것으로 보인다.

주요 참고문헌

AA, Korea I, vol. 7: 'Schreiben aus Seoul von Budler an Bismarck vom 5. Dez. 1885'.
"Aus Korea", *Kölnische Zeitung*, 5 Jan. 1886.

3. 군인과 귀족

Abeken, Hans von (아베켄, 한스 폰)

직업: 해군 대령

코르베트함 함장이자 포함 티거호의 함장으로 근무할 때 한성 주재 독일 변리공사이자 총영사였던 잘데른을 제물포에서 상하이로 태우고 갔다. 티거호는 1905년 12월 19일 상하이에 도착하였다.

주요 참고문헌

OL, vol. 13, 10 Oct. 1898, p. 30: PN; vol. 19, 29 Dec. 1905, p. 1188: PN; vol. 20, 29 Jun. 1906, p. 1226: PN; 7 Dec., p. 1065: PN; vol. 21, 1 Feb. 1907, p. 200: PN.

Adalbert Ferdinand Berengar Viktor, Prinz von Preußen (프로이센의 왕자, 아달베르트 페르디난트 베렝거 빅토르)

생몰: 1884. 7. 14 독일 포츠담~1948. 9. 22 스위스 라투르드펠즈

해군 장교 교육을 마치고 1903년 10월에 동아시아로 항해를 떠났다. 독일 군함 헤르타호에서 해군 소위로 복무하였고, 전함에서 전투 교육을 계속 받았다. 1903년 11월부터 1904년 11월까지 동아시아에 있었는데, 1904년 5월 5일과 6일에 제물포와 한성을 방문하였다. 1904년 2월 러일전쟁이 발발하면서 아달베르트 왕자는 자신의 신분을 숨기고 한국으로 갔다. 1904년 5월 5일에 헤르타호의 함장 해군 대령 말테 폰 쉬멜만을 비롯하여 장교 몇 명과 함께 한국에 도착해 한성을 짧게 방문하고 5월 6일 오후에 다시 항해를 떠났다.

[6-35] 프로이센의 아달베르트 왕자

주요 참고문헌

"Adalbert von Preußen(1884~1948)", *Wikipedia*.

OL, vol. 17, 28 Aug. 1903, p. 321; 16 Oct., p. 596; 23 Oct., p. 764; 20 Nev., p. 807; 27 Nov., p. 851; 4 Dec., p. 893; 11 Dec., p. 942; 23 Dec., p. 1026: PN; vol. 18(1904), pp. 25, 157, 523, 652, 694, 923, 1067: PN; vol. 19 (1905), pp. 114, 670: PN.

The Korea Review, vol. 4, no. 5(May 1904), p. 220: News Calendar.

Wer ist's 1914, p. 26.

Alvensleben, Otto Udo Constantin Karl Werner von

(알벤스레벤, 오토 우도 콘스탄틴 카를 베르너 폰)

생몰: 1877. 9. 9 독일 슈타가르트(폼메른)~1945. 3. 15 독일 코제거(폼메른)

직업: 코르베트함 함장

해군 중위로 빌브란트 함장이 이끄는 야구아호에 승선하여 발젠스레벤을 출발하여 1902년 12월 15일 제물포에 도착하였다. 그러나 정박한 지 몇 시간 지나지 않아 상하이로 떠났고, 12월 16일 상하이에 도착하였다.

주요 참고문헌

Familie von Alvensleben, at: www.familie-von-alvensleben.de/

OL, vol. 15, 3 May 1901, p. 375: PN; 12 Jul., p. 596: PN; vol. 16, 25 Dec. 1902, p. 1055: PN und "Flotte und Heer"; vol. 17, 2 Jan. 1903, p. 30: Korea; 3 Apr. 1903, p. 559: PN.

Aschenborn, Richard Heinrich Anton Louis Karl

(아셴보른, 리하르트 하인리히 안톤 루이 카를)

생몰: 1848. 1. 19 독일 헤름스도르프(슐레지엔주, 현재 폴란드 조비에친)~1935. 2. 16 독일 킬

직업: 함대 부사령관

해군 소령이자 전함 나우틸루스호의 함장으로 1885년에 수로안내인, 통역관과 함께 조선의 남해안을 측정한 것으로 추정된다.

주요 참고문헌

"Recognoscirungsfahrten und Vermessungen S.M.Kr. Nautilus an der Südküste Koreas", *AHM*, Hamburg, vol. 14(1886), pp. 159f.

Bassenge (바셍)

직업: 의사

칭다오 여단의 군의관 중위로 복무할 때인 1902년에 몇 주 동안 한국과 일본에서 휴가를 보냈다.

주요 참고문헌

Claussen-Wunsch, Gertrud(Ed.), *Dr. med. Richard Wunsch. Arzt in Ostasien*, Büsingen/Hochrhein, 1976, p. 134.

"Kommandirungen für die Besatzungstruppen", *OL*, vol. 15, 14 Jun. 1901, p. 512.

Baudissin, Friedrich Aimé Clothar Hugo Graf von

(보디생, 프리드리히 에메 클로타 휴고 그라프 폰)

생몰: 1852. 3. 3 독일 구트 쉬렌제(슐레스비히 홀슈타인주)~1921. 2. 5 독일 베를린

직업: 함대 사령관

[6-36] 프리드리히 에메 클로타 휴고 그라프 폰 보디생(1910년경)

해군 소령이자 포함 일티스호의 함장으로 1894년 7월 말 즈음에 제물포에 도착하였다. 영국 상선 가오슝호(Kowshing)[2]가 7월 25일에 침몰한 지 사흘 후에 난파당한 이홍장의 부관이자 군사 고문이었던 콘스탄틴 폰 한네켄과 약 200명의 청나라 군인들을 태우고 7월 30일 제물포를 출발하여 8월 1일 즈푸에 도착하였다.

9년 뒤인 1903년 7월 22일 함대의 소장 겸 한자호 함장으로 다시 한국을 방문하였다. 며칠 동안 한성에 머물렀는데 변리공사 잘데른의 주선으로 그를 비롯한 장교 10명은 고종을 알현하였다.

주요 참고문헌

Claussen-Wunsch, Gertrud (Ed.), *Dr. med. Richard Wunsch. Arzt in Ostasien*, Büsingen/Hochrhein, 1976, p. 149.

Hanneken, Constantin von, "Episoden aus dem chinesisch-japanischen Kriege. I. Der Untergang der Kau-Shing", *Deutsche Rundschau*, vol. 86(1896), pp. 36~54.

OL, vol. 6, 30 Sep. 1892, p. 810: PN; vol. 8, 9 Mar. 1893, p. 367: PN; 31 Aug. 1894, p. 839: PN; 7 Sep., p. 858: PN; 21 Sep., p. 901: PN; vol. 9, 5 Oct. 1894, p. 9: PN; vol. 16, 8 Aug. 1902, p. 637: PN; 3 Oct., p. 803: PN; 24 Oct., p. 868: PN; vol. 17, 13 Mar. 1903, p. 437: PN; 4 Jul., p. 98: PN; 31 Jul., p. 167: PN; 11 Sep., p. 401: PN; 16 Oct., p. 596: PN; vol. 18, 20 May 1904, p. 870: PN; vol. 25, Feb. 1911, p. 123 PN.

"SMS Hansa in Jokohama", *OL*, vol. 17(1903), pp. 636f.

Wer ist's 1914, p. 70.

『舊韓國外交文書』, 德案 2, no. 502f, 2887.

[6-37] 전함 한자호(1901년)

Bauer (바우어)

직업: 해군 장교

소형군함 가이어호의 함장으로 1901년 8월 27일 부산에 도착하여 며칠 동안 체류하였다.

주요 참고문헌

AA, Korea I, vol. 32: 'Bericht über Pusan von Korvettenkapitän Bauer aus Tsingtau

2 영국 상선 가오슝호는 청의 의뢰를 받아1894년 7월 25일 약 1,100명의 청의 군인들을 태우고 항해하고 있었는데, 일본 전함 나니와호에 의해 격침당하였다('한네켄, 콘스탄틴 알렉산더 슈테판 폰' 참조).

vom 5. Sep. 1901'.
AA, Korea I, vol. 32: 'Bericht von Korvettenkapitän Bauer aus Wusung vom 17. Sep. 1901'.
Bundesarchiv-Militärarchiv Freiburg: RM3 / 3158: 'Geheim! Bericht über Fusan. Geschwader-Tagesbefehl vom 22. August d. Js. Abs. 2, von Korvettenkapitän Bauer'.

Becker (베커)

직업: 해군 장교

해군 내령으로 복무 중 아르코나호의 함장으로 1897년 7월 11 ~ 23일 조선을 방문하였다.

➔ '디더리히스, 오토 폰' 참조

[6-38] 아르코나호(1858년)

주요 참고문헌

"Der Besuch des deutschen Geschwaders in Korea", *OL*, vol. 11, 13 Aug. 1897, pp. 1451f.
Franzius, Georg, *Kiautschou. Deutschlands Erwerbung in Ostasien*, 2. Edition, Berlin[without year](ca. 1899 ~ 1900), p. 16.
OL, vol. 11, 2 Apr. 1897, p. 837: PN.
"S.M. Schiffe auf der ostasiatischen Station", *OL*, vol. 11, 18 Jun. 1897, p. 1193.

Bendemann, Felix Eduard Robert Emil von

(벤데만, 펠릭스 에두아르트 로베르트 에밀 폰)

생몰: 1848. 8. 5 독일 드레스덴 ~ 1915. 10. 31 독일 베를린

직업: 함대 사령관

1900년부터 1902년까지 독일 동아시아함대의 부사령관을 지냈다. 1901년 9월 21 ~ 26일에 기함(旗艦) 퓌르스트 비스마르크호와 어뢰정 S91호를 이끌고 한국으로 갔는데, 9월 23일에 기함의 사령관이었던 몰트케 대령 및 퓌르스트 비스마르크호와 어뢰정 S91호의 장교 3명과 함께 한성으로 갔다. 다음 날 한성을 잠시 방문하였던 베이징 주재 독일 공관의 서기관 볼렌 운트 할바흐와 함께 고종을 알현하였다. 같은 날 제물포에 정박해 있던 기함으로 귀환하였다. 다음 날 한국 황태자와 고위 관리들을 퓌르스트 비스마르크호에서 맞이하였는데, 이들은 퓌르스트 비스마르크호를 자세히 관찰하고 싶어했다. 9월 26일 새벽에 기함은 닻을 올리고 칭다오로 출발하였다.

[6-39] 펠릭스 에두아르트 로베르트 에밀 폰 벤데만(1901년경, 중국) 알폰스 뭄 폰 슈바르첸슈타인 대사가 촬영하였다.

주요 참고문헌

"Abschiedsfeier für Vizeadmiral Bendemann", *OL*, vol. 15(1901), pp. 963f.

Allen, Supplement, p. 7.
Bundesarchiv-Militärarchiv Freiburg: RM3 / 3158: 'Militärpolitischer Bericht über Korea von Vizeadmiral Bendemann'.
"Das Offiziercorps des Kreuzergeschwaders", *OL*, vol. 14(1900), pp. 616f.
NDB, vol. 2, pp. 37f.
OL, 13, 16 Dec. 1899, p. 1141: PN; vol. 14, 2 Mar. 1900, p. 158: PN; vol. 15, 19 Jul. 1901, p. 614: PN; 23 Aug., p. 717: PN; 30 Aug., p. 740: PN; 13 Sep., p. 788: PN; 20 Sep., p. 812: PN; 27 Sep., p. 830; 25 Oct., p. 913; 1 Nov., p. 934; 8 Nov., p. 964; 27 Dec., p. 1098: PN; vol. 16, 3 Jan. 1902, p. 12; 10 Jan., p. 32; 17 Jan., p. 55; 31 Jan., p. 94; 7 Feb., p. 115; 14 Feb., p. 135; 21 Feb., p. 155; 14 Mar., p. 212; 21 Sep., p. 747; 31 Oct., p. 890: PN; vol. 17, 5 Jun. 1903, p. 903; 10 Jul., p. 62; 20 Nov., p. 808: PN; vol. 20, 18 May 1906, p. 936.
"Vizeadmiral Bendemann in Port Arthur und Korea", *OL*, vol. 15(1901), p. 849.
『舊韓國外交文書』, 德案 2, no. 2502, 2506.

[6-40] 퓌르스트 비스마르크호

Bey (바이) [Ley (라이)]

직업: 의사

칭다오 여단 제1보병연대 2대대의 군의관으로 복무 중 1902년 5월 6일 한성을 방문하였다. 다음 날 폰 예나 소위와 함께 분쉬의 초대를 받아 손탁의 집에서 저녁식사를 하였다.

주요 참고문헌

Claussen-Wunsch, Gertrud (Ed.), *Dr. med. Richard Wunsch. Arzt in Ostasien*, Büsingen/Hochrhein, 1976, p. 115.
"Kommandirungen für die Besatzungstruppen", *OL*, vol. 15, 14 Jun. 1901, p. 512.

Blanc, Louis von (블랑, 루이 폰)

생몰: 1832. 5. 12~1903. 1. 9 독일 바이마르

직업: 함대 사령관

코르베트함 스토쉬호의 함장으로 복무 중 1882년 6월 제1차 조독수호통상조약 체결을 위해 조선으로 오는 브란트를 태웠다.

주요 참고문헌

BJDN, vol. 8(1903), Totenliste, 1903, p. 14.
Brandt, Max von, *Dreiunddreissig Jahre in Ost-Asien*, vol. 3, p. 237.
"Der Freundschaftsund Handelsvertrag zwischen Deutschland und Korea", *Daheim*, vol. 1883, supplement 2.

Böhmack (뵈마크)

직업: 해군 장교

해군 소위로 소형군함 가이어호에서 복무 중 1904년 4월 제물포에 도착하였다.

주요 참고자료

1904년 4월의 소형군함 가이어호 사진에서 뵈마크를 볼 수 있다. 사진은 클라우센 분쉬가 소장하고 있다.

Breusing, Alfred (브로이싱, 알프레트)

생몰: 1853. 7. 15 ~ 1914. 10. 5

직업: 함대 사령관

1905년 11월부터 1907년 5월까지 칭다오에 있는 독일 동아시아함대의 해군 소장으로 복무하였다. 1906년 11월 3일 기함 퓌르스트 비스마르크호를 타고 제물포에 도착하였다. 다음 날 한성으로 가서 고종을 알현하였으며, 11월 5일에 제물포를 떠나 칭다오로 돌아갔다.

주요 참고문헌

OL, vol. 19, 29 Dec. 1905, p. 1188: PN; vol. 20, 9 Nov. 1906, p. 884: PN; vol. 21, 8 Feb. 1907, p. 238; 26 Apr., p. 736; 17 May, p. 879: PN.

Wer ist's 1914, p. 194.

Brussatis, Reinhold (브루사티스, 라인홀트)

생몰: 1855. 2. 10 ~ 1928. 4. 22

직업: 해군 소장

코르베트함 함장이자 소형군함 코르모란호의 함장으로 복무 중 독일 동아시아함대가 1897년 7월 11 ~ 23일에 조선을 방문하였을 때 동행하였다. 7월 18일 오토 폰 디더리히스 함대 부사령관이 한성을 방문할 때 동행하여 다른 장교와 함께 19일 고종을 알현하였다. ➜ '디더리히스, 오토 폰' 참조

[6-41] 코르모란호

주요 참고문헌

"Der Besuch des deutschen Geschwaders in Korea", *OL*, vol. 11, 13 Aug. 1897, pp. 1451f.

Franzius, Georg, *Kiautschou. Deutschlands Erwerbung in Ostasien*, 2. Ed., Berlin [without year](ca. 1899 ~ 1900), p. 16.

OL, vol. 11, 23 Oct. 1896, p. 100: PN; vol. 13, 21 Jan. 1899, p. 320: PN.

"SMS Schiffe auf der Ostasiatischen Station", *OL*, vol. 11, 18 Jun. 1897, p. 1193.

Büchsel, Ernst (뷔크셀, 에른스트)

생몰: 1877. 9. 19 ~ 1950. 9. 19

직업: 코르베트함 함장

해군 중위로 포함 야구아호에서 복무 중 1902년 12월 15일 제물포에 도착하였다. 그러나 몇 시간 후에 제물포를 출발하여 12월 16일 상하이에 도착하였다.

주요 참고문헌

Wer ist's 1914: p. 216.

DBJ, Überleitungsband 1917-1920, p. 742.

OL, vol. 16, 14 Mar. 1902, p. 214: PN; 25 Dec., p. 1055: PN und "Flotte und Heer"; vol. 17, 3 Apr. 1903, p. 559: PN.

Diederichs, Otto von (디더리히스, 오토 폰)

생몰: 1843. 9. 7 독일 민덴(노르트라인 베스트팔렌주) ~ 1918. 3. 8

직업: 함대 사령관

해군 소장으로 복무 중일 때 1897년 11월 14일 자오저우를 점령한 전 함사단의 최고 지휘권을 갖게 되어 함대 부사령관으로 승진하였으며, 1897년 11월 23일부터 1899년 4월 15일까지 동아시아함대의 사령관으로 복무하였다. 디더리히스가 동아시아함대 사령관으로 재직 중이던 1897년 7월 기함 카이저호, 소형군함 프린세스 빌헬름호, 코르베트함 아르코나호, 전함 코르모란호, 전함 이레네호를 이끌고 조선을 방문하였다. 앞의 네 전함들은 7월 11일에 제물포에 도착하였으나, 이레네호는 베이징을 경유해 왔기 때문에 이레네호에 탑승한 그는 7월 16일 저녁이 되어서야 제물포에 도착하였다.

[6-42] 오토 폰 디더리히스 부사령관(1897년 11월 14일)

7월 18일 오전 4명의 선장과 16명의 장교와 함께 작은 기선을 타고 한성으로 갔다. 그 다음 날 한성을 둘러본 후 고종을 알현하였다. 7월 20일 크리엔 영사와 함께 제물포로 향했고, 다음 날에는 볼터의 쌍둥이 딸들의 세례식에 참석하였다. 디더리히스와 크리엔 영사는 볼터의 쌍둥이 딸들의 대부가 되었다. 7월 23일 함대는 조선에서의 체류를 끝내고, 코르모란호는 코르베트함 함장인 브루사티스의 지휘하에 청으로 향했으며 다른 선박들은 일본 하코다테로 갔다.

주요 참고문헌

Allen, p. 36.

Claussen-Wunsch, Gertrud (Ed.), *Dr. med. Richard Wunsch. Arzt in Ostasien*, Büsingen/Hochrhein, 1976, p. 311.

"Der Besuch des deutschen Geschwaders in Korea", *OL*, vol. 11, 13 Aug. 1897, pp. 1451f.

Franzius, Georg, *Kiautschou. Deutschlands Erwerbung in Ostasien*, 2. Ed., Berlin [without year](ca. 1899~1900), p. 134.
Kroebel, Emma, *Wie ich an den koreanischen Kaiserhof kam. Reise-Eindrücke und Erinnerungen*, Berlin, 1909, p. 78.
Lensen, Georg Alexander, *Ballance of Intrigue*, vol. 2, pp. 727f, 734.
OL, vol. 11, 14 May 1897, p. 1029; 11 Jun., p. 1159; 17 Sep., p. 1608: PN; vol. 13, 4 Mar. 1899, p. 400; 15 Apr., p. 498; 22 Apr., p. 567; 12 Aug., p. 785; 4 Nov., p. 1019: PN; vol. 14, 2 Feb. 1900, p. 82: PN.
"Otto von Diederichs", *Wikipedia*.
"S.M. Schiffe auf der Ostasiatischen Station", *OL*, vol. 11, 18 Jun. 1897, p. 1193.
The Korean Repository, vol. 4(July 1897), p. 280: Notes and Comments.

du Bois, Georg (뒤 부아, 게오르크)

직업: 해군 장교

이레네호의 함장으로 복무 중 1897년 7월 16~23일 함대 부사령관 디더리히스가 조선을 방문하였을 때 동행하였다. ➔ '디더리히스, 오토 폰' 참조

[6-43] 이레네호

주요 참고문헌

"Der Besuch des deutschen Geschwaders in Korea", *OL*, vol. 11, 13 Aug. 1897, p. 1451f.
Franzius, Georg, *Kiautschou. Deutschlands Erwerbung in Ostasien*, 2. Ed., Berlin [without year](ca. 1899~1900), p. 16.
OL, vol. 10, 8 May 1896, pp. 708f: Marine-Nachrichten; vol. 11, 26 Feb. 1897, p. 686; 2 Apr., p. 837; 21 May, p. 1060: PN.
"S.M. Schiffe auf der ostasiatischen Station", *OL*, vol. 11, 18 Jun. 1897, p. 1193.

Fielitz, Otto Wilhelm Henry (피리츠, 오토 빌헬름 헨리)

직업: 해군 장교

기함 퓌르스트 비스마르크호에서 해군 소위로 복무 중 1901년 9월 21~26일 함대 부사령관 벤데만과 함께 제물포와 한성을 방문하였다. ➔ '벤데만, 펠릭스' 참조

주요 참고문헌

"Das Offizierkorps des Kreuzergeschwaders", *OL*, vol. 14, 10 Aug. 1900, p. 616f.
OL, vol. 13, 14 Oct. 1899, p. 962: PN; vol. 15, 29 Nov. 1901, p. 1021: PN; vol. 16, 14 Mar. 1902, p. 212: PN; vol. 28, 8 May 1914, p. 418: PN.
"Vizeadmiral Bendemann in Port Arthur und Korea", *OL*, vol. 15, 4 Oct. 1901, p. 849.
『舊韓國外交文書』, 德案 2, no. 2502.

[6-44] 독일 해군들(1898년)

Fluder (플루더)

직업: 해병

해병으로 라이프치히호에서 복무 중 주일 총영사 차페가 조선과의 조약을 협상하기 위해 조선으로 올 때 동행하였다. 1883년 10월 24일 라이프치히호는 제물포에 도착하였고, 플루더와 헤스는 연락관으로 차페 총영사와 함께 한성으로 갔다.

➧ '차페, 에두아르트' 참조

주요 참고문헌

Mayet, Paul, "Ein Besuch in Korea im October 1883", *MOAG*, vol. 4, no. 3(Sep. 1884), pp. 18~28.

Frantzius, Ernst von (프란치우스, 에른스트 폰)

생몰: 1850. 6. 4~1910. 3. 23

직업: 해군 소장

해군 대령으로 복무 중 알렉산드리네호의 함장으로 1892년 10월 2일 제물포에 도착하였다. 부관이었던 그라프 폰 포사도브스키 베너와 재정관이었던 겜스키 소위와 함께 한성을 방문하였고, 크리엔 영사의 집에 초대받았다. 10월 8일에 크리엔 영사의 소개로 고종을 알현하였다. 10월 11일에 알렉산드리네호는 다시 항해를 시작하여 즈푸로 갔다.

[6-45] 알렉산드리네호

주요 참고문헌

AA, Korea I, vol. 12, R 18912, 'Bericht von Krien aus Seoul vom 12. Sep. 1892'.
The Korean Repository, vol. 1(Oct. 1892), pp. 321f: Editorial Notes.

Geißler, Richard (가이슬러, 리하르트)

생몰: 1848. 6. 20 독일 베스트팔렌~1922. 9. 28

직업: 함대 부사령관

1902년 2월 15일부터 함대 부사령관으로 칭다오에 있는 독일 동아시아함대를 이끌다가 1904년 1월 5일 쿠르트 폰 프리트비츠 운트 가프론에게 직책을 넘겨주었다. 1902~1903년에 기함 퓌르스트 비스마르크호를 타고 여러 차례 한국을 방문하였다. 1902년 9월 7일에 제물포에 처음 도착하였는데, 그가 도착하기 직전에 도착하는 전함의 예포에 응답하기 위하여 월미도에 예포 포열이 세워졌다. 가이슬러는 이러한 방식의 환영 인사를 받은 최초의 외국인이었다. 고종을 알현하기로 하였으나 티거호가 위급한 상황에 처함에 따라 9월 8일 제물포를 바로 떠나야 했기 때문에 취소되었다. 9월 15일 칭다오에서 다시 한국으로 돌아와 다른 장교들과 함께 고종을 알현하였다.

[6-46] 리하르트 가이슬러 부사령관
(1903년) 하인리히 헬호프Heinrich Hellhoff (1868~1914)가 그린 초상화이다.

두 번째 한국 방문은 일본의 쓰루가를 출발하여 1903년 8월 18일 한반도 남쪽의 마산에 도착하면서 이뤄졌다. 가이슬러는 마산에서 며칠 체류한 뒤 8월 22일에 칭다오 방향으로 항해를 시작하였다.

한 달 뒤인 1903년 9월 21일 퓌르스트 비스마르크호가 제물포에 도착하였다. 그러나 가이슬러는 이번에도 계획되었던 고종과의 접견을 직전에 취소해야 했는데, 자오저우에서 보낸 명령이 바뀌어서 9월 23일 조선을 급히 떠나야 했기 때문이었다. 이후 가이슬러는 한국을 다시 방문하지 않았다.

주요 참고문헌

Allen, Supplement, p. 12.
Claussen-Wunsch, Gertrud(Ed.), *Dr. med. Richard Wunsch. Arzt in Ostasien*, Büsingen/Hochrhein, 1976, p. 134.
OL, vol. 14, 17 Aug. 1900, p. 635: PN; vol. 15, 1 Mar. 1901, p. 188; 1 Nov., p. 934; 8 Nov., p. 964: PN; vol. 16, 31 Jan. 1902, p. 94; 21 Feb., p. 155; 7 Mar., p. 193; 5 Sep., p. 721; 12 Sep., p. 747; 26 Sep., p. 786; 14 Nov., p. 928: PN; vol. 17, 19 Jun. 1903, p. 976; 26 Jun., p. 1010; 3 Jul., p. 1046f; 10 Jul., p. 62; 17 Jul., p. 98; 24 Jul., p. 130; 31 Jul., p. 167; 14 Aug., p. 240; 21 Aug., p. 278; 4 Sep., p. 359; 18 Sep., p. 438; 25 Sep., p. 478; 9 Oct., p. 560; 23 Oct., p. 638; 30 Oct., p. 678; 6 Nov., p. 723; 20 Nov., p. 808: PN; vol. 18, 20 May 1904, p. 870; 2 Sep., p. 401: PN.
『舊韓國外交文書』, 德案 2, no. 2740f, 2745f, 2910f.

Gemsky (겜스키)

직업: 해군 장교

해군 소위로 알렉산드리네호의 재정관으로 복무 중 1892년 10월 2~11일에 해군 소장 프란치우스와 함께 조선을 방문하였다. ➧'프란치우스, 에른스트 폰' 참조

주요 참고문헌

AA, Korea I, vol. 12, R 18912, 'Bericht von Krien aus Seoul vom 12. Sep. 1892'.
The Korean Repository, vol. 1(Oct. 1892), pp. 321f: Editorial Notes.

Georg Franz Joseph Luitpold Maria, Prinz von Bayern

(바이에른의 왕자, 게오르크 프란츠 요세프 루이트폴트 마리아)

생몰: 1880. 4. 2 독일 뮌헨~1943. 5. 31 이탈리아 로마

직업: 비텔스바허 왕가의 왕자, 대령, 가톨릭 신부

1903년 4월 15일 포함 일티스호를 타고 제물포에 도착하여 그라프 폰 바르텐베르크라는 이름으로 한성을 찾았다. 이때 와이퍼트 영사가 동행하였다. 한성에서는 고종과 면담을 하였고, 관립한성덕어학교에서 볼얀과 군악대 대장인 에케르트를 만났다. 4월 28일에는 뮌헨에서 온 하인리히 마이어 교수와 함께 분쉬의 안내를 받아 한성의 북한산을 등반하였다. 4월 29일 바이에른의 루프레히트 왕자 부부[3]를 만나기 위해 일본으로 갔다. 이들과는 한국에 오기 전에 함께 청을 여행하였다.

[6-47] 바이에른의 게오르크 왕자(1908년)

주요 참고문헌

"Asien", *Augsburger Abendzeitung*, 2 July 1903, p. 147.
Claussen-Wunsch, Gertrud(Ed.), *Dr. med. Richard Wunsch. Arzt in Ostasien*, Büsingen/Hochrhein, 1976, p. 147.
"Georg von Bayern", *Wikipedia*.
OL, vol. 17, 2 Jan. 1903, p. 32; 13 Feb., p. 237; 27 Feb.; 6. Mar., p. 397; 13 Mar., p. 437; 27 Mar., p. 519; 24 Apr., p. 678; 1 May, p. 714; 29 May, p. 867; 3 Jul., p. 1046: PN.
Wer ist's 1914, p. 4.
『舊韓國外交文書』, 德案 2, no. 2850, 2856, 2944.

Halm (할름)

직업: 육군 장교

1904년 5월 칭다오 제1동아시아 여단 소속 소위로 한성을 방문하였다. 전함 가이

3 바이에른의 루프레히티 마리아 우리폴트 페르디난트 태자(1869~1955, 슈타른베르크의 로이트슈테텐 성)와 공비 마리아 가브리엘레(1878~1912)

어호의 사령관으로 장교들, 나이 부영사, 잘데른 변리공사와 함께 고종을 알현하였다.

주요 참고문헌

OL, vol. 17, 25 Sep. 1903, p. 479: Flotte und Heer.
『舊韓國外交文書』, 德案 2, no. 2959.

Hanneken, Constantin Alexander Stephan von

(한네켄, 콘스탄틴 알렉산더 슈테판 폰)

생몰: 1854 독일 트리에~1925 중국 톈진

직업: 프로이센의 육군 장교, 중국의 군사 고문, 사업가

[6-48] 나니와호(1887년)

직예총독 이홍장의 부관이자 군사 고문이었던 한네켄은 청일전쟁이 발발하기 직전에 이홍장의 명령으로 일반인으로 위장해 조선으로 가서 그곳의 방어 태세를 점검하고 상황을 주시하고자 하였다. 이를 위해 갤스워디 선장이 이끄는, 청의 군사 물자를 운송하던 영국 상선 가오슝호에 상선하여 조선으로 가고자 하였다. 당시 청은 조선 정부로부터 동학농민운동을 진압해달라는 요청을 받아, 가오슝호에는 조선으로 증파되는 청의 군인들이 타고 있었다. 1894년 7월 25일 조선의 아산항으로 가는 도중 토고[4] 선장이 이끌던 일본 전함 나니와호에 의해 침몰되었다. 1,100명의 선원과 군인들 중 한네켄을 비롯한 약 200명은 작은 섬으로 헤엄쳐 목숨을 구할 수 있었다. 7월 28일 한네켄은 작은 선박을 타고 제물포로 갔고, 그곳에서 보디생이 선장인 포함 일티스호에 승선할 수 있었다. 다음 날 보디생 선장은 구출된 청 군인 120명도 배에 태웠다. 일티스호는 7월 30일 제물포를 출발하여 8월 1일 즈푸에 도착하였다. 가오슝호의 침몰로 청일전쟁이 시작되었다.

주요 저술

"Episoden aus dem chinesisch-japanischen Kriege. I. Der Untergang der Kau-Shing", *Deutsche Rundschau*, vol. 86(1896), pp. 36~54.[Sequels: pp. 382-403; vol. 87 (1896), pp. 355~377].

주요 참고문헌

Kuo, Sung-ping, *Chinese Reaction to Foreign Encroachment. With special Reference to the First Sino-Japanese War and Its Immediate Aftermath*, Phil Diss., Columbia University,

4 마르키즈 토고 헤이하치로 제독(1848~1934)은 1905년 러시아와의 쓰시마 해전에서도 승리하였다.

Ann Arbor, 1982, pp. 85~90.
OL, vol. 8, 3 Aug. 1894, p. 762; vol. 9, 12 Oct. 1894, p. 28; 24 May, p. 562; vol. 13, 18 Mar. 1899, p. 480; 8 Jul., p. 707.
Schmidt, Vera, *Aufgabe und Einfluß der europäischen Berater in China: Gustav Detring(1842-1913) im Dienste Li Hung-changs*, Wiesbaden, 1984, pp. 36~41.
"Sinking of the Kowshing", at: www.russojapanesewar.com/kowshing.html.

Hassenpflug, Luis (하센플루크, 루이)

생몰: 1831. 12. 1 독일 카셀~1878. 10. 11 몰타

직업: 해군 장교

오스트리아 해군의 독일인 장교였으나, 후에 해군 소위로 군함 헤르타호에서 근무하였다. 1871년 6월 영국의 포함 링도브호를 타고 추산호의 잔해를 수습하려다 조선에 붙잡힌 두 명의 영국인과 브링크만이라는 독일인을 구하러 조선으로 갔다. 그러나 브링크만과 영국인 두 명은 조선인에게 붙잡힌 것이 아니라 청으로 돌아가는 길에 청인들에 의해 살해되었다는 사실을 알게 되었다. ➜ '쉴케', '브링크만' 참조

주요 참고문헌

"Aus Korea", *Allgemeine Zeitung Augsburg*, München, 1871, no. 280, supplement, 7 Oct. 1871, pp. 4937f.
"Ein deutscher Conflict mit Korea", *Allgemeine Zeitung*, Augsburg, München, 1871, supplement, pp. 4393f.

Heinrich Albert Wilhelm, Prinz von Preußen

(프로이센의 왕자, 하인리히 알베르트 빌헬름)

생몰: 1862. 8. 14 독일 포츠담~1929. 4. 20 독일 헤멜마르크(슐레스비히 홀슈타인주)

이칭: 亨利 親王(형리 친왕)

직업: 해군 대장, 원수

동아시아 함대 제2사단의 책임자이자 부사령관으로 북무 중 기함 도이칠란트호(선장은 뮐러)를 타고 1898년 7월 28일에 부산에 와 8월 6일까지 체류하였다. 약 1년이 지난 1899년 6월 8일에 다시 제물포에 왔는데, 이때는 21발의 예포로 환영을 받았고 부영사 라인스도르프와 한국의 고위 관리들이 맞아주었다. 다음 날 장교 6명, 선의(船醫) 1명, 오보에 연주자 1명, 음악가 10명, 하사 1명, 해병 28명과 함께 한성으로 갔다. 오후 6시에 고종과 황태자를 접견하였고, 환영 만찬에도 참석하였다. 6월 11일에는 한성 시내를 둘러보고 관립한성덕어학교를 방문하여 교관 볼얀과 인사하였다. 다음 날 아침, 하인리히 왕자는 8명의 신사, 독

[6-49] 프로이센의 하인리히 왕자

일 영사 크리엔과 함께 볼터의 안내를 받아 말을 타고 한성을 떠나 3일 후에 당고개 광산에 도착하여 꼼꼼히 둘러보았다. 6월 18일 한성으로 돌아와 고종과 면담을 하였다. 다음 날 제물포로 돌아갔는데, 볼터가 왕자를 저녁식사에 초대하였다. 이 만찬에는 제물포에 거주하는 모든 독일인이 참석하였다. 6월 20일 새벽에 하인리히 왕자는 기함 도이칠란트호를 타고 제물포를 출발하여 칭다오로 향하였다.

주요 참고문헌

Allen, p. 39, 41.

"Besuch Seiner Koeniglichen Hoheit des Prinzen Heinrich in Seoul", *OL*, vol. 13, 1 Jul. 1899, pp. 687f.

Bolljahn, Johannes, "Das koreanische Schulwesen", *DZU*. Leipzig, vol. 5, no. 3(April 1900), pp. 192~209.

Genthe, Siegfried, *Korea. Reiseschilderungen*, Berlin, 1905, p. 137.

"Heinrich von Preußen(1726~1802)", *Wikipedia*.

Knochenhauer, Bruno, "Koreanische Reiseerinnerungen", *Westermann's Jahrbuch der illustrirten Deutschen Monatshefte*, vol. 151, Braunschweig, 1931, pp. 285~288.

Kroebel, Emma, *Wie ich an den koreanischen Kaiserhof kam*, Berlin, 1909, p. 107.

LDG, p. 527.

OL, vol. 13, 3 Oct. 1898, p. 10; 10 Oct., p. 30; 24 Oct., p. 69; 28 Nov., p. 169; 12 Dec., p. 207; 4 Mar. 1899, p. 400; 22 Apr., p. 567; 3 Jun., p. 622; 10 Jun., p. 635; 24 Jun., p. 672; July 1899, p. 750; Nov. 1899, p. 1019: PN.

The Korea Review, vol. no. 4(April 1904), p. 174: News Calendar.

"Von der Reise des Prinzen Heinrich nach Korea", *OL*, vol. 13, 15 Jul. 1899, pp. 721f.

Wer ist's 1914, p. 26.

Wolter, Carl, "Korea, einst und jetzt", *MGGH*, vol. 17(1901), p. 77.

『舊韓國外交文書』, 德案 2, no. 2068, 2072, 2076, 2110.

Herbig, Otto (헤르비히, 오토)

생몰: 1848. 4. 11 독일 베를린~1909. 12. 31 독일 바트 프라이엔발데(브란덴부르크주)

직업: 해군 소장

해군 소령으로 라이프치히호의 함장으로 복무하던 중 통상조약을 협상하기 위해 조선으로 오는 총영사 차페를 태우고 일본에서 왔다. 라이프치히호는 1883년 10월 21일 일본 나가사키를 출발하여 10월 24일 조선의 제물포에 도착하였다. 2차 조독수호통상조약이 체결된 5일 후인 12월 1일, 헤르비히는 부산을 경유하여 나가사키로 돌아갔다. ➔ '차페, 에두아르트' 참조

주요 저술

"Mit SMS Leipzig in Korea", *Deutsche Rundschau*, vol. 42(1885), p. 459.

주요 참고문헌

"Aus den Reiseberichten SMS Leipzig, Korv.-Kapt. Herbig", *AHM*, vol. 12(1844), pp.

190~193.
BJDN, vol. 14(1909), Totenliste, 1909, p. 36.
Mayet, P., "Ein Besuch in Korea im October 1883", *MOAG*, vol. 4, no. 3(Sep. 1884), pp. 146~152, 18~28.
Moellendorff, R. von, *P. G. von Moellendorff. Ein Lebensbild*, Leipzig, 1930, p. 66.

Herzog (헤르초크)

직업: 의사

1901년 5월부터 1903년 3월 초까지 포함 야구아호의 해군 군의관으로 활동하였다. 1902년 제물포를 방문하였고, 제물포에서 계속 항해하여 12월 16일 상하이에 도착하였다.

주요 참고문헌

OL, vol. 15, 3 May 1901, p. 375: PN; vol. 16, 25 Dec. 1902, p. 1055: PN; vol. 17, 20 Feb. 1903, p. 317: PN.

Hess (헤스)

직업: 해병

코르베트함 라이프치히호의 선원으로 근무 중 통상조약 협상을 위해 일본에서 조선으로 오는 총영사 차페를 태우고 왔다. 헤스와 플루더는 연락관으로 차페와 함께 한성으로 갔다. ➔ '차페, 에두아르트' 참조

주요 참고문헌

Mayet, Paul, "Ein Besuch in Korea im October 1883", *MOAG*, vol. 4, no. 3(Sep. 1884), p. 28.

Hoffmann (호프만)

직업: 의사

1902년 9월부터 전함 한자호의 군의관으로 근무하던 중 1903년 여름 제물포를 처음 방문하였다. 한성에도 갔는데 분쉬의 초대를 받았다. 1904년 1월 한자호의 홀첸도르프 사령관과 함께 제물포를 다시 방문하였다.

주요 참고문헌

Claussen-Wunsch, Gertrud (Ed.), *Dr. med. Richard Wunsch. Arzt in Ostasien*, Büsingen/Hochrhein, 1976, pp. 149, 167.
OL, vol. 16, 19 Sep. 1902, p. 765: PN.

Hoffmann (호프만)

직업: 해군 장교

1901년 가을부터 1903년 여름까지 소형 군함 제아들러호(SMS Seeadler)의 함장으로 복무하였다. 1901년 11월 22~30일에 제물포와 한성을 방문하였다. 11월 23~25일, 27일에는 분쉬의 안내를 받아 한성 시내를 구경하였으며, 25일에는 장교 5명과 독일 영사 와이퍼트와 함께 고종을 알현하였다. 11월 30일에 제아들러호를 타고 나가사키로 떠났다.

주요 참고문헌

AA, Korea I, vol. 32, R 18932, 'Bericht von Weipert aus Seoul vom 30.Nov.1901 an Graf von Bülow'.

Claussen-Wunsch, Gertrud (Ed.), *Dr. med. Richard Wunsch. Arzt in Ostasien*, Büsingen/Hochrhein, 1976, pp. 84f.

OL, vol. 15, 19 Jul. 1901, p. 615: PN; vol. 17, 10 Jul. 1903, p. 63: Flotte und Heer.

『舊韓國外交文書』, 德案 2, no. 2570, 2573f.

Hoffmann, Carl Adolf Maximilian

(호프만, 카를 아돌프 막시밀리안)

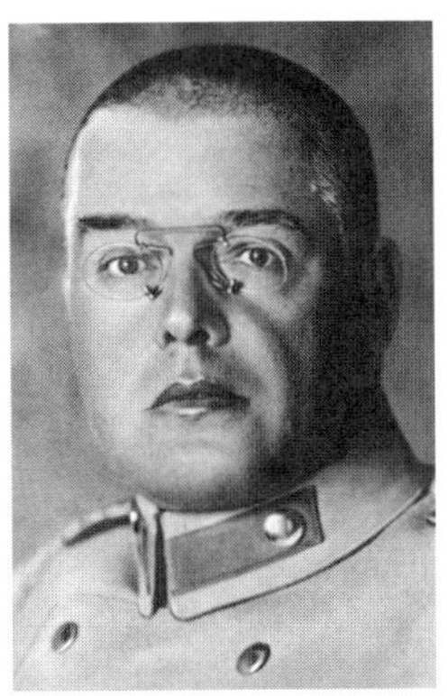

[6-50] 카를 아돌프 막시밀리안 호프만(1913년)

생몰: 1869. 1. 25 독일 홈베르크(북헤센주)~1927. 7. 8 독일 바드 라이헨할

직업: 육군 소장, 외교관

러일전쟁 중인 1905년 5월 5일 노기[5] 장군의 제3군단이 랴오둥 반도로 갈 당시에 만주 제1일본 군대의 군사 고문으로 있었다. 며칠 후에 외국인 장교에게 허용되었던 전장 시찰을 위해 한국 제물포에 갔다. 도쿄 주재 독일 무관인 귄터 폰 에첼 소령도 함께 갔다.

주요 참고문헌

Claer, Alexander von, 'Bericht aus dem Jahre 1904'. (비공개 자료)

"Max Hoffmann", *Wikipedia*.

Holtzendorff, Henning Rudolf Adolf Karl von

(홀첸도르프, 헤니히 루돌프 아돌프 카를 폰)

생몰: 1853. 1. 9 독일 프렌츨라우~1919. 6. 7 독일 야고브(우커마르크 지역)

직업: 해군 제독

해군 대령으로 복무 중 1903년 11월 보디생 해군 소장에 이어 함대의 부사령관이 되었는데, 동아시아에 온 여섯 번째 사령관이었다. 홀첸도르프는 러일전쟁이 발발하기 직전에 한국의 심각한 정치 상황을 점검하기 위해 기함인 한자호를 이끌고

5 노기 마레스케(乃木希典, 1849~1912)는 일본의 장군이다. 1912년 9월 13일 노기 마레스케와 아내 시르코는 메이지 황제의 뒤를 따른다며 할복하였다.

한국으로 갔다. 그러나 이미 영국과 미국이 전함을 제물포로, 그리고 공사관 경비를 한성으로 보낸 후였다. 1904년 1월 18일 제물포에 있는 홀첸도르프 사령관과 한자호의 장교들을 분쉬가 방문하였다. 한자호는 제물포를 출발하여 뤼순항으로 간 다음 1월 26일 칭다오로 갔다.

[6-51] 헤니히 루돌프 아돌프 카를 폰 홀첸도르프 제독

주요 참고문헌

Claussen-Wunsch, Gertrud (Ed.), *Dr. med. Richard Wunsch. Arzt in Ostasien*, Büsingen/Hochrhein, 1976, p. 167.

"Henning von Holtzendorff", *Wikipedia*.

NDB, vol. 9. pp. 557f.

OL, 11 Apr. 1897, p. 837: PN; vol. 14, 17 Aug. 1900, p. 635: PN; vol. 17, 10 Jul. 1903, p. 62; 13 Nov., p. 764; 20 Nov., p. 808: PN; vol. 18 (1904), p. 215: PN; vol. 25, 10 Feb. 1911, p. 123: PN.

Huss, Hans (후스, 한스)

직업: 해군 장교

1902년 4월 군함 부사르트호의 함장으로 부임한 후스는 1904년 3월 9~15일 제물포를 방문하였다.

주요 참고문헌

AA, Korea I, vol. 35, R 18935, 'Militärpolitischer Bericht von Korvettenkapitän Huss über seinen Aufenthalt in Chemulpo vom 9~15. März 1904'.

Claer, Alexander von, 'Bericht aus dem Jahre 1904'. (비공개 자료)

OL, vol. 13, 10 Oct. 1898, p. 30; 8 Apr. 1899, p. 478; 22 Apr., p. 510: PNJ; vol. 15, 3 May 1901, p. 375; 5 Jul., p. 575: PN; vol. 16, 14 Mar. 1902, p. 213; 11 Apr., p. 296: PN; vol. 17, 2 Jan. 1903, p. 32: PN.

Ingenohl, Gustav Heinrich Ernst Friedrich von

(잉에놀, 구스타브 하인리히 에른스트 프리드리히 폰)

생몰: 1857. 6. 30 독일 노이비트~1933. 12. 19 독일 베를린

직업: 함대 사령관

해군 소장으로 복무 중 1909년 중반부터 1910년 6월 6일까지 약 1년 동안 동아시아 함대를 지휘하였다. 1909년 9월 21~24일에 한국을 방문하였다. 9월 21일 기함 샤른호르스트호를 타고 뤼순 항을 출발하여 제물포에 도착하였다. 다음 날 한성에서 크뤼거 총영사가 와서 콜레라 때문에 고종과의 접견이 취소되었음을 알렸다. 9월 23일 잉에놀은 사복을 입고 샤른호르스트호의 장교 몇 명과 한성을 구경하였으며, 다음 날 칭다오로 떠났다.

[6-52] 구스타브 하인리히 에른스트 프리드리히 폰 잉에놀(1914년경)

주요 참고문헌

AA, Korea I, vol. 38, R 18938, 'Bericht von Krüger aus Seoul vom 27. Sep. 1909 an Reichskanzler von Bethmann-Hollweg'.

OL, vol. 8, 21 Sep. 1894, p. 901; 28 Sep., p. 919: PN; vol. 9, 12 Oct. 1894, p. 29; 19 Oct., p. 46; 30 Nov., p. 155: PN; vol. 15, 19 Jul. 1901, p. 614; 15 Nov., p. 981; 6 Dec., p. 1043: PN; vol. 16, 11 Apr. 1902, p. 296: PN; 5 Dec., p. 997: Flotte und Heer; vol. 17, 10 Jul. 1903, p. 63; 28 Aug., p. 321: PN; vol. 24, 21 Jan. 1910, p. 72; 25 Feb., p. 207; 17 Jun., p. 619; 11 Nov., p. 470: PN.

Jena, Freiherr von (예나, 프라이헤르 폰)

직업: 육군 장교

동아시아 보병 연대 소속 소위로 복무 중 1902년 5월 6일 군의관 바이와 함께 한성에 도착하였다. 분쉬의 초대를 받아 손탁의 집에서 저녁식사를 하였다.

주요 참고문헌

Claussen-Wunsch, Gertrud (Ed.), *Dr. med. Richard Wunsch. Arzt in Ostasien*, Büsingen/Hochrhein, 1976, p. 115.

Klöbe, Adolf (클뢰베, 아돌프)

생몰: 1867~?

직업: 해군 대령

포함 야구아호의 함장으로 복무 중 1904년 11월 초에 일주일 동안 제물포에 체류하였다. 11월 3일에서 4일로 넘어가는 새벽 2시에 분쉬, 크라이엔베르크 군의관, I. 장교와 스카트라는 카드놀이를 하였다.

주요 참고문헌

Claussen-Wunsch, Gertrud (Ed.), *Dr. med. Richard Wunsch. Arzt in Ostasien*, Büsingen/Hochrhein, 1976, p. 197.

OL, vol. 15, 18 Oct. 1901, p. 889: PN.

Knipping, Friedrich (크니핑, 프리드리히)

직업: 코르베트함 함장

1901년 7월 말부터 군함 가이어호에서 해군 소위 후보생으로 근무하였다. 볼얀의 가르침을 받은 학생이었다. 1901년 8월 27일 가이어호의 함장 바우어와 함께 부산으로 가서 며칠 동안 정찰을 하고 부산의 상황을 보고하였다.

[6-53] 가이어호(1894년)

주요 참고문헌

AA, Korea I, vol. 32: 'Bericht von Bauer aus Wusung vom 17. Sep. 1901'.
AA, Korea I, vol. 32: 'Bericht von Korvettenkapitän Bauer aus Tsingtau vom 5. Sep. 1901'.
OL, vol. 15, 12 Jul. 1901, p. 596; 4 Oct., p. 850: PN; vol. 17, 3 Apr. 1903, p. 558: PN.

Köhler, Heinrich (쾰러, 하인리히)

생몰: 1824. 7. 3 ~ 1882. 6. 21

직업: 해군 소장

군함 헤르타호의 함장으로 북무 중 1870년 6월 1일 브란트를 태우고 일본 요코하마에서 부산으로 왔다. ➔ '브란트, 막스 폰' 참조

주요 참고문헌

Brandt, Max von, *Dreiunddreissig Jahre in Ostasien*, vol. 2, pp. 365ff.

Kohlhauer, Eugen (콜하우어, 오이겐)

생몰: 1850 독일 베츠라 ~ 1904. 9. 23

직업: 코르베트함 함장, 작가, 화가

라이프치히호의 장교로 북무 중 1883년 9월 18일 청에서 거문도로 향하였다. 9월 22일에 거문도에 도착하였으며, 며칠 후에는 나가사키로 향하였다. 10월 21일에 라이프치히호는 통상조약 협상을 위해 조선으로 오는 일본 주재 총영사 차페와 부들러 통역관을 태우고 일본을 출발하여, 10월 24일 제물포에 도착하였다. 협상이 진행되는 동안 라이프치히호는 항구에 계속 정박하였고, 콜하우어는 그동안 제물포와 한성을 구경하였다. 조약을 체결한 후 라이프치히호는 다시 나가사키로 돌아갔다. ➔ '차페, 에두아르트' 참조

[6-54] 라이프치히호

주요 저술

"Ein Besuch in Port Hamilton und Chemulpo (Korea)", *Globus*, vol. 67, no. 17 (April 1895), pp. 261~266.
Hans Unverzagt der Schiffstakler, Hannover, 1901.

주요 참고문헌

BJDN, vol. 10(1905), Totenliste, 1904, p. 60.

Korn (코른)

직업: 해군 장교

빌브란트가 함장으로 있는 포함 야구아호의 재정관으로 근무하던 중 1902년 12월 15일 제물포에 도착하였다. 그러나 몇 시간 후에 바로 상하이로 떠나야 했고, 12월 16일 상하이에 도착하였다.

주요 참고문헌

OL, vol. 16, 25 Dec. 1902, p. 1055: PN and "Flotte und Heer".

Kreyenberg (크라이엔베르크)

직업: 의사

포함 야구아호의 선의로 복무하던 중 1904년 11월 일주일 동안 제물포에 체류하였다. 분쉬는 크라이엔베르크를 그의 후임으로 추천하였지만, 실현되지 못하였다.

주요 참고문헌

Claussen-Wunsch, Gertrud(Ed.), *Dr. med. Richard Wunsch. Arzt in Ostasien*, Büsingen/Hochrhein, 1976, pp. 197, 219.

OL, vol. 16, 14 Mar. 1902, p. 214: PN; vol. 17, 20 Feb. 1903, p. 317: PN; vol. 22, 7 Feb. 1908, p. 275: PN.

Kroebel, Ernst (크뢰벨, 에른스트)

생몰: 1853~1925. 5. 16 독일 베를린

직업: 대위

1897년 11월 14일 오토 폰 디더리히스가 자오저우만을 점령하기 직전, 크뢰벨 대위는 그의 친구이자 이동해병대 소령 오스카르 콥카 폰 로쏘브(Oskar Kopka von Lossow, 1849~1916)의 도움으로 동아시아 여단에서 병영의 식사 관리를 맡게 되었다. 크뢰벨은 1897년 11월 동아시아로 와서 1898년 2월 칭다오에 정착한 최초의 유럽인이 되었다. 그는 자신을 상인으로 등록하고 병영 식당을 여러 개 열었다. 1901년 독일로 가서 11월 5일에 엠마 코제가르텐(1872~1945)과 결혼하였다. 1904년 11월 오스카 폰 트루펠과 함께 한국에 가서 손탁을 만났는데, 손탁은 그의 아

[6-55] 칭다오 전경(1900년경)

내인 엠마 크뢰벨에게 약 1년 동안 자신을 대신하여 궁 의전관으로 일해달라고 부탁하였다. 엠마 크뢰벨이 궁에서 일하는 동안 에른스트 크뢰벨은 한성을 여러 차례 방문하였다. 1907년 봄 에른스트 크뢰벨과 아내는 칭다오를 떠났고, 1910년 독일로 돌아갔다.

주요 참고문헌

AA, Korea I, vol. 37: 'Bericht von Dr. Krüger aus Seoul vom 7. Okt. 1907'.

Kroebel, Emma, *Wie ich an den koreanischen Kaiserhof kam. Reise-Eindrücke und Erinnerungen*, Berlin, 1909, Preface.

Matzat, Wilhelm, "Kroebel, Ernst (1853-1925), Kaufmann, und Emma Kroebel(1872~1945), Schriststellerin", at: http://www.tsingtau.org/kroebel-ernst-1853-1925-kaufmann-und-emma-kroebel-1872-1945-schriststellerin/

"Nachruf auf Ernst Kroebel", *Ostasiatische Rundschau*, 1925, pp. 139f.

Claussen-Wunsch, Gertrud(Ed.), *Dr. med. Richard Wunsch. Arzt in Ostasien*, Büsingen/Hochrhein, 1976.

➾ 4장 사진 [4-68] 참조

Kühne, Werner Otto Robert (퀴네, 베르너 오토 로베르트)

생몰: 1868. 4. 19 ~ 1947. 1. 30

직업: 함대 부사령관

해군 중령으로 1900년 중반부터 포함 야구아호의 부함장으로 복무 중 1902년 12월 15일 제물포에 정박하였다. 이곳에서 몇 시간 체류한 후 상하이로 떠났고, 12월 16일 상하이에 도착하였다.

주요 참고문헌

"Das Offizierkorps des Kreuzergeschwaders", *OL*, vol. 14, 10 Aug. 1900, pp. 616f.

OL, vol. 16, 25 Dec. 1902, p. 1055: PN und "Flotte und Heer".

Küsel, Hans (퀴젤, 한스)

생몰: 1870. 2. 28 ~ 1951. 6. 14

직업: 해군 소장

1907년 가을까지 포함 일티스호의 함장으로 근무하였는데, 1906년 9월 7~14일에 제물포를 방문하였다. 고종의 생일을 맞이하여 한성으로 가서 축하 만찬에 참석하라는 명령을 받았다.

[6-56] 일티스호(1898년)

주요 참고문헌

AA, Korea I, vol. 36: 'Schreiben von Vizekonsul Dr. Ney aus Seoul vom 18. Sep. 1906'.

"Das Offizierkorps des Kreuzergeschwaders", *OL*, vol. 14, 10 Aug. 1900, pp. 616f.

OL, vol. 21, 12 Jul. 1907, p. 76: PN.

Lessel, Johann Friedrich August von

(레셀, 요한 프리드리히 아우구스트 폰)

생몰: 1873. 5. 1 독일 베를린~?

직업: 해군 장교

해군 대위로 소형 군함 가이어호에서 복무 중 1904년 4월 제물포에 도착하였다.

주요 참고문헌

1904년 4월 가이어호에서 찍은 사진에서 레셀의 모습을 볼 수 있다. 사진은 클라우센 분쉬가 소장하고 있다.

Lützow (뤼초브)

직업: 해군 장교

빌브란트 함장이 이끄는 포함 야구아호에서 해군 중위로 근무하던 중 1902년 12월 15일 제물포에 도착하였다. 그러나 몇 시간 후에 상하이로 떠났고, 12월 16일 상하이에 도착하였다.

주요 참고문헌

OL, vol. 15, 12 Jul. 1901, p. 596: PN; vol. 16, 25 Dec. 1902, p. 1055: PN; vol. 17, 2 Jan. 1903, p. 30; 3 Apr., p. 559: PN.

Maltzahn, Curt Freiherr von (말찬, 쿠르트 프라이허 폰)

생몰: 1849. 11. 1 독일 퀴스트린(브란덴부르크주) ~1930. 1. 1 독일 푁킹(바이에른 자유주)

직업: 함대 소장, 군역사학자

헤리비히 함장이 이끄는 라이프치히호에서 해군 대위로 복무 중 조선에서 통상조약을 협상하려는 주일본 총영사 차페를 수행하였다. 1883년 10월 24일~12월 1일 라이프치히호는 제물포에 정박하였다. 그동안 말찬은 다양한 기상학적 측정을 실시하였고, 그 결과를 후에 발표하였다.

주요 저술

"Was lehrt Clausewitz' Buch 'Vom Kriege' den deutschen Seeoffizier?", *Marine-Rundschau*, June 1905.

Der Seekrieg, Leipzig, 1906.

Der Seekrieg zwischen Russland und Japan 1904-1905, vol 1: Die Vorgeschichte des Krieges und die Kriegsereignisse bis Ende Mai 1904, Berlin, 1912.

Der Seekrieg zwischen Russland und Japan 1904-1905, vol 2: Die Belagerung von Port Arthur und die Ausreise des 2. Pazifischen Geschwaders bis Madagaskar, Berlin,

1913.

Der Seekrieg zwischen Russland und Japan 1904–1905, vol. 3: Ereignisse der beiden Parteien bis zur Schlacht von Tsuschima, Berlin, 1914.

주요 참고문헌

"Aus den Reiseberichten SMS Leipzig, Korv.-Kapt. Herbig", *AHM*, Hamburg, vol. 12(1884), p. 190.

Mayet, Paul, "Ein Besuch in Korea im October 1883", *MOAG*, vol. 4, no. 3(Sep. 1884), p. 27.

Mittelstaedt, Xaver von (미텔슈태트, 차버 폰)

생몰: 1860～1937

직업: 해군 대령

포함 티거호의 함장으로 복무 중 1901년 7월 4일 제물포에 도착하였다. 한국 국경의 폭동에 관한 청 내의 소문을 확인하고, 함대 부사령관 벤데만이 계획한 한국 방문을 위해 정보를 수집하였다. 7월 6～7일에 한성을 방문하였고, 신분을 밝히지 않은 채 영사 와이퍼트를 방문하였다. 7월 8일 티거호는 칭다오로 출발하였다.

주요 참고문헌

AA, Korea I, vol. 32: 'Bericht von Konsul Weipert aus Seoul vom 8. Juli 1901 an Reichskanzler von Bülow'.

OL, vol. 16, 14 Mar. 1902, p. 213; 30 May, p. 440: PN.

Moltke, Heinrich Karl Leonhard Graf von

(몰트케, 하인리히 카를 레온하르트 그라프 폰)

생몰: 1854. 9. 15 독일 라우엔부르크(슐레스비히 홀슈타인주)～1922. 4. 9 독일 바이마르

직업: 함대 부사령관

1900년 5월부터 1901년 11월 22일까지 전함 퓌르스트 비스마르크호의 함장으로 복무하였다. 함대 부사령관 벤데만과 함께 1901년 9월 21～26일 제물포와 한성을 방문하였다. ➔ '벤데만, 펠릭스' 참조

1905년 3월 해군 소장으로 복무 중 한국을 다시 방문하였는데, 장교 몇 명과 한성으로 가서 변리공사 잘데른이 3월 15일 독일 공관에서 개최한 파티에 참석하였다.

주요 참고문헌

OL, vol. 14, 11 May 1900, p 336; 10 Aug., p. 616f: PN; vol. 15, 22 Nov. 1901, p. 1002; 6 Dec., p. 1043: PN.

"Vizeadmiral Bendemann in Port Arthur und Korea", *OL*, vol. 15, 4 Oct. 1901, p. 849.

Wer ist's 1914, p. 1141.

『舊韓國外交文書』, 德案 2, no. 2502.

[6-57] 독일 공관 앞에 모인 퓌르스트 비스마르크호의 장교들과 함대 부사령관 몰트케(1905년 3월)

Müller, Georg Alexander von (뮐러, 게오르크 알렉산더 폰)

생몰: 1854.3.24 독일 켐니츠~1940.4.18 독일 항엘스베르크(브란덴부르크주)

직업: 함대 사령관

1898년 12월 31일부터 1900년 2월까지 전함 도이칠란트호의 함장을 지냈다. 복무 중 하인리히 왕자를 한국으로 태우고 갔으며, 1899년 6월 8~20일까지 제물포에 정박하였다. 또한 도이칠란트호를 이끌고 1899년 7월 중순~8월 중순 원산항에 정박하였다.

[6-58] 게오르크 알렉산더 폰 뮐러

주요 참고문헌

"Besuch Seiner Koeniglichen Hoheit des Prinzen Heinrich in Seoul", *OL*, vol. 13, 1 Jul. 1899, pp. 687f.

NDB, vol. 18, pp. 391f.

"Georg Alexander von Müller", *Wikipedia*.

Obenheimer, "Ansteuerung des Hafens von Gensang; Ansteuerung des Hafens von Fusan; Ansteuerung der Masanpho-Föhrde; aus dem Reisebericht SMS Irene", *AHM*, Hamburg, vol. 28(1900), pp. 49~51.

OL, vol. 6, 6 Nov. 1891, p. 87; 20 Nov., p. 120; 23 Sep. 1892, p. 797; 30 Sep., p. 810: PN; vol. 13, 31 Dec. 1898, p. 265; 9 Jan. 1899, p. 287; 18 Nov., p. 1060: PN; vol. 14, 9 Feb. 1900, p. 101; 20 Apr., p. 283: PN.

Obenheimer, Ernst (오벤하이머, 에른스트)

직업: 해군 장교

소형군함 이레네호의 함장으로 복무 중 1899년 7월 원산, 부산, 마산을 방문하였다.

주요 저술

"Ansteuerung des Hafens von Gensang; Ansteuerung des Hafens von Fusan;

Ansteuerung der Masanpho-Föhrde; aus dem Reisebericht SMS Irene", *AHM*, Hamburg, vol. 28(1900), pp. 49 ~ 51.

주요 참고문헌

Franzius, Georg, *Kiautschou. Deutschlands Erwerbung in Ostasien*, 2. Ed., Berlin[without year](ca. 1899 ~ 1900), p. 135.

OL, vol. 13, 10 Oct. 1898, p. 30; 7 Oct. 1899, p. 938: PN; vol. 14 Apr. 1900, p. 303: PN.

Platen-Hallermund, Oskar Rudolf Karl Marius Graf von

(플라텐-할러문트, 오스카 루돌프 카를 마리우스 그라프 폰)

생몰: 1865. 3. 18 독일 젤렌도르프(슐레스비히 홀슈타인주) ~ 1957. 4. 14 독일 바이센하우스(홀슈타인 지역)

직업: 함대 부사령관, 빌헬름 2세의 마지막 의전관

1903년 7월까지 포함 일티스호의 함장을 지냈다. 일티스호의 함장으로 재직 중 바이에른의 게오르크 왕자를 태우고 1903년 4월 15일 제물포에 도착하였다. 4월 18일에는 장교와 함께 영사 와이퍼트의 저녁 만찬에 참석하기 위해 한성으로 갔다. 4월 29일에 일티스호는 일본으로 떠났다. ➡ '바이에른의 왕자, 게오르크' 참조

주요 참고문헌

"Asien", *Augsburger Abendzeitung*, 2 Jul. 1903.

OL, vol. 16, 8 Aug. 1902, p. 638: PN; vol. 17, 1 May 1903, p. 714: PN; 10 Jul., p. 63: Flotte und Heer; vol. 25, 13 Oct. 1911, p. 318: PN.

Posadowsky-Wehner, Harry Graf von

(포사도브스키-베너, 해리 그라프 폰)

생몰: 1869. 8. 17 독일 노이마르크 ~ 1923. 11. 5 독일 캇셀

직업: 해군 대령

해군 소위 시절에 프란치우스 함장의 부관으로 소형군함 알렉산드리네호에서 근무하였는데, 1892년 10월 2 ~ 11일 제물포에 머물렀다. 10월 8일 알렉산드리네호의 함장, 재정관, 소위 겜스키, 영사 크리엔과 함께 고종을 알현하였다.

주요 참고문헌

OL, vol. 20 (1906), p. 550; 15 Jun., p. 1129: PN; vol. 21, 12 Jul. 1907, p. 76: PN.

The Korean Repository, vol. 1 (Oct. 1892), p. 322: Editorial Notes.

Poten[포텐, Porten (포르텐)]

직업: 육군 장교

프로이센왕국 제63 포병대 소속으로 복무 중 1904년 4월 한성을 방문하였으며, 군함 가이어호의 장교 몇 명과 독일 공관 소속의 무관 클래어 소령, 크리엔 영사와

함께 고종을 알현하였다.

주요 참고문헌

Claussen-Wunsch, Gertrud(Ed.), *Dr. med. Richard Wunsch. Arzt in Ostasien*, Büsingen/Hochrhein, 1976, p. 177.
『舊韓國外交文書』, 德案 2, no. 2950.

Prittwitz und Gaffron, Bernhard Otto Curt von

(프리트비츠 운트 가프론, 베른하르트 오토 쿠르트 폰)

생몰: 1849. 7. 16 독일 구트 지츠만스도르프(슐레지엔주 올라우, 현재 폴란드 올라바)~1922. 2. 16 독일 베를린

직업: 함대 사령관, 프로이센 군대 소속 군인

1903년 10월 1일 해군 소장으로 동아시아 함대의 지휘를 맡아, 기함 퓌르스트 비스마르크호를 이끌었다. 1903년 11월 16일에 함대 부사령관 가이슬러로부터 새로운 임무를 받았고, 1904년 1월 27일에는 함대 부사령관으로 승진하였다. 1904년 9월 전함 퓌르스트 비스마르크호를 이끌고 제물포에 도착하였고, 9월 9일에는 한성에서 고종을 알현하였다. 1905년 11월 11일까지 함대 사령관을 맡았다.

[6-59] 베른하르트 오토 쿠르트 폰 프리트비츠 운트 가프론

주요 참고문헌

Claussen-Wunsch, Gertrud (Ed.), *Dr. med. Richard Wunsch. Arzt in Ostasien*, Büsingen/Hochrhein, 1976, pp. 163, 193.
"Curt von Prittwitz und Gaffron", *Wikipedia*.
DBJ, vol. 4 (1922), p. 366.
OL, vol. 17, 20 Nov. 1903, p. 808: PN.
Wer ist's 1914, pp. 1308f.
『舊韓國外交文書』, 德案 2, no. 2985.

Puttfarken, Hans (푸트파르켄, 한스)

생몰: 1866~?

직업: 해군 대령

1904~1906년 소형 군함 제아들러호의 함장으로 복무 중 1905년 1월 제물포에 도착하여 한성을 구경하였다.

[6-60] 소형 군함 제아들러호(1899년)

주요 참고문헌

Claussen-Wunsch, Gertrud (Ed.), *Dr. med. Richard Wunsch. Arzt in Ostasien*, Büsingen/Hochrhein, 1976, p. 202.

[6-61] **말 위에 앉은 사람들** 오른쪽부터: 콘라트 폰 잘데른(독일 변리공사), 윌리엄 대니얼 오거스트 앤더슨 그렙스트(스웨덴 스톡홀름 출신의 장교 및 작가, 1875~1920), 리하르트 분쉬(고종의 시의), 한스 푸트파르켄(해군 소령이자 제아들러호의 함장). 1905년 1월 초 독일 공관의 정원에서 촬영하였다.

Richter, Max (리히터, 막스)

직업: 육군 소장

1891년 7월 12일~9월 5일 게오르크 바우어와 함께 조선, 일본, 러시아를 방문하였다. 그가 탔던 배는 제물포, 나가사키, 부산, 원산, 블라디보스토크에 차례로 정박하였다. 그 후 리히터와 바우어는 마차를 타고 블라디보스토크에서 우수리까지 이동하여 짧은 구간의 시베리아 횡단 철도를 이용하였다. 그들은 러시아와 중국 국경에 위치한 훈춘에서 원산으로 간 후 한반도를 동서로 가로질러 제물포까지 이동하였으며, 그곳에서 배를 타고 중국으로 돌아갔다.

주요 참고문헌

Baur, Georg, *China um 1900: Aufzeichnungen eines Krupp-Direktors*. Herausgegeben und kommentiert von Elisabeth Kaske, Köln: Böhlau, 2005, p. 265.

Riemer, Gustav Adolph (리머, 구스타브 아돌프)

생몰: 1842. 7. 9 독일 자를루이(자를란트주)~1899. 3. 4 독일 데사우(작센안할트주)

직업: 해군 장교, 사진작가

1881년 4월부터 1883년 11월까지 스토쉬호에서 재정관으로 근무하였다. 1882년 6월 브란트가 1차 조독수호통상조약 협상을 위해 조선에 왔을 때 동행하였다. 조약을 성공적으로 체결한 다음 리머는 사절단의 사진을 찍었는데, 조선을 방문한

최초의 독일 사진작가였다고 말할 수 있다. ➜ 3장 사진 [3-31] 참조

주요 저술

Marine. Reise SMS Hertha nach Ost-Asien und den Südsee-Inseln, Berlin, 1878.
Reise SMS Stosch nach China und Japan. 1881-1883, Photographiert und herausgegeben von G. Riemer. Leipzig [without year].

주요 참고문헌

Brandt, Max von, *Dreiunddreissig Jahre in Ost-Asien*, vol. 3, p. 243.
"Der Freundschaftsund Handelsvertrag zwischen Deutschland und Korea", *Daheim*, zweite Daheim-Beilage zu no. 2, Leipzig, 1883.

Risse (리세)

직업: 해군 장교

1901년 5월부터 1903년 4월까지 포함 야구아호의 엔지니어로 근무하였다. 1902년 12월 15일 제물포에 도착하였으나 몇 시간 후에 다시 출발하여, 12월 16일 상하이에 도착하였다.

주요 참고문헌

OL, vol. 15, 3 May 1901, p. 375: PN; vol. 16, 25 Dec. 1902, p. 1055: PN und "Flotte und Heer"; vol. 17, 3 Apr. 1903, p. 559: PN.

Rötger, Fritz (뢰트거, 프리츠)

생몰: 1848. 7. 6 ~ 1913. 7. 26.

직업: 해군 소장

포함 일티스호의 함장으로 복무 중 갑신정변이 있었던 직후인 1884년 12월 22일부터 1885년 2월 1일까지 독일 공관 관계자와 독일 국적자를 보호하기 위해 제물포에 정박하였다.

주요 참고문헌

AA, Korea I, vol. 4: 'Schreiben von Zembsch aus Seoul vom 9. Dez. 1884 an Generalkonsul Lührsen in Shanghai'.
AA, Korea I, vol. 4: 'Bericht von Budler aus Seoul vom 31. Jan. 1885 an Reichskanzler Bismarck'.
OL, vol. 6, 4 Mar. 1892, p. 348; 9 Sep., p. 764: PN.

Rose, C. (로제, C.)

직업: 육군 장교

육군 대위로서 베이징 주재 독일 공관의 경호 책임자로 근무하였다. 1906년 7월 말 또는 8월 초에 휴가를 받아 연구를 목적으로 한국에 왔다.

주요 참고문헌

“Eine Unterredung mit dem Stadthalter von Korea, Marquis Ito”, *OL*, vol. 20(1906), pp. 359f.

Roth, J. (로트, J.)

직업: 육군 장교

1903년 2월에 의사 아르투어 베르거와 함께 한국을 방문하였다.

➔ '6장 5. 교수, 교사, 학자' 참조

주요 참고문헌

Berger, A., Aus *einem verschlossenen Paradiese*, Dritte, durchgesehene und erweiterte Auflage von *“Eine Welt- und Jagdreise”*, Berlin, 1924, p. 13.

Rudolf (루돌프)

직업: 육군

폰 클래이 소령의 당번병이었으며, 1904~1905년 한국을 방문하였다.

➔ '클래어, 알렉산더 폰' 참조

주요 참고문헌

Claer, Alexander von, ‘Bericht aus dem Jahre 1904’. (비공개 자료)

Sarnow, Georg (자르노브, 게오르크)

생몰: 1850. 11. 25~1935. 3. 30

직업: 해군 소장

아르코나호의 함장으로 복무 중 1896년 6월 1~11일 제물포에 체류하였다. 6월 4일에는 항해사, 부관과 함께 한성으로 갔고, 영사 크리엔의 초대를 받았다. 6월 5일에는 1896년 2월 11일부터 러시아 공관에 머물던 고종을 알현하였다. 6월 11일 아르코나호는 청으로 떠났다.

[6-62] 아르코나호(1858년)

주요 참고문헌

AA, Korea I, vol. 23: ‘Militärmaritimer und militärpolitischer Bericht von Sarnow über Korea aus Chefoo vom 19. Juni 1896’.

The Independent, 독립신문, vol. 1, no. 27, 6 June 1896: Brief Notice.

OL, vol. 9, 12 Oct. 1894, p. 28; 8 Mar. 1895, p. 379; 27 Sep. 1895, p. 918: PN.

Schaumann, Carl (샤우만, 카를)

생몰: 1865. 10. 9 ~ 1938. 6. 23

직업: 함대 부사령관

해군 대위로 대형 군함 퓌르스트 비스마르크호에서 복무 중 1901년 9월 21 ~ 26일 벤데만 함대 부사령관과 함께 한성을 방문하였고, 24일에는 고종을 알현하였다. 9월 26일 새벽 기함 퓌르스트 비스마르크호는 제물포를 출발하여 칭다오로 향하였다.

주요 참고문헌

OL, vol. 13, 14 Oct. 1899, p. 962: PN; vol. 14, 10 Aug. 1900, p. 617: PN; vol. 16, 14 Mar. 1902, p. 213: PN.
『舊韓國外交文書』, 德案 2, no. 2502.

Schimmelmann, Malte Benjamin Freiherr von
(쉬멜만, 말테 베냐민 프라이허 폰)

생몰: 1859. 4. 1 독일 페터스도르프(슐레지엔주, 현재 폴란드 피에초비체) ~ 1916. 7. 8

직업: 함대 부사령관

헤르타호의 함장으로 복무 중 1904년 5월 5 ~ 6일 제물포와 한성을 방문하였다. 당시 프로이센의 아달베르트 왕자가 헤르타호에서 소위로 근무하고 있었고, 헤르타 호의 다른 장교와 함께 이름과 신분을 숨긴 채 한국의 수도를 둘러보았다.

➔ '프로이센의 왕자, 아달베르트' 참조

주요 참고문헌

OL, vol. 18, May 1904, p. 923: PN; vol. 19, 16 Jun. 1905, p. 1117: PN.
Wer ist's 1909, p. 1225.

Seckendorff-Gutend, Oskar Aloys Robert Freiherr von
(제켄도르프 구텐트, 오스카 알로이스 로베르트 프라이헤르 폰)

생몰: 1875. 6. 12 ~ ?

직업: 육군 장교, 청 해관 직원

칭다오 여단의 제1보병연대 소속 소위로 복무 중 1902년 12월 로잘리 폰 묄렌도르프와 딸들을 한국으로 데리고 왔으며, 고종을 알현하였다. 1903년 엠마 폰 묄렌도르프와 중국에서 결혼하였다. 1907년에 청의 해관으로 자리를 옮겼고, 1911년에는 러시아 국경 근처의 만저우리에서 해관장으로 활동하였다.

주요 저술

Deutscher Posten Langfang: deutscher Fleiß, deutsche Arbeit, deutsche Kraft gebieten der

Welt Achtung; erbaut 1901 1902 vom II. Batl. 3. Ostas. Inft. Regts. Major Auwärter und 7. Kompagnie 2. Ostas. Inft. Regts. Hauptmann Beyer, beiden gewidmet, Langfang, 1902.

주요 참고문헌

Baur, Georg: *China um 1900: Aufzeichnungen eines Krupp-Direktors*. Herausgegeben und kommentiert von Elisabeth Kaske, Köln: ßöhlau, 2005, pp. 539, 747.

OL, 15, 14. Jun. 1901, p. 512: PN; vol. 16, 12. Dec. 1902, p. 1018: PN.

Sedlmayr, Andreas Theodor (제들마이어, 안드레아스 테오도르)

생몰: 1855. 6. 13 독일 파사우~1905. 7. 26 나미비아(당시 독일 식민지)

직업: 의사

동아시아 함대 소속 군의관으로 복무 중 1901년 5월 말부터 6월 초까지 한국을 방문하여 제물포, 한성, 당고개 광산을 둘러본 뒤 톈진과 베이징으로 갔다. 동아시아에서 활동한 후 1905년 3월 독일의 남서아프리카 식민지였던 오늘날 나미비아의 부대에 참모요원으로 파견되었다. 1905년 8월 27일 상트폰테인에서 라민스드리프트로 직무를 수행하기 위해 이동하던 중 잠복해 있던 적에게 사살당하였다.

[6-63] 안드레아스 테오도르 제들마이어 (1885년경)

주요 참고문헌

"1904-07. Lebensdaten der auf dem Ehrenfelde D.-Südwestafrikas gebliebenen Offiziere. Zum Gedenkblatt",

Trier a. d. Mosel, Kunstverlag Fritz Edmunds, 1907.

2012년 8월 27일 미하엘 디라우프(Michael Dirauf)의 발표 내용.

OL, vol. 15, 14. Jun. 1901, p. 514: PN.

『舊韓國外交文書』, 德案 2, no. 2438~2441.

Studnitz, Ernst von (슈투드니츠, 에른스트 폰)

생몰: 1862~1907

직업: 해군 중령

소형 군함 가이어호의 함장으로 복무 중 1904년 4월 제물포와 한성을 방문하였다. 잘데른의 집에서 저녁식사를 하는 동안 분쉬에게 자오저우로 갈 것을 권유하였고, 분쉬는 이를 받아들여 5월 초 2주 동안 칭다오에서 휴가를 보냈다. 1904년 5월 10일 슈투드니츠 함장은 칭다오를 출발하여 분쉬를 다음 날 제물포에 내려주었다.

[6-64] 에른스트 폰 슈투드니츠

주요 참고문헌

Claer, Alexander von, 'Bericht aus dem Jahre 1904'. (비공개 자료)

Claussen-Wunsch, Gertrud(Ed.), *Dr. med. Richard Wunsch. Arzt in Ostasien*, Büsingen/Hochrhein, 1976, pp. 177, 182f, 183f.

OL, vol. 17, 10 Jul. 1903, p. 63: Flotte und Heer.

Thiele, Adolf (틸레, 아돌프)

생몰: 1853. 11. 28 ~ 1941. 8. 5

직업: 해군 소장

독일 함대 소속 소형 군함 프린세스 빌헬름호의 함장으로 복무 중 1897년 7월 11 ~ 23일 함대 부사령관인 오토 폰 디더리히스와 함께 제물포와 한성을 방문하였다. ➔ '디더리히스, 오토 폰' 참조

주요 참고문헌

"Der Besuch des deutschen Geschwaders in Korea", *OL*, vol. 11, 13 Aug. 1897, pp. 1451f.
Franzius, Georg, *Kiautschou. Deutschlands Erwerbung in Ostasien*, 2. Ed., Berlin [without year](ca. 1899 ~ 1900), p. 16.
OL, vol. 10, 3 Jul. 1896, p. 908; 31 Jul., p. 1015: PN; vol. 11, 22 Jan. 1897, p. 563; 2 Apr., p. 837: PN.
"S.M. Schiffe auf der ostasiatischen Station", *OL*, vol. 11(1896/97), 18 Jun. 1897, p. 1193.

Wiencke, Oswald (빈케, 오스발트)

직업: 해군 소령

1901년 5월부터 1903년 4월까지 포함 야구아호에서 해군 중위로 근무하였다. 당시 야구아호의 함장은 빌브란트였다. 1902년 12월 15일 제물포에 도착하였으나 몇 시간 후 다시 출발하였고, 12월 16일 상하이에 도착하였다.

주요 참고문헌

OL, vol. 15, 3 May 1901, p. 375: PN; vol. 16, 14 Mar. 1902, p. 214: PN; 25 Dec., p. 1055: PN und "Flotte und Heer"; vol. 17, 3 Apr. 1903, p. 559: PN.

Wilbrandt, Karl (빌브란트, 카를)

생몰: 1864. 12. 12 ~ 1928. 5. 6

직업: 함대 부사령관

1902년 11월 20일부터 포함 야구아호의 함장으로 복무하였는데, 같은 해 12월 15일 제물포에 도착하였다. 그러나 몇 시간 후 상하이로 출발하였고, 12월 16일 상하이에 도착하였다.

주요 참고문헌

OL, vol. 16, 14 Mar. 1902, p. 214; 5 Dec., p. 996; 25 Dec., p. 1055: PN und "Flotte und Heer"; vol. 17, 3 Apr. 1903, p. 558: PN.

[6-65] 야구아호(1898년)

Wilke (빌케)

직업: 해군 장교

그라프 폰 보디생 소장이 이끄는 함대의 기함인 전함 한자호의 엔지니어로 근무했는데, 그중 가장 직급이 높았다. 1903년 7월 22일 한자호는 제물포에 도착하여 며칠 머물렀다. 빌케를 포함하여 9명의 장교가 보디생과 함께 한성으로 가서 고종을 알현하였다. ➔ '보디생, 프리드리히 그라프 폰' 참조

주요 참고문헌

Claussen-Wunsch, Gertrud (Ed.), *Dr. med. Richard Wunsch. Arzt in Ostasien*, Büsingen/Hochrhein, 1976, pp. 149, 380.

OL, vol. 16, 2 May 1902, p. 357: PN; vol. 17, 20 Feb. 1903, p. 317: PN.

Zeye, Hugo (차이예, 후고)

생몰: 1852. 3. 21 독일 비스코브(브란덴부르크주) ~ 1909. 12. 11 독일 킬

직업: 함대 부사령관

함대 부사령관 디더리히스가 이끄는 함대의 기함이었던 전함 카이저호의 함장으로 복무 중 1897년 7월 11 ~ 23일 제물포와 한성을 방문하였다.

➔ '디더리히스, 오토 폰' 참조

[6-66] 이스탄불에 정박해 있는 카이저호(1889년)

주요 참고문헌

BJDN, vol. 14(1909), Totenliste, 1909, p. 104.

"Der Besuch des deutschen Kreuzergeschwaders in Korea", *OL*, vol. 11, 13 Aug. 1897, pp. 1451f.

Franzius, Georg, *Kiautschou. Deutschlands Erwerbung in Ostasien*, 2. Ed., Berlin [without year](ca. 1899 ~ 1900), pp. 16, 27.

Lensen, Georg Alexander, *Ballance of Intrigue. International Rivalry in Korea & Manchuria, 1884-1899*, Tallahassee, 1983, vol. 2, pp. 719, 722.

OL, vol. 10, 8 May 1896, pp. 708f: Marine-Nachrichten; vol. 11, 22 Jan. 1897, p. 563; 23 Apr., p. 931: PN.

"S.M. Schiffe auf der ostasiatischen Station", *OL*, vol. 11 (1896/97), 18 Jun. 1897, p. 1193.

Wer ist's 1909, p. 1598.

4. 상인, 엔지니어, 광원

Alberts, H. A.(알베르츠, H. A.)

직업: 회계사

1899년 4월부터 1901년까지 당고개 광산에서 회계사로 일하였다.

주요 참고문헌

1899년 4월 24일 브루노 크노헨하우어의 편지.
D&C: 1900, 1901.
『舊韓國外交文書』, 德案 2, no. 2042f.

Bauer, Ernst Louis (바우어, 에른스트 루이)

생몰: 1862. 11. 3 독일 안나베르크(작센 자유주) ~ 1905 독일 베를린

직업: 광산 평가자

1899년 5월 10일 제물포에 도착하였고, 한성에서 여행 준비를 마친 다음 당고개 광산으로 출발하였다. 5월 19일 당고개에 도착하여 브루노 크노헨하우어의 후임으로 광산 책임자가 되어 6월 1일부터 광산이 폐쇄된 1903년 말까지 일하였다. 1899년 6월 하인리히 왕자가 3일 동안 당고개 광산을 방문하였을 때 바우어도 있었다. 1903년 12월 시베리아 횡단 철도를 타고 베를린으로 돌아갔다.

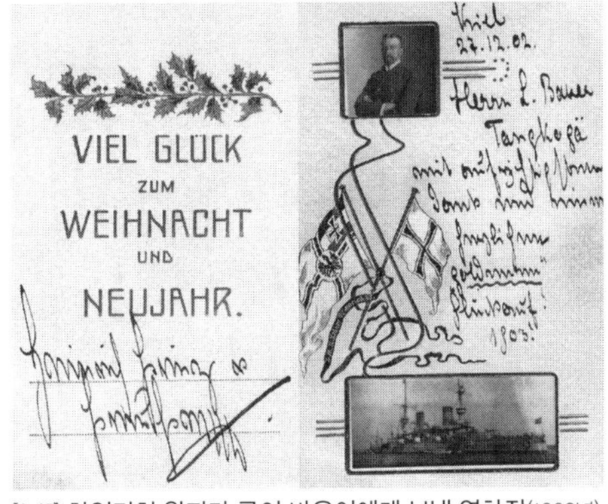

[6-67] 하인리히 왕자가 루이 바우어에게 보낸 연하장(1902년)

주요 참고문헌

"Besuch Seiner Koeniglichen Hoheit des Prinzen Heinrich in Seoul", *OL*, vol. 13, 1 Jun. 1899, pp. 687f.
D&C: 1900 ~ 1904.
Genthe, Siegfried, *Korea. Reiseschilderungen*, Berlin, 1905, pp. 129, 144.
Hamilton, Angus, *Korea. Das Land des Morgenrots*, Leipzig, 1904, p. 214.
"Von der Reise des Prinzen Heinrich nach Korea", *OL*, vol. 13, 15 Jul. 1899, p. 721f.
1899년 5월 22일 브루노 크노헨하우어가 당고개에서 뒤셀도르프의 광산산업은행에 보낸 편지.
『舊韓國外交文書』, 德案 2, no. 2060 ~ 2063, 2273f.
루이 바우어의 증조카인 안드레아스 피스토리우스 교수의 메일(2007. 3. 19, 2007. 4. 3)
안나베르크-부흐홀츠(Annaberg-Bucholz) 교회 명부, 1861 ~ 1865, Vol. 114 / No. 337.
2012년 6월 24일 미하엘 디라우프(Michael Dirauf)의 발표 내용.
2012년 9월 9일 미하엘 디라우프(Michael Dirauf)의 발표 내용.

[6-68] **파울 바우만과 엘리즈 뱅카르의 결혼식**(1905년 10월 7일) ① 마리 뱅카르 양, ② 엘리즈 뱅카르(신부), ③ 레옹 뱅카르(벨기에 총영사, 신부의 아버지), ④ 하야시 곤스케(일본 전권공사), ⑤ 콘라트 폰 잘데른(독일 변리공사), ⑥ K.T. 쳉(청 전권대사), ⑦ 파울 바우만(신랑), ⑧ 마리 뱅카르 여사, ⑨ 테레사 브링크마이어, ⑩ 바우만 양, ⑪ 졸리 양(황실 내 외국어 교사), ⑫ 모나코 여사, ⑬ 카를 볼터, ⑭ 존 뉴웰 조던 경(영국 변리공사), ⑮ H. 포터(영국 영사관 비서), ⑯ 빅토르 콜랭 드 플랑시(프랑스 전권공사), ⑰ 아틸리오 모나코(이탈리아 전권공사 겸 총영사), ⑱ 에드윈 베르논 모건(미국 전권대사 겸 전권공사), ⑲ 고트프리트 나이(독일 부영사).

Baumann, Paul Friedrich (바우만, 파울 프리드리히)

이칭: 裵禹萬(배우만)

직업: 상인

세창양행의 공동 출자자로 1899년 초부터 1915년까지 한국에서 일하였다. 1905년 10월 7일 한성의 프랑스 성당에서 벨기에 총영사 레옹 뱅카르(Léon Vincart, 1848~1914)의 딸인 엘리즈 뱅카르와 결혼하였다. 레옹 뱅카르는 결혼 선물로 딸에게 빌라 베스펠레어를 지어줬다. 바우만과 아내는 이 집에서 베르너, 아이텔, 에름가르트, 그레츠헨, 올가, 빌헬미네 6명의 자녀를 낳았다.

주요 참고문헌

Claussen-Wunsch, Gertrud(Ed.), *Dr. med. Richard Wunsch. Arzt in Ostasien*, Büsingen/

Hochrhein, 1976, p. 372.
D&C: 1899~1911.
JD: 1911~1915.
The Korea Review, vol. 5, no. 9(Sep. 1905), p. 356: News Calendar.
『舊韓國外交文書』, 德案 2, no. 2036, 2225f, 2331f.

Baur, Carl Georg Friedrich (바우어, 카를 게오르크 프리드리히)

생몰: 1859. 2. 5 독일 슈투트가르트~1935. 7. 31 독일 에센브레데나이

직업: 건축 기술자, 뷔르템베르크 왕국 시보, 크룹상사 직원

1890~1893년 크룹상사의 고문으로 톈진에서 철도 관련 사업을 담당하였다. 1891년 7월 12일부터 9월 5일까지 막스 리히터 소장과 함께 조선, 일본, 러시아를 방문하였다. 그가 탔던 배는 제물포, 나가사키, 부산, 원산, 블라디보스토크에 차례로 정박하였다. 리히터와 바우어는 블라디보스토크에서 우수리까지 마차를 타고 가서 짧은 구간의 시베리아 횡단 철도를 이용하였다. 러시아와 중국 국경에 위치한 훈춘에서 한국의 원산으로 간 후 한반도를 가로질러 제물포까지 이동하였다. 제물포에서 다시 배를 타고 중국으로 돌아갔다.

1895년 7월 바우어는 한 차례 더 중국을 방문하였고, 1896년 7월 1일부터 1906년 6월 30일까지 크룹상사 중국 지사(H. Mandl & Co.)의 공동 대표로 활동하였다.

주요 참고문헌

Baur, Georg, *China um 1900: Aufzeichnungen eines Krupp-Direktors*, Herausgegeben und kommentiert von Elisabeth Kaske, Köln: ßöhlau, 2005.
Dickhoff, Erwin, *Essener Köpfe. Wer war was?* Bracht, Essen, 1985, p. 14.

[6-69] 톈진(1895년경)

Blockhus, M.(블로크후스, M.)

직업: 광원

1900~1901년 당고개 금광에서 일하였다.

주요 참고문헌

D&C: 1900, 1901.

Brenner, Willi (브렌너, 윌리)

생몰: 1883. 7. 10 독일 만하임~?

직업: 엔지니어

1907년 한국 정부로부터 평안북도 선천군의 광산 채굴권을 받았지만, 1914년 일본에 몰수당하였다. 1934년까지 일본으로부터 권리를 인정받기 위해 노력하였으나 성공하지 못하였다.

주요 참고문헌

AA, 『브레너 기록집』: 1921년 3월~1934년 5월, R 86003.
루돌프 구스만(Rudolf Goosmann)의 개인 기록.

Brombach, R. (브롬바흐, R.)

직업: 광원

당고개 금광에서 1902년 말부터 1903년 광산이 폐쇄될 때까지 일하였다.

주요 참고문헌

D&C: 1903, 1904.

Dreyr, J. (드라이어, J.)

직업: 광원

1901~1902년 당고개 금광에서 일하였다.

주요 참고문헌

D&C: 1902.

Ebena, R. (에베나, R.)

직업: 광산 감독

1907년 말~1910년 선천 광산에서 일하였다.

주요 참고문헌

D&C: 1908~1910.

Ginsberg, A. (긴스베르크, A.)

직업: 광산 감독

1908~1909년 선천 광산의 관리자로 근무하였다.

주요 참고문헌

D&C: 1909.

Gorschalki, Albert Friedrich(고르샬키, 알베르트 프리드리히)

생몰: 1856. 10. 16 독일 단치히(현재 폴란드 그단스크)~1917 한국 한성

이칭: 高率基(고솔기)

직업: 상인

1884년 제물포에 도착하여 무역을 시작하였으며, 경매인과 중매인으로도 활동하였다. 아우구스트 메르텐스 잠상공사 회장의 임기가 1889년 5월 6일 만료되면서, 고르샬키가 후임이 되어 1892년까지 제물포의 양잠 공장과 뽕나무 숲을 관리하였다. 몇 년 뒤(1895년으로 추정된다.) 한성의 정동에 가게를 개업하여 경매인과 중매인으로 활동하였다. 모카커피, 건포도, 푸딩, 러시아산 캐비어, 훈제연어, 잼, 말라리아 치료제인 퀴닌을 팔았다. 1911년부터 사망할 때까지 고르샬키는 한성에 거주하였고, 양화진외국인선교사묘원에 안치되었다.

A. GORSHALKI.

Syrups: Raspberry; Pineapple; Red Currents; Strawberry; Tamarinds; Him Beer; Matccpan. Raspberry Vinegar; Lime Juice, etc. etc.

Chong Dong, Seoul

고샬기 샹회

뎡동

○이집에 각식 셔양

물건이 쉬 올터이요

지금 샹품 바눌피 실

이 만히 잇고 죠흔

복감ᄌᆞ가 여러 셤이

잇는ᄃᆡ 갑도 빗사지

안코 물품도 다 훌

늉ᄒᆞ더라

[6-70] 고르샬키 가게의 영어와 조선어로 된 광고지 (1896년 6월)

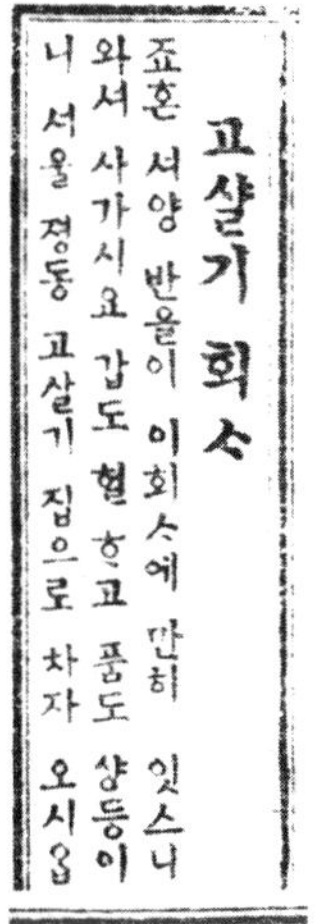

[6-71] 고르샬키 가게의 조선어로 된 광고지(1896년 11월)

주요 참고문헌

Allen, p. 13.
D&C: 1887~1896.
JD: 1911, p. 353.
Meiklejohn's: 1889, 1890.
The Independent.『독립신문』, vol. 1, 1896.
『舊韓國外交文書』, 德案 1, no. 951, 997-1012, 1077, 1290, 1298; 德案 2, no. 1997, 2035, 2694, 2773ff, 3040ff, 3071.

Heckscher, R. (헤크셰르, R.)

직업: 상인

1908~1910년 제물포의 세창양행에서 일하였다.

주요 참고문헌

D&C: 1908~1910.

Henkel, Hermann (헨켈, 헤르만)

생몰: ?~1935. 11. 15 한국 인천

직업: 상인

제물포 세창양행의 공동 출자자로 1900~1915년에 근무하였다.

주요 참고문헌

D&C: 1905~1911.
JD: 1911~1915.
Kugelmann, Willibald, "Gründungsbericht der Abtei St. Benedikt in Seoul, ihrer Verlegung nach Tokwon und Tätigkeit der Benediktiner im apost. Vikariat Wonsan", Kaspar, Adelhard and Placidus Berger, *Hwan Gab*, Münsterschwarzach, 1973, pp. 83, 87.
OL, vol. 13, 26 Aug. 1899, p. 820: PN.
1984년 4월 5일 대구에서 이마쿨라타 수녀님(아말리에 에케르트의 딸)을 직접 인터뷰한 내용.
The Korea Review, vol. 2, no. 8(Aug. 1902), p. 360: News Calendar; vol. 3, no. 9(Sep. 1903), p. 414: News Calendar.
『舊韓國外交文書』, 德案 2, no. 2225f, 2303f.

Henschel, Otto F. E. (헨셸, 오토 F. E.)

직업: 해관원, 상인

1901~1908년 부산 해관 검사관으로 일하였으며, 1908년에는 세창양행 부산 지점 대리인을 겸하였다. 1909년 해관을 그만 둔 후, 세창양행 부산 지점 직원으로 근무하였으며,

[6-72] **헨셸 가족**(1926년 8월) 오른쪽부터: 오토 F. E. 헨셸, 일본인 아내, 아들 프리츠 헨셸

1910~1915년에는 세창양행 제물포 본사에서 일하였다. (1915년까지 근무했다는 기록이 있고, 그 후에도 계속 근무했는지는 알 수 없다.) ➡'6장 2. 한국 관청의 관리' 참조

주요 참고문헌

AA, Korea I, vol. 35: 'Schreiben von Salderns aus Seoul vom 11. Feb. 1904'.
D&C: 1901~1911.
JD: 1911~1915.
Zabel, Rudolf, *Meine Hochzeitsreise durch Korea während des russisch-japanischen Krieges*, Altenburg, 1906, pp. 98f.
AA, Korea I, vol. 35: 'Schreiben von Graf Arco-Valley aus Tokio vom 18.Feb.1904'.

[6-73] 부산의 거리(1904년)

Illies, Carl jr. (일리스, 카를 주니어)

생몰: 1876. 3. 8 일본 요코하마~1935. 3. 19 독일 함부르크

직업: 상인

1880년 카를 일리스 시니어(1840~1910)는 루이 크니플러, 헤르만 L. 길데마이스터(Hermann L. Gildemeister)와 함께 1859년 7월 1일 나카사키에 설립된 독일 상사 크니플러를 인수하였고, 상사 이름을 일리스로 바꿨다. 일리스 상사는 일본에서 가장 오래된 외국 기업으로 아직도 존재한다. 1907년 카를 일리스 시니어의 아들인 카를 일리스 주니어는 일본, 한국, 만주, 사할린으로 출장을 갔다. 한국에 있는 동안 제물포, 한성, 부산을 방문하였다.

주요 참고자료

www.illies.de
일리스 엔지니어링 한국 대표인 미하엘 헤닝(Michael Hennig)의 개인 인터뷰 내용.

[6-74] 카를 일리스 주니어(1908년)

Jlling (일링)

직업: 광산 엔지니어

1888년 봄 한국에 와서 지질과 광산을 조사하였다.

주요 참고문헌

Kraus, Friedrich, "Das Königreich Korea", *Unsere Zeit*, vol. 1(1889), p. 70.

Kegel, Friedrich Wilhelm(케겔, 프리드리히 빌헬름)

생몰: ?~1948

직업: 광산 엔지니어

1901년 11월 초 광산 감독 파울과 함께 한국에 왔다. 제물포에 도착했을 때 상하이에서 알게 된 분쉬를 다시 만나게 되었으며, 1911년 분쉬가 사망할 때까지 친밀한 관계를 유지하였다. 11월 4일 케겔과 파울은 제물포를 떠나 이틀 후에 당고개 광산에 도착하였으며, 1903년 말까지 케겔은 당고개 광산에서 수석(首席)엔지니어로 활동하였다. 1907년 한국에 다시 와서 1911년까지 선천 광산에서 수석엔지니어로 활동하였다.

[6-75] 당고개에서 호랑이 사냥을 떠나는 케겔 (1903년 5월)

주요 참고문헌

Claussen-Wunsch, Gertrud (Ed.), *Dr. med. Richard Wunsch. Arzt in Ostasien*, Büsingen/Hochrhein, 1976, pp. 56, 61, 114, 149, 158, 159, 178, 185, 257, 336.
D&C: 1902 ~ 1904, 1908 ~ 1911.
『舊韓國外交文書』, 德案 2, no. 2899f.

Kegel, W. C. (케겔, W. C.)

직업: 광산 엔지니어

1907 ~ 1911년 선천 광산에서 프리드리히 빌헬름 케겔의 보조로 있었다. (프리드리히 빌헬름 케겔의 형제로 추정된다.)

주요 참고문헌

D&C: 1908 ~ 1911.

Kessler, H. (케슬러, H.)

직업: 전기기술자

1908년 제물포에 있는 독일 상사인 지멘스 슈케르트 칸코크 덴키 고메이 카이샤의 지점[6]에서 직원 겸 서명권자로 있었다. 이 회사의 경영은 세창양행이 맡았다.

주요 참고문헌

D&C: 1908.

Kieschke, A. (키슈커, A.)

직업: 광산 엔지니어

독일 코트부스 출신으로, 1908~1909년 선천 광산에서 일하였다.

6 지멘스 슈케르트 또는 지멘스 슈케르트베르케라고도 불리었는데, 주로 비행기를 생산하였다. 이 회사에서 지멘스와 바이에른 모토렌 베르케(약어는 BMW)가 생겨났다.

주요 참고문헌

D&C: 1909.

키슈커가 코트부스에 있는 아버지에게 쓴 편지.

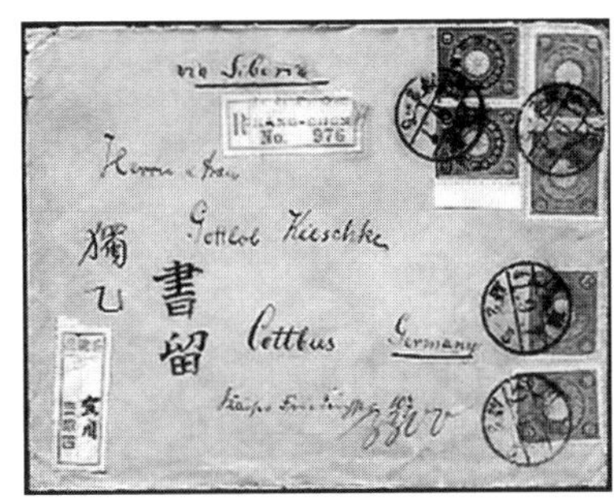

[6-76] 선천에서 보낸 키슈커의 편지(1908년)

Knochenhauer, Bruno (크노헨하우어, 브루노)

직업: 광산 평가자, 주조(鑄造) 감독관, 왕실의 광산 고문

1898년 2월 1일 비서이자 매제인 리하르트 침머만과 함께 상하이에서 한국으로 왔다. 세창양행이 1897년에 채굴권을 취득한 광산을 둘러보기 위해서였다. 한국의 북쪽 지역과 남쪽 지역을 세 차례 답사한 후 강원도 김화 지역 당현마을의 당고개를 선택하였다. 1899년 6월 20일 하인리히 프로이센 왕자와 함께 칭다오로 갔다.

주요 저술

"Korea. Vortrag gehalten in der Abteilung Berlin-Charlottenburg der Deutschen Kolonial-Gesellschaft", *Verhandlungen 1900/01*, no. 4, Berlin, 1901, pp. 74~124.

"Koreanische Reiseerinnerungen", *Westermann's Jahrbuch der illustrirten Deutschen Monatshefte*, vol. 151, Braunschweig, 1931, pp. 285~288.

주요 참고문헌

"Besuch Seiner Koeniglichen Hoheit des Prinzen Heinrich in Seoul", *OL*, vol. 13, 1 Jul. 1899, pp. 687f.

Claussen-Wunsch, Gertrud (Ed.), *Dr. med. Richard Wunsch. Arzt in Ostasien*, Büsingen/Hochrhein, 1976, p. 178.

Genthe, Siegfried, *Korea. Reiseschilderungen*, Berlin, 1905, pp. 124, 132.

Hamilton, Angus, *Korea. Das Land des Morgenrots. Nach seinen Reisen geschildert von Angus Hamilton*, Leipzig, 1904, p. 213.

『舊韓國外交文書』, 德案 2, no. 1935f.

Krapf, J. (크라프, J.)

직업: 광원

1901~1902년 당고개 광산에서 일하였다.

주요 참고문헌

D&C: 1902.

Kreutziger, F. (크로이치거, F.)

직업: 선원, 광원

아시아 지역에서 선원으로 일했고, 1898년 10월 4일 당고개 광산으로 들어와 1902년까지 일하였다.

주요 참고문헌

D&C: 1900, 1901.
2013년 2월 26일 미하엘 디라우프(Michael Dirauf) 제공.

Lenzmann, Carl Robert (렌츠만, 카를 로베르트)

생몰: 1865. 10. 19 독일 함부르크~?

직업: 상인

1909년 10월부터 1910년 3월까지 6개월 동안 청, 한국, 일본, 싱가폴, 미얀마, 스리랑카 등 동아시아 국가를 방문하였으며, 수에즈 해협을 지나 유럽으로 돌아갔다. 1846년 1월 1일 리하르트 폰 카를로비치(Richard von Carlowitz, 1817~1886)가 광저우에 세운 카를로비치 상사의 공동 소유자였다. 이 상사는 동아시아에서 가장 큰 독일 상사 중 하나로 발전하였다. 1892년부터 광저우의 카를로비치 상사에서 일하였고, 1902~1905년 고베 지사를 운영하였으며, 1905년부터 몇 년 동안 홍콩 지사를 맡기도 하였다.

주요 참고문헌

Who's who in the Far East, 1906-7, June. China Mail, Hongkong, 1906, p. 196.
토마스 울브리히(Thomas Ulbrich)의 개인 기록.

Lührs, Carl Otto (뤼어스, 카를 오토)

생몰: 1863 독일 함부르크~?

이칭: 呂士(여사)

직업: 상인

제물포에 있는 세창양행의 직원이었으나, 후에는 부사장이자 공동 출자자가 되었다. 독일 의화선을 타고 나가사키를 출발하여 1886년 7월 11일 목포에 도착해 쌀을 선적하였다. 7월 13일 오후 2시 30분에 제물포에 도착하였다. 로베르트 자이츠와 카를 볼터가 그를 맞이하였고, 뤼어스는 세창양행 설립을 적극 도왔다. 1899년에 나가사키에 자리 잡은 독일 상사 뵈딩하우스의 대표 카를 에른스트 뵈딩하우스의 딸과 결혼하였다. 1900년 10월 17일 제물포에서 쌍둥이, 에르나와 마르타를 낳았으며, 1년 반 뒤인 1902년 1월에 딸 마리를 얻었다. 1908년까지 가족과 함께 한국에 체류하였다.

[6-77] 제물포의 선적지(1903년)

주요 참고문헌

1886년 7월 17일과 10월 26일 카를 뤼어스가 제물포에서 부모님에게 보낸 편지.

Claussen-Wunsch, Gertrud (Ed.), *Dr. med. Richard Wunsch. Arzt in Ostasien*, Büsingen/Hochrhein, 1976, pp. 80, 100, 101, 103, 154, 186, 376.

D&C: 1887 ~ 1907.

Genthe, Siegfried, *Korea. Reiseschilderungen*, Berlin, 1905, p. 72.

Meiklejohn's: 1889, 1890.

The Korea Review, vol. 1, no. 5(May 1901), p. 271: News Calendar; vol. 2, no.1(Jan. 1902), p. 32: News Calendar.

The Korean Repository, vol. 3(1896), p. 180: Notes and Comments.

Maschke, Ottwin Hugo (마슈케, 오트윈 후고)

생몰: 1859 ~ 1939. 2. 22 멕시코 멕시코시티

직업: 당고개 광산 직원, 소위

소위 겸 군 교관으로 중국에서 근무하다 1898년 후반 한국으로 가서 11월 12일 강원도 당고개 광산에 도착하였다. 리하르트 침머만과 동행하여 원산으로 갔다 돌아왔다. 1898년 12월 9일 중국으로 돌아가 군인으로서 임무를 마치고 1899년 1월 말에 당고개 광산으로 돌아와 근무하였다. 1899년 6월까지 근무한 후 같은 달에 다시 중국으로 가서 중국 황제로부터 훈장을 받았다. 그 후 독일 베를린으로 돌아갔으나 1900년 12월 23일에 함부르크를 출발하여 멕시코로 가서 1911년까지 서몬트(Surmont)라는 회사에서 근무하였다. 1939년 2월 22일 사망할 때까지 멕시코시티에서 생활하였다.

주요 참고문헌

2013년 2월 26일 미하엘 디라우프(Michael Dirauf) 제공.

"Preußen-Deutschland-China. Ein Inventar zu Akten des Geheimen Staatsarchivs Preußischer Kulturbesitz und des Bundesarchivs, Abteilung Reich, p. 10", at: http://www.gsta.spk-berlin.de/uploads/inventare/pdc.pdf.

Maschmeyer, Ludwig (마슈마이어, 루드비히)

직업: 광산 엔지니어

1899년 4월 29일 북독일 로이드의 우편선 프로이센호를 타고 유럽을 출발하여 상하이에 도착하였고, 한 달이 지난 1899년 5월 27일 한국의 당고개 광산에서 일을 시작하였다. 펠릭스 라인스도르프 부영사가 비자를 발급해 주었다. 1900년 말부터 1901년 초까지 당고개 광산에서 엔지니어로 활동하였다.

주요 참고문헌

D&C: 1900.

OL, vol. 13, 29 Apr. 1899, p. 530: PN; vol. 15, 3. May 1901, p. 376: PN..

『舊韓國外交文書』, 德案 2, no. 2065f.

Meyer, G. (마이어, G.)

직업: 상인

1908～1912년 세창양행에서 일하였다.

주요 참고문헌

D&C: 1908～1910.
JD: 1911, 1912.

Meyer, Heinrich Constantin Eduard

(마이어, 하인리히 콘스탄틴 에두아르트)

생몰: 1841 독일 함부르크～1926 독일 함부르크

이칭: 麥爾(맥이), 梅爺(매야)

직업: 상인

세창양행의 사장으로, 런던, 홍콩, 톈진, 상하이, 한커우, 제물포에 지사를 운영하였다. 1886년 초 함부르크 주재 조선 명예영사로 임명되어 1905년 11월까지 영사 업무를 수행하였다. 1886년 말～1887년 초 조선을 방문하였고 한성에서 고종을 알현하였다. 1907년 제물포 지사를 카를 볼터에게 넘겼고, 볼터는 상사의 이름을 카를볼터앤코(Carl Wolter & Co.)로 바꿨다. 마이어는 몇 달 동안 청의 북부와 중부 지역을 여행한 후 거래를 위해 1907년 초 한국을 다시 방문하였다. 1907년 2월 9

[6-78] **제물포에서 마이어와 바우만**(1910년) 왼쪽부터: 엘리즈 바우만과 장남 베르너, 하인리히 콘스탄틴 에두아르트 마이어, 파울 바우만과 차남 아이텔

일 상하이를 떠나 홍콩을 경유하여 독일로 돌아갔다.

주요 참고문헌

Allen, p. 21.
Claussen-Wunsch, Gertrud(Ed.), *Dr. med. Richard Wunsch. Arzt in Ostasien*, Büsingen/Hochrhein, 1976, pp. 42, 376.
Domschke, R. Andreas[et al.], "Die koreanischen Bestände in deutschen Museen", *Bilanz einer Freundschaft. Hundert Jahre deutsch-koreanische Beziehung*, Bonn, 1984, p. 93.
Kraus, Friedrich, "Das Königreich Korea", *Unsere Zeit*, vol. 1(1889), p. 68.
"Meyer, H. C. Eduard", 『西洋人名字典』, 東京, 1964, 9쪽.
OL, vol. 21, 15 Feb. 1907, p. 282: PN.
『舊韓國外交文書』, 德案 1, no. 419, 536, 562; 德案 2, no. 2419.

Meyerink, Hermann Friedrich (마이어린크, 헤르만 프리드리히)

생몰: 1850～1908. 9. 10 일본 고베

직업: 상인

1899년 10월 2일 오토 프란케가 한국을 방문하였을 때 금강산의 어느 한 작은 마을에서 독일인 헤르만과 마이어린크를 만났다. 당시 이 둘은 원산을 출발하여 7일 동안 한국을 여행하고 있었다. 헤르만에 대한 사실은 알 수 없으나 마이어린크는 1890년부터 함부르크에 본사를 둔 빌리암 마이어린크 상사의 홍콩 지사에서 일했다고 알려져 있다. 빌리암 마이어린크의 아시아 본사는 상하이에 있었다.

주요 참고문헌

Fu-Sheng Franke, Renata und Wolfgang Franke(Eds.), *Otto Franke. 'Sagt an, ihr fremden Lande'. Ostasienreisen. Tagebücher und Fotografien(1888-1901)*, Sankt Augustin: Institut Monumenta Serica, 2009, p. 368.
Schult, Volker, *Wunsch und Wirklichkeit. Deutsch-philippinische Beziehungen im Kontext globaler Verflechtungen 1860-1945*, Berlin: Logos, 2008, pp. 59～63.

Mörsel, Ferdinand Heinrich (뫼르젤, 페르디난트)

생몰: 1844 독일 단치히(현재 폴란드 그단스크)～1908 중국 칭다오

이칭: 牟世乙(모세을), 毛世乙(모세을)

직업: 해관원, 기상학자, 상인, 신문기자

조선 해관에서 8년 동안 근무한 후 1892년 제물포에 상사를 세웠다. 중매인, 부동산 중개업자, 경매인 등의 자격증을 갖고 있었으며, 수로안내인으로도 활동하였다. 1894년에는 스탠다드 생명보험(Standard Life Insurance Company)의 대리인으로 일하였다. 1897년 겨울부터 1898년 6월까지 독일에서 휴가를 보내는 동안, 수로안내인으로서 많은 러시아 선박들을 안전하게 항구로 안내한 것을 인정받아 러시아

차르로부터 세인트 스타니슬라스 밴드가 있는 금훈장을 받았다. 1903년 59세의 나이로 제물포에서 은퇴하였다. 1908년 독일의 중국 조계지인 칭다오에서 사망하였으나, 1909년까지 외국인 인명록(Directories)에 기재되어 있었다.

→ '6장 2. 한국 관청의 관리' 참조

F. H. MORSEL.

Commission and Forwarding Agent.
Broker and Auctioneer.
Expert Examiner of Merchantile Goods for H. I. G. M. Consulate in Korea.
Responsibility of Goods are taken, breakage and losses of goods be made good to the owner. Charges moderate. Work done diligently, and careful attention is given for quick dispatch and delivery to all ports of the country.
Office, Chemulpo, Korea.
10-28.

[6-79] F. H. 뫼르젤 상사의 광고지(1896년 11월)

*The Korean Repository*에 발표한 논문

"Chinampo and Mokpo", vol. 4(Sep. 1897), pp. 334~338.
"Climatical Notes. Climatical Records for Chemulpo for the 2nd and 3rd Quarters, 1896", vol. 3(1896), pp. 460f.
"Climatical Notes", vol. 4(Feb. 1897), pp. 76f.
"Eventful Days of 1892, and Most Critical Days of the Present Century", vol. 1(March 1892), pp. 86-88.
"Events Leading to the Emeute of 1884", vol. 4 (March 1897), pp. 95~98; (April 1897), pp. 135~140, (June 1897), pp. 212~219.
"Loss of the Idzumo-Maru", vol. 1(April 1892), pp. 122~124.
"Meteorological Report for February. Chemulpo", vol. 2(April 1895), p. 152.
"Prospect of More Open Ports", vol. 2(July 1895), pp. 249~251.
"Quarterly Climatical Report", vol. 3(1896), p. 179.
"Review of the Trade of Corea for 1891 in Comparison with that of 1890", vol. 1(June 1892), pp. 189~193.
"Wölung Do", vol. 2(Nov. 1895), pp. 412f.

주요 참고문헌

Allen, p. 12.
D&C: 1884~1909.
Dinklage, L.E., "Beitrag zur Kenntnis des Klimas in Korea", *AHM*, Hamburg, vol. 19(1891), pp. 33~40.
Hesse-Wartegg, Ernst von, *Korea. Eine Sommerreise nach dem Lande der Morgenruhe 1894*, Dresden and Leipzig, 1895, pp. 158, 184.
Lensen, Georg Alexander, *Ballance of Intrigue. International Rivalry in Korea & Manchuria, 1884-1899*, Tallahassee ,1983, p. 358, footnote 56, p. 361, footnote 88.
Meiklejohn's: 1886~1890.
OL, vol. 13, 7 Oct. 1898, p. 935: Korea.
The Independent, 독립신문, vol. 1, no. 12, May 2, 1896: Brief Notice; no. 97, Nov. 17, 1896: Local Items.
The Korea Review, vol. 1, no. 8(Aug. 1901), p. 358: News Calendar; vol. 2, no. 6 (June 1902), p. 266: News Calendar; vol. 3, no. 1(Jan. 1903), p. 31: News Calendar.
The Korean Repository, vol. 5(June 1898), p. 239: Notes and Comments.
『舊韓國外交文書』, 德案 1, no. 1004, 1010, 1016, 1037, 1041, 1043f, 1055, 1058, 1061, 1069, 1071, 1076f, 1079, 1083f, 1087, 1090, 1093, 1095, 1097, 1128f, 1279, 1292, 1296, 2277, 2294, 2313, 2326, 2431.

Oberlein, C. F. (오버라인, C. F.)

직업: 상인

뉴욕에 본사를 둔 미국 상사 차이나앤재팬트레이딩의 나가사키와 오사카 지사에서 일하였다. 1892년 7월 14일 제물포로 출장을 왔다.

주요 참고문헌

The Korean Repository, vol. 1(July 1892), p. 236: Record of Events.

Paul, W. (파울, W.)

직업: 광산 감독

1901년 11월 초에 프리드리히 빌헬름 케겔과 함께 한국에 왔다. 11월 4일 제물포에서 출발하여 이틀 후 당고개 금광에 도착하였으며, 1903년 광산을 폐쇄할 때까지 케겔과 함께 일하였다.

주요 참고문헌

Claussen-Wunsch, Gertrud (Ed.), *Dr. med. Richard Wunsch. Arzt in Ostasien*, Büsingen/Hochrhein, 1976, p. 80.

D&C: 1902~1904.

Rautenkrantz, P. (라우텐크란츠, P.)

직업: 상인

1889~1890년 제물포의 세창양행에서 일하였다.

주요 참고문헌

D&C: 1889, 1890.

Meiklejohn's: 1889, 1890.

Remmert, A. (레머트, A.)

직업: 광원

1901년 말~1902년 당고개 금광에서 일한 것으로 추정된다.

주요 참고문헌

D&C: 1902.

Schirbaum, Paul Henri Theodor (쉬르바움, 파울 헨리 테오도르)

생몰: 1874. 11. 14 독일 함부르크~1965. 10. 20 독일 함부르크

직업: 상인

고트프리트 하인리히 안드레아스 쉬르바움과 요한나 엘리자베트 헨리에테(결혼

[6-80] 쉬르바움 가족과 가정부들(1913년경, 제물포)

전 성은 마이어)의 장남으로 태어났다. 무역상 보조로, 25세 때인 1900년 5월 30일 독일을 출발하는 북독일 로이드의 우편선 쾨니히 알베르트호를 타고 7월 상하이에 도착하였다. 그곳에서 한국으로 와서 세창양행의 직원 겸 공동 소유주가 되었다. 같은 해 8월 2일 한성의 독일 영사관에 등록하였다. 1907년 10월 카를 볼터가 세창양행을 인수한 후 1908년 독일로 돌아갈 때 쉬르바움에게 회사 경영을 맡겼다. 37세 때인 1911년 11월 10일 제물포에서 일본 나가사키현 아이노무라 출신의 25세의 일본인 이시 이와나가와 일본식 결혼식을 올렸다. 1912년 1월 13일에는 독일 영사관에서 크뤼거 총영사의 사회로 독일식 결혼식을 한 후 혼인신고를 하였다. 1949년에도 세창양행을 운영하고 있었으며, 한국전쟁이 일어난 1950년 이후에도 인천에 거주하였다. 1950년 9월 18일 『디 벨트(Die Welt)』에 '어느 함부르크인이 함께 있었다' 라는 제목으로 C. 밀러 기자가 쉬르바움에 대한 기사를 썼다. 얼마 후 그와 아내는 일본 요코하마로 이주하였다. 1963년 4월 19일에 아내와 독일로 돌아갔고, 1965년 10월 20일 사망할 때까지 셋째 딸 로테와 사위 라이문트 로이터와 함께 함부르크 클로스터알레 80번지에 살았다.

주요 참고문헌

함부르크시의 주민등록 확인서.

"Ausflug nach Korea", *Shanghaier Nachrichten*, Beilage zu *Der Ostasiatische Lloyd*, vol. 23, no. 39, 24 Sep. 1909, pp. 276~279.

D&C: 1902~1911.
파울 쉬르바움의 혼인증명서와 사망증명서.
JD: 1911~1915.
"Korean Taste of Western Music Traces Back to 1901", *The Korea Times*, 13 Aug. 1982, p. 5.
Kuh, Kih-Seong, "Die kulturellen Beziehungen zwischen Deutschland und Korea in Vergangenheit und Gegenwart", (발표), *Die deutsch-koreanischen Beziehungen, Symposium*, Bonn, 1981.
OL, vol. 14, 20 Jul. 1900, p. 538: PN.
파울 쉬르바움의 손자인 롤프 쉬르바움의 개인 인터뷰.
이시 쉬르바움의 사망증명서.
Zachert, Susanna, "Erinnerungen, Erlebnisse und Eindrücke in Korea zu verschiedenen Zeiten(1908~1920), 1972, 1977, 1984)", *한(Han) Korea. Kulturmagazin*, vol. 1985, no. 8, pp. 179~181.
『舊韓國外交文書』, 德案 2, no. 2474f.

Schlerfer, C. A. (슐레르퍼, C. A.)

직업: 광원

1899년 말~1900년 당고개 금광에서 일한 것으로 추정된다.

주요 참고문헌

D&C: 1900.

Schlüter, F. H. (슐뤼터, F. H.)

직업: 상인

1907년 말~1908년 제물포의 세창양행에서 일한 것으로 추정된다.

주요 참고문헌

D&C: 1908.

Schneider, O. (슈나이더, O.)

직업: 상인

1907~1909년 제물포의 세창양행에서 일하였다.

주요 참고문헌

D&C: 1907~1909.

Schröter, Carl (슈뢰터, 카를)

직업: 상인

1892~1895년 제물포의 세창양행에서 일하였다.

[6-81] 제물포에 있는 세창양행의 베란다

주요 참고문헌

D&C: 1892~1895.

Seifer, C. (자이퍼, C.)

직업: 광산 감독

1907년 말~1908년 선천 광산에서 일한 것으로 추정된다.

주요 참고문헌

D&C: 1908.

Seitz, Robert(자이츠, 로베르트)

이칭: 史爾師(사이사)

직업: 상인

1884년 6월 6일 카를 볼터와 함께 조선으로 와서 제물포에 세창양행 지사를 설립하였다. 1890년까지 조선에서 일하였다.

주요 참고문헌

Allen, p. 14.
1886년 7월 7일 카를 뤼어스가 제물포에서 부모님에게 보낸 편지.
D&C: 1885~1890.
Meiklejohn's: 1886~1890.
『舊韓國外交文書』, 德案 1, no. 671

Tomaschevsky, Th. (토마셰브스키, Th.)

직업: 광원

당고개 금광에서 1901년 말부터 1903년 광산이 폐쇄될 때까지 일하였다.

주요 참고문헌

D&C: 1902~1904.

Weber, F. (베버, F.)

직업: 광산 감독

1908년 말~1909년 선천 광산에서 관리자로 일하였다.

주요 참고문헌

D&C: 1909.

Wörtmann (뵈르트만)

직업: 광산 엔지니어

1886년 조선으로 와서 지질과 광산을 조사하였다.

주요 참고문헌

Kraus, Friedrich, "Das Königreich Korea", *Unsere Zeit*, vol. 1(1889), p. 70.

Wolter, Carl Andreas (볼터, 카를 안드레아스)

생몰: 1858, 독일 함부르크~1916, 독일 가르미쉬 파텐키르헨(바이에른 자유주)

이칭: 華爾德(화이덕)

직업: 상인

독일 함부르크에 본사를 둔 세창양행의 공동 소유주였다. 묄렌도르프의 권유에 따라 제물포에 지사를 설립하기 위해서 1884년 6월 6일 로베르트 자이츠와 함께 영국 기선 난칭호를 타고 상하이를 출발하여 제물포에 도착하였다. 볼터는 세창양행을 성공적으로 이끌어 조선에서 가장 영향력 있는 외국 상사로 만들었다. 1907년 마이어로부터 세창양행을 인수하여 1908년 1월 1일 회사 이름을 카를볼터앤코(Carl Wolter & Co.)로 바꾸고 부산에도 지사를 설립하였다. 1908년 아내와 8명의 자녀와 함께 함부르크로 돌아가면서 회사 경영을 공동 소유주인 파울 쉬르바움에게 넘겼다. → '4장 2. 카를 안드레아스 볼터' 참조

주요 저술

"Korea, einst und jetzt", *MGGH*, vol. 17(1901), pp. 63~77.

주요 참고문헌

Allen, p. 14.

[6-82] 카를 안드레아스 볼터 (1908년경)

[6-83] 제물포에 있는 마이어의 저택(1895년경) 오른쪽 언덕 위에 있다.

"Ausflug nach Korea", *Shanghaier Nachrichten*, Beilage zu *Der Ostasiatische Lloyd*, vol. 23, no. 39, 24 Sep. 1909, pp. 276 ~ 279.

1886년 7월 7일 카를 뤼어스가 제물포에서 부모님에게 보낸 편지.

Claussen-Wunsch, Gertrud (Ed.), *Dr. med. Richard Wunsch. Arzt in Ostasien*, Büsingen/Hochrhein, 1976, pp. 42, 44, 45, 46, 48, 49, 55, 56, 57, 58, 80, 81, 86, 88, 89, 97, 126, 127, 152, 156, 198, 217, 218.

D&C: 1885 ~ 1911.

"Der Besuch des deutschen Geschwaders in Korea", *OL*, vol. 11(1896/97), 13 Aug. 1897, pp. 1451f.

Deuchler, Martina, *Confucian Gentlemen and Barbarian Envoys. The Opening of Korea, 1875-1885*, Seattle, London, 1977, pp. 190f.

Ehlers, Otto E., *Im Osten Asiens*, Berlin, 1905, pp. 308f, 362.

Genthe, Siegfried, *Korea. Reiseschilderungen*, Berlin, 1905, pp. 72, 82.

JD: 1911 ~ 1915.

Kim, Dalchoong, *Korea's Quest for Reform and Diplomacy in the 1880's: with special reference to Chinese Intervention and Control*, Phil. Diss., Medford, 1972, p. 464 footnote, 485, 486.

Kleiner, Jürgen, "Paul Georg von Möllendorff. Ein Preuße in koreanischen Diensten", *ZDMG*, Sonderdruck, vol. 133, no. 2, Wiesbaden, 1983, pp. 413, 418, 420.

Kuh, Kih-Seong, "Die kulturellen Beziehungen zwischen Deutschland und Korea in Vergangenheit und Gegenwart", (발표), *Die deutsch-koreanischen Beziehungen, Symposium, 1981*, pp. 19 ~ 29.

Leifer, Walter, "Paul-Georg von Möllendorff Gelehrter und Staatsmann in einer Übergangszeit", Leifer, Walter (Ed.), *묄렌도르프(P. G. von Möllendorff)*, Seoul, 1983, p. 82.

Meiklejohn's: 1886 ~ 1890.
Moellendorff, R[osalie] von, *P. G. von Moellendorff. Ein Lebensbild*, Leipzig, 1930, pp. 65, 70.
OL, vol. 13, 18 Mar. 1899, p. 430f: PN; 7 Oct., p. 935f: Korea; vol. 14, 27 Jul. 1900, p. 563: Korea; 31 Aug., p. 686: PN; vol. 22, 18 Sep. 1908, p. 557: PN.
The Independent. 독립신문, vol. 1, no. 2, Apr. 9, 1896: Local Items; no. 14, May 7, 1896: Brief Notice; no. 106, Dec. 8, 1896: Local Items.
The Korea Review, vol. 2, no. 9(Sep. 1902), p. 411: News Calendar; vol. 3, no. 9(Sep. 1903), p. 414: News Calendar.
The Korean Repository, vol. 2(June 1895), p. 240: Notes and Comments; (July 1895), p. 278: Notes and Comments; vol. 3(1896), p. 88: Births; vol. 4(July 1897), p. 270: Notes and Comments; (Dec. 1897), p. 479: Notes and Comments; vol. 5 (June 1898), p. 240: Births.
"Übersicht der Presse Ostasiens", *OL*, vol. Sep. 1899, pp. 858f.
"Von der Reise des Prinzen Heinrich nach Korea", *OL*, vol. 13, 15 Jul. 1899, pp. 721f.
Zachert, Susanna, "Erinnerungen, Erlebnisse und Eindrücke in Korea zu verschiedenen Zeiten (1908-1920, 1972, 1977, 1984)", Kuh, K. S. (Ed.), *한Han Korea. Kulturmagazin*, vol. 1985, no. 8, pp. 179 ~ 184.
최종고, 『韓獨交涉史』, 서울, 1983, 192f쪽.
『舊韓國外交文書』, 德案 1, no. 196ff; 德案 2, no. 1833, 1938, 1956.

Zimmermann, Richard (침머만, 리하르트)

이칭: 沈梅晩(침매만)

직업: 광산 엔지니어

1898년 2월 광산 평가자인 브루노 크노헨하우어의 조수로 한국에 왔다. 독일이 한반도에서 채굴하기에 적절한 광산을 고르는 데 참여하였다. 하지만 동료와의 갈등으로 예정한 날짜보다 빠른 1899년 3월 29일에 광산을 떠났다.

➜ '크노헨하우어, 브루노' 참조

주요 참고문헌

Knochenhauer, Bruno, "Korea. Vortrag gehalten in der Abteilung Berlin-Charlottenburg der Deutschen Kolonial-Gesellschaft", *Verhandlungen 1900/01*, no. 4, Berlin, 1901, p. 83.
2013년 2월 26일 미하엘 디라우프(Michael Dirauf) 제공.
『舊韓國外交文書』, 德案 2, no. 1833, 1835, 1935, 1937.

5. 교수, 교사, 학자

Bälz, Erwin Otto Eduard (밸츠, 에르빈 오토 에두아르트)

생몰: 1849. 1. 13 독일 비티그하임 비싱엔(바덴뷔르템베르크주) ~1913. 8. 31 독일 슈투트가르트

직업: 내과의사, 인류학자, 일본 황실의 시의

[6-84] 에르빈 오토 에두아르트 밸츠 (1882년경)

1876 ~1905년 도쿄대학교에서 내과 교수를 지냈으며, 일본 황실의 시의로 활동하였다. 일본에서 수년간 일하면서 여러 차례 한국을 방문하였다. 1899년 여름, 한국에 처음 왔을 때 한성과 부산을 방문하여 인종학적 조사를 실시하였다. 1902년 10월 중순, 다시 한성에 왔을 때 상하이에서 온 하크만 신부와 만났다. 밸츠는 한국에 장기간 체류하면서 연구하려 했으나, 일본 천황의 어머니가 위독하다는 연락을 받고 일본으로 돌아가 그 계획은 잠시 중단되었다. 6개월 후에 원래 계획에 따라 일본을 돌아보고, 1903년 4월 22일부터 7월 3일까지 두 달 동안 한국을 여행하며 연구하였다. 5월 9~27일에 분쉬와 함께 한국에서 인류학적·인종학적 연구를 하였다. 이런 과정에서 분쉬를 고종의 시의로 알선해주었다. 여행 중 당고개 금광, 원산과 금강산도 방문하였다. 7월 3일 제물포에서 즈푸로 갔고, 다시 베이징과 칭다오로 갔다. 칭다오에서는 7월 20일에 동아시아의 인종에 관한 발표를 하였다. 일본으로 돌아온 후 1903년 10월 28일 OAG[7] 회의에서 분쉬와 한국 여행에 관하여 발표하였다.

주요 저술

"Das erste Panzerschiff und andere koreanische Erfindungen", *Marine Rundschau*, Berlin, vol. 12(1902), pp. 1318 ~1323.

"Die Menschenrassen in Ostasien", *Mitteilungen der Anthropologischen Gesellschaft Wien*, vol. 39(1909), pp. 18 ~30.

"Die Menschentypen in Ostasien", *Kosmos*, vol. 6(1909), no. 5.

Die Ostasiaten, Stuttgart, 1918.

"Dolmen und alte Königsgräber in Korea", *ZEV*, vol. 42(1911), pp. 776 ~781.

"Japan und Korea", *Marine Rundschau*, vol. 11, no. 7(1901), pp. 780 ~785.

"Korea von seinen Anfängen bis zu seinem Ende", *Frankfurter Zeitung und Handelsblatt*, vol. 55, no. 272, first Morgenblatt, 2 Oct. 1910; no. 274, first Morgenblatt, 4 Oct. 1901;

7 OAG는 (구) Ostasiengesellschaft(동아시아협회), (현재) Deutsche Gesellschaft für Naturund Völkerkunde Ostasiens(동아시아의 자연학과 민속학을 연구하는 독일단체)이다.

no. 278, first Morgenblatt, 8 Oct. 1910; no. 293, first Morgenblatt, 23 Oct. 1910.
"Koreas geschichtliche und politische Rolle in Ostasien", *Jahresbericht des württembergischen Vereins für Handelsgeographie*, Stuttgart, vol. 24/25(1906), pp. 140~143.
"Menschenrassen in Ostasien, mit spezieller Rücksicht auf Japan", *ZEV*, vol. 33(1901), pp. 166~189, 393f.
"Über die Rassenelemente in Ostasien", *Mitteilungen der Deutsch-Ostasiatischen Gesellschaft*, vol. 8, vol. 2 (1900), pp. 227~235.
"Über Dolmen in Korea", *OL*, vol. 25(1911).
"Zur Rasse der Japaner und Koreaner", *Verhandlungen der Gesellschaft Deutscher Naturforscher und Ärzte, Versammlung 78*, part 2, p. 311(= Korrespondenzblatt der Deutschen Gesellschaft für Anthropologie, Ethnologie und Urgeschichte, vol. 37, 1906).

*MOAG*에 발표한 논문

"Besessenheit, religiöse Ekstase und Verwandtes in Japan", vol. 2, pp. 453f.
"Die religiöse Ekstase", vol. 4, p. 421.
"Festrede auf Philipp Franz von Siebold", vol. 2, pp. 392~397.
"Japanische Badeanstalten", vol. 4, p. 395.
"Japanischer Bandwurm", vol. 2, pp. 151f.
"Kiodens historischer Roman: Der treue Ritter Uto Yasukata nebst biographischen Bemerkungen über den Verfasser und andere zeitgenössische Schriftsteller des 18. Jahrhunderts", vol. 5, pp. 282~284.
"Lebensdauer der Japaner", vol. 4, p. 398.
"Nikko im Herbst", vol. 4, p. 293.
"Ueber die in Japan vorkommenden Infectionskrankheiten", vol. 3, pp. 295~318.
"Ueber einige unbeschriebene japanische Krankheiten. I. Das japanische Ueberschwemmungs- oder Flussfieber", vol. 2, pp. 409~415.
"Vorkommen von Parasiten bei Menschen in Japan", vol. 5, pp. 346f.
"Vortrag über die Ernährung der Japaner vom volkswirtschaftlichen Standpunkt", vol. 4, pp. 295~297, 397.
"Vortrag über die Verbesserung der japanischen Rasse", vol. 4, p. 292.

주요 참고문헌

Bälz, Toku, *Erwin Bälz: Das Leben eines deutschen Arztes im erwachenden Japan*, Stuttgart, 1931.
BJDN, vol.18.
Claussen-Wunsch, Gertrud (Ed.), *Dr. med. Richard Wunsch. Arzt in Ostasien*, Büsingen/Hochrhein, 1976, pp. 41, 43, 62, 126, 134, 141, 146, 149f.
Meissner, Kurt, *Deutsche in Japan 1639-1960*, Tokyo, 1961, pp. 45, 51, 70, 102.
NDB, vol. 1, pp. 520f.
OL, vol. 6, 5 Aug. 1892, p. 688; 19 Aug., p. 719; vol. 9, 1 Mar. 1895, p. 361; vol. 10, 13 Dec. 1895, p. 231; vol. 15, 27 Dec. 1901, p. 1098; vol. 16, 5 Sep. 1902, p. 722; 17 Oct., p. 845; vol. 17, 23 Jan. 1903, p. 156; 1 May, p. 714; 17 Jun., p. 95: Korea; 31 Jul., p. 168; vol. 19, 16 Jun. 1905, p. 1117: PN; vol. 27, 24 Jan. 1913; 21 Mar., p. 279; 5 Sep., p. 206.
"Professor Dr. Baelz †", *OL*, vol. 27(Sep. 1913), pp. 221f.
"SMS Hansa in Jokohama", *OL*, vol. 17(1903), pp. 636f.
『舊韓國外交文書』, 德案 2, no. 2085, 2087f, 2090~2092, 2097.

Bockenheimer, Philipp (보켄하이머, 필립)

생몰: 1875. 5. 26 독일 프랑크푸르트~1935. 8. 12

직업: 베를린 샤리테 병원의 의사, 교사

여행이 취미였던 보켄하이머는 헤르만 페켄바흐와 함께 1908년 1월 5일 제노바를 출발하여 아시아로 왔다. 즐기기 위한 여행이 아니라 열대 지역의 외과적 질병, 인류학, 인종학, 지리를 연구하기 위해서였다. 수에즈 해협을 건너 스리랑카를 경유하여 독일 식민지 자오저우로 갔다. 칭다오에서 즈푸, 톈진, 베이징으로 갔다가, 다시 톈진을 거쳐 즈푸로 돌아왔다. 뤼순, 센양으로 갔다가 1908년 5월 하순에는 압록강의 의주에 도착하였다. 의주에서 하룻밤을 보낸 다음 기차를 타고 한성으로 와서 며칠간 체류하였는데, 크뤼거 영사의 안내로 한성 시내를 구경하였다. 1908년 5월 26일 33번째 생일을 맞이하였고, 그날 저녁 기차를 타고 부산으로 이동하였다. 27일 새벽에 부산에 도착하였으며, 점심 무렵 일본 기선 이키마루호를 타고 시모네세키로 출발하였다.

[6-85] 필립 보켄하이머

주요 저술

Rund um Asien, Leipzig, 1909.

Rund um Südamerika. Alte und neue Städte.(= Reihe: *Reisen und Abenteuer*, vol. 46), Leipzig, 1929.

Atlas of clinical surgery, with special reference to diagnosis and treatment for practitioners and students, Translated into English by Charles Frederic Marshall, New York, 1908, vol. 1~3.

Gottsche, Carl Christian (고체, 카를 크리스티안)

생몰: 1855. 3. 1 독일 알토나~1909. 10. 11 독일 에펜도르프

이칭: 葛德施(갈덕시)

직업: 광물학자, 지질학자

함부르크의 식민지연구소 교수, 광물지질학연구소장, 함부르크 자연사박물관 관장을 지냈다. 1882~1884년에는 도쿄대학교 광물지리학과 교수로 재직하였다. 도쿄에 있는 동안 베르타 에밀 페터스(1857~1939)를 만났고, 1882년 요코하마에서 결혼하였다. 일본에서 교수로 있던 중 묄렌도르프의 요청에 따라 조선의 자원을 조사하였다. 1883년 말 아내와 함께 조선을 짧게 방문하여 사전 조사를 한 다음 1884년 4~12월에 조선의 8개 도를 모두 돌면서 지질학적·곤충학적 연구를 집중적으로 실시하였다. 독일로 돌아간 후 담수 패류 수집물을 베를린 동물박물관에 기증하였다.

[6-86] 카를 크리스티안 고체

주요 저술

"Die Endmoränen und das marine Diluvium Schleswig-Holstein's im Auftrag der Geographischen Gesellschaft in Hamburg untersucht von Dr. C. Gottsche", *Mitteilungen der Geographischen Gesellschaft Hamburg*, vol. 13(1897), pp. 1~57; vol. 14(1898), pp. 1~74.

"Die tiefsten Glacialablagerungen der Gegend von Hamburg", *Mitteilungen der Geographischen Gesellschaft Hamburg*, vol. 13(1897), pp. 131~140.

"Geologische Skizze von Korea", *Sitzungsberichte der Preussischen Akademie der Wissenschaften*, Berlin, 1886, vol. 2, pp. 857~873.

"Korea und seine Nachbarn", *Mitteilungen des Vereins für Erdkunde*, Leipzig, 1886, pp. 32ff.

"Über den Mineralreichtum in Korea", *Mitteilungen der Geographischen Gesellschaft*, Jena, vol. 8(1890), pp. 1~20.

"Ueber Land und Leute in Korea" (1885년 10월 3일 발표), *VGEB*, vol. 13(1886), no. 5, pp. 246~262.

"Vorgänge auf geographischem Gebiet. (Veröffentlichungen der Forschungsreise von Dr. Gottsche nach Korea)", *VGEB*, vol. 12, no. 7(1885), p. 388.

주요 참고문헌

Allen, p. 14.

BJDN, vol. 14(1909), Totenliste, 1909, p. 29.

"Die gegenwärtigen Zustände von Korea", *Globus*, vol. 49, no. 9(1886), p. 140.

Eckardt, Andre, *Wie ich Korea erlebte*, Frankfurt, 1950, p. 44.

Hellwald, Friedrich von, "Korea", *ÖMO*, no. 3, 15 March 1887, p. 33.

"Korea. Geschichte, Land und Leute", *Das Ausland*, vol. 58, no.3, 19 Jan. 1885, p. 41.

Kraus, Friedrich, "Das Königreich Korea", *Unsere Zeit*, vol. 1(1889), pp. 66~74.

Martens, Eduard von, "Neue Süsswasser-Conchylien aus Korea", *Sitzungsberichte der Gesellschaft Naturforschender Freunde zu Berlin*, Berlin, 1894, no. 8, pp. 207~217.

Meissner, Kurt, *Deutsche in Japan 1639-1960*, Tokyo, 1961, p. 49.

Moellendorff, R[osalie]. von, *P. G. von Moellendorff. Ein Lebensbild*, Leipzig, 1930, pp. 57, 76.

"Prof. Dr. Carl Gottsche. Nachruf", *Vossische Zeitung*, 15 Oct. 1909, p. 42.

『舊韓國外交文書』, 德案 1, no. 400, 550.

Gramatzky, August Julius Wilhelm Paul

(그라마츠키, 아우구스트 율리우스 빌헬름 파울)

생몰: 1862. 1. 13~1942

직업: 언어 교사

와도쿠카이(베를린에 있던 독일과 일본 합작 회사, 1888~1912)의 공동 창설자로 1898년 10월부터 일본 야마구치의 고등학교와 도쿄 외국어학교에서 독일어 교사로 일하였다. 1900년 5월 시모노세키에서 한국으로 가 일주일 동안 머물었다. 제물포에 도착하여 우연히 볼얀을 만났고, 그와 함께 한성으로 갔다. 관립한성덕어학교를 방문하였는데, 학생들이 시내 구경을 시켜주었다. 이들과는 독일어로 대화했다고 한다. 며칠 후 제물포를 출발하여 목포와 부산을 경유하여 일본으로 돌아갔다.

주요 저술

Inoue Tetsujirō: Kurze Übersicht über die Entwicklung der philosophischen Ideen in Japan. Übersetzt aus dem Französischen von August Gramatzky, Berlin, 1897.

Kokinwakashū maki no dai roku Tōkagami Fuyu no Uta ... Altjapanische Winterlieder aus dem Kokinwakashū (Grundschrift, Umschrift und Übersetzung) nebst Motooris Prosaumschreibung (Grundschrift und Umschrift), Wörterund Formenverzeichnis und Zusammenstellung der chinesischen und japanischen Schriftzeichen (Sōsho und Hiragana) ... (Aus T'oung-Pao), phil. Diss, Halle a. S. 1892-93, no. 61, Leiden, 1892.

Briefe eines Japaners aus Deutschland. Von Sazanami Sanzin; übersetzt von A. Gramatzky, Bremen, 1904.

"Von Berlin nach Japan", *Ost-Asien*, vol. 1, no. 11(Feb. 1899), pp. 496f.

"Briefe aus Korea", *Ost-Asien*, vol. 3, no. 29(Aug. 1900), pp. 218f; no. 30(Sep. 1900), pp. 261f; no. 31(Oct. 1900), pp. 312f.

"Pilzjagd im Herzen Japans", *OL*, vol. 23, 5. Feb. 1909, pp. 287f.

주요 참고문헌

"Dr. August Gramatzky", *Ost-Asien*, vol. 1, no. 5(Aug. 1898), pp. 224f: Vermischtes.

"Dr. phil. August Gramatzky", *Ost-Asien*, vol. 1, no. 4(July 1898), p. 171.

"Herr Dr. August Gramatzky", *Ost-Asien*, vol. 2, no. 19(Oct. 1899), p. 317: Vermischtes.

OL, vol. 13, 28 Oct. 1899, p. 999: PN.

Hefele, Karl (헤펠레, 카를)

생몰: 1863. 3. 31 독일 아우구스부르크~1904. 3. 8 독일 바트 라이헨할

직업: 바이에른 왕실의 산림부장, 산림행정관청 강사

1901~1903년 일본 산림국에서 산림과 국가 경제 고문으로 일하였다. 1903년에 3개월 동안 일본 북부 지역과 시베리아로 여행하였다. 돌아오는 길에 만주, 청, 한국에 들렀는데, 즈푸에서 출발하여 제물포에 도착하였다. 도착한 날 저녁 기차를 타고 한성으로 가서 일본 수행원과 함께 며칠간 머무르며 시내를 구경하였다. 그 후 부산으로 가서 일본으로 돌아갔다. 1904년 독일로 돌아갔기 때문에 한국에 다시 오지는 못하였다.

[6-87] 카를 헤펠레

주요 저술

"Aus dem Osten. Reisen in Sachalin, Ostsibirien, der Mandschurei, China und Korea", *MOAG*, vol. 9, part 2 (1902), pp. 169~272.

"Der Wald in Japan", *Forstwirtschaftliches Centralblatt*, Berlin und Heidelberg, 1903.

"Die zukünftige Bewirtschaftungsform des japanischen Waldes", *Bulletin of the College of Agriculture*, Uni. Tokyo, vol. 5.

"Forstliche Reiseeindrücke in Japan", *MOAG*, vol. 9(1903)

"Waldund Wasserwirtschaft", *Bulletin of the College of Agriculture*, Uni. Tokyo, vol. 5.

주요 참고문헌

"Dr. Karl Hefele Königlich-Bayerischer Forstmeister", *Chiemgau-Blätter.* Unterhaltungsbeilage zum Traunsteiner Tagblatt, no. 22, 4 June 2005.
"Dr. Karl Hefele Königlich-Bayerischer Forstmeister, at: www.traunsteiner-tagblatt.de/includes/mehr_chiemg.php?id=442
"Forstmeister Dr. Karl Hefele", *Forstwirtschaftliches Centralblatt, Berlin und Heidelberg,* vol. 26, no. 7 (July 1904), pp. 369~371.
Meissner, Kurt, *Deutsche in Japan 1639-1960,* Tokyo, 1961, p. 49.

Herz, Alfred Otto (헤르츠, 알프레트 오토)

생몰: 1856. 10. 14 독일 호이어스베르다(슐레지엔주, 현재 작센 자유주)~1905. 7. 12 러시아 상트페테르부르크

직업: 곤충학자

독일 드레스덴에 거주하던 당대 최고의 곤충 수집가이자 상인이었던 오토 슈타우딩어(Otto Staudinger, 1830~1900) 밑에서 수집가이자 표본 제작자로 근무하였으며, 상트페테르부르크의 왕립동물박물관의 관리자로 일하였다. 러시아의 대공 니콜라이 미카이로비치 로마노프(Nikolai Michailowitsch Romanov, 1859~1919)가 헤르츠나 슈타우딩어가 표본으로 만든 곤충을 구입하면서 많은 도움을 주었다. 헤르츠는 카프카스, 페르시아, 캄차카, 청, 일본, 하이난성, 시암 등 많은 지역을 탐험하였는데, 1884년에 동아시아를 탐험하였다. 일본 나가사키에 체류하는 동안 아무르 산맥으로 가려던 계획을 바꾸어 조선의 인시류(鱗翅類)를 조사하기로 하였다. 1884년 5월 31일~9월 10일까지 강원도 김화군의 풍동이라는 작은 마을에 머물면서 곤충을 채집하였다. 그러나 폭동이 일어남에 따라 신속하게 마을을 벗어나 한성에서 짧은 기간 머물렀다.

주요 저술

"Lepidoptera von Korea", *Ezhegodnik Zoologicheskogo Mueia Imperatorkoi Akademii Nauk.* [Annuaire du Musée Zoologique de l'Académie Impériale des Science], St. Petersburg, vol. 9(1904), pp. 263~390.

주요 참고문헌

"Alfred Otto Herz", *Wikipedia.*
BJDN, vol. 10(1905), Totenliste, 1905, p. 183.
Ganglbauer, Ludwig, "Die Borkenkäfer der Halbinsel Korea", *Horae Societatis Entomologicae Rossicae,* St. Petersburg, vol. 20(1886/87), p. 131.
Heyden, L. von, "Verzeichnis der von Otto Herz auf der chinesischen Halbinsel Korea gesammelten Coleopteren", *Horae Societatis Entomologicae Rossicae,* St. Petersburg, vol. 21(1887), p. 243.

Jagor, Andreas Fedor (야고르, 안드레아스 페도르)

생몰: 1816. 11. 30 독일 베를린~1900. 2. 11 독일 베를린

직업: 인종학자, 인류학자

유명한 학자, 연구자, 작가로 베를린 인종학박물관과 공예박물관 관장으로 근무하였다. 시카고 세계박람회에 가는 길에 1892년 10월 한국을 두 번째 방문하였다. 고령임에도 불구하고 일주일 동안 한성의 산에 서식하는 식물들을 조사하였고, 10월 16일에 일본 기선 오와리마루호를 타고 나가사키로 떠났다.

[6-88] **안드레아스 페도르 야고르** 1886년 10월 10일에 크리스티안 빌헬름 알러스 Christian Wilhelm Allers(1857~1915)가 그린 초상화이다.

주요 저술

"Die Badagas im Nilgiri-Gebirge", *ZEV*, vol. 8(1876), pp. 190~204.
Reisen in den Philippinen, Berlin, 1873.
The Former Philippines through Foreign Eyes, New York, 1875.
Travels in the Philippines, London, 1873.

주요 참고문헌

Allen, p. 25.
The Korean Repository, vol. 1(Oct. 1892), p. 321: Editorial Notes; p. 324: Record of Events.

Janson, Johannes Ludwig (얀손, 요하네스 루드비히)

생몰: 1849. 9. 1 독일 베를린~1914. 10. 28 일본 가고시마현

직업: 수의사

1880~1902년에 도쿄대학교 농업학과의 전신인 고마바농업학교에서 수의학 교수를 지냈다. 1902년 10월 역사학자인 루드비히 리스 교수와 함께 뤼순으로 가는 길에 제물포와 한성을 방문하였다. 이들은 뤼순에서 독일로 돌아갔다.

[6-89] **요하네스 루드비히 얀손의 흉상** 도쿄 야요이 수의학 연구소에 있다.

주요 참고문헌

Claussen-Wunsch, Gertrud (Ed.), *Dr. med. Richard Wunsch. Arzt in Ostasien*, Büsingen/Hochrhein, 1976, pp. 128, 134, 223.
"Johannes Ludwig Janson", *Wikipedia*.
Meissner, Kurt, *Deutsche in Japan 1639-1960*, Tokyo, 1961, pp. 45, 51.
OL, vol. 16, 5 Sep. 1902, p. 722: PN.
"O-yatoi gaikokujin", *Wikipedia*.
Sakamoto, I., "In Memory of the 115th Anniversary of J. L. Janson's Visit to Japan", *Japanese Journal of Veterinary History*, no. 36(1999).
The Korean Repository, vol. 1(Aug. 1892), p. 264.

Mayet, Paul (마예트, 파울)

생몰: 1846. 5. 11 독일 베를린~1920. 1. 20 독일 베를린

직업: 통계학자, 사회정치학자

1876년 1월부터 1893년 6월 17일까지 일본에 체류하면서 도쿄의과대학에서 독일어와 라틴어를 가르쳤다. 또한 일본 농상무성에서 재정 고문으로 활동하였다. 일본에 체류하는 동안 시간이 날 때마다 일본 전역을 여행하며 연구하였다. 1883년 10월에는 조선을 방문할 기회가 찾아왔다. 일본 주재 독일 총영사 차페가 통상조약 협상을 위해 조선으로 갈 때 동행하였다. 10월 24일~12월 1일에 조선에 머물렀는데, 대부분 한성에 있었다.

주요 저술

"Ein Besuch in Korea im October 1883", *MOAG*, vol. 4, no. 3(Sep. 1884), pp. 18~28; Fortsetzung: Ein Besuch in Corea. no. 33(Aug. 1885), pp. 146~152.

주요 참고문헌

DBE, vol. 6, p. 829.

"Deutsches Wirken im Japan der Meiji-Zeit. 1. Dr. Paul Mayet", *Nippon. Zeitschrift für Japanologie*, vol. 1, no. 4(Oct. 1935), pp. 217~224.

"Die gegenwärtigen Zustände von Korea", *Globus*, vol. 49, no. 9(1886), p. 140.

Meissner, Kurt, *Deutsche in Japan 1639-1960*, Tokyo, 1961, p. 54.

OL, vol. 6, 29 Jul. 1892, p. 673: PN.

Mayr, Heinrich (마이어, 하인리히)

생몰: 1854. 10. 29 독일 란츠베르크 암 레히(바이에른 자유주)~1911. 1. 24 독일 뮌헨

직업: 산림식물학자

1888~1891년 도쿄농업산림대학교 식물학과 교수로 재직하였으며, 일본 농상무성 고문을 지냈다. 식물계 연구를 위해 일본 전역을 돌아다녔다. 1893년부터 뮌헨대학교 국가경제학과에서 강사로 활동하였으며, 산림학과 교수를 지냈다. 세 번째 세계여행 도중 1902~1903년에 루프레히트와 바이에른의 게오르크 왕자와 함께 동아시아에 왔다. 1903년 4월 15~20일에 게오르크 왕자는 제물포와 한성을 방문하여 고종을 알현하였고 분쉬의 안내를 받아 북한산을 등반하였다.

➾ '바이에른의 왕자, 게오르크' 참조

주요 저술

Aus den Waldungen Japan's. Beiträge zur Beurtheilung der Anbaufähigkeit und des Werthes der Japanischen Holzarten im deutschen Walde und Vorschläge zur Aufzucht derselben im forstlichen Kulturbetriebe, München, 1891.

Das Harz der Nadelhölzer. Seine Entstehung, Vertheilung, Bedeutung und Gewinnung. Für Forstmänner, Botaniker und Techniker, (Sonderabdruck aus Zeitschrift für Forstund Jagdwesen, 1893), Berlin, 1894.

Die Waldungen von Nordamerika, ihre Holzarten, deren Anbaufähigkeit und forstlicher

Werth für Europa im allgemeinen und Deutschland insbesondere, München, 1890.

Entstehung und Vertheilung der Secretions-Organe der Fichte und Lärche. Eine vergleichende anatomische Studie, Habilitationsschrift, (Separat-Abdruck aus Botanisches Centralblatt, Band XX/1884), Kassel, 1885.

"Ergebnisse forstlicher Anbauversuche mit japanischen, indischen, russischen und selteneren amerikanischen Holzarten in Bayern", *Forstwissenschaftliches Centralblatt*, 20/1898, Hamburg, 1898.

Fremdländische Waldund Parkbäume für Europa, Berlin, 1906.

Monographie der Abietineen des Japanischen Reiches (Tannen, Fichten, Tsugen, Lärchen und Kiefern). In systematischer, geographischer und forstlicher Beziehung, München, 1890.

Polyporus betulinus und Polyporus laevigatus, zwei Parasiten der Birke, Diss., Kassel, 1884.

Waldbau auf naturgesetzlicher Grundlage. Ein Lehrund Handbuch, Berlin, 1909.

주요 참고문헌

Claussen-Wunsch, Gertrud (Ed.), *Dr. med. Richard Wunsch. Arzt in Ostasien*, Büsingen/Hochrhein, 1976, p. 147.

Hofmann, Amerigo, *Aus den Waldungen des fernen Ostens*, Wien, Leipzig, 1913, p. 2.

Meissner, Kurt, *Deutsche in Japan 1639-1960*, Tokyo, 1961, pp. 49, 54.

OL, vol. 17, 23 Jan. 1903, p. 156; 1 May, p. 714: PN.

Rubner, Heinrich, "Heinrich Mayr", *Hundert bedeutende Forstleute Bayerns(1875 bis 1970). Mitteilungen aus der Staatsforstverwaltung Bayerns*. Bayerisches Staatsministerium für Ernährung, Landwirtschaft und Forsten, München, 1994, pp. 239 ~241.

『舊韓國外交文書』, 德案 2, no. 2850, 2856.

Müller, Friedrich Wilhelm Karl (뮐러, 프리드리히 빌헬름 카를)

생몰: 1863. 1. 21 독일 노이담(브란덴부르크주) ~1930. 4. 18 독일 베를린

직업: 동양학자, 인종학자

1901년 연구와 수집 목적으로 청, 일본, 한국을 방문하였다. 베를린 민족학박물관 동아시아관 담당이었던 뮐러는 1906년 프로이센의 자연과학연구소 정회원이 되었다. 1923년에는 독일의 동양학 토론의 장(場)이 된 『아시아 메이저(Asia Major)』라는 학회지를 창간하였고, 필립 프란츠 폰 지볼트의 기념지 『니폰』의 발행을 도왔다.

주요 저술

Beschreibung einer von G. Meissner zusammengestellten Batak-Sammlung. [Asien, Indonesien, Niederländisch-Ostindien, Sumatra], 1893.

"Eine soghdische Inschrift in Ladakh", *Sitzungsberichte der Preußischen Akademie der Wissenschaften. Philosophisch-historische Klasse (1925)*, pp. 371f

Handschriften-Reste in Estrangelo-Schrift aus Turfan, Chinesisch-Turkistan, Verlag der Königlichen Akademie der Wissenschaften, Berlin, 1904.

"Neutestamentliche Bruchstücke in soghdischer Sprache", *Sitzungsberichte der Preußischen Akademie der Wissenschaften*, vol. 13 (1907), pp. 260 ~270.

Soghdische Texte I, Verlag der Königlichen Akademie der Wissenschaften, Berlin, 1913.

Soghdische Texte II, Verlag der Königlichen Akademie der Wissenschaften, Berlin, 1934.

주요 참고문헌

NDB, vol. 18, pp. 381f.

Rathgen, Karl (라트겐, 카를)

생몰: 1856. 12. 6 독일 바이마르~1921. 11. 6 독일 함부르크

직업: 국가경제학자, 함부르크 대학교 설립자

1882~1890년에 도쿄대학교에서 공법, 통계학, 행정학을 가르쳤으며, 일본 농상무성에서 고문으로도 활동하였다. 일본에 체류하는 동안 조선과 청을 방문하였는데, 1886년 7월 말에 제물포의 볼터 집에서 묵었다. 8월 말에 요코하마를 경유하여 도쿄로 돌아갔다.

[6-90] 카를 라트겐(1907년)

주요 저술

Die Japaner in der Weltwirtschaft, Leipzig, 1911.
Die Japaner und ihre wirtschaftliche Entwicklung, Leipzig, 1905.
Japans Volkswirtschaft und Staatshaushalt. Leipzig, 1891.
Staat und Kultur der Japaner, Bielefeld, Leipzig, 1907.

주요 참고문헌

"Karl Rathgen", *Wikipedia*.
1886년 7월 24일 카를 뤼어스가 제물포에서 부모님에게 보낸 편지.

Richthofen, Ferdinand Paul Wilhelm Dieprand Freiherr von

(리히트호펜, 페르디난트 파울 빌헬름 디프란트 프라이헤르 폰)

생몰: 1833. 5. 5 독일 칼스루헤(슐레지엔주, 현재 폴란드 포코이)~1905. 10. 6 독일 베를린

직업: 지질학자, 지리학자, 탐험 연구가

1868~1872년 청의 거의 모든 지역을 여행한 최초의 독일 연구자이다. 연구 결과를 발표하면서 세계적인 명성을 얻었다. 연구 여행을 하면서 1869년 6월 9일 벨기에인 통역관과 함께 청과 조선의 중립 지역에 도착하였는데, 1년에 3회 양국의 상인들이 거래를 할 수 있는 곳이었다. 약 300명의 한국인들을 대상으로 인종학적 연구를 실시하였으며, 한국인의 용모, 머리, 의류, 언어, 식생활, 거주 형태 등에 대해 논문을 작성하였다. 조선 상인 몇 명과 대화를 나누면서 1에서 1,000까지의 숫자를 한국어로 배우게 되었다. 조선 상인들에게는 독일어로 숫자 세는 법을 가르쳤는데, 어느 정도 성공하였다. 리히트호펜은 국경을 넘어 조선 여행을 계획하였는데, 한국인들이 조선 여행을 강행할 경우에는 바로 목숨을 잃게 될 것이라고 하자 포기하였다.

[6-91] 페르디난트 파울 빌헬름 디프란트 프라이헤르 폰 리히트호펜

주요 저술

Auswahl aus F. v. Richhofens Tagebüchern aus China / besorgt von Fritz Gansberg, Braunschweig, 1924(2. Ed.).
China, Ergebnisse eigener Reisen (5 Bände mit Atlas, 1877–1912).
"China, Japan and Korea", *Geographical Journal*, vol. 4, no. 6(1894), p. 556.
"Der Friede von Schimonoseki in seinen geographischen Beziehungen", *Geographische Zeitschrift*, vol. 1(1895), pp. 19 ~ 39.
"Der Schauplatz des Krieges zwischen Japan und China", *VGEB*, vol. 21(1894), pp. 456 ~ 476.
Entdeckungsreisen in China : 1868 1872; die Ersterforschung des Reiches der Mitte / Ferdinand von Richthofen, Hrsg. von Klaus-Dietrich Petersen, Stuttgart [1984].
Führer für Forschungsreisende: Anleitung zu Beobachtungen über Gegenstände d. phys. Geographie u. Geologie, Berlin, 1886.
"Geomorphologische Studien aus Ostasien I-IV", *Sitzungsberichte der Preussischen Akademie der Wissenschaften, Physikalisch-mathematische Klasse, 1900-1903.*
(Gendai) *Chirigaku no kadai to hōhō / Rihitohofen*, Kunimatsu Hisaya hen-cho, Tokyo 1976. (일본어 제목은 『현대 지리학의 과제와 방법론』)
Schantung und seine Eingangspforte Kiautschou, Berlin, 1898.

주요 참고문헌

"Die gegenwärtigen Zustände von Korea", *Globus*, vol. 49, no. 9(1886), p. 139.
Meissner, Kurt, *Deutsche in Japan 1639-1960*, Tokyo, 1961, pp. 20, 25, 26.
NDB, vol. 21, pp. 534f.
OL, vol. 20(1906), p. 137: Vermischtes.
"Schreiben des Freiherrn von Richthofen über seine Reise zur Grenze von Korea und in der Provinz Hu-nan", *Zeitschrift der Gesellschaft für Erdkunde zu Berlin*, vol. 5(1870), pp. 317-331.

Riess, Ludwig (리스, 루드비히)

생몰: 1861. 12. 1 독일 도이치크로네(현재 폴란드 바우치) ~ 1928. 12. 27 미국 스프링필드

직업: 역사학자

1887 ~ 1902년 도쿄제국대학교 문과대 역사학과 강사로 있었으며, 일본 현대 역사학 연구의 초석을 놓았다. 독일로 돌아가는 길에 동료였던 수의학과 얀손 교수와 함께 1902년 10월 제물포와 한성을 방문하여 며칠간 체류하였다. 1909년 8월에 다시 일본으로 돌아와 짧게 머물렀다. 일본인 오츠카 후쿠와 결혼하였고 1928년 미국 오하이오주 스프링필드에서 사망하였다.

[6-92] 루드비히 리스

주요 저술

Allerlei aus Japan, 2 Bde., Berlin, 1904 ~ 1908.
Der Stufengang des deutschenglischen Gegensatzes(Der Tag des Deutschen. no. 5.), 1917.

Die Entwicklung des modernen Japans, 1914.

Die Politik Pauls IV. und seiner Nepoten. Eine weltgeschichtliche Krisis des 16. Jahrhunderts, 1909.

Die Ursachen der Vertreibung der Portugiesen aus Japan, 1614-1639, 1898.

Englische Geschichte, hauptsächlich in neuester Zeit, 1926.

Georg Webers Weltgeschichte. Vollständig neu bearbeitet von Ludwig Riess, 1918.

Geschichte des Wahlrechts zum englischen Parlament im Mittelalter, Leipzig, 1885.

Historik. Ein Organ geschichtlichen Denkens und Forschens, vol. I, Berlin and Leipzig, 1912.

History of the English factory at Hirado, 1613-1622: With an introductory chapter on the origin of English enterprise in the Far East, 1898.

Lectures in English constitutional history, 1891

Notes of a course of lectures on universal history, Seishibunsha, 1893.

주요 참고문헌

Claussen-Wunsch, Gertrud (Ed.), *Dr. med. Richard Wunsch. Arzt in Ostasien*, Büsingen/Hochrhein, 1976, pp. 128, 134, 223.

Kentaro, Hayashi, "Ludwig Riess, einer der Väter der Geschichtswissenschaft in Japan", Kreiner, Josef (Ed.), *Bonner Zeitschrift für Japanologie, vol. 3: Japansammlungen in Museen Mitteleuropas*, Bonn, 1981, pp. 31~45.

OL, vol. 16, 5 Sep. 1902, p. 722: PN; vol. 23(Aug. 1909), p. 282: PN.

Thieß, Karl (티스, 카를)

생몰: 1870. 9. 19 독일 뢰베윈(작센안할트주)~1941. 9. 28 독일 쾰른

직업: 국가학 연구자, 단치히 공과대학교 교수

1908년부터 도쿄의 남만주 철도회사 행정처에서 근무하였다. 후에 일본국립철도청의 경제 고문이 되어 1911년 독일로 돌아갈 때까지 재직하였다. 1909년 여름에 며칠 동안 한국을 방문하였다.

[6-93] **카를 티스** 1924년 헬레네 폰 데르 라이엔이 그린 초상화이다.

주요 저술

Deutsche Schiffahrt und Schiffahrtspolitik der Gegenwart, Leipzig, 1904.

Deutsche Schiffahrt und Schiffahrtspolitik, 1907.

Die Bedeutung industrieller Betätigung für den Staat, Köln, 1925.

Die Preisbildung im Kriege, Berlin, 1916.

Die Weltspur der Eisenbahn, 1913.

Geschichtsabriß der deutschen Schiffahrt im 19. Jahrhundert, zugleich Darstellung der Entwicklung der Hamburg-Amerika-Linie, 1901.

Handel und Genossenschaften, Halberstadt, 1928.

Hochschulbildung für Unternehmer, 1914.

Sozialpolitische Leistungen der deutschen landwirtschaftlichen Genossenschaften, 1898/99.

Universität im Kampf: 2 Rektoratsreden, Köln, 1924.

"Zahlungsbilanz und Fremdenverkehr", Vortrag auf der 7. Hauptversammlung des Reichsverbandes der Deutschen Hotels, Restaurants u. verwandter Betriebe am 14. Dezember 1927 in Berlin, Berlin, 1928.

주요 참고문헌

AA, Korea I, vol. 38, 'Bericht aus Seoul vom 29. Sep. 1910'.
Meissner, Kurt, *Deutsche in Japan 1639-1960*, Tokyo, 1961, p. 66.

Wirth, Albrecht (비르트, 알브레히트)

생몰: 1866. 3. 8 독일 프랑크푸르트~1936. 6. 26 독일 티트모닝(오버바이에른주)

직업: 역사학자, 언어학자, 인종학자, 여행가, 신문기자

1892년부터 몇 년간 미국, 멕시코, 동아시아로 연구 여행을 하였다. 1894년 청일전쟁 중에 전쟁 특파원으로 남만주 지역과 조선을 방문하였다. 1899년 시작한 두 번째 세계여행 중에는 아르메니아, 페르시아, 인도, 남아프리카를 방문하였고, 그곳에서 내전을 목격하였다. 1900년에 투르키스탄, 몽고, 베이징, 한국을 여행하였다.

주요 저술

Abriß der Geschichte Afrikas, 1900.
Abriß der Weltgeschichte, 1900.
"Arische und anarische Forschung", *Jahrbuch der Münchner Orientalischen Gesellschaft 1915/16*.
Auf und Ab der Völker, 1919.
Aus orientalischen Chroniken, 1894.
Aus Übersee und Europa, Berlin, 1902.
Auswärtige Politik, 1912.
Das Wachstum der Vereinigten Staaten von Amerika und ihre auswärtige Politik, Bonn, 1899.
Der Balkan. Seine Länder und Völker in Geschichte, Kultur, Politik, Volkswirtschaft, und Weltverkehr, Stuttgart, 1914.
Der Weltverkehr, Frankfurt a. M. 1905.
Deutsche Abenteurer, 1922.
Deutsche Zusammenbrüche und ihre Überwindung, 1930.
Deutschtum der Erde, 1920.
Deutschtum und die Türkei, 1911.
Die Entscheidung über Marokko, Stuttgart, 1911.
Die Entwicklung Asiens von den ältesten Zeiten bis zur Gegenwart, 1901.
"Die Entwicklung Korea, mit kurzer Beschreibung der koreanischen Rasse, der Geschichte Koreas, der Körpergestalt der Koreaner, der Sitten, des Steuerwesens, der Klassenaufteilung und der Stellung der Ausländer in Korea", *Asien*, vol. 3 (1903/04), pp. 6 ~ 9.
Die Entwicklung Russlands, Berlin, 1901.
Die gelbe und slawische Gefahr, 1905.
Die Geschichte des Weltkrieges. Militärisch, politisch und wirtschaftlich, 2 Bde., Stuttgart, 1919.
"Die Hand des Mikado über Korea", *Allgemeine Zeitung*, Augsburg, München, vol. 113, no. 19(1910).
"Die Rassenfrage in Ostasien und Ozeanien", *Die Umschau*, vol. 11, no. 10(1898), p. 172.
"Ein japanisches Festlandreich", *Nord und Süd*, no. 19(1911), pp. 4 ~ 19.

Entwicklung der Deutschen, Halle, 1918.
Gang der Weltgeschichte, Gotha, 1913.
Geschichte Asiens und Osteuropas, Halle, 1905.
Geschichte der Türken, Stuttgart, 1912.
Geschichte der Türken, Stuttgart, 1922.
Geschichte des Deutschen Volkes für das deutsche Volk, Stuttgart, 1916.
Geschichte des russischen Reiches von 600 v. Chr. bis 1920 n. Chr., Hamburg, 1920.
Geschichte Formosas, 1898.
Geschichte Sibiriens und der Mandschurei, 1898.
Geschichte Südafrikas, 1897.
Im Wandel der Jahrtausende. Eine Weltgeschichte in Wort und Bild als Hrsg., Stuttgart, 1890.
"Japanische Kolonien", *Deutsche Kolonialzeitung*, vol. 26(1909), pp. 867f.
Kurze Weltgeschichte, Hamburg, 1917.
Männer, Völker und Zeiten – Eine Weltgeschichte in einem Bande, Hamburg, 1911.
Männer, Völker, Zeiten, Berlin, 1912.
Nationale Revolutionen, München, 1925.
Ostasien in der Weltgeschichte, 1900.
Rasse und Volk, Halle, 1914.
Streiflichter zur Weltpolitik, 1908.
Türkei, Österreich, Deutschland, Stuttgart, 1912.
Völkische Weltgeschichte (1879 – 1933), Braunschweig, 1934.
Volkstum und Weltmacht in der Geschichte, München, 1901.
Vorderasien und Ägypten. In Historischer und politischer, kultureller und wirtschaftlicher Hinsicht, Stuttgart, 1916.
Was muß Deutschland an Kolonien haben? Deutschland und der Orient, Frankfurt, 1918.
Weltenwende, 1922.
Weltgeschichte der Gegenwart, Berlin, 1904.
"Zustände in Korea", *Deutsche Export-Revue*, 1902, pp. 561f.

주요 참고자료

"Albrecht Wirth", *Wikipedia*.

【6-94】 광화문(1900년경)

6. 신부, 수사신부(修士神父), 수사(修士)

Bauer, Columban (바우어, 콜룸반)[Gottfried(고트프리트)]

생몰: 1887. 7. 28 독일 오버샤이덴탈(오덴발트 산맥) ~ 1971. 10. 27 독일 로텐뮌스터(바덴뷔르템베르크주)

직업: 베네딕도회 소속 수사

1909년 10월 10일 고트프리트 바우어는 콜룸반 수사라는 이름을 받아 상트오틸리엔 수도원에 입회하였다. 한 달이 지난 11월 7일 수사 3명, 신부 2명과 함께 한국으로 파견되었다. 1909년 12월 28일 제물포에 도착하여 베네딕도 선교회를 세우는 데 힘썼다. 26년간 조선에서 활동한 후 1926년 11월 23일 독일로 돌아갔다. 1971년 10월 27일 로텐뮌스터에서 사망하였고, 상트오틸리엔 수도원에 안치되었다.

주요 참고문헌

Kugelmann, Willibald, "Gründungsbericht der Abtei St. Benedikt in Seoul, ihrer Verlegung nach Tokwon und Tätigkeit der Benediktiner im apost. Vikariat Wonsan", Kaspar, Adelhard and Placidus Berger, *Hwan Gab*, Münsterschwarzach, 1973, p. 81.

상트오틸리엔 수도원의 문서 보관 담당 다비드 수사의 인터뷰 내용.

Renner, Frumentius, "Die Berufung der Benediktiner nach Korea und Manchukuo", Renner, Frumentius (Ed.), *Der fünfarmige Leuchter*, St. Ottilien, 1971, vol. 2, pp. 398f.

Cramer, Rudolph (크라머, 루돌프)

직업: 군종신부(해군 소속)

1870년 6월 1일 헤르타호의 군종신부로 브란트와 함께 부산을 방문하였다. 1871년 5월 다시 조선에 왔는데 이때는 서해안에 도착하였다. 1871년 7월 헤르타호를 타고 세 번째로 조선을 방문하였다.

주요 저술

"Über die Reise der kaiserlichen Corvette Hertha, insbesondere nach Korea. (Sitzungsbericht vom 15. Februar 1873)", *ZEV*, vol. 5 (1873), pp. 49 ~ 57.

Eckardt, Andre (에카르트, 앙드레)

[Ludwig Otto Andreas(루드비히 오토 안드레아스)]

생몰: 1884. 9. 21 독일 뮌헨 ~ 1974. 1 독일 투칭(바이에른 자유주)

직업: 베네딕도회 소속 신부, 교수

1909년 12월 28일 카시안 니바우어 신부와 수사 4명과 함께 제물포에 도착하여 베네딕도 선교회를 세우는 데 힘썼다. 약 20년 동안 동아시아에 체류하였는데, 대부분은 한국에 있었다. 한국어, 역사, 문학 등을 집중적으로 연구하였다. 일본 점령기 동안 고등학교에서 독일어 교사로 재직하였고, 1923~1928년에는 경성제국대학에서 언어학과 예술역사학을 가르쳤다. 1928~1929년 독일로 돌아가서 1950년 뮌헨대학교 동아시아학부 교수로 재직하면서 한국학과를 설치하였다.

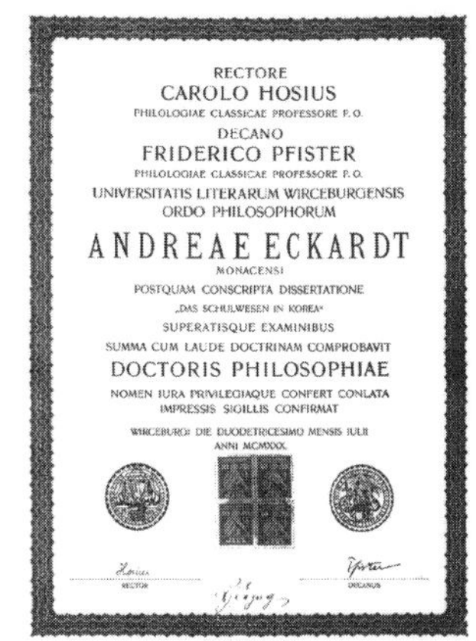
RECTORE
CAROLO HOSIUS
PHILOLOGIAE CLASSICAE PROFESSORE P.O.
DECANO
FRIDERICO PFISTER
PHILOLOGIAE CLASSICAE PROFESSORE P.O.
UNIVERSITATIS LITERARUM WIRCEBURGENSIS
ORDO PHILOSOPHORUM
ANDREAE ECKARDT
MONACENSI
POSTQUAM CONSCRIPTA DISSERTATIONE
„DAS SCHULWESEN IN KOREA"
SUPERATISQUE EXAMINIBUS
SUMMA CUM LAUDE DOCTRINAM COMPROBAVIT
DOCTORIS PHILOSOPHIAE
NOMEN IURA PRIVILEGIAQUE CONFERT CONLATA
IMPRESSIS SIGILLIS CONFIRMAT
WIRCEBURGI DIE DUODETRICESIMO MENSIS IULII
ANNI MCMXXX.
RECTOR
DECANUS

【6-95】 앙드레 에카르트의 뷔르츠부르크 대학교 박사학위증

주요 저서

China: Geschichte u. Kultur, 2. Ed., Freudenstadt, 1968.
Das Ohr des Dionys: Oper in 3 Akten. Operntext, Starnberg, 1961.
Das Schulwesen Koreas, Phil. Diss., Würzburg, 1930.
Die Ginsengwurzel, Eisenach, 1955.
Die neue Weltschrift Safo als Einheitszeichenschrift der Völker: Einführung, Starnberg, 1962.
Die Vision des Johannes : Apokalypt. Bühnenfestspiel, Starnberg, 1960.
Geschichte der koreanischen Kunst, Leipzig, 1929.
Geschichte der koreanischen Literatur, Stuttgart, Berlin, Köln, Mainz, 1968.
Grammatik der koreanischen Sprache, 5. Ed., Heidelberg, 1984.
Japan : Geschichte u. Kultur, 2. Ed., Freudenstadt, 1968.
Korea, Nürnberg, 1972.
Koreanisch und Indogermanisch: Untersuchungen über die Zugehörigkeit des Koreanischen zur indogermanischen Sprachfamilie, Heidelberg, 1966.
Koreanische Keramik, Bonn, 1970(=Abhandlungen zur Kunst-, Musikund Literaturwissenschaft ; vol. 93).
Koreanische Konversationsgrammatik mit Lesestücken und Gesprächen. Schlüssel zur koreanischen Konversationsgrammatik, 2 vols., Heidelberg, 1923.
Koreanische Märchen und Erzählungen. Zwischen Hallaund Päkdusan, Missionsverlag St. Ottilien, Oberbayern, 1929.
Kreuzgedanken, Starnberg, 1965.
La nouvelle écriture Safo, une écriture universelle unissant les peuples, Starnberg, 1956.
La nuova scrittura mondiale Safo, una comunicazione pacifica tra i popoli, Starnberg, 1956.
Laotse: Unvergängliche Weisheit, München und Basel, 1957(=*Glauben und Wissen*; no. 18).
Laotses Gedankenwelt: Nach d. Tao-te-king,. Baden-Baden und Frankfurt a. M. 1957.
Musik, Lied, Tanz in Korea, Bonn, 1968(= *Abhandlungen zur Kunst-, Musikund Literaturwissenschaft*, vol. 51).
Philosophie der Schrift, Heidelberg, 1965.
Safo: Kleines Wörterbuch z. Sinnschrift Safo. Deutsch-Umschrift-Safo, München, 1968.
Studien zur koreanischen Sprache, Heidelberg, 1965.
The world writing system Safo, Starnberg, 1956.
Übungsbuch der koreanischen Sprache, 3. Ed., Heidelberg, 1983.
Vietnam : Geschichte u. Kultur, Darmstadt, 1968.
Wie ich Korea erlebte, Frankfurt a. M. und Bonn, 1950.
Wörterbuch der deutsch-koreanischen Sprache, 3. Ed., Heidelberg, 1987.

주요 논문

"Das Drachenjahr Ostasiens", *Missionsblätter, St. Ottilien*, vol. 22(1928), pp. 151~156.

"Das große Königsgrab Yangwon's. Ein Beitrag zur koreanischen Kunstgeschichte", *Ostasiatische Zeitschrift*, vol. 13(1926), pp. 64ff.
"Das Knabenund Priesterseminar des Apostolischen Vikariats Wonsan", *Katholische Missionen*, vol. 55(1927), pp. 265~269.
"Das koreanische Schach", *Mitteilungen des Vereins für Völkerkunde*, Leipzig, 1931.
"Der chinesische Kriegsgott", *Missionsblätter, St. Ottilien*, vol. 30(1926), pp. 103~105, 134f, 172~175.
"Der letzte Kaiser von Korea", *Missionsblätter, St. Ottilien*, vol. 31(1927), pp. 210.214.
"Der Ursprung der koreanischen Schrift", *MOAG*, BD. 17(1929), Teil C, pp. 1~20.
"Der Zodiakal–Tierkreis in der koreanischen Kunst des 9. Jahrhunderts", *Ostasiatische Zeitschrift*, vol. 14 (1927), pp. 189~195.
"Die Arche Noah in koreanischer Übersetzung", *Missionsblätter, St. Ottilien*, vol. 18(1913/14), pp. 169~171.
"Die Familie in Japan und Korea", *Semaine d'Ethnologie Religieuse*(Internationale Woche für Religionsethnologie), *5. Session, 16. – 22. Sep. 1929*, Paris, 1930.
"Die Katholische Kirche in Korea", *Akademische Missionsblätter*, Münster, 1926, pp. 34~40.(다음에도 발표함: *Katholische Missionen*, vol. 53(1923/24), pp. 225~229, 250~252.)
"Die Katholische Kirche in Ostasien. Zum Jubiläum des Heiligen Franz Xaver", *Katholische Missionen*, vol. 50(1921/22), pp. 215~219, 231~235.
"Die Konfutse Verehrung in Korea", *Historisch-Politische Blätter für das katholische Deutschland*, vol. 153 (1914), pp. 416~432.
"Die koreanisch-chinesische Fibel", *Missionsblätter, St. Ottilien*, vol. 18(1913/14), pp. 172~175.
"Die koreanische Buchstabenschrift", *Schrifttum der Erde*, 1932.
"Die koreanische Himmelsreligion (Tschongdokyo)", *Weltmission der katholischen Kirche*, 1921.
"Die koreanischen Einsiedler von Badogon in der Mandschurei", *Katholische Missionen*, vol. 54(1926), pp. 250f.
"Die koreanischen Universitäten", *Akademische Blätter*, 1922.
"Die Zahlen in der koreanischen Sprache", *Mitteilungsblatt der Gesellschaft für Völkerkunde*, Leipzig, no. 2(1933), pp. 16~18.
"Ein neuer Schintotempel in Korea", *Missionsblätter, St. Ottilien*, vol. 30(1926), pp. 270~273.
"Eine deutsche Benediktinerabtei in Korea", *Ostasien Rundschau*, vol. 13(1932), pp. 12~15.
"Gang durch Koreas Geschichte", *Asienberichte*, vol. 5(1949), no. 19, p. 21.
"Ginseng, die geheimnisvolle Heilwurzel in Fernost", *Heilund Gewürzpflanzen*, vol. 16(1935), pp. 94~104.
"Ginseng. Die Wunderwurzel des Ostens", *Festschrift P. Wilhelm Schmidt*, Wien, 1928, pp. 220~231. (다음에도 발표함: *Ostasien-Revue*, vol. 12(1931), pp. 538~541.)
"Koreanische Musik", Asia Major, Leipzig, 1930.(다음에도 발표함: *MOAG*, vol. 24(1930), part 1, B).
"Koreanische Poesie", *Der Gral*, vol. 18(1023), p. 102~106.
"Koreanische Sprache und Schrift und die Erfindung der Buchdruckerkunst 1403", *Der Geist des Ostens*, vol. 2(1914), pp. 288~303, 364~371.

"Koreanische Sprichwörter", *Der Geist des Ostens*, vol. 1(1913), pp. 757~759.
"Koreanische Volkspoesie. Gesang beim Reispflanzen", *Der Gral*, vol. 21(1926), pp. 178~182.
"Koreas Land und Leute", *Missionsblätter, St Ottilien*, vol. 31(1927), pp. 84f.
"Ludwig Chang und die christliche Kunst in Korea", *Die christliche Kunst*, vol. 25(1929), pp. 174~185.
"Quelpart und die südlichste Missionsstation Koreas", *Katholische Missionen*, vol. 42(1914), p. 203.
"Quelpart, die merkwürdigste Insel Ostasiens", *Zeitschrift für Erdkunde*, vol. 9(1941), pp. 742~750.
"Sam Ginseng in koreanischer und indogermanischer Überlieferung", *Forschung und Fortschritte*, 1948.
"Schintoismus in Korea", *Katholische Missionen*, vol. 61(1933), pp. 249~251, 277f, 306f.
"Unserem Mitgliede Franz Eckert dem Pionier deutscher Musik in Japan zum Gedächtnis", *MOAG*, vol. 21(1927), between no. D and no. E.
Unter dem Odongbaum, Eisenach, 1951.
"Verehrung Buddhas in Korea", *Der Geist des Ostens*, vol. 2(1914), pp. 34~47, 146~158.
"Vom Geisterglauben in Korea", *Ostasiatischer Beobachter*, vol. 6 Folge 60(1938), pp. 29f.
"Was die Koreaner erzählen", *Missionsblätter, St. Ottilien*, vol. 16(1911/12), pp. 165f.
"Zum Kampf um die ostasiatische Kultur und Weltanschauung", *Lumen Caecis*, St. Ottilien, 1928, pp. 237~268.
"Zur Kulturgeschichte Koreas. Die Ginsengwurzel", *Universitas*, Stuttgart, vol. 2(1947), pp. 933~942.

주요 참고문헌

Huwe, Albrecht, "André Eckardt. Deutschlands erster Koreanist", *Bilanz einer Freundschaft. Hundert Jahre deutsch-koreanische Beziehungen*, Bonn, 1984, pp. 39f.
Kugelmann, Willibald, "Gründungsbericht der Abtei St. Benedikt in Seoul, ihrer Verlegung nach Tokwon und Tätigkeit der Benediktiner im apost. Vikariat Wonsan", Kaspar, Adelhard and Placidus Berger, *Hwan Gab*, Münsterschwarzach, 1973, p. 81.
Renner, Frumentius, "Die Berufung der Benediktiner nach Korea und Manchukuo", Renner, Frumentius (Ed.), *Der fünfarmige Leuchter*, St. Ottilien 1971, vol. 2, p. 398.
Riekel, August, *Koreanica. Festschrift Prof. Dr. André Eckardt zum 75. Geburtstag*, Baden-Baden, 1960.

Enshoff, Dominikus (엔스호프, 도미니쿠스)[Franz(프란츠)]

생몰: 1868. 4. 18 독일 페를(자를란트주)~1939. 9. 14 독일 로트바일(바덴뷔르템베르크주)

직업: 베네딕도회 소속 수사

1890년 5월 5일 프란츠 엔스호프는 도미니쿠스 수사라는 이름을 받아 상트오틸리엔 수도원에 입회하였다. 1892년 1월 18일 탄자니아 다르에스살람으로 파견되었다. 1895년 4월 15일 독일의 모(母)수도원으로 돌아갔지만 1909년 1월 11일 보니파시오 사우어 신부와 함께 한국으로 파견되었다. 1909년 2월 25일 제물포에 도착하였으며, 베네딕도 선교회 설립을 위한 준비를 하였다. 한성에 세울 첫 수도원의 터를 고른 다음 도미니쿠스 엔스호프 수사는 건강상의 이유로 1909년 8월 8일 다시 독일로 돌아가, 9월 24일 상트 오틸리엔 수도원에 도착하였다.

[6-96] 도미니쿠스 엔스호프가 쓴 『한국의 베네딕도 선교회 Die Benediktiner-Mission in Korea』

주요 저술

Die Benediktiner-Mission in Korea, St. Ottilien, 1909.
Gebete zur Bekehrung der Heiden, St. Ottilien, 1922.
"Koreanische Erzählungen", *Zeitschrift des Vereins für Volkskunde*, vol. 21(1911), pp. 355 ~ 367; vol. 22(1912), pp. 69~79.

주요 참고문헌

"Bayerische Benediktiner im Lande der erhabenen Morgenruhe", *Missions-Blätter*, vol. 14, no. 8(May 1910), pp. 123f.
"Brief des P. Bonifazius Sauer von seiner Reise nach Korea", *Missions-Blätter*, vol. 13, no. 7(Apr. 1909), pp. 109 ~ 111; no. 8(May 1909), pp. 118 ~ 121.
"Deutsche Missionare in Korea", *OL*, vol. 23(1909), p. 934.
Graf, Olaf, "Abtbischof Bonifatius Sauer OSB. Lebensbild des Gründers der Benediktinermission in Korea", Kaspar, Adelhard and Placidus Berger, *Hwan Gab*, Münsterschwarzach, 1973, pp. 67 ~ 79.
Kugelmann, Willibald, "Gründungsbericht der Abtei St. Benedikt in Seoul, ihrer Verlegung nach Tokwon und Tätigkeit der Benediktiner im apost. Vikariat Wonsan", Kaspar, Adelhard and Placidus Berger, *Hwan Gab*, Münsterschwarzach, 1973, p. 81.
Renner, Frumentius: "Die Berufung der Benediktiner nach Korea und Manchukuo", Renner, Frumentius (Ed.), *Der fünfarmige Leuchter*, St. Ottilien 1971, vol. 2, p. 398.
Sauer, Bonifaz: "Ein Besuch in einem koreanischen Bonzenkloster", *Missions-Blätter*, vol. 13, no. 11(Aug. 1909), pp. 169 ~ 172.
상트 오틸리엔 수도원의 문서 보관 담당 다비드 수사의 개인 인터뷰 내용.

Fangauer, Paschalis (판가우어, 파샤리스)[Johann Baptist(요한 밥티스트)]

생몰: 1882. 1. 8 독일 에글핑(바이에른 자유주의 레겐스부르크 근처) ~ 1950. 4. 16 북한 옥사덕 강제노동수용소

직업: 베네딕도회 소속 수사

엄격한 종교적 분위기의 집안에서 10명의 형제들과 자란 요한 밥티스트 판가우어는 형을 따라 1905년 여름 상트 오틸리엔 수도원에 입회하였다. 형은 이미 1900년에 입회하여 바르나바스 수사라는 이름을 받고 수도원의 정원 관리를 담당하고 있었다. 판가우어는 수 년 동안 정원 관리 보조로 교육을 받았기 때문에 상트 오틸리엔 수도원에서 형 밑에서 일을 하였다. 1907년 10월 20일 수도 서약을 한 다음, 1909년 11월 7일 수사 3명, 신부 2명과 함께 한국으로 파견되었다. 1909년 12월 28일 제물포에 도착하여 한성의 베네딕도 선교회 설립을 도왔다. 판가우어 수사

는 한국에 수도원을 세운 사람들 중 한 명이다. 판가우어 수사의 활동에 대해서 다음과 같은 자료가 있다.

[6-97] 한성 백동에 있는 베네딕도 수도원(1912년경)

"그는 곳곳에 꼼꼼하게 야채를 심고 과일나무를 심었으며 포도밭도 관리하였다. 제1차 세계대전 중에는 칭다오 군대로 불려갔고, 일본군의 포로가 되었다(1914~1920). 파샤리스 수사는 덕원 수도원에 있다가 평양 감옥에 갇혔으며, 옥사덕으로 운송되어 1950년 4월 16일 영양실조로 사망하였다." [8]

주요 참고문헌

Kugelmann, Willibald, "Gründungsbericht der Abtei St. Benedikt in Seoul, ihrer Verlegung nach Tokwon und Tätigkeit der Benediktiner im apost. Vikariat Wonsan", Kaspar, Adelhard and Placidus Berger, *Hwan Gab*, Münsterschwarzach, 1973, p. 81.

Renner, Frumentius, "Die Berufung der Benediktiner nach Korea und Manchukuo", Renner, Frumentius (Ed.), *Der fünfarmige Leuchter*, St. Ottilien 1971, vol. 2, p. 398.

Schicksal in Korea. Deutsche Missionäre berichten, St. Ottilien, 2. Ed. 1974, pp. 73f.

Flötzinger, Ildefons (플뢰칭어, 일데폰스)[Andreas(안드레아스)]

생몰: 1879. 7. 20 독일 타이딩(오버바이에른 자유주)~1952. 3. 20 북한 옥사덕 강제노동수용소

직업: 베네딕도회 소속 수사

1906년 상트오틸리엔 수도원에 입회하였고, 1907년 10월 4일 일데폰스 수사라는 이름을 받았다. 2년 후인 1909년 10월 10일 수도 서약을 하였다. 같은 해에 수사 3명, 신부 2명과 함께 한국으로 파견되었다. 12월 28일 제물포에 도착하여 베네딕도 선교회 설립을 도왔다. 목공술을 배웠기 때문에 수공업학교에서 목공술을 가르쳤다. 1952년 북한의 옥사덕 강제노동수용소에서 기아에 허덕이다 동사하였다. 42년 넘게 한국에서 생활하였는데, 한국에 가장 오래 체류한 독일인이었다.

[6-98] 일데폰스 플뢰칭어 수사

주요 참고문헌

Kugelmann, Willibald, "Gründungsbericht der Abtei St. Benedikt in Seoul, ihrer Verlegung nach Tokwon und Tätigkeit der Benediktiner im apost. Vikariat Wonsan", Kaspar, Adelhard and Placidus Berger, *Hwan Gab*, Münsterschwarzach, 1973, p. 81.

Renner, Frumentius, "Die Berufung der Benediktiner nach Korea und

8 Moll, Helmut (Ed.), *Zeugen für Christus*, vol. 2, Paderborn, 1999, p. 1183.

Manchukuo", Renner, Frumentius (Ed.), *Der fünfarmige Leuchter*, St. Ottilien 1971, vol. 2, p. 398.
Schicksal in Korea. Deutsche Missionäre berichten, St. Ottilien, 2. Ed. 1974, p. 78.

Gützlaff, Carl Friedrich August (귀츨라프, 카를 프리드리히 아우구스트)

생몰: 1803. 7. 8 독일 피리츠(폼메른 지역, 현재 폴란드 피리츠)~1851. 8. 9 중국 홍콩

이칭: 郭實獵(곽실엽)

직업: 개신교 선교사

홍콩과 마카오에서 선교사로 활동하였다. 1832년에 영국의 동인도회사가 파견한, 휴 해밀턴 린제이(Hugh Hamilton Lindsay, 1802~1881)가 책임자로 있던 로드 암허스트호의 통역관, 선의(船醫), 설교자로 동행하였다. 로드 암허스트호는 마카오를 출발하여 1832년 7월 17일 조선 서해안에 도착하였다. 귀츨라프는 문헌으로 입증할 수 있는 조선을 방문한 최초의 독일인이자, 개신교 선교사이다. 한 달 동안 조선에 체류하면서 조선과 통상을 하고자 노력했지만 성공하지 못하였다. 중국어로 번역된 전도문서를 나눠줬고, 감자를 심고 감자 재배법과 사용법을 조선인들에게 알려주었다. 1851년 홍콩에서 사망하였다.

[6-99] 카를 프리드리히 아우구스트 귀츨라프

주요 저술

Gutzlaff, Charles, *Journal of Three Voyages along the Coast of China, in 1831, 1832, & 1833, with Notices of Siam, Corea, and the Loo-Choo Islands*, London, 1834.

Journal of Three Voyages along the Coast of China, in 1831, 1832, & 1833, with Notices of Siam, Corea, and the Loo-Choo Islands. To which is prefixed an Introductory Essay on the Policy, Religion, etc. of China, by The Rev. W. Ellis, London, 1834.

주요 참고문헌

Allen, p. 5.
"Gützlaff, Karl Friedrich August", Embacher, Friedrich: *Lexikon der Reisen und Entdeckungen*, Leipzig, 1882, pp. 134f.
Klein, Thoralf and Reinhard Zöllner (Ed.), *Karl Gützlaff (1803-1851) und das Christentum in Ostasien: Ein Missionar zwischen den Kulturen*, Nettetal, 2005.
Lane-Pool, Stanley, *The Life of Sir Harry Parkes*, London, New York, 1894, vol.1, pp. 4f, 54~57.
NDB, vol. 6, p. 292.
Schlyter, Herman, *Der China-Missionar Karl Gützlaff und seine Heimatbasis*, Lund, 1976.
Schlyter, Herman, *Karl Gützlaff als Missionar in China*, Lund, Copenhagen, 1946.
Walravens, Hartmut, *Karl Friedrich Neumann (1793-1870) und Karl Friedrich August Gützlaff (1803-1851): zwei deutsche Chinakundige im 19. Jahrhundert*, Wiesbaden, 2001.
Winner-Lüdecke, Marianne, *Karl Gützlaff – ein vergessener Rufer?* Bad Liebenzell, 1981.

Hackmann, Heinrich Friedrich (하크만, 하인리히 프리드리히)

생몰: 1864. 8. 31 독일 가스테(오스나브뤼크 근처) ~ 1935. 7. 13 독일 힐데스하임

직업: 루터교 신학자, 종교역사학자, 중국학자

1894년 4월부터 1901년 10월까지 상하이 개신교 공동체 목사로 활동하였고, 1903년까지 불교의 다양한 종교 현상을 연구하기 위해 여러 지방으로 연구 여행을 떠났다. 한국에도 왔는데, 1902년 9월 말부터 10월 중순까지 한반도 내륙의 여러 사찰들을 방문하였다. 1903년 유럽으로 돌아간 후 연구 결과를 여러 차례 발표하였고, 그의 연구는 종교사에서 큰 의미를 지닌다.

[6-100] 하인리히 프리드리히 하크만

주요 저술

Am Strand der Zeit. Ausgewählte Predigten, Berlin, 1911.
An den Grenzen von China und Tibet. Vom Omi bis Bhamo. Wanderungen an den Grenzen von China, Tibet und Birma, Halle a. S., 1905.
Chinesische Philosophie, München, 1927.
Der Buddhismus in China, Korea und Japan, Halle a. S., 1905.
Der Buddhismus, Tübingen, 1906.
Der südliche Buddhismus und der Lamaismus, Tübingen, 1906.
Der Ursprung des Buddhismus und die Geschichte seiner Ausbreitung, Tübingen, 1917.
Die 300 Mönchsgebote des chinesischen Taoismus, Amsterdam, 1931.
Die Zukunftserwartung des Jesaja, Diss., Göttingen, 1893.
Laien-Buddhismus in China. Das Lung Shu Ching T'u Wen des Wang Jih Hsiu, Gotha, Stuttgart, 1924.
Religionen und heilige Schriften, Berlin, 1914.
Welt des Ostens, Berlin, 1912.

주요 참고문헌

Claussen-Wunsch, Gertrud (Ed.), *Dr. med. Richard Wunsch. Arzt in Ostasien*, Büsingen/Hochrhein, 1976, pp. 128, 134.
"Der Traum von fernen Ländern ging in Erfüllung. Pfarrer Heinrich Hackmann wirkte von 1894-1901 in Schanghai [Part I and II]", *Hildesheimer Allgemeine Zeitung*, Beilage Aus der Heimat, 2 Dec. 1995 and 6 Jan. 1996.
NDB, vol. 9, pp. 413f.
OL, vol. 8, 30 Mar. 1894, p. 421; 20 Apr., p. 475; vol. 13, 21 Oct. 1899, p. 975; vol. 15, 18 Oct. 1901, p. 888; 8 Nov., p. 965; vol. 16, 17 Oct. 1902, p. 845; vol. 17, 20 Feb. 1903, p. 316; 27 Mar., p. 519; 13 Nov., p. 764; 11 Dec., p. 942; vol. 25, Jan. 1911, p. 14; vol. 27, 21 Nov. 1913, p. 467: PN.
Strachotta, Fritz-Günter, *Religiöses Ahnen, Sehnen und Suchen. Von der Theologie zur Religionsgeschichte. Heinrich Friedrich Hackmann 1864-1935*, Frankfurt a. M. [et al.] Oktober 1997. (=*Studien und Texte zur Religionsgeschichtlichen Schule*, Hrsg. von Gerd Lüdemann, vol. 2)

Huber, Martin (후버, 마르틴)[Karl(카를)]

생몰: 1882. 11. 25 독일 대힝엔(튀빙엔 근처)~1910. 1. 26 한국 한성

직업: 베네딕도회 소속 수사

1909년 10월 4일 마르틴 수사라는 이름을 받아 상트오틸리엔 수도원에 입회하였고, 한 달이 지난 11월 7일 수사 3명, 신부 2명과 함께 한국으로 파견되었다. 1909년 12월 28일 제물포에 도착하여 베네딕도 선교회 설립을 도우려 했지만, 배에서 감염된 티푸스로 1910년 1월 26일 한성에서 사망하였다. 후버 수사는 왜관 수도원에 안치되었다.

주요 참고문헌

"Korea. Die Benediktinermission in Söul", *Die katholischen Missionen*, vol. 38(1909/10), p. 169: Nachrichten aus den Missionen.

Kugelmann, Willibald, "Gründungsbericht der Abtei St. Benedikt in Seoul, ihrer Verlegung nach Tokwon und Tätigkeit der Benediktiner im apost. Vikariat Wonsan", Kaspar, Adelhard and Placidus Berger, *Hwan Gab*, Münsterschwarzach, 1973, p. 81.

Renner, Frumentius, "Die Berufung der Benediktiner nach Korea und Manchukuo", Renner, Frumentius (Ed.), *Der fünfarmige Leuchter*, St. Ottilien, 1971, vol. 2, pp. 398f.

상트오틸리엔 수도원의 문서 보관 담당 다비드 수사의 개인 인터뷰 내용.

Müller, K. Friedrich (뮐러, K. 프리드리히)

직업: 군종신부(해군 소속)

독일 동아시아 함대의 군종신부로 오토 폰 디더리히스 사령관과 함께 1897년 7월 11~23일에 제물포와 한성을 방문하였다. 7월 23일 제물포에서 볼터의 쌍둥이 딸들에게 세례를 주었다. 볼터의 딸들은 독일인으로는 처음 한국에서 세례를 받았다. 디더리히스 사령관은 진 클라라 존스턴 볼터의 대부, 크리엔 영사는 마리온 폴린 해리어트 볼터의 대부가 되었다. ➔ '디더리히스, 오토 폰' 참조

주요 저술

Im Kantonlande. Reisen und Studien auf Missionspfaden in China, Berlin, 1903.

주요 참고문헌

"Der Besuch des deutschen Geschwaders in Korea", *OL*, vol. 11, 13 Aug. 1897, pp. 1451f.

OL, vol. 13, 10 Oct. 1898, p. 30: PN; vol. 14, 13 Apr. 1900, p. 262: PN.

"S.M. Schiffe auf der ostasiatischen Station", *OL*, vol. 11, 18 Jun. 1897, p. 1193.

The Korean Repository, vol. 4 (July 1897), p. 280: Notes and Comments.

Niebauer, Cassian (Georg) [니바우어, 카시안 (게오르크)]

생몰: 1882. 2. 16 독일 레겐스부르크~1966. 3. 21 독일 레겐스부르크

직업: 베네딕도회 소속 신부

1906년 10월 21일 상트오틸리엔 수도회에 카시안 수사라는 이름을 받고 입회한 후, 1909년 7월 26일 서품을 받아 수사신부가 되었다. 1909년 11월 7일 앙드레 에카르트 신부와 수사 4명과 함께 한국으로 파견되었다. 12월 28일 제물포에 도착하여 베네딕도 선교회 설립을 도왔다. 1928년 8월 20일 독일로 돌아갔다가 미국 뉴저지주의 뉴튼 수도원으로 파견되었다. 1953년경 수도회에서 탈퇴하였다.

주요 참고문헌

Kugelmann, Willibald, "Gründungsbericht der Abtei St. Benedikt in Seoul, ihrer Verlegung nach Tokwon und Tätigkeit der Benediktiner im apost. Vikariat Wonsan", Kaspar, Adelhard and Placidus Berger, *Hwan Gab*, Münsterschwarzach, 1973, p. 81.

Renner, Frumentius: Die Berufung der Benediktiner nach Korea und Manchukuo. In: Renner, Frumentius (Ed.), *Der fünfarmige Leuchter*, St. Ottilien 1971, vol. 2, pp. 398f.

상트오틸리엔 수도원의 문서 보관 담당 다비드 수사의 개인 인터뷰 내용.

Sauer, Bonifatius (사우어, 보니파시오)[Josef(요세프)]

생몰: 1877. 1. 10 독일 오버루프하우젠(헤센주) ~ 1950. 2. 7 북한 평양

직업: 베네딕도회 소속 신부, 수도원 주교

[6-101] 보니파시오 사우어 주교

독일 오버헤센 지방의 오버루프하우젠(풀다 교구)에서 농민의 아들로 태어나 1900년 2월 4일 상트오틸리엔에 입회하였다. 그 해 가을 베스트팔렌 뮌스터에서 고등학교를 졸업하였는데, 철학 공부는 이미 마친 상태였다. 1903년 7월 26일 딜링엔에서 서품을 받아 신부가 되었다. 재능이 많고 성실해서 1889년 설립된, 풀타의 수호성인이자 사우어의 본명이기도 한, 성보니파시오 수도원 기숙사의 사감이 되었다. 당시 조선교구의 구스타브 찰스 마리 뮈텔(Gustave Charles Marie Mutel, 1854. 3. 8 ~ 1933. 1. 22)[9] 주교의 주도로 한국에 파견된 사우어 신부는 한성 수도회 설립을 위한 준비와 지휘를 맡았다. 1909년 1월 11일 도미니쿠스 엔스호프 신부와 함께 독일을 출발하여 2월 25일 조선에 도착하였다. 1909 ~ 1913년 한성 베네딕도 부수도원장을 지냈고, 1913~1927년 한성 베네딕도 수도원장을 맡았으며, 1920년부터는 원산 포교지 담당 신부, 1927년 11월 17일부터는 함경남도 덕원의 수도원 주교가 되었다. 1949년 5월 덕원 수도원은 북한 정부에 의해 폐쇄되었고, 신부와 수사들은 모두 체포되었다. 1950년 2월 7일 평양 감옥에서 사망하였다.

9 구스타브 찰스 마리 뮈텔은 1890 ~ 1933년에 한성 관구 주교로 있었고, 한성에서 사망하였다.

주요 저술

"Brief des P. Bonifazius Sauer von seiner Reise nach Korea", *Missions-Blätter*, St. Ottilien, vol. 13, no. 7(Apr. 1909), N.F., pp. 109-111.; no. 8(May 1909), N.F., pp. 118~121.

"Deutsche Benediktiner in Korea", *Priester und Mission*, Mergentheim, 1929, p. 28.

"Die Benediktinermission in Korea", *Benediktusbote*, vol. 4(1929/30), pp. 363~366.

"Die Entwicklung Wonsan und die Mission", *Katholische Missionen*, vol. 58(1930), pp. 241f.

"Ein Besuch in einem koreanischen Bonzenkloster", *Missions-Blätter*, no. 11(Aug. 1909), pp. 169~172.

"Mein erster Sonntag in Söul", *Missions-Blätter, St. Ottilien*, vol. 13, no. 9(Juni 1909), N.F., pp. 136~138.

"Missionsbrief. (Nachrichten aus den Missionen: Korea)", *Die Katholischen Missionen*, vol. 38(1909/10), pp. 61f, 151, 167~169, 176, 226, 293f, 304.

"Schule und Katechistenprobleme im apostolischen Vikariat Wonsan, Korea", *Katholische Missionen*, vol. 59 (1931), pp. 131~135.

"Segensreiche Tätigkeit der Missionsbenediktinerinnen(aus Wonsan, Korea)", *Stimmen aus den Missionen*, Basel, 1908, pp. 331~340.

주요 참고문헌

"Deutsche Missionare in Korea", *OL*, vol. 23(1909), p. 934.

"Die Benediktinermission in Korea", *OL*, vol. 25(1911), p. 215.

Enshoff, Dominikus, *Die Benediktiner-Mission in Korea*, St. Ottilien, 1909.

Graf, Olaf, "Abtbischof Bonifatius Sauer OSB. Lebensbild des Gründers der Benediktinermission in Korea", Kaspar, Adelhard and Placidus Berger, *Hwan Gab*, Münsterschwarzach, 1973, pp. 67~79.

Kugelmann, Willibald, "Gründungsbericht der Abtei St. Benedikt in Seoul, ihrer Verlegung nach Tokwon und Tätigkeit der Benediktiner im apost. Vikariat Wonsan", Kaspar, Adelhard and Placidus Berger, *Hwan Gab*, Münsterschwarzach, 1973, p. 81.

Renner, Frumentius, "Die Berufung der Benediktiner nach Korea und Manchukuo", Renner, Frumentius (Ed.), *Der fünfarmige Leuchter*, St. Ottilien, 1971, vol. 2, pp. 398f.

Schicksal in Korea. Deutsche Missionäre berichten, St. Ottilien, 2. Ed. 1974, pp. 117f.

"Unsere Benediktiner-Missionäre im Lande der Morgenstille", *Missionsblätter der Benediktinermissionäre in Fryburg und Uznach*, vol. 52, no. 5(May 1948), pp. 100~104.

Weber, Norbert, *Im Lande der Morgenstille*, St. Ottilien, 1923, pp. 9, 442.

Stenz, Georg Maria (슈텐츠, 게오르크 마리아)

생몰: 1869 독일 호르하우젠(베스터발트산맥)~1928

직업: 슈타일 선교회 소속[10] 선교사

1893년부터 산둥에서 가톨릭 선교사로 있으면서 그곳 사람들의 종교와 관습을

10 1875년 독일의 아르놀트 얀센(Arnold Janssen, 1837~1909) 신부가 네덜란드 슈타일에 세운 수도회로 비기독교 국가의 선교를 돕는 것을 목적으로 하였다. 1928년부터 수도회 총감독은 로마에 있다.

집중적으로 연구하였다. 1900년과 1903년 사이(정확한 시점은 알려지지 않았다) 연초에 한국을 짧게 방문하였다.

[6-102] 게오르크 마리아 슈텐츠(1900년경)

주요 저술

Beiträge zur Volkskunde Süd-Schantungs, Leipzig 1907. (= *Veröffentlichungen des städtischen Museums für Völkerkunde zu Leipzig, no. 1*).
Chinesisch-deutsches Wörterbuch, Yenchowfu [Schantung], 1928.
Der Bauer in Schantung, Steyl, 1906.
Erlebnisse eines Missionars in China, Trier, 1899.
In der Heimat des Konfuzius. Skizzen, Bilder und Erlebnisse aus Schantung, Steyl, 1902.
In Korea, dem Lande der Morgenstille. Kurze Schilderungen von Missionaren, Reutlingen, 1904.
In Schantung. Kleine Erzählungen aus dem Leben der Missionare und Christen.
Ins Reich des Drachen unter Banner des Kreuzes, Ravensburg, 1906.
Kleine deutsche Grammatik, 9. Ed., Shantung, 1934.
Richard Henle aus der Gesellschaft des Göttlichen Wortes, Missionar in China. Ermordet am 1. November 2897. Ein Lebensbild, Steyl, 1904.

주요 참고문헌

Puhl, Stephan, *Georg M. Stenz SVD: (1869-1928); Chinamissionar im Kaiserreich und in der Republik*. Hrsg. von Roman Malek, Nettetal, 1994.

Wilhelm (빌헬름)

직업: 신부

독일 엘자스 지역 출신이다. 1896년경 파리 외방 전교회[11] 소속으로 조선에 와서 한반도 북쪽에서 선교사로 활동하였다. 베네딕도회가 1909년 말 한국에 정착하여 수도원을 세우는 데 도움을 주었다. 1914년에는 상트오틸리엔 수도원에 머물다가 이후 독일에서 신부로 활동하였다.

주요 참고문헌

Renner, Frumentius, "Die Berufung der Benediktiner nach Korea und Manchukuo", Renner, Frumentius (Ed.), *Der fünfarmige Leuchter*, St. Ottilien, 1971, vol. 2, p. 399.
Weber, Norbert, *Im Lande der Morgenstille. Reise-Erinnerungen an Korea*, St. Ottilien 1916 (2. Ed. 1923), p. 325.

11 파리 외방 전교회[Société des Missions Étrangères de Paris(MEP)]는 파리에 있는 가톨릭 선교 수도원이다. 1658~1663년 프랑수아 팔뤼 몽시뇰과 피에르 람베르 드 라 모뜨 몽시뇰이 인도네시아 선교를 위한 신부와 선교사들을 교육시키기 위해 설립하였다.

7. 모험가, 여행가, 작가

Abegg, Waldemar (아베크, 발더마르)

생몰: 1873 독일 베를린~1961. 7. 17 독일 함부르크

직업: 행정법학자, 아마추어 사진작가

1905년 4월 14일 독일 베를린에서 세계여행을 시작하여, 미국, 캐나다, 일본, 한국(1906년), 청, 인도네시아, 인도, 실론을 방문하였다. 1896년 박사학위를 우수한 성적으로 취득함에 따라 아버지가 선물한 여행이었는데, 원래는 1년 계획이었으나 6개월을 연장하였다. 아베크는 방문한 모든 국가를 자세하게 설명하였지만 한국에 대해서는 언급하지 않았다. 3,000장이 넘는 사진을 찍었는데, 한국에서 찍은 사진도 많다.

[6-103] 발더마르 아베크(1905년, 일본)

주요 참고문헌

Abegg, Waldemar und Boris Martin, *Reise in eine vergangene Zeit. Rund um die Welt 1905*, München, 2009.

Vasold, Manfred, *Waldemar Abegg. Eine Reise um die Welt im Jahre 1905*, Braunschweig, 1988.

"Waldemar Abegg", *Wikipedia*.

Berger, Arthur (베르거, 아르투어)

생몰: 1871~1946

직업: 사냥꾼, 여행작가, 여행가

1902년 10월 21일 친구인 로트와 함께 베를린에서 출발하여 세계여행을 하였다. 1903년 봄에 한국을 방문하였다.

주요 저술

Afrikanischer Wildniszauber: Bilder aus der Tierwelt unserer einstigen afrikanischen Kolonien und einiger Nachbargebiete, Leipzig, 1938.

Aus einem verschlossenen Paradiese, 3. Ed., Berlin, 1924.

Belauschte Tierwelt: Ein Bilderwerk mit Text aus dem Leben der Tiere, Berlin, 1930.

Das Blockhaus am Chandlarsee: Ein Abenteurerbuch, Leipzig, 1922.

Das lustige Jägerbuch, Berlin, 1931.

Der heilige Nil, Berlin, 1935.

Der Kampf um den Nordpol, Bielefeld, 1931.

Erlebnisse auf dem heiligen Nil, Darmstadt, 1929.

Großwildjagd in allen Zonen: Abenteuerliche Erlebnisse berühmter Jäger, Berlin, 1939.

Herr der Wildnis: Lebensschicksale eines Löwen, Berlin, 1940.

Huli, Flink und andere Tiergeschichten, Neudamm, 1926.

Im Reiche des Polarbären : eine Jagdexpedition im Eismeer, Berlin, 1924.

Im Zauberbann des Kilimandscharo, Berlin, 1935.
In Afrikas Wildkammern als Forscher und Jäger, 2. Ed., Berlin, 1922.
In Dschungel und Steppe und anderes: Wanderjahre eines Jägers und Naturforschers, Berlin, 1921.
In Dschungel und Steppe, Berlin, 1927.
Jack ringt sich durch, Berlin, 1937.
Jochen Petersens Abenteuer in Indien und Sumatra, Leipzig, 1922.
Kampf um Afrika, Berlin, 1938.
Mit den wilden Baggara am blauen Nil, Berlin, 1935.
Mit Sven Hedin durch Asiens Wüsten, Berlin, 1932.
Neuseeland, Berlin, 1934.
Pumbo, das Rüsseltier, Berlin, 1941.
So sah ich die Welt, Berlin, 1942.
Südseemalanga. Als Gast der Sonnenkinder auf Samoa, Berlin, 1932.
Tiergeschichten aus Übersee, Berlin, 1944.
Wildparadies Afrika, Berlin, 1943.
Wunderwelt der Südsee, Berlin, 1941.

주요 참고문헌

KLK, vol. 51(1949), p. 43.

Brass, Emil (브라스, 에밀)

생몰: 1856~1938

직업: 영사, 담배 상인, 여행가

1891년 9월 8일 작은 기선을 타고 청의 즈푸를 떠나 제물포에 도착하였다. 10일간 제물포에 체류하였고, 9월 18일에 한성으로 갔는데 라인스도르프 부영사의 초대를 받았다. 이틀 후에는 볼터의 안내로 내륙 지역으로 갔으며 여러 사찰을 방문하였다. 10월 12일 원산에 도착하였으며, 10월 15일에 러시아 기선을 타고 시베리아로 갔다. 청으로 돌아가는 길에 원산에 들러 몇 시간 있었고, 부산도 잠깐 방문하였다.

[6-104] 에밀 브라스가 쓴 『동아시아의 동물들 -사냥동물, 가축, 바다동물 Nutzbare Tiere Ostasiens Pelz und Jagdtiere, Haustiere, Seetiere』 (노이담, 1904년)

주요 저술

Aus dem Reiche der Pelze, 2 Bde., Berlin, 1911; vol. 1: *Geschichte des Rauchwarenhandels*; vol. 2: *Naturgeschichte der Pelztiere*.
Aus der Tierwelt, Berlin, 1916.
Nutzbare Tiere Ostasiens: Pelzu. Jagdtiere, Haustiere, Seetiere, Neudamm, 1904.
Rauchwaren-Merkblatt, Neudamm, 1926(= *Merkblätter der Gesellschaft für Jagdkunde*, no. 22)
"Reise durch Korea"(에밀 브라스 영사의 발표), *Export*, vol. 15, no. 11(1893), pp. 105f, 119~121, 136f, 167~170.

Brunhuber, Robert (브룬후버, 로베르트)

생몰: 1878. 8. 31 독일 쾰른~1909. 1월 초

직업: 기자, 신문학자, 동양연구가, 강사

동양연구가인 브룬후버는 아시아를 여러 차례 방문하였다. 1907년 4월, 5월에 일본과 한국을 방문하였다. 1908년 9월에는 카를 슈미츠와 함께 지리학적, 인종학적 연구를 하기 위해 다시 아시아에 왔다. 같은 해 11월 청과 티베트 국경 지역을 방문하였는데, 이곳은 야만 상태의 소수민족들이 살고 있어 매우 위험하였다. 1909년 1월 브룬후버와 슈미츠는 가장 위험하다고 알려진 리쑤 부족에게 살해되었다.

주요 저술

An Hinterindiens Riesenströmen. Mit einem Vorwort von Sven Hedin, Berlin, 1912.

Das moderne Zeitungswesen. System der Zeitungslehre, Leipzig, 1907.

Die heutige Sozialdemokratie: Eine kritische Wertung ihrer wissenschaftlichen Grundlagen und eine soziologische Untersuchung ihrer praktischen Parteigestaltung, Jena, 1906.

"Korea und Japan", *Preußische Jahrbücher*, vol. 129(1907), pp. 494~510.

주요 참고문헌

"Zur Ermordung von Dr. Brunhuber und Schmitz", *OL*, vol. 23(1909), pp. 879f: Vermischte Nachrichten.

"Die Forschungsreise der Deutschen Brunhuber und Schmitz", *OL*, vol. 24(1910), pp. 78~80.

"Über die Ermordung von Dr. Brunhuber und Dr. Schmitz", *Globus*, vol. 95, no. 21, 10 Jun. 1909, p. 340; vol. 96, no. 17, 4 Nov. 1909, pp. 274f; vol. 97, no. 4, 27 Jan. 1910, pp. 67f; vol. 98, no. 3, 21 Jul. 1910, pp. 50f.

BJDN, vol. 14(1909), Totenliste, 1909, p. 15.

"Ermordung zweier Deutscher in Yünnan", *OL*, vol. 23, 28 May 1909, pp. 1073f: Vermischte Nachrichten.

Ehlers, Otto Ehrenfried (엘러스, 오토 에렌프리트)

생몰: 1855. 1. 31 독일 함부르크~1895. 9 뉴기니

직업: 대농장주, 연구여행가, 작가

1888년과 1889년에 여러 차례 동아프리카로 여행하였다. 1890년에는 건강상의 이유로 북인도로 가서 1893년 독일로 돌아갈 때까지 카슈미르, 네팔, 버마, 동아시아 일부 국가를 방문하였다. 1892년에 청과 조선을 방문하였다. 1892년 10월 15일에 제물포에 도착하였고, 이틀 후 한성으로 가 체류하였다. 10월 26일에는 일본으로 가서 겨울을 보냈다. 1895년 뉴기니를 횡단할 때 동행인이 쏜 총을 맞고 사망하였다. (자료에 따르면 동행인이 술에 취했다고 한다.) 엘러스가 쓴 일기와 기록들은 모두

[6-105] 오토 에렌프리트 엘러스

사라졌다.

주요 저술

An indischen Fürstenhöfen, 2 vols, Berlin, 1894.
Im Osten Asiens, Berlin, 1896.
Im Sattel durch Indochina, 2 vols, Berlin, 1894.
Kornähren der Poesie, Norden, 1888, Gedichte.
Reisebilder aus Indien und China, Dortmund, 1929. (= *Dichtung und Wissen*, vol. 18).
Samoa die Perle der Südsee, à jour gefasst, Berlin, 1895.

주요 참고문헌

Allen, p. 25.
"Fortschritte der geographischen Forschungen und Reisen im Jahre 1892", *DRGS*, no. 11(Aug. 1893), pp. 481~500.
"Kleine Mittheilungen aus allen Erdtheilen. Asien", *DRGS*, vol. 15, no. 3(Dec. 1892), p. 140.
OL, vol. 6, 3 Jun. 1892, p. 546; 26 Aug., pp. 734f; vol. 9, 19 Jul. 1895, p. 713; vol. 10, 27 Dec. 1895, p. 276; 3 Jan. 1896, p. 296; 17 Jan., p. 343; 7 Feb., p. 413f; vol. 11, 27 Aug. 1897, p. 1513; 8 Sep., p. 1546: PN.
"Otto Ehrenfried Ehlers", *Wikipedia*.
The Korean Repository, vol. 1(Oct. 1892), p. 320: Editorial Notes; p. 324: Record of Events.

Genthe, Siegfried (겐테, 지그프리트)

생몰: 1870. 10. 26 독일 베를린~1904. 3. 8 모로코 페스 근처

직업: 여행작가, 특파원

1898년 1월 1일부터 독일제국의 영향력 있는 신문 중 하나였던 『쾰른 신문』의 기자로 활동하였는데, 1898년 6월부터 뉴욕과 워싱턴에서 특파원으로 활동하였다. 1년 뒤에 독일, 영국, 미국 등 서양 국가들이 점령하고자 했던 사모아로 파견되었다. 1900년 중반 청에서 의화단 운동이 일어났는데, 의화단은 서양 국가들에게 전쟁을 선포하였다. 겐테는 국제탐험대를 따라 톈진과 베이징으로 갔고, 그곳의 모습을 전하였다. 1901년 여름에는 한국으로 가서 몇 달 동안 체류하였다. 한반도 내륙 지역을 여행하였으며, 그때까지만 해도 외국인이 방문한 적이 없었던 제주도에도 갔는데, 외국인으로는 최초로 한라산을 등반하였다. 1904년 3월 8일 모로코 페스 근처에서 살해되었다.

[6-106] 지그프리트 겐테

주요 저술

Korea. Reiseschilderungen. Hrsg. von Georg Wegener, (= *Genthes Reisen*, vol. 1), Berlin, 1905.
Marokko. Reiseschilderungen. Mit 18 Ansichten und Aufnahmen des Verfassers. Hrsg. von Georg Wegener. (= Genthes Reisen, vol. 2), Berlin, 1906.

주요 참고문헌

Claussen-Wunsch, Gertrud (Ed.), *Dr. med. Richard Wunsch. Arzt in Ostasien*, Büsingen/Hochrhein, 1976, pp. 101, 103, 145.
OL, vol. 15, 12 Jul. 1901, p. 595: PN.

Gottberg, Otto von (고트베르크, 오토)

생몰: 1867. 12. 19 독일 마그데부르크~1945. 2. 15

직업: 특파원, 작가

러일전쟁 중 독일 여러 신문의 전쟁특파원으로 한국에 파견되었다.

주요 저술

Als Adjutant durch Frankreich und Belgien, Berlin [without year].
Brautfahrt im Kreuzerkrieg, Berlin, Wien, 1918.
Brautfahrt im Kreuzerkrieg, Kriminalroman, Berlin, Wien, 1918.
Dämon Afrika, Roman, Berlin, 1926.
Der verschwundene Kohinor, Berlin, Wien, 1917.
"Die Deutschen am goldenen Tor. Eine Skizze aus dem zerstörten San Fransicsco", *Die Woche*, Berlin, 2. Juni 1906, no. 22, p. 933.
Die Entwicklung eines amerikanischen Völkerrechts: (Beiträge zur Geschichte der panamerikanischen Bewegung), Königsberg im Preisgau, 1928.
Die Helden von Tsingtau, Berlin, Wien, 1915.
Die Spionin, Roman, Berlin, 1914.
Die weiße Villa, Roman, Berlin, 1919.
Die werdende Mach, Roman, Berlin, 1916.
Frauenschneider Gutschmidt, Roman, Berlin, 1916.
Frontoffiziere, Roman, Berlin, Wien, 1917.
Grüner Rasen, blaue Wellen, Roman, Berlin; Braunschweig; Hamburg, 1919.
Hans Hellers Höllenfahrt: Erlebnisse in franz. Kriegsgefangenschaft, Berlin, 1917.
Kaiserglanz: *Roman aus den Tagen des alten Herrn*, Berlin: *Tägliche Rundschau*, 1920.
Kreuzfahrten und U-Bootstaten, Berlin, 1915.
Kriegsgetraut, Roman, Berlin, 1916.
Liebesglut, Roman, 4. Ed., Berlin, 1918.
Mit den Japanern über den Jalu, Berlin, 1904.
Torpedobootsleben. Oder: Eine Nacht auf dem Torpedoboot, Berlin, 1912.

주요 참고문헌

Claer, Alexander von, 'Bericht aus dem Jahre 1904'. (비공개 자료)
Claussen-Wunsch, Gertrud (Ed.), *Dr. med. Richard Wunsch. Arzt in Ostasien*, Büsingen/Hochrhein, 1976, p. 175.

Klocke, Eduard (클로케, 에두아르트)

생몰: 1869 독일 쇠스트~?

직업: 편집장, 아마추어 조류학자

[6-107] 평양과 대동강(1907년)

1904년 중반 일본을 출발하여 한반도 해안을 따라 여행하였고, 한성과 평양을 방문하였다. 1905년 5월 다시 한국을 찾았다. 1905년 5월 25일 한성에서 한성~부산을 잇는 철도 완공식이 있었는데, 클로케는 공식적인 초대장을 받은 유일한 일본 체류 유럽인이었다. 그 후 클로케는 청으로 갔고, 3년 동안 톈진에서 발행된 신문 『북중국』의 편집장으로 일하였다. 1908년 10월에 독일로 돌아가 1936년 하노버에서 편집장을 지냈고 독일조류학회 회원으로 활동하였다.

주요 저술

"Bosminopsis in Japan. Nebst Bemerkungen über einige andere japanische Cladoceren und den Hakonesee", *Annotationes zoologicae Japonenses*, vol. 4, no. 5, 25 Sep. 1903, pp. 123~135.

Finkenbüchlein für alle Vogelfreunde, Hannover [without year].

"Koreanische Reiseeindrücke", *OL*, vol. 19, 14 Jul. 1905, pp. 72~75.

"Tiergeographische Studien über Hokkaido", *Annotationes zoologicae Japonenses*, vol. 5, no. 2, 18 May 1904, pp. 57~112.

Was geht in China vor? Ein Führer durch die Wirrnisse in Ostasien; Kulturelle, wirtschaftliche und politische Entwicklungsgeschichte Chinas; Überblick über die Ereignisse seit dem Sturze der Mandschu-Dynastie, Heutige Lage, Hannover, 1928.

주요 참고문헌

OL, vol. 22, 9 Oct. 1908, p. 703: PN.

[6-108] 한성의 서당(1903년)

Krieger, Michael (크리거, 미하엘)

중국 칭다오의 독일 총독부에서 근무하였다. 1903년 6월 며칠간 한성을 방문하여, 한국의 여러 학교를 둘러보았다.

주요 저술

Behme, Friedrich and Michael Krieger, *Führer durch Tsingtau und Umgebung*, Wolfenbüttel, 1904.

주요 참고문헌

OL, vol. 17, 17. Jul. 1903, p. 95: Korea.

Lehmann, Ewald (레만, 에발트)

직업: 판사

독일 폼메른의 쾨슬린에서 태어났다. 1905~1914년 칭다오 조계지에서 판사로 재직하였다. 1907년 봄에 한국으로 휴가를 왔고, 한성에 있는 손탁의 호텔에서 며칠 동안 머무르면서 시내를 구경하였다. 1914년 8월 전시 총동원되어 소위로 복무하였다. 1914년 11월 일본의 포로가 되어 오사카에 수용되었다가 1917년 2월 19일부터는 히로시마 근처 니노시마섬의 수용소로 압송되었으며, 1919년 12월에 풀려났다.

주요 참고문헌

AA, Korea I, vol. 37: 'Schreiben von Dr. Krüger aus Seoul vom 7. Okt. 1907'.
AA, Korea I, vol. 37: 'Schreiben von E. Lehmann aus Tsingtau vom 10. Juli 1907 an Frl. Sontag'.

Lucius von Ballhausen, Otto Johann Sigismund Freiherr von

(루시우스 폰 발하우젠, 오토 요한 시기스문트 프라이헤르 폰)

생몰: 1867. 11. 30 독일 클라인 발하우젠(튀링엔 자유주)~1932. 7. 12 독일 클라인 발하우젠

'글로베트로트'라는 가명으로 기행문 『19세기 후반 일본, 중국, 자바(An des 19. Jahrhunderts Neige in Japan, China und Java)』를 집필하였다. 1896년 6월 일본에서 청으로 가는 도중 그가 탄 기선이 부산과 제물포에 정박하였다. 기선은 24시간만 정박하였지만 볼터의 도움으로 신속하게 한성으로 갔고, 몇 시간 동안 크리엔 영사의 초대를 받아 시간을 보냈다.

주요 저술

Globetrott, *An des 19. Jahrhunderts Neige in Japan, China und Java*, Braunschweig, 1902.

주요 참고문헌

"Lucius Robert Freiherr von Ballhausen", at: www.erfurt-web.de/LuciusRobertFreiherrVonBallhausen.
1998년 3월 28일 W. 그룬트만 박사가 독일 베를린에서 보내온 편지.

Magnus, Friedrich (마그누스, 프리드리히)

1891년 제물포와 한성을 방문하였다. 1902년 다시 왔을 때에도 같은 도시들을 방문하였고, 한성에서 고종과 황태자를 알현하였다.

주요 저술

Ein Besuch am Hofe von Korea, *Globus*, vol. 82, no. 10(Sep. 1902), pp. 158~161.

Oppert, Ernst Jacob (오페르트, 에른스트 야코프)

생몰: 1832. 12. 5 독일 함부르크~1903. 9. 19 독일 함부르크

직업: 상인

1851년부터 홍콩에 체류하였는데, 후에 상하이로 가서는 1866년 6월, 8월 조선과 무역을 하고자 시도하였다. 세 번째 조선을 방문하였을 때는 약탈을 목적으로 하였다. 1868년 4월과 5월 오페르트는 흥선 대원군의 아버지인 남연군의 묘를 도굴하여 시체를 훼손하려 한 혐의로 함부르크 고등법원에서 감금 3개월과 벌금을 선고받았다. 조선에서의 모험을 『금단의 나라(A Forbidden Land)』라는 제목으로

1879년 런던에서 영어로 출판하였고, 1880년에는 라이프치히에서 독일어로 출판하였다.

주요 저술

A Forbidden Land. Voyages to Corea, London, 1879.
Ein verschlossenes Land : Reisen nach Corea ; nebst Darstellung der Geographie, Geschichte, Producte und Handelsverhältnisse des Landes, der Sprache und Sitten seiner Bewohner, Leipzig, 1880.
Erinnerungen eines Japanesen, Leipzig, 1898.
Ostasiatische Wanderungen. Skizzen und Erinnerungen aus Indien, China, Japan und Korea, Leipzig, 1898.

[6-109] 에른스트 오페르트가 쓴 『금단의 나라 조선』 (라이프치히, 1880년)

주요 참고문헌

Allen, pp. 6, 7.
Hauschild-Thiessen, Renate, "Ernst Oppert (1832-1903). Ein Hamburger beschreibt Korea", *Hamburgische Geschichtsund Heimatblätter*, Verein für Hamburgische Geschichte, Hamburg, 1988/92, vol. 12(October), pp. 99~101.
Hesse-Wartegg, Ernst von, *Korea. Eine Sommerreise nach dem Lande der Morgenruhe 1894*, Dresden und Leipzig, 1895, p. 83.
Hulbert, Homer B., *The Passing of Korea*, Reprint, Seoul, 1969, p. 298.
"Korea. Geschichte, Land und Leute", *Das Ausland*, vol. 58, no.3, 19 Jan. 1885, p. 70.
"Korea", *ÖMO*, vol. 11, no. 2, 15 Feb. 1885, pp. 25~29.
"Oppert, Ernst Jacob", *JE*, vol. 9, p. 419.
"Oppert", *The Korea Review*, vol. 1(May 1901), p. 210: Odds and Ends.

Paske, J. (파스케, J.)

1902년 혹은 1903년 한국을 여행하였는데, 한국의 다양한 학교와 관립외국어학교를 시찰하기 위해서였다.

주요 저술

"Das koreanische Schulwesen", *Der Ferne Osten*, vol. 2(1903), pp. 65~71.
"The Corean School System", East of Asia Magazine, vol. II(1903), pp. 24~30.

Pickenbach, Hermann (피켄바흐, 헤르만)

직업: 공장장

독일 베를린 출신이다. 필립 보켄하이머 교수의 동행인으로 1908년 1월 5일 기니를 출발하여 아시아 여행을 시작하였다. 청, 만주, 한국의 북쪽 지역을 방문하였다. 1908년 5월 압록강을 건너 한성에 도착하였으며, 5월 27일에 부산에서 일본으로 떠났다.

주요 참고문헌

Bockenheimer, Philipp, *Rund um Asien*, Leipzig, 1909, p. 23.

Richthofen-Seichau, Wilhelm Karl Eugen Samuel Ulrich Graf von

(리히트호펜 자이하우, 빌헬름 카를 오이겐 사무엘 울리히 그라프 폰)

생몰: 1873.4.11 독일 올라우(슐레지엔주, 현재 폴란드 올라우)~1922.6.5 폴란드 브레스라우

직업: 군인, 농장주, 여행작가

1899~1900년 도쿄 주재 독일 영사관에서 무관으로 근무하였다. 1900년 6월 베이징 주재 독일 영사관의 무관과 함께 한국의 한성에서 며칠 지냈다. 의화단운동이 발생한 후에 베이징으로 파견되었다. 1902년 11월 6일 베를린에서 알리스 폰 디르크센(Alice von Dirksen, 1883~1906)과 결혼하였고, 두 명의 자녀를 두었다.

[6-110] 리히트호펜 자이하우와 그의 아내 알리스(1902년)

주요 저술

Chrysanthemum und Drache. Vor und während der Kriegszeit in Ostasien. Skizzen aus Tagebüchern. Gewidmet dem Geographen Ferdinand von Richthofen, Berlin, 1902.

주요 참고문헌

『舊韓國外交文書』, 德案 2, no. 2229, 2231, 2233, 2235, 2349, 2351, 2359.

Roth, J. (로트, J.)

직업: 대위, 여행가

미국에서 아르투어 베르거 박사의 동행인으로 세계여행에 합류하였다. 1903년 봄에 한국을 방문하였다.

주요 참고문헌

Berger, A., Aus *einem verschlossenen Paradiese*, Dritte, durchgesehene und erweiterte Auflage von *"Eine Welt- und Jagdreise"*, Berlin, 1924, p. 13.

Schanz, Moritz (샨츠, 모리츠)

생몰: 1853.12.12 독일 트로이엔(메클렌부르크 포폼메른주)~1922.10.28 독일 켐니츠

직업: 상인, 연구여행가, 식민지 정책학자

1875~1890년 브라질 리우데자네이루에서 상인으로 활동한 후 1891~1903년에는 5개 대륙 연구 여행을 하였다. 1894년 10월 말 1년 계획으로 독일에서 아시아 여행을 떠났는데, 1895년 6월 말~7월 초에 조선에 와서 제물포, 한성, 부산, 원산을 둘러보았다. 작센상업위원회의 대표로 1897~1898년 동아시아에 다시 오게 되었고, 1897년 말(추정) 제물포와 한성을 방문하였다. ➔ '독일상업위원회' 참조

주요 저술

Ägypten und der Ägyptische Sudan, Halle an der Saale ,1905.
Algerien, Tunesien, Tripolitanien. (Angewandte Geographie vol. 8), Halle an der Saale, 1905.
Australien und die Südsee an der Jahrhundertwende, Berlin, 1901.
Baumwoll-Anbau, -Handel und –Industrie in den Vereinigten Staaten von Nordamerika, Berlin, 1915.
Das heutige Brasilien: Land, Leute und wirtschaftliche Verhältnisse, Hamburg, 1893.
Die Baumwolle in Ägypten und im englisch-ägyptischen Sudan, Berlin, 1913.
Die Baumwolle in Ostindien, Berlin, 1913.
Die Baumwolle in Russisch-Asien, Berlin, 1914.
Ein Zug nach Osten. vol. 1:Reisebilder aus Indien, Birma, Ceylon, Straits Settlements, Java, Siam. Vol. 2: *Reisebilder aus China, Korea, Ostsibirien, Japan, Alaska und Canada*, Hamburg, 1897.
Nordafrika: Marokko. (Angewandte Geographie vol. 6), Halle an der Saale, 1905.
Ostund Süd-Afrika, Berlin, 1902.
Streifzüge durch Ostund Süd-Afrika: Bilder aus Britisch-, Deutschund Portugiesisch-Ostafrika, Zanzibar, den Komoren, Madagaskar, Réunion, Mauritius, Natal, Transvaal, Oranjefreistaat, Rhodesia und Kapkolonie, Berlin, 1900.
West-Afrika, Berlin, 1903.

주요 참고문헌

DBE, vol. 8, p. 761.
DBJ, vol. 5(1923), p. 446.
"Die deutsche Handelsmission für Ostasien", *Ost-Asien*, vol. 1, no. 2(May 1898), pp. 68f.
OL, vol. 11, 26 Feb. 1897, p. 686: Vermischtes; 9 Apr., p. 869: Vermischtes.
Wer ist's 1909, p. 1210.

[6-111] 모리츠 샨츠가 쓴 『동쪽으로의 기차여행. 제2권. 중국, 조선, 동시베리아, 일본, 알래스카, 캐나다 여행 사진집Ein Zug nach Osten. Bd. 2: Reisebilder aus China, Korea, Ostsibirien, Japan, Alaska und Canada』(함부르크, 1897년)

Sussmann, August (수스만, 아우구스트)

직업: 상업 고문관, 아마추어 인종학자

라이프치히 출신 상인이자 가죽도매업체 바이놀트앤랑에의 직원으로 1906년 8월 말에 러시아를 경유하여 동아시아로 여행을 떠났다. 민속의상을 살펴보기 위한 목적이었는데, 1906년 말 한국에 왔다.

주요 저술

Eine Reise nach Brasilien im Jahre 1910 über Nordamerika, Westindien, dann via Uruguay, Argentina, Magelhaensstraße, Punta Arenas u. zurück auf gleicher Route, Bremen, Leipzig, 1910.

[6-112] 아우구스트 수스만이 쓴 『1910년 브라질 여행Eine Reise nach Brasilien im Jahre 1910』(라이프치히, 1910년)

Eine Reise nach Südamerika, Leipzig, 1908.

주요 참고문헌

OL, vol. 20, 18 Sep. 1906, p. 605: PN.

Wertheimer, Fritz (베르타이머, 프리츠)

생몰: 1884. 12. 12 독일 브루흐잘~1964. 9 독일 프라이부르크

직업: 정치학자, 기자, 여행작가

1907~1914년 『프랑크푸르트 차이퉁』의 특파원으로 일본과 청에서 활동하였다. 1909년 말 한국을 방문하여 한성을 자세히 둘러보았다.

Seoul.

Blicke in die Hauptstadt Koreas.

Von **Dr. Fritz Wertheimer.**

(Aus der „Königsberger Allgemeinen Zeitung")

Man hat einen ganz unvergleichlich schönen Blick, wenn man einen der Hügel oder Berge erklettert, die Seoul umgeben. Von der Höhe dieser meist nackten, weissen Felsen, die erst jetzt wieder mit Aufforstungen versehen und so etwas freundlicher gestaltet werden, sieht man hinunter in einen tiefen Kessel von allerdings riesigen Ausmessungen, in dem eine Stadt liegt. Freilich eine Stadt, so ungewohnt unseren Vorstellungen von einer Residenz- und Hauptstadt, dass wir eher an eine ungeheure Ansammlung von Hütten denken, als an den Begriff Stadt. Da unten wogt nur eine Menge von braunen Dächern, die Alles verdecken. Die koreanischen Häuser sind einstöckige, höchstens fünf bis sechs Meter hohe Lehm- und Steinbauten mit Ziegeldächern, und von hoch oben sieht man eben nur die Dächer. Ein paar breite, weisse Bänder ziehen sich durch die braune Fläche: es sind die geraden, ausserordentlich weiten Strassenzüge, die vom Ost- und zum West- und vom Nord- zum Südtor laufen. Denn wie die chinesischen Städte ist Seoul mit einer Mauer umgeben, die zwar an machtvoller

[6-113] 1910년 프리츠 베르타이머가 한국의 수도에 대해 쓴 글(『덕문신보』)

주요 저술

"Blicke in die Hauptstadt Koreas", *OL*, vol. 24, 28 Jan. 1910, pp. 106~108.

Deutsche Leistungen und deutsche Aufgaben in China, Berlin, 1913.

Deutschland und Ostasien, Stuttgart, Berlin, 1914.

Deutschland, die Minderheiten und der Völkerbund, Berlin, 1926.

Die Helden von Postawy : Aus den Tagen der russischen Entlastungs-Offensive, Frankfurt a. M. 1916.

Die Herbstoffensive der 131er 1915 und die Schlacht bei Postawy, Schleswig, 1917.

Die japanische Kolonialpolitik, Hamburg, 1910.

Durch Ukraine und Krim, Stuttgart, 1918.

Hindenburgs Mauer im Osten, Stuttgart, Berlin, 1916.

Im polnischen Winterfeldzug mit der Armee Mackensen, 3. Ed., Stuttgart, Berlin, 1915.

Kulturund Wirtschaftspolitik in der Volkstumspflege, München, 1931.

Kurland und die Dünafront, 2. Ed., Stuttgart, Berlin, 1916.

Reise durch Kurland: Verwaltung Oberbefehlshaber Ost; Ausschnitte aus d. Frankfurter Zeitung 1915-1916, Frankfurt a, M, 1915~1916.

Von der Weichsel bis zum Dnjestr: Neue Kriegsberichte, Stuttgart, Berlin, 1915.

Von deutschen Parteien und Parteiführern im Ausland, Berlin, 1930.

"Zur Organisation des Auswanderungswesens: Deutsches Ausland-Institut Stuttgart", *Der Auslandsdeutsche*, vol. 4, vol. 1(März 1921), no. 5.

주요 참고문헌

KLK, vol. 47(1934), p. 913.

OL, vol. 26, 31 May 1912, p. 471: PN.

Wigand (비간트)

1905년 3월 중순 중국 칭다오에서 한국으로 와 제물포와 한성에서 며칠 머물렀

다. 한성에서는 손탁의 호텔에 있었고, 변리공사 잘데른과 함께 고종을 알현하였다. 볼얀이 교관으로 있던 관립한성덕어학교를 구경한 뒤 제물포로 가서 칭다오로 출발하였다.

주요 저술

"Eine Audienz beim Kaiser von Korea", *Die Flotte*, vol. 10, no. 3(March 1907), pp. 37~39.
"Leben der Europäer in Tsingtau", *Die Flotte*, vol. 8, no. 3(March 1905).

Zabel, Carl Hugo Rudolf (차벨, 카를 후고 루돌프)

생몰: 1876. 9. 1 독일 볼린(작센 자유주) ~ ?

직업: 작가, 연구여행가

『덕문신보』의 편집장으로 상하이에서 일하다 청의 내륙 지방, 만주, 시베리아, 일본, 모로코, 중앙아시아, 인도, 투르키스탄에 갔다. 여러 일간지에 쓴 많은 기사들과 긴 기행문에서 그의 여행 내용을 알 수 있다. 차벨이 한국을 방문하게 된 이유는 두 가지였다. 러일전쟁 중 전쟁특파원으로서 일본 측에서 본 사태에 대해 보고하라는 임무와 신혼여행때문이었다. 1904년 어린 신부 베르타 막달레나(결혼 전 성은 패르버)와 함께 유럽을 출발하여 일본을 통해 한국에 왔다. 이 여행은 1906년『러일전쟁 중 한국으로의 신혼여행(Meine Hochzeitsreise nach Korea während des russisch-japanischen Krieges)』이란 제목의 기행문으로 출판되었다.

[6-114] 카를 후고 루돌프 차벨(1902년)

주요 저술

Das heimliche Volk: Erlebnisse eines Forschungsreisenden am Lagerfeuer und vor den Höhlen des Urvolkes der Tarahumare-Indianer, Berlin, 1928.
Deutschland in China, Leipzig, 1902.
Die deutsche China-Expedition von 1897, Leipzig, 1902.
Durch die Mandschurei und Sibirien. Reisen und Studien, Leipzig, 1902.
Erlebnisse berühmter Forscher unter den Wilden von Ozeanien, Indien und Afrika. Klassische Schilderungen aus der Völkerkunde in der eigenen Darstellung der Entdecker, Gesammelt und Herausgegeben von Rudolf Zabel, Hamburg, 1910.
Im Kampfe um Konstantinopel und die wirtschaftliche Lage der Türkei während des Weltkrieges: Auf Gallipoli; An den Dardanellen, Leipzig, 1916.
Im muhammedanischen Abendlande. Tagebuch einer Reise durch Marokko, 2. Ed., Altenburg, 1905.
In unruhiger Zeit in Marokko, Köln, 1912.
Meine Hochzeitsreise durch Korea während des russisch-japanischen Krieges, Altenburg, 1906.
Zu unruhiger Zeit in Marokko, Köln (without year), (ca. 1912).

주요 참고문헌

Wer ist's 1914, p. 1900.

8. 민간 선박 선원

Allmacher, F. (알마허, F.)

직업: 엔지니어

조선 기선 해룡호의 제1 기계 엔지니어로, 1889~1890년 제물포에 거주하였다.

주요 참고문헌

D&C: 1889, 1890.
Meiklejohn's: 1889, 1890.

Bruhn, A. (브룬, A.)

직업: 선장

1892년 해룡호의 선장이었다.

주요 참고문헌

D&C: 1892.

Closter, N. (클로스터, N.)

직업: 부기장

해룡호의 부기장이었고, 1889~1890년 제물포에 거주하였다.

주요 참고문헌

Meiklejohn's: 1889, 1890.
D&C: 1889, 1890.

Dethlefsen (데트레프센)

직업: 선장

[6-115] 월미도 앞 제물포항에 정박한 선박들(1910년)

1885년 기선(汽船) 헤버호[Hever, 한국어 명칭은 희화호(希化號)]의 선장으로 한 달에 2회 세창양행을 위해 상하이, 나가사키, 부산, 제물포로 운항하였다. 희화호는 조선의 우편선 역할도 하였다. 데트레프센의 국적은 명확하게 밝혀지지 않고 있다.

주요 참고문헌

"Aus Korea", *Kölnische Zeitung*, no. 205, 26 June 1885.

Herzberg, C. (헤르츠베르크, C.)

직업: 엔지니어

해룡호의 제2 기계엔지니어였고, 1889~1890년에 제물포에 거주하였다.

주요 참고문헌

D&C: 1889, 1890.
Meiklejohn's: 1889.

Jagemann, P. (야게만, P.)

이칭: 耶桂萬(야계만)

직업: 엔지니어

1889년부터 세창양행이 운행하던 시그날호의 제1 기계엔지니어로 근무하였고 1892년 11월 25일부터 1896년 2월 1일까지 창룡호(구 시그날호)에서도 근무하였다.

[6-116] 기선 시그날호(창룡호)

주요 참고문헌

D&C: 1890 ~1896.
Meiklejohn's: 1889, 1890.
『舊韓國外交文書』, 德案 1, no. 1640, 1646, 1664, 1674.

Koch, J. A. (코흐, J. A.)

직업: 선장

1887년 한성에 있던 대흥상회(Corean Merchants' Steamship Co.)의 조선 기선 한양호의 선장이었다.

주요 참고문헌

D&C: 1887.

Meyer, F. (마이어, F.)

직업: 선장

1887~1889년 해룡호의 선장으로 근무하였고, 1889~1893년에는 세창양행의 기선 시그날호(창룡호)의 선장으로 일하였다. 1894~1896년에는 기선 조주부호의 선장으로 근무하였다. 제물포에 거주하였다.

주요 참고문헌

D&C: 1887~1896.
Meiklejohn's: 1889, 1890.

Möller (묄러)

직업: 선장

648톤 급 기선인 차이나호의 선장으로 북독일연맹의 국기를 달고 1868년 4월 28일 상하이를 출발하여 약탈을 계획하고 있던 에르스트 오페르트를 태우고 나가사키를 경유하여 조선으로 항해하였다.

주요 참고문헌

Oppert, Ernst, *Ein verschlossenes Land. Reisen nach Corea*, Leipzig, 1880, pp. 276ff.

Schölke (쇨케)

직업: 선장

추산호의 선장으로 1871년 6월 즈푸를 출발하여 조선으로 가는 길에 러시아의 포시에트만을 우회하다 난파되었다. 안개가 짙었고 물살이 빨랐기 때문에 배는 조선의 남해에 침몰하였고, 선원들은 작은 섬으로 몸을 피하였다. 충돌할 때 충격과 난파될 때 혼란 때문에 대포가 떨어져서 쇨케 선장의 손가락 몇 개가 손상되어 나중에 절단할 수밖에 없었다. 대부분의 청나라 선원들은 육로를 통해 청으로 돌아간 반면, 쇨케 선장을 비롯한 일부 선원들은 두 개의 구명보트를 타고 황해를 횡단하였다. 항해 중 미국 전함 팔로스호에 의해 구조되었다.

주요 참고문헌

"Ein deutscher Conflict mit Korea", *Allgemeine Zeitung* Augsburg, München, 1871, supplement 7 Sep. 1871, pp. 4393f.
Neff, Robert, "The Wreck of the Schooner Chusan. An early German encounter in Korea", published 2007-11-10 at: english.ohmynews.com/articleview/article_view.asp?at_code=432532.

Schulze, F. W. (슐체, F. W.)

이칭: 蕭鬱詩(소울시), 蕭鬱始(소울시)

직업: 선장

1890년 조선 기선 착강호의 선장으로 일하였는데, 제물포에 거주하였다.

➡ '6장 2. 한국 관청의 관리' 참조

주요 참고문헌

Meiklejohn's: 1890.

Tesselsen (테셀센)

직업: 장교

세창양행이 운행하였던 시그날호의 장교였다. 1890년에 제물포에 거주하는 외국인으로 등록되었다. (독일 국적인지는 입증되지 않았다.)

주요 참고문헌

Meiklejohn's: 1890.

Tessensohn, Franz (테센존, 프란츠)

직업: 선장

1894~1895년 조선 기선 창룡호의 선장으로 근무하였으며, 제물포에 거주하였다. 1903년 함부르크 시장으로부터 기선 함부르크호를 일본 해안에서 항해할 수 있는 허가를 받았다.

주요 참고문헌

D&C: 1894, 1895.

【6-117】 함부르크 항구(1898년)

Thomsen (톰센)

직업: 선장

독일 홀슈타인에서 태어났다. 일본 기선회사 니폰유센 카이샤의 우편선 겐카이마루호의 선장이었다. 오스트리아 여행작가인 에른스트 폰 헤세 바르테크를 1894년 여름 나가사키에서 부산으로 운송하였다.

주요 참고문헌

Hesse-Wartegg, Ernst von, *Korea. Eine Sommerreise nach dem Lande der Morgenruhe 1894*, Dresden, Leipzig, 1895, p. 1.

Timm, C. (팀, C.)

세창양행이 운행하였던 시그날호(창룡호)의 부기장으로 1889년 제물포에 거주한다고 등록되었다.

주요 참고문헌

Meiklejohn's: 1889.

9. 기타

Austrasicus (아우스트라시쿠스) (이 이름은 가명으로 보인다.)

1903년 여름 기사를 썼는데, 1904년 베를린에서 발해되는 신문인 『테글리헤 룬트샤우』의 오락 면에 여러 회에 걸쳐 '일본과 조선에서'라는 제목으로 발표되었다. 이 글에 따르면 그는 일본과 조선을 방문하였고 문화와 역사를 집중적으로 연구하였다고 한다.

주요 저술

"Aus Japan und Korea", *Unterhaltungsbeilage zur Täglichen Rundschau*, Berlin, no. 133, 2 July 1904, pp. 609~611; no. 154, 4 July 1904, pp. 613f; no. 156, 6 July 1904, pp. 621~623; no. 157, 7 July 1904, pp. 625f; no. 158, 8 July 1904, pp. 629~631; no. 159, 9 July 1904, pp. 633f.

Bartels, W. (바르텔스, W.)

1907년 3월에 한성을 방문하였다. 고트프리트 나이 부영사와 헤르만 잔더 대위와 함께 한성 주재 독일 총영사관 정원에서 사진을 찍었다.

[6-118] **한성에 온 바르텔스** (왼쪽부터) 한국인 통역관, W. 바르텔스, 부영사 고트프리트 나이, 헤르만 잔더 대위가 독일 공관 정원 분수대 앞에 서 있다(1907년 3월).

Brinckmann (브링크만)

직업: 상인

1871년 6월 쉴케 선장이 이끌었던 독일의 추산호가 조선의 남해안에 난파되었는데, 선원들은 청으로 돌아갔고 난파선은 영국인 두 명에게 경매되었다. 소유주가 된 이 영국인들은 정크선을 타고 즉시 조선으로 떠났고, 1871년 6월 말에 조선에 도착하였다. 청에 거주하고 있던 독일인 브링크만도 이들과 동행하였다. 소유주인 영국인들은 바로 섬으로 갔는데 조선의 관리들에게 체포되었으며, 배에 남아 있던 브링크만은 조선인의 요구에 따라 즉시 떠나야 했다. 청으로 돌아가는 길에 브링크만은 청의 선원들에게 살해되었고, 시신은 바다에 던져졌다. ➜ '쉴케', '하센플루크, 루이' 참조

주요 참고문헌

"Aus Korea", *Allgemeine Zeitung* Augsburg, München, no. 280, supplement, 7 Oct.1871, pp. 4937f.

"Ein deutscher Conflict mit Korea", *Allgemeine Zeitung*, Augsburg, München, 1871,

supplement, 7 Sep. 1871, pp. 4393f.
Neff, Robert, "The Wreck of the Schooner Chusan. An early German encounter in Korea", published 2007-11-10 at: english.ohmynews.com/articleview/article_view.asp?at_code=432532.

Buse (부제)

직업: 은행장

1903년경에 콘라트 폰 잘데른은 고종의 요청에 따라 고종의 독일 은행 계좌 개설을 도왔다. 잘데른은 상하이에 있는 덕화은행[12] 은행장이었던 부제와 연락을 취했고, 1904년 부제는 한성으로 와서 180,000엔 상당의 금과 일본 화폐를 받아갔다. 덕화은행은 이 돈을 독일 유가증권에 투자하였고, '조선 황제 국고의 유가증권'이라는 이름으로 디스콘토 게젤샤프트 은행에 예금하였다.

[6-119] 상하이의 덕화은행(1895년)

주요 참고문헌

AA, Korea I, vol. 37: 'Schreiben von Generalkonsul Krüger aus Seoul vom 7. Okt. 1907'.

Crons, Walther (크론스, 발터)

직업: 양잠업자

독일 크레펠트 출신의 양잠업 전문가로 독일상업위원회 회원이었다.

➔ '독일상업위원회' 참조

주요 참고문헌

"Die deutsche Handelsmission für Ostasien", *Ost-Asien*, vol. 1, no. 2(May 1898), pp. 68f.
OL, vol. 11, 20 Feb. 1897, p. 686; 9. Apr., p. 869: Vermischtes.

Deutsche Handelskommission (독일상업위원회)

1897년 1월 28일 독일상업위원회는 경제 상황을 연구하기 위해 동아시아로 갔다. 회원들은 청과 일본에서 5개월 동안 체류하였고, 1897년 말경에 한국에도 와서

12 덕화은행은 동아시아 시장 점유를 목적으로 1889년 2월 12일 독일 대형 은행 7개와 민간 은행 6개로 구성된 신디케이트로 설립되었다. 이 신디케이트에는 도이치뱅크도 포함되어 있었다. 본사는 중국 상하이에 있었으며, 인도, 일본, 싱가폴에 지사를 열었다. 1906년 6월 8일 덕화은행은 제국 재상으로부터 중국에서 15년 동안 자체적으로 화폐를 발행할 수 있는 면허를 받았다.

제물포와 한성을 둘러보았다. 13개월 동안 동아시아에 체류한 후 1898년 3월 독일로 돌아갔다. 독일상업위원회는 다음 인물들로 구성되었다.

- **크라우제 비히만 여사:** 자르브뤼켄 출신. 단장, 기계설비 전문가
- **알렉산더 코이센:** 크레펠트 출신. 양잠 전문가
- **발터 크론스:** 크레펠트 출신. 양잠 전문가
- **알렉산더 요레스:** 크레펠트 출신. 양잠 전문가
- **게오르크 하르티히:** 드레스덴 출신. 양털 전문가
- **게오르크 라인하르트:** 보름스 출신. 가죽 전문가
- **모리츠 샨츠:** 켐니츠 출신. 작센상업위원회 대표
- **막스 괴르츠:** 뮐포르트 출신. 목화솜 전문가
- **헤르만 슈마허:** 베를린 출신. 비서, 서기

막스 괴르츠는 청에서 병에 걸려 일찍 독일로 귀국했기 때문에 한국을 방문할 수 없었다.

주요 참고문헌

"Die deutsche Handelsmission für Ostasien", *Ost-Asien*, vol. 1, no. 2(May 1898), pp. 68f.
OL, vol. 11, 20 Feb. 1897, p. 686; 9. Apr., p. 869: Vermischtes.

Deutscher Deserteur (독일인 탈영자)

1905년 6월 탈영한 독일 해병을 수원에서 체포하여 그가 속한 배로 압송하였다.

[6-120] 칭다오의 독일 해군들(1910년경)

주요 참고문헌

The Korea Review, vol. 5(June 1905), p. 234: News Calendar.

Deutsches Kindermädchen (독일인 보모)

1901년 12월 25일 분쉬는 제물포에 거주하는 영국 영사의 저녁 만찬에서 볼터의 자녀를 돌보는 21세의 독일인 보모를 만났다. 분쉬는 그녀의 이름을 밝히지 않았다.

주요 참고문헌

Claussen-Wunsch, Gertrud(Ed.), *Dr. med. Richard Wunsch. Arzt in Ostasien*, Büsingen/Hochrhein, 1976, p. 89.

Deutsche Leibwache (독일 호위관)

열강 간 정치적 갈등이 심화되고 한국 내에서 폭동이 일어나는 상황에서, 특히 고종에 대한 독살 시도가 있은 후 고종은 궁정 호위대를 믿지 못하였다. 고종의 명령에 따라 외국인 고문이었던 클라랑스 R. 그레이트하우스(Clarence R. Greathouse)[13]는 상하이에서 30명의 외국인으로 구성된 특수부대를 고용하였다. 영국인 9명, 미국인 9명, 독일인 5명, 프랑스인 5명, 러시아인 2명으로 구성된 부대였다. 1898년 9월 17일에 호위대는 한성에 도착하였지만, 외국인들을 황제의 호위대로 고용하는 것에 대한 반대가 커서 열흘이 지난 9월 27일 이들을 해임하였다.

주요 참고문헌

Allen, p. 39.

"Eine fremde Leibwache für den Kaiser von Korea", *Ost-Asien*, vol. 1, no. 9(Dez. 1898), p. 410.

"King of Korea's Protector. Clarence R. Greathouse, His American Adviser, Recruits a Body Guard of Foreigners", *New York Times*, 10 Sep. 1898, p. 7.

Lee, Kwang-rin: The Role of Foreign Military Instructors in the Later Period of the Yi Dynasty. In: International Conference on the Problems of Modernization in Asia. June 28 July 7, 1965, Report, Seoul, 1965, p. 246.

Deutsche Seeleute (독일 선원)

에른스트 오페르트는 1868년 4~5월 세 번째로 조선을 방문하였을 때 상하이에 있는 짐센 상사로부터 648톤 급 기선 차이나호를 빌렸다. 이 기선은 조선의 강을

13 클라랑스 R. 그레이트하우스는 요코하마 주재 미국 총영사였으며, 1890년 8월 30일 조선 정부의 외국 고문으로 고용되었다. 고종을 위하여 외국인 호위대를 고용하여 국민의 반감을 불러일으켰다. 국민들은 외국인이 황제를 호위할 경우 민족감정이 손상되고 조선의 호위병과 병사들의 권위가 떨어진다고 생각했기 때문이다.

거슬러 올라가기에 너무 컸기 때문에 청에서 가장 오래된 독일 상사인 Wm. 푸스타우에서 작은 기선 크레타호를 빌렸다. 1868년 4월 28일 오페르트 일행이 탄 차이나호가 상하이를 출발하였을 때, 차이나호에는 선장 묄러, 프랑스 선교사 페롱 신부, 미국인 젠킨스 그리고 8명의 유럽인 선원들이 타고 있었다. 유럽인 선원들은 독일 선원 4명, 스웨덴 선원 2명, 이탈리아 선원 2명이었다. 오페르트 일행은 조선에서 약탈 행위를 하려다가 조선 군인들과 싸움이 있었는데, 그 와중에 필리핀 선원 2명이 죽었고, 프로이센 출신의 독일 선원 1명이 다쳤다.

주요 참고문헌

Hauschild-Thiessen, Renate, "Ernst Oppert(1832~1903). Ein Hamburger beschreibt Korea", *Hamburgische Geschichtsund Heimatblätter. Hamburg 1988/92*, vol. 12(October), pp. 104f.

Gatermann (가터만)

1902년 6월 8일 분쉬와 함께 한성 북쪽에 있는 북한산을 등반하였다. 가터만의 국적과 직업은 아직 밝혀지지 않았다.

주요 참고문헌

Claussen-Wunsch, Gertrud (Ed.), *Dr. med. Richard Wunsch. Arzt in Ostasien*, Büsingen/Hochrhein, 1976, p. 116.

Hartig, Georg (하르티히, 게오르크)

양털 전문가로, 독일상업위원회 회원이었다. ➔ '독일상업위원회' 참조

주요 참고문헌

"Die deutsche Handelsmission für Ostasien", *Ost-Asien*, vol. 1, no. 2(May 1898), pp. 68f.
OL, vol. 11, 20 Feb. 1897, p. 686; 9 Apr., p. 869: Vermischtes.

Hermann (헤르만)

1899년 10월 2일 오토 프란케는 한국을 방문했을 때 금강산의 어느 한 작은 마을에서 독일인 헤르만과 마이어린크를 만났다. 이 둘은 원산을 출발하여 7일 동안 한국을 여행하고 있었다. 헤르만에 관한 자세한 사항은 알 수 없다.

주요 참고문헌

Fu-Sheng Franke, Renata und Wolfgang Franke (Eds.), *Otto Franke. 'Sagt an, ihr fremden Lande'. Ostasienreisen. Tagebücher und Fotografien (1888-1901)*, Institut Monumenta Serica, Sankt Augustin, 2009, p. 368.

Jores, Alexander (요레스, 알렉산더)

직업: 양잠업자

독일 크레펠트 출신 양잠 전문가로, 독일상업위원회 회원이었다.

➔ '독일상업위원회' 참조

주요 참고문헌

"Die deutsche Handelsmission für Ostasien", *Ost-Asien*, vol. 1, no. 2(May 1898), pp. 68f.
OL, vol. 11, 20 Feb. 1897, p. 686; 9 Apr., p. 869: Vermischtes.

Kempener, von (켐페너, 폰)

1902년 5월 9일 와이퍼트 영사의 초대를 받았다. 자세한 사항은 알려지지 않았다.

주요 참고문헌

Claussen-Wunsch, Gertrud (Ed.), *Dr. med. Richard Wunsch. Arzt in Ostasien*, Büsingen/Hochrhein, 1976, p. 115.

Keussen, Alexander (코이센, 알렉산더)

직업: 양잠업자

독일 크레펠트 출신 양잠 전문가로 독일상업위원회 회원으로 동아시아에 왔다.

➔ '독일상업위원회' 참조

주요 참고문헌

"Die deutsche Handelsmission für Ostasien", *Ost-Asien*, vol. 1, no. 2(May 1898), pp. 68f.
OL, vol. 11, 20 Feb. 1897, p. 686; 9 Apr., p. 869: Vermischtes.

Kochem (코헴)

1902년 5월 9일 와이퍼트 영사의 초대를 받았다. 자세한 사항은 알려지지 않았다.

주요 참고문헌

Claussen-Wunsch, Gertrud (Ed.), *Dr. med. Richard Wunsch. Arzt in Ostasien*, Büsingen/Hochrhein, 1976, p. 115.

Krause-Wichmann, Fr. (크라우제 비히만, Fr.)

독일 자르브뤼켄 출신의 기계설비 전문가로, 독일상업위원회의 단장을 맡았다.

➔ '독일상업위원회' 참조

주요 참고문헌

"Die deutsche Handelsmission für Ostasien", *Ost-Asien*, vol. 1, no. 2(May 1898), pp. 68f.
OL, vol. 11, 20 Feb. 1897, p. 686; 9 Apr., p. 869: Vermischtes.

Müller (뮐러)

직업: 대위

1904년 11월 자오저우의 주지사 오스카 폰 트루펠이 한성을 방문하였다. 주지사와 수행원들은 손탁의 조찬 초대를 받았다. 이를 기념하기 위해 손탁 호텔 앞 계단에서 단체 사진을 찍었는데, 사진에는 오스카 폰 트루펠, 앙투아네트 손탁, 에른스트 크뢰벨, 콘라트 폰 잘데른, 고트프리트 나이, 아말리에 에케르트, 파울 쉬르바움, 뮐러 대위, 슈텐더와 슈트라우스가 보인다.

주요 참고문헌

Claussen-Wunsch, Gertrud (Ed.), *Dr. med. Richard Wunsch. Arzt in Ostasien*, Büsingen/Hochrhein, 1976.

Münster-Schulz (뮌스터 슐츠)

1898년 9월 30일에 카를 볼터와 펠릭스 라인스도르프 부영사와 함께 당고개 금광을 방문하였다. (뮌스터-슐츠의 다음 행적에 대한 관련 자료는 없다.)

주요 참고문헌

브루노 크노헨하우어(Bruno Knochenhauer)의 개인 문서.
2013년 3월 26일 미하엘 디라우프(Michael Dirauf) 제공.

Reinhard, Georg (라인하르트, 게오르크)

독일 보름스 출신의 가죽 전문가로, 독일상업위원회 회원이었다.

➔ '독일상업위원회' 참조

주요 참고문헌

"Die deutsche Handelsmission für Ostasien", *Ost-Asien*, vol. 1, no. 2(May 1898), pp. 68f.
OL, vol. 11, 20 Feb. 1897, p. 686; 9 Apr., p. 869: Vermischtes.

Rothkegel, Curt (로트케겔, 쿠르트)

생몰: 1876. 5. 24 독일 그로스 슈트레리츠(오버슐레지엔주, 현재 폴란드 스트르젤체 오폴스키) ~ 1945. 12. 5 리히텐슈타인공국

직업: 건축가

1903~1929년 중국에서 건축가로 활동하였다. 1904년 4월 15일 경운궁이 화재로 인해 거의 파괴되었는데, 이때 고종은 궁궐 내에서 유일하게 벽돌로 지어진 건물인 수옥헌으로 몸을 피하였다. 화재 후에 대한제국 황실은 궁전을 서양식 벽돌 건물로 짓기로 결정하였다. 당시 한국에 있던 광산기술자 케겔과 고종의 시의 분쉬는 독일 건축가가 이 일을 맡을 수 있도록 애썼고, 손탁이 도움을 주었다. 칭다오

의 독일 주지사에게 문의한 후 독일 건축가인 쿠르트 로트케겔이 1905년 초 한국으로 파견되었다. 로트케겔은 새 궁전 설계도를 작성하였고, 고종을 알현하고 궁전 건축가로 임명되었다. 1905년 봄 로트케겔은 측량을 시작하였지만, 일본은 이를 반기지 않았다. 러일전쟁 때문에 당시 한국에는 많은 일본군들이 주둔하고 있었는데, 이들은 한국에 압력을 가하였고, 결국 고종은 건축 계획을 포기하였다. 그동안 로트케겔은 한국의 고위 관리들의 저택 수주를 받았으나, 전쟁과 일본의 압박으로 이것마저도 성사될 수 없었다. 그러나 사례금을 두둑하게 받은 후 1905년 칭다오로 돌아갔다.

주요 참고문헌

Claussen-Wunsch, Gertrud (Ed.), *Dr. med. Richard Wunsch. Arzt in Ostasien*, Büsingen/Hochrhein, 1976, p. 177~179.

Maztat, Wilhelm, "Curt Rothkegel(1876~1945), Architekt in China 1903 bis 1929, At: tsingtau.org Die Geschichte der Deutschen in China von 1898 bis 1946", at: www.tsingtau.org/rothkegel-curt-1876-1945-architekt/

Schanz, Moritz (샨츠, 모리츠)

생몰: 1853. 12. 12 독일 트로이엔(메클렌부르크 포폼메른)~1922. 10. 28 독일 켐니츠

직업: 상인, 연구여행가, 식민지 정책학자

작센상업위원회를 대표하여 독일상업위원회와 함께 한국을 두 차례 방문하였다. ➔ '6장 7. 모험가, 여행가, 작가' 참조

주요 참고문헌

"Die deutsche Handelsmission für Ostasien", *Ost-Asien*, vol. 1, no. 2(May 1898), pp. 68f.

OL, vol. 11, 20 Feb. 1897, p. 686; 9 Apr., p. 869: Vermischtes.

Schmidt, von (슈미트, 폰)

1902년 5월 9일 와이퍼트 영사의 초대를 받았다. 자세한 사항은 알려져 있지 않다.

주요 참고문헌

Claussen-Wunsch, Gertrud (Ed.), *Dr. med. Richard Wunsch. Arzt in Ostasien*, Büsingen/Hochrhein 1976, p. 115.

Schmidt, N. (슈미트, N.)

직업: 경찰 경위

제물포의 자치외국인회 회원으로 1887년 당시 경찰 경위였고, 청나라 경찰 4명과 조선 경찰로 구성된 부대를 지휘하였다.

주요 참고문헌

D&C: 1887.

Schneider (슈나이더)

중국 상하이에서 온 멘징 가족의 지인으로, 1907년 12월 28일 엘리자베트 에케르트와 오토 멘징이 결혼하였을 때 한성을 방문하였다. (결혼식 사진에서 볼 수 있다.)

➾ '6장 10. 가족' 참조

Schumacher, Hermann (슈마허, 헤르만)

직업: 비서, 서기

독일상업위원회의 비서이자 서기였다. ➾ '독일상업위원회' 참조

주요 참고문헌

"Die deutsche Handelsmission für Ostasien", *Ost-Asien*, vol. 1, no. 2(May 1898), pp. 68f.

OL, vol. 11, 20 Feb. 1897, p. 686; 9 Apr., p. 869: Vermischtes.

Stender (슈텐더)

1904년 11월 오스카 폰 트루펠이 한국을 방문했을 때 손탁 호텔 앞에서 찍은 사진에서 볼 수 있다.

주요 참고문헌

Claussen-Wunsch, Gertrud (Ed.), *Dr. med. Richard Wunsch. Arzt in Ostasien.*, Büsingen/Hochrhein, 1976.

Strasser, Karl (슈트라서, 카를)

직업: 건축가

독일 황제 소속의 제국건축가로 칭다오에서 한성으로 파견되어 독일 영사관 건물의 상태를 조사하고 보고서를 작성하였다. 1906년 9월 6일 한국에 도착하여 9월 14일 칭다오로 돌아갈 때까지 나이 부영사의 관저에서 지냈다.

주요 참고문헌

AA, Asien 51: 'Schreiben von Vizekonsul Gottfried Ney an Reichskanzler von Bülow vom 15. Sep. 1906'.

"Christuskirche in Tsingtau (Qingdao)", at: tsingtau.org

"Die Geschichte der Deutschen in China von 1898 bis 1946", at: www.tsingtau.org/christuskirche-tsingtau-qingdao/

Strauss (슈트라우스)

1904년 11월 오스카 폰 트루펠이 조선을 방문했을 때 손탁 호텔 앞에서 찍은 사

진에서 볼 수 있다.

주요 참고문헌

Claussen-Wunsch, Gertrud (Ed.): *Dr. med. Richard Wunsch. Arzt in Ostasien*. Büsingen/Hochrhein, 1976.

Vogel, Conrad (포겔, 콘라트)

직업: 군인, 기술자

1890~1891년 청 주재 크룹상사의 군사기술 담당자로 볼터와 함께 프리깃함 츠린이호의 오스트리아 사절단을 맞이하여, 1890년 9월 24일에 한성, 10월 1일에 제물포로 갈 때 수행하였다. 조선 관아와 오스트리아 사절단의 면담은 1892년 6월 23일 조선과 오스트리아-헝가리가 조약을 체결하기 위한 준비 과정이었다.

주요 참고문헌

Benko, Jerolim Freiherr von, *Die Reise S.M. Schiffes Zrinyi nach Ost-Asien (Yangse-kiang und Gelbes Meer) 1890-1891*, Wien, 1894, pp. 340, 351.
2002년 3월 9일 베르너 코이들이 빈에서 보내온 이메일 내용.

[6-121] 소풍나온 외국인들(1912년경)

10. 가족

Baumann (바우만)

파울 프리드리히 바우만의 여동생으로, 오빠가 엘리즈 뱅카르와 1905년 10월 7일 한성에서 결혼할 때 결혼식에 참석하였다. (결혼식 사진에서 볼 수 있다.)

Baumann, Elise (바우만, 엘리즈)

결혼 전 성은 뱅카르로, 조선 주재 벨기에 총영사 레옹 뱅카르의 딸이었다. 1905년 10월 7일 세창양행의 상인이자 공동 소유주였던 파울 프리드리히 바우만과 결혼하였다. ➔ '바우만, 파울 프리드리히' 참조

[6-122] **엘리즈 바우만과 6명의 자녀** 왼쪽부터: 엘리즈 바우만, 베르너, 아이텔, 에름가르트, 그레츠헨, 올가, 빌헬미네.

Brinckmeier, Hatsu (브링크마이어, 하츠)

생몰: 1856. 3. 18 일본 쿠도~1937. 8. 3 한국 제물포

로베르트 한스 카를 브링크마이어의 일본인 아내이다.

Brinckmeier, Theresa (브링크마이어, 테레사)

로베르트와 하츠 브링크마이어의 딸이다.

Eckert, Mathilde (에케르트, 마틸데)

생몰: 1852. 7. 4 독일 팔케나우(오버슐레지엔주, 현재 폴란드 스코로슈이체)~1934. 10. 25 독일 수돌(오버슐레지엔주, 현재 폴란드 주돌)

결혼 전 성은 후흐이다. 1875년 11월 17일 프란츠 에케르트와 결혼하여 20년 동안 일본에서 살았고, 한국에서도 약 20년 동안 거주하였다. 1920년에 요하네스 볼얀과 함께 독일로 돌아갔으며, 아들인 게오르크의 가족과 함께 오버슐레지엔 라티보르 지역의 수돌(1936년부터는 트라흐키르히라고 불림)에서 여생을 보냈다.

〈에케르트의 자녀〉

1. 아말리에(Amalie)

1876년 12월 31일 독일 빌헬름스하펜에서 태어났다. 1905년 2월 7일 한성의 프랑

스 성당에서 관립한성법어학교 교관 에밀 마르텔(1874. 12. 4~1949. 9. 19)과 결혼하여, 5명의 자녀를 두었다. 1969년 4월 21일 미국 오리건주 포틀랜드에서 사망하였다.

1. 마리 루이즈(Marie Louise, 이마쿨라타 수녀): 1906년 3월 4일 한국 한성에서 태어나 1988년 12월 5일 한국 대구에서 사망하였다.
2. 마리 앙투아네트(Marie Antoinette): 1907년 4월 23일 한국 한성에서 태어나 1989년 12월 미국 오리건주 포틀랜드에서 사망하였다.
3. 찰스(Charles): 1909년 3월 1일에 한국 한성에서 태어나 프랑스 매종 알포르에서 사망하였다. 사망 연도는 알 수 없다.
4. 프랑수아(François): 1910년 9월 26일 한국 한성에서 태어났으며, 사망 연도는 알 수 없다.
5. 마르게리트(Marguerite): 1912년 7월 1일 한국 한성에서 태어나 1995년 12월 12일 미국 오리건주 포틀랜드에서 사망하였다.

저술

『나의 삶(This is my Life)』(미공개 일기)

2. 프란츠(Franz)

1879년 9월 23일 독일 빌헬름스하펜에서 태어나 1959년 12월 13일 독일 함부르크에서 사망하였다. 헤드비히 푸더(1880. 12. 26~1958. 11. 18)와 결혼하였고, 25년 동안 일본에서 엔지니어로 일하였다.

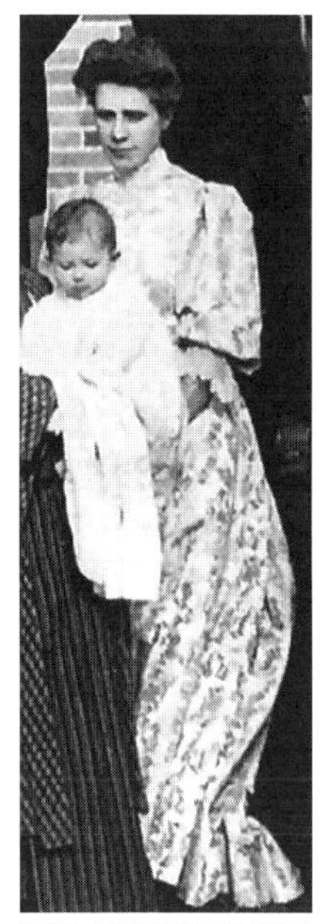

[6-123] 아말리에 마르텔과 장녀 마리 루이즈(1907년)

[6-124] 마차를 타고 소풍가는 손탁, 에케르트, 볼얀(1905년경) 마차를 탄 여인들 중 왼쪽은 앙투아네트 손탁, 오른쪽은 마틸데 에케르트이다. 마차의 오른쪽에는 요하네스 볼얀이 서있다.

3. 안나 이레네(Anna-Irene)

1883년 5월 3일 일본 도쿄에서 태어났다. 궁내부 벨기에 고문인 아데마 델콩네와 1904년 12월 29일 한성의 프랑스 성당에서 결혼하였다.

4. 카를(Karl)

1884년 8월 14일 일본 도쿄에서 태어났으며, 1959년 7월 26일 독일 함부르크에서 사망하였다. 헤드비히 보드니히와 결혼하였으며, 슐레지엔에서 고등학교 교사로 일하였다.

5. 게오르크(Georg)

1886년 2월 3일 일본 도쿄에서 태어났으며, 1945년(혹은 1946년) 러시아에서 사망하였다. 독일 슐레지엔 지방 수돌에서 우체국장으로 근무하였다.

6. 엘리자베트(Elisabeth)

1887년 9월 23일 일본 도쿄에서 태어났으며, 1977년 9월 19일 독일 프리드리히스하펜에서 사망하였다. 마틸데 에케르트와 프란츠 에케르트의 셋째 딸이다.

[6-125] **엘리자베트 에케르트와 파울 오토 프란츠 멘징의 결혼식**(1907년 12월 28일) 첫째 줄 왼쪽부터: 요하네스 볼얀(관립한성덕어학교 교관), 엘리자베트 에케르트(신부), 오토 멘징(신랑), 일본 보모와 마리 루이즈(아말리에와 에밀 마르텔의 장녀), 아말리에 마르텔(마틸데와 프란츠 에케르트의 장녀), 에밀 마르텔(관립한성법어학교 교관). 둘째 줄 왼쪽부터: 마틸데 에케르트(신부의 어머니), 프란츠 에케르트(신부의 아버지, 조선 군악대 대장). 뒷줄 왼쪽부터: 청나라 하인, 일본인 보모와 마리 앙투아네트(아말리에와 에밀 마르텔의 차녀), 슈나이더(중절모를 쓰고 있다. 상하이에서 온 멘징 가족의 지인), 파울 쉬르바움(세창양행의 공동 소유주), 알폰스 트레물레(궁내 프랑스 고문)

[6-126] 동대문(1905년경)

1907년 12월 28일 광저우에 위치한 함부르크미국소포운송회사(HAPAG)의 선장 파울 오토 프란츠 멘징과 한성에서 결혼하여 후에 중국 한커우에 거주하였다. 2명의 자녀를 낳았다.

1. 안나리제(Annaliese): 1908년 9월 15일 한국 한성에서 태어났으며, 1989년 7월 11일 독일 프리드리히스하펜에서 사망하였다.
2. 한스(Hans): 1909년 11월 14일 중국 광저우에서 태어났으며, 2009년 11월 13일 독일 프리드리히스하펜에서 사망하였다.

Geißler (가이슬러)

함대 부사령관 리하르트 가이슬러의 아내이다. 1903년 7월 한자호를 타고 함대 사령관 프리드리히 그라프 폰 보디생과 함께 한국을 방문하였다.

[6-127] 한자호(1902년)

Gorschalki, Ida Wilhelmine
(고르샬키, 이다 빌헬미네)

독일 상인 A. F. 고르샬키의 아내이다. 남편이 한성에서 사망한 후 이다 고르샤키는 독일로 돌아갔다. 1920년 이후 독일 스위네뮌데에서 관립한성덕어학교의 교관이었던 요하네스 볼얀을 만나, 1922년 9월 15일 결혼하였다.

[6-128] 헨셸부인(1926년 8월)

Gottsche, Bertha Emilie (고체, 베르타 에밀리에)

생몰: 1857~1939

결혼 전 성은 페터스이다. 1882년 지질학자인 카를 크리스티안 고체와 요코하마에서 결혼하였고, 1883년 말 남편과 함께 조선을 방문하였다.

Henkel, H. (헨켈, H.)

마카오 출신의 포르투갈 사람으로, 독일 상인 헤르만 헨켈의 아내였다. 결혼 전 성은 도레메디오스였고, 애칭은 아니타였다. 헤르만 헨켈은 제물포에 있는 세창양행의 직원이자 공동 소유주였다.

Henschel (헨셸)

오토 헨셸의 일본인 아내이다. 오토 헨셸은 1901년부터 부산 해관에서 근무하였으며, 1909년부터는 세창양행 부산 지점에서 근무하였다. 1910년부터는 세창양행 제물포 본사에서 근무하였다.

Kalitzky, Emily (칼리츠키, 에밀리)

한성 주재 독일 영사관의 서기관이었던 프리드리히 아우구스트 칼리츠키의 아내이다. 칼리츠키 부부는 양화진외국인선교사묘원에 묻혔다.

Kochem (코헴)

코헴 부부는 1902년 5월에 한성을 방문하였다.

Kraus (크라우스)

조선의 전환국장을 지낸 프리드리히 크라우스의 아내이다. 1885년 11월 8일에 남편, 6개월 된 아들과 함께 조선으로 와서 1888년 4월 22일까지 체류하였다.

Krüger, Dorothea (크뤼거, 도로테아)

1896년 9월 15일 프리드리히 크뤼거(후에 한성 주재 독일 총영사)와 결혼하였다. 결혼 전 성은 바르데레벤으로, 베를린의 유명한 외과의사 하인리히 아돌프 폰 바르데레벤(Heinrich Adolf von Bardeleben)의 딸이었다. 아버지인 바르데레벤은 대학교수, 비밀의사위원회장, 베를린 군의관대학 외과교수로 근무하였다.

Lührs, Dora (뤼어스, 도라)

결혼 전 성은 뵈딩하우스이다. 나가사키에 뵈딩하우스 상사를 설립한 카를 에른스트 뵈딩하우스(Carl Ernst Boeddinghaus)의 딸로, 1899년 나가사키에서 독일 상인이자 후에 제물포 세창양행의 부사장 겸 공동 소유주가 된 카를 오토 뤼어스와 결혼하였다. 1908년 독일로 돌아갔다.

〈뤼어스의 자녀〉

1. 에르나(Erna): 쌍둥이, 1900년 10월 17일 한국 제물포에서 태어났다.
2. 마르타(Marta): 쌍둥이, 1900년 10월 17일 한국 제물포에서 태어났다.
3. 마리(Marie): 셋째 딸, 1902년 1월 한국 제물포에서 태어났다.

Maertens (메르텐스)

1884년 말~1889년 5월 초에 잠상공사 회장이었던 아우구스트 A. 메르텐스의 아내였다. 1887~1890년 제물포에 등록된 유일한 독일 여성이다.

Mensing, Paul Otto Franz (멘징, 파울 오토 프란츠)

생몰: 1877. 9. 13 독일 콜베르거뮌데(폼메른 지역, 현재 폴란드 콜로브제크)~1936. 3. 13 독일 슈테틴(서폼메른 지역, 현재 폴란드 슈체친)

직업: 선장

중국 광저우에 있는 함부르크미국소포운송회사(HAPAG)의 선장으로 후에 한커우에 거주하였다. 1907년 12월 28일 프란츠 에케르트와 마틸데 에케르트의 셋째 딸인 엘리자베트 에케르트와 한성에서 결혼하였다. 1908년 9월 15일 한성에서 장녀 안나리제(1989년 7월 11일 독일 프리드리히스하펜에서 사망)를 낳았고, 1909년 11월 4일 광저우에서 아들 한스(2009년 11월 13일 독일 프리드리히스하펜에서 사망)를 낳았다.

Möllendorff, Elisabeth Johanna von (묄렌도르프, 엘리자베트 요한나 폰)

생몰: 1845~1886

파울 게오르크 폰 묄렌도르프의 여동생으로 로잘리 폰 묄렌도르프와 함께 1883년 가을에 조선으로 왔다.

[6-129] 한성의 관저 앞에서 장녀, 차녀와 함께 있는 로잘리 폰 묄렌도르프(1885년)

Möllendorff, Emma von (묄렌도르프, 엠마 폰)

생몰: 1880. 7. 3 ~ ?

파울 게오르크 폰 묄렌도르프와 로잘리 폰 묄렌도르프의 딸로, 어머니와 오스카 폰 제켄도르프 구텐트와 함께 1902년 12월에 한국에 도착하였다. 1903년에 제켄도르프 구텐트와 결혼하였다.

Möllendorff, Rosalie von (묄렌도르프, 로잘리 폰)

생몰: 1848. 4. 24 ~ 1943. 5. 14

결혼 전 성은 홀트하우젠이다. 독일 에센 근교에 있는 베르덴 출신으로, 1877년 파울 게오르크 폰 묄렌도르프와 결혼하였다. 1883년 가을부터 1885년 12월 5일까지 남편과 함께 조선에 체류하였고, 1902년 12월에 다시 조선으로 왔다. 제켄도르프 소위와 세 딸 중 한 명이 동행하였다. 아주 짧게 제물포와 한성에 머물렀다.

Mörsel (뫼르젤)

페르디난트 하인리히 뫼르젤의 아내이다.

Mörsel (뫼르젤)

페르디난트 하인리히 뫼르젤의 딸로, 1896년 9월 14일 월요일 정동에 있는 영국 정교회에서 제물포 해관의 직원이었던 홉킨스(Hopkins)와 결혼하였다. 영국 국교회 주교인 찰스 존 코프(Charles John Corfe, 1843~1921)가 혼인미사를 주재하였다.

Müller, Marga (뮐러, 마르가)

결혼 전 성은 되르텐바흐이다. 1906년 12월 27일 상하이 주재 부영사 막스 뮐러와 결혼하였다. 1908년 10월 남편과 함께 한국, 만주, 청의 북부 지역으로 휴가를 떠났다.

Prittwitz und Gaffron, Ella von (프리트비츠 운트 가프론, 엘라 폰)

생몰: 1862.9.22~1943.7.4

결혼 전 성은 캐스트너였다. 림부르거와 이혼한 후, 1896년 2월 24일 베이징 주재 독일 공사관 서기관이었던 빌헬름 폰 프리트비츠 운트 가프론 박사와 재혼하였다. 1899년 9~10월 남편과 함께 한국에서 휴가를 보냈다.

Schirbaum, Ishi (쉬르바움, 이시)

생몰: 1886.4.14 일본 아이노무라~1969.10.6 독일 함부르크

일본 규슈섬 나가사키현의 작은 마을 아이노무라 출신인 이시(결혼 전 성은 이와나가)는 1911년 11월 10일 제물포에서 세창양행의 공동 소유주인 파울 쉬르바움과 결혼하였다. 1912년 1월 13일 한성의 독일 영사관에서 크뤼거 총영사의 사회로 독일식 결혼식을 하였다. 쉬르바움 부부는 5명의 자녀를 낳았다. 한국전쟁이 발발한 후 이시 쉬르바움은 남편과 함께 일본 요코하마로 갔다. 1963년 4월 독일 함부르크로 가서 셋째 딸 로테와 사위 라인문트 로이터와 함께 클로스터알레 80번지에서 거주하였다.

〈쉬르바움의 자녀〉[14]

1. 이키 요한나(Iki Johanna)

맏딸. 1904년 8월 14일 한국 제물포에서 태어났다.

2. 후지 수잔나(Fuji Susanna)

둘째 딸. 1908년 3월 27일 한국 제물포에서 태어났다. 1920년부터 동생 고트프리트와 함께 독일 함부르크의 안나 소피아 고모 집에서 지냈다. 수잔나 쉬르바움은

14 이 목록에서는 1910년까지 한국에 체류하였던 독일인들을 소개하는 것이지만, 쉬르바움 가족의 경우에는 모든 자녀를 실었다. 쉬르바움의 가족에 대한 자세한 사항은 필자가 파울 쉬르바움의 손자인 롤프 쉬르바움으로부터 직접 들었다.

[6-130] **월미도와 그 앞에 펼쳐진 항구**(1910년)

함부르크 대학에서 독일의 일본학을 정립한 카를 플로렌츠(Karl Florenz, 1865. 1. 10~1939. 2. 9) 교수 밑에서 공부하였고, 그곳에서 남편인 일본학자 헤르베르트 차헤르트(Herbert Zachert, 1908. 4. 28~1979. 11. 11) 교수를 만났다. 1933년 남편과 함께 일본 나가노현의 마츠모토로 갔고, 남편인 차헤르트 교수는 그곳에서 1941년까지 교수로 재직하였다. 제2차 세계대전이 끝날 때 차헤르트 여사와 자녀들은 가루이자와에 있었는데, 1947년 이들은 강제로 베를린으로 돌아가야 했다. 1960년에 차헤르트 교수가 본 대학교에 새로 설립된 동양어학 학부로부터 교수직을 제의받아 본으로 이사하였다. 수잔나는 2001년 4월 1일 일본에서 사망하였다.

3. 고트프리트(Gottfried)

장남. 1911년 10월 30일 한국 제물포에서 태어났다. 1920년 파울 쉬르바움은 고트프리트를 누나 안나 소피아가 있는 독일 함부르크로 보냈다. 고트프리트는 그곳에서 법학, 의학을 공부하고 1941년 9월 17일 박사학위를 취득하였다. 1935년 7월 13일 함부르크 울렌호르스트의 하일란트성당에서 엘리와 결혼하여 6명의 자녀를 낳았다.

1. 크리스타(Christa): 1935년 6월 8일 태어났다.
2. 페터(Peter): 1939년 5월 23일 태어났다.
3. 레나테(Renate): 1941년 2월 3일 태어났다.
4. 롤프(Rolf): 1943년 1월 21일 태어났다.
5. 볼프강(Wolfgang): 1944년 12월 12일 태어났다.
6. 고트프리트(Gottfried): 1953년 5월 7일 태어났다.

4. 로테(Lotte)

셋째 딸. 1913년 7월 13일 한국 제물포에서 태어났으며, 1989년 10월 28일 사망하였다.

5. 헤르만(Hermann)

둘째 아들. 1920년 한국 제물포에서 태어났다. 한국전쟁 중 북한으로 압송되었고, 포로로 있을 때 행군을 하다 과로로 1950년 사망하였다.

Waeber, Eugénie (베베르, 유제니)

생몰: 1850. 12. 17~1921. 11. 24

결혼 전 성은 마아크로, 알자스 로렌의 스트라스부르 출신이었다. 손탁의 의붓언니였고 러시아 총영사 베베르의 아내였다. 1885년 10월 남편과 함께 조선으로 왔다.

Wolter, Jane Erving Hannay (볼터, 제인 에르빙 하네이)

생몰: 1871. 7. 19 스코틀랜드 글래스고~?

결혼 전 성은 요나탄이다. 상하이에 있는 영국 상사 소유주 딸로 1895년 3월 7일 상하이에서 독일 상인이자 세창양행의 소유주가 된 카를 안드레아스 볼터와 결혼하였다. 같은 해 5월 10일 남편과 함께 조선으로 왔다. 1908년 볼터 가족은 함부르크로 돌아갔다.

〈볼터의 자녀〉

1. 진 클라라 존스턴(Jean Clara Johnston): 쌍둥이, 1896년 3월 30일 중국 상하이에서 태어났다.
2. 마리온 폴린 해리엇(Marion Pauline Harriet): 쌍둥이, 1896년 3월 30일 중국 상하이에서 태어났다.
3. 클라라 로잘린데(Clara Rosalinde): 1898년 6월 18일 한국 제물포에서 태어났다.
4. 제임스 카를(James Carl): 1900년 3월 8일 한국 제물포에서 태어났다.
5. 엘자 앨리스(Elsa Alice): 1902년 3월 3일 한국 제물포에서 태어났다.
6. 카를 콘스탄틴 안톤(Carl Constantin Anton): 1903년 12월 13일 한국 제물포에서 태어났다.
7. 글래디스 이다(Gladys Ida): 1905년 12월 7일 한국 제물포에서 태어났다.
8. 아다 모드(Ada Maud): 1907년 8월 14일 한국 제물포에서 태어났다.

Zabel, Bertha Magdalena (차벨, 베르타 막달레나)

결혼 전 성은 패르버이다. 1904년 작가이자 연구여행가인 남편 카를 후고 루돌프 차벨과 함께 동아시아로 왔고, 일본과 청을 방문하였다.

부록

약어 목록

AA	Akten des Politischen Archivs des Auswärtigen Amtes Bonn 외무부 정치 관련 문서
ADB	*Allgemeine Deutsche Biographie*『독일 인명 사전』
AHM	*Annalen der Hydrographie und maritimen Meteorologie*『해양기상학 연감』
BBKL	*Biographisch-bibliographisches Kirchenlexikon*『교회 관련 인명-도서 사전』
BHdAD	*Biographisches Handbuch des deutschen Auswärtigen Dienstes*『독일 외무부 인명사전』
BJDN	*Biographisches Jahrbuch und deutscher Nekrolog*『인명 연감과 사망자 약력 연감』
D&C	*The Directory & Chronicle*『인명, 사건 사고 연대기』
DBE	*Deutsche Biographische Enzyklopädie*『독일인명대사전』
DBJ	*Deutsches Biographisches Jahrbuch*『독일인명연보』
DRGS	*Deutsche Rundschau für Geographie und Statistik*『지리와 통계에 관한 독일 신문』
DZAU	*Deutsche Zeitschrift für Ausländisches Unterrichtswesen*『해외 교육제도에 관한 독일 신문』
GPEK	*Die Grosse Politik der Europäischen Kabinette* 유럽연합 내각 보도자료
JD	*The Japan Directory*『일본 인명록』
JE	*The Jewish Encyclopedia*『유태인 인명사전』
KJ	*Korea Journal*『코리아저널』
KLK	*Kürschners Deutscher Literatur-Kalender*『퀴어슈너 독일문학 신문』
LDG	*Lexikon der deutschen Geschichte*『독일 역사 대사전』

LOC	Library of Congress 미국회도서관
Meiklejohn's	*Meiklejohn's Japan Directory*『마이클존스의 일본 인명록』
MGGH	*Mitteilungen der Geographischen Gesellschaft in Hamburg* 함부르크 지리학회 보도자료
MOAG	*Mitteilungen der Deutschen Gesellschaft für Natur- und Völkerkunde Ostasiens* 동아시아 자연·인종학 독일협회 보도자료
NDB	Neue Deutsche Biographie『신 독일 인명 사전』
OL	*Der Ostasiatische Lloyd*『덕문신보』
ÖMO	*Österreichische Monatsschrift für den Orient*『오스트리아 월간지 오리엔트』
PN	Personalnachrichten 인사기록부
S.M.Kr.	Seiner Majestät Kreuzer(= His Majesty's Cruiser) '황제 소유의 선박'을 높여 부르는 말
S.M.S	Seiner Majestät Schiff(= His Majesty's Ship, '황제 소유의 선박'을 높여 부르는 말)
TKBRAS	*Transactions of the Royal Asiatic Society*, Korea Branch 왕립아세아학회 한국지부 보도자료
USS	United States Ship 미국 선박
VGEB	*Verhandlungen der Gesellschaft für Erdkunde zu Berlin* 베를린 지구과학협회 보도자료
ZDMG	*Zeitschrift der Deutschen Morgenländischen Gesellschaft*『독일 동양학회 신문』
ZEV	*Zeitschrift für Ethnologische Verhandlungen* 민속학회 보도자료
ZfG	*Zeitschrift für Geschichtswissenschaft*『역사학회 신문』
ZMR	*Zeitschrift für Missionskunde und Religionswissenschaft*『종교, 선교학회 신문』

부록
참고문헌

〈서양 자료〉

1차 자료

- "Abschiedsfeier für Vizeadmiral Bendemann", *OL*, vol. 15(1901), p. 963.
- Akten des Politischen Archivs des Auswärtigen Amtes Bonn(AA)
  China 22: Kiautschou und die deutschen Interessen in Schantung, vol. 18.
  Deutschland 135, no. 30: Die Ministerresidentur(das Konsulat) in Seoul, vol. 1.
  Japan 20, no. 3: Japanisch-koreanisches Vertrags-Protokoll vom 23. Feb. 1904 (Japanisches Protektorat über Korea) und japanisch-koreanisches Abkommen vom 22. Aug. 1904. vol. 1-3.
  Korea 1: Allgemeine Angelegenheiten, 1874-1910, vol. 1-38. R 18901-R 18938.
  Korea 2: Die Besitznahme von Port Hamilton durch die Engländer, vol. 1-3.
  Vol. 1: R 18939, 8 Apr. 1885 - 31 July 1885.
  Vol. 2: R 18940, 1 Aug. 1885 - 31 Dec. 1886.
  Vol. 3: R 18941, 1 Jan. 1887 - Dec. 1904.
  Korea 3: Beziehungen Koreas zu Russland und China, vol. 1-4.
  Vol. 1: R 18942, 15 Aug. 1885 - 2 Oct. 1887.
  Vol. 2: R 18943, 3 Oct. 1887 - 31 Mar. 1893.
  Vol. 3: R 18944, 1 Apr. 1893 - 31 Aug. 1901.
  Vol. 4: R 18945, 1 Sep. 1901 - Sep. 1909.
  Korea 6: Die Christen in Korea, vol. 1.
  Vol. 1: R 18950, Aug. 1886 - May 1910.
  Korea 7: Fremde Vertretung in Korea, vol. 1-3.
  Vol. 1: R 18951, Apr. 1887 - 6 Sep. 1894.

Vol. 2: R 18952, 7 Sep. 1894 - 28 Feb. 1903.
Vol. 3: R 18953, 1 Mar. 1903 - May 1910.
Korea 8: Entsendung koreanischer Missionen nach Europa und Amerika, vol. 1-2.
Vol. 1: R 18954, Oct. 1887 - 31 Dec. 1888.
Vol. 2: R 18955, 1 Jan. 1889 - Feb. 1906.
Korea 10: Die koreanische Frage, vol. 1-10, R 18957 - R 18966, June 1901 - Aug. 1910.
Korea: Akten betreffend das Unterrichtswesen in Korea, vol. 1, December 1897.

- Appenzeller, H.G., "The Opening of Korea: Admiral Shufeldt's Account of it", *The Korean Repository*, vol. 1(Feb. 1892), pp. 57~62.
- "Asien", *Augsburger Abendzeitung*, 2 July 1903, p. 147.
- "Aus den Reiseberichten S.M.S. Leipzig', Korv.-Kapt. Herbig", *Annalen der Hydrographie und maritimen Meteorologie*, Hamburg, vol. 12(1844), pp. 190~193.
- "Aus Korea", *Allgemeine Zeitung Augsburg*, München 1871, no. 280, supplement, 7 Oct. 1871, p. 4937.
- "Aus Korea", *Kölnische Zeitung*, no. 205, 26 June 1885.
- "Aus Korea", *Kölnische Zeitung*, 5 Jan 1886.
- "Ausflug nach Korea", *Shanghaier Nachrichten*, Beilage zu *Der Ostasiatische Lloyd*, vol. 23, no. 39, 24 Sep. 1909, pp. 276~279.
- Austrasicus, "Aus Japan und Korea", Supplement to *Tägliche Rundschau*, Berlin, no. 133, 2 July 1904, pp. 609~611; no. 154, 4 July 1904, p. 613; no. 156, 6 July 1904, pp. 621~623; no. 157, 7 July 1904, p. 625; no. 158, 8 July 1904, pp. 629~631; no. 159, 9 July 1904, p. 633.
- Bälz, Toku: Erwin Bälz, *Das Leben eines deutschen Arztes im erwachenden Japan*. Stuttgart, 1931.
- "Bayerische Benediktiner im Lande der 'erhabenen Morgenruhe' ", *Missions-Blätter*, vol. 14-8(May 1910), p. 123.
- Benko, Jerolim Freiherr von: *Die Reise S.M. Schiffes "Zrinyi" nach Ost-Asien (Yangse-kiang und Gelbes Meer) 1890-1891*. Wien, 1894.
- Berger, A., *Aus einem verschlossenen Paradiese*. Dritte, durchgesehene und erweiterte Auflage von *"Eine Welt-und Jagdreise"*. Berlin, 1924.
- Bergman, Sten, *In Korean Wilds and Villages*. London, 1935.
- "Besuch Seiner Koeniglichen Hoheit des Prinzen Heinrich in Seoul", *OL*, vol. 13, 1 July 1899, p. 687.
- Bird Bishop, Isabella, *Korea and Her Neighbors: A Narrative of Travel, with an*

Account of the Recent Vicissitudes and Position of the Country, London, 1898.
- Bockenheimer, Philipp, *Rund um Asien*. Leipzig, 1909.
- Bolljahn, Johannes, "Das koreanische Schulwesen", *Deutsche Zeitschrift für Ausländisches Unterrichtswesen*. Leipzig, vol. 5-3(April 1900), pp. 192~209.
- Bolljahn, Johannes, "Das Schulwesen in Korea", *Zeitschrift für Philosophie und Pädagogik*. Langensalzen, April 1899, pp. 125~127.
- Brandt, Max von, *Dreiunddreissig Jahre in Ost-Asien. Erinnerungen eines deutschen Diplomaten*. 3 vols. Leipzig, 1900-1901.
- Brass, Emil, "Reise durch Korea. (Vortrag gehalten von Consul Emil Brass)", *Export*, vol. 15, no. 11(1893), pp. 105, 119~121, 136, 167~170.
- "Brief des P. Bonifazius Sauer von seiner Reise nach Korea", *Missions-Blätter*, vol. 13-7(Apr. 1909), pp. 109~111; vol. 8(May 1909), pp. 118~121.
- Brunhuber, Robert, "Korea und Deutschland. Die wirtschaftliche Lage", *Frankfurter Allgemeine Zeitung*, 8 Aug. 1907.
- Brunhuber, Robert, "Korea und Japan", *Preußische Jahrbücher*, vol. 129(1907), pp. 494~510.
- Campell, Charles W., "A Journey through North Korea to the Ch'ang-Pai Shan", *Proceedings of the Royal Geographical Society and Monthly Record of Geography*, March 1892, pp. 1~21.
- Carles, William Richard, *Life in Corea*. London, New York, 1888.
- Claer, Alexander von: Report from 1904 (in German). (비공개 자료)
- Claer, Alexander von: Report from 1906 (in German). (비공개 자료)
- Claer, Alexander von: Military report no. 16 from Seoul, dated 15 May 1904 (in German).
- Claussen-Wunsch, Gertrud (Ed.), *Dr. med. Richard Wunsch: Arzt in Ostasien. Authentische Berichte über Medizin und Zeitgeschehen von 1901 bis 1911 in Korea, Japan und China aus der Feder des kaiserlich-koreanischen Hofarztes. Herausgegeben und erläutert von Gertrud Claussen-Wunsch*. Büsingen/Hochrhein, 1976.
- Claussen-Wunsch, Gertrud (Ed.), *Fremde Heimat Korea*. München, 1983.
- Cramer, "Über die Reise der kaiserlichen Corvette Hertha, insbesondere nach Korea. (Sitzungsbericht vom 15. Feb. 1873)", *Zeitschrift für Ethnologische Verhandlungen*, vol. 5(1873), pp. 49~57.
- Dallet, Charles, *Histoire de l'Église de Corée*. Paris 1874, 2 vols., Reprint: Seoul, 1975.
- "Der Besuch des deutschen Geschwaders in Korea", *OL*, vol. 11(1896/97), 13 Aug. 1897, p. 1451.
- "Der Freundschafts- und Handelsvertrag zwischen Deutschland und Korea",

Daheim, zweite Daheim-Beilage zu Nr. 2, Leipzig, 1883.
- "Deutsche Missionare in Korea", *OL*, vol. 23(1909), p. 934.
- "Deutsches Wirken im Japan der Meiji-Zeit. 1. Dr. Paul Mayet", Nippon. Zeitschrift für Japanologie, Berlin, vol. 1-4(Oct. 1935), pp. 217~224.
- "Die Benediktinermission in Korea", *OL*, vol. 25(1911), p. 215.
- "Die deutsche Handelsmission für Ostasien", *Ost-Asien*, vol. 1, no. 2(May 1898), p. 68.
- "Die Forschungsreise der Deutschen Brunhuber und Schmitz", *OL*, vol. 24(1910), pp. 78~80.
- "Die gegenwärtigen Zustände von Korea", *Globus*, vol. 49-9(1886), pp. 139~142; vol. 10(1886), pp. 151~154.
- *Die Grosse Politik der Europäischen Kabinette 1871-1914. Sammlung der Diplomatischen Akten des Auswärtigen Amtes. Im Auftrage des Auswärtigen Amtes herausgegeben von Johannes Lepsius, Albrecht Mendelssohn Bartholdy, Friedrich Thimme.* Berlin 3. Aufl., 1924ff. (GPEK)
  Vol. 9: *Der Nahe und der Ferne Osten.*
  Vol. 17: *Die Wendung im Deutsch-Englischen Verhältnis.*
  Vol. 19: *Der Russisch-Japanische Krieg.*
  Vol. 32: *Die Mächte und Ostasien 1909-1914.*
- "Die Hungersnot in Korea", *OL*, vol. 23, 12 March 1909, p. 532: Vermischte Nachrichten.
- "Die jüngsten Ereignisse in Korea", *Das Ausland*, vol. 57(1885), pp. 396~399, p. 413.
- Dinklage, L.E., "Beitrag zur Kenntnis des Klimas in Korea", *Annalen der Hydrographie und maritimen Meteorologie*, Hamburg, vol. 19(1891), pp. 33~40.
- "Doktor Wunsch", *Deutsche Japanpost*, March 1911, p. 348.
- Donat, Karl von, *The Russo-Japanese War. Prepared in the Historical Section of the German General Staff.* Authorized translation by Karl von Donat. London, 1909.
- "Dr. August Gramatzky", *Ost-Asien*, vol. 1, no. 5(Aug. 1898), p. 224: Vermischtes.
- "Dr. Karl Hefele - Königlich-Bayerischer Forstmeister", *Chiemgau-Blätter. Unterhaltungsbeilage zum Traunsteiner Tagblatt*, no. 22, 4 June 2005.
- "Dr. phil. August Gramatzky", *Ost-Asien*, vol. 1, no. 4(July 1898), p. 171.
- Ducrocq, Georges, *Pauvre et douce Corée.* Paris, 1904.
- Eckardt, Andre, *Wie ich Korea erlebte.* Frankfurt, 1950.
- Eckert, Franz, "Die japanische Nationalhymne", *MOAG*, vol. 3-23(March 1881), p. 131.

- Ehlers, Otto E., *Im Osten Asiens*. 2. Edition, Berlin, 1896.
- "Ein deutscher Conflict mit Korea", *Allgemeine Zeitung Augsburg*, München 1871, Supplement, 7 Sep. 1871, p. 4393.
- "Ein deutsches Goldbergwerk in Korea", *OL*, vol. 21, 15 March 1907, p. 457.
- "Ein Nachruf für Dr. Wunsch", *OL*, vol. 25, 31 March 1901, p. 314.
- "Eine fremde Leibwache für den Kaiser von Korea", *Ost-Asien*, vol. 1-9(Dec. 1898), p. 410.
- "Eine Unterredung mit dem Stadthalter von Korea, Marquis Ito", *OL*, vol. 20(1906), p. 359.
- Enshoff, Dominikus, *Die Benediktiner-Mission in Korea*. St. Ottilien, 1909.
- "Errichtung eines Ehrengrabes für Freiherrn von Ketteler in Münster", *OL*, vol. 16, 4 Apr. 1902, p. 278.
- "Foreign Interests in Korea", *The Japan Daily Mail*, Yokohama, Tuesday, 3 April 1900.
- Franzius, Georg, *Kiautschou. Deutschlands Erwerbung in Ostasien*. 2. Edition, Berlin (ca. 1899-1900).
- "Fräulein Antoinette Sontag", *OL*, vol. 23, 24 Sep. 1909, p. 625.
- Fu-Sheng Franke, Renata und Wolfgang Franke(Eds.), *Otto Franke. "Sagt an, ihr fremden Lande". Ostasienreisen. Tagebücher und Fotografien (1888-1901)*, Sankt Augustin: Institut Monumenta Serica, 2009.
- Ganglbauer, Ludwig, "Die Borkenkäfer der Halbinsel Korea", *Horae Societatis Entomologicae Rossicae*.(현 제목: Trudy Russkago Entomogočeskago Obščestra, Sankt Peterburge), St. Petersburg, vol. 20(1886/87), pp. 131~138.
- Genest, Otto, "Kapitän Jacobsen's Besuch bei den Koreanern", *Globus*, vol. 52-4 (1887), pp. 58~61; pp. 71~75.
- Genthe, Siegfried, *Korea. Reiseschilderungen*. Berlin, 1905. (=*Genthes Reisen*. Herausgegeben von Dr. Georg Wegener. *Band 1: Korea*. Berlin 1905).
- Globetrott, *An 19. Jahrhunderts Neige in Japan, China und Java*, vol. 2, Braunschweig, 1902.
- Gottsche, Carl, "Korea und seine Nachbarn", *Mitteilungen des Vereins für Erdkunde*, Leipzig, 1886, pp. 32ff.
- Gottsche, Carl, "Ueber Land und Leute in Korea, (Vortrag gehalten am 3. Oct. 1885)", *Verhandlungen der Gesellschaft für Erdkunde zu Berlin*, vol. 13(1886), no. 5, pp. 246~262.
- Gramatzky, A., "Briefe aus Korea", *Ost-Asien*, vol. 3-29(Aug. 1900), p. 218; no. 30(Sep. 1900), pp. 261f; no. 31(Oct. 1900), p. 312.
- "Gützlaff, Karl Friedrich August", *ADB*, vol. 10(1879), p. 236.
- "Gützlaff, Karl Friedrich August", Embacher, Friedrich: *Lexikon der Reisen und*

Entdeckungen. Leipzig, 1882, p. 134.

- Gutzlaff, Charles, *Journal of Three Voyages along the Coast of China, in 1831, 1832, & 1833, with Notices of Siam, Corea, and the Loo-Choo Islands*. London, 1834. Reprint: New York [without year].
- Hackmann, Heinrich, *A German scholar in the East; travelscenes and reflections*. London, 1914.
- Hall, Basil, *Account of a voyage of discovery to the western coast of Corea and the Great Loochoo Island*. London, 1818.
- Hamel, Hendrik, "An Account of the Shipwreck of a Dutch Vessel on the Coast of the Isle of Quelpaert, Together with the Description of the Kingdom of Corea", *TKBRAS*, vol. 9(1918), pp. 91~148.
- Hamilton, Angus, *Korea. Das Land des Morgenrots. Nach seinen Reisen geschildert von Angus Hamilton*, Leipzig, 1904.
- "Handel-, Freundschafts- und Schiffahrtsvertrag zwischen dem Reich und dem Königreich Korea. Vom 26. November 1883", *Stenographische Berichte über die Verhandlungen des Deutschen Reichstags. 5. Legislaturperiode, 4. Session, 1884:* vol. 4, Anlagen zu den Verhandlungen des Reichstages: Aktenstück no. 171, Berlin, 1884, pp. 1303~1322.
- Hanneken, Constantin von, "Episoden aus dem chinesisch-japanischen Kriege. I. Der Untergang der Kau-Shing", *Deutsche Rundschau*, vol. 86(1896), pp. 36~54, 382~403; vol. 87(1896), pp. 355~377.
- Hefele, K., "Aus dem Osten. Reisen in Sachalin, Ostsibirien, der Mandschurei, China und Korea", *MOAG*, vol. 9, part 2(1902), pp. 169~272.
- Hellwald, Friedrich von, "Korea", *Oesterreichische Monatsschrift für den Orient*, no. 2, 15 Feb. 1887, pp. 17~21; no. 3, 15 March 1887, pp. 33~38.
- Herbig, Otto, "Mit S.M.S. Leipzig in Korea", *Deutsche Rundschau*, no. 42(1885), p. 459.
- *Hermann Sander. Die Reisen des Deutschen Hermann Sander durch Korea, Mandschurei und Sachalin 1906-1907*. Eine Fotoausstellung. Gestiftet von seinem Enkel Stefan Sander. Seoul: The National Folk Museum, June 2006.
- "Herr Dr. August Gramatzky", *Ost-Asien*, vol. 2, no. 19(Oct. 1899), p. 317: Vermischtes.
- Herz, Otto, "Lepidoptera von Korea", *Ezhegodnik Zoologicheskogo Muueia Imperatorkoi Akademii Nauk.* [Annuaire du Musée Zoologique de l'Académie Impériale des Science]. St. Petersburg, vol. 9(1904), pp. 263~390.
- Hesse-Wartegg, Ernst von, *Korea. Eine Sommerreise nach dem Lande der Morgenruhe 1894*. Dresden und Leipzig, 1895.
- Hofmann, Amerigo, *Aus den Waldungen des fernen Ostens. Forstliche Reisen*

und Studien in Japan, Formosa, Korea und den angrenzenden Gebieten Ostasiens. Wien, Leipzig, 1913.
- Hulbert, Holmer B., *The Passing of Korea*. New York, 1906.
- "King of Korea's Protector. Clarence R. Greathouse, His American Adviser, Recruits a Body Guard of Foreigners", *New York Times*, 10 Sep. 1898, p. 7.
- Klocke, Eduard, "Koreanische Reiseeindrücke", *OL*, vol. 19, 14 July 1905, pp. 72~75.
- Knochenhauer, Bruno, "Korea", *Verhandlungen der Deutschen Kolonialgesellschaft, Abteilung Berlin-Charlottenburg*, vol. 4, Berlin, 1901, pp. 74~124.
- Knochenhauer, Bruno, "Koreanische Reiseerinnerungen", *Westermann's Jahrbuch der illustrirten Deutschen Monatshefte*, vol. 151, Braunschweig, 1931, pp. 285~288.
- Königsmarck, Hans von, *Japan und die Japaner. Skizzen aus dem Fernen Osten*. Anhang: Der russisch-japanische Krieg, Berlin, 1905.
- Kohlhauer, "Ein Besuch in Port Hamilton und Chemulpo (Korea)", *Globus*, vol. 67, no. 17(April 1895), pp. 261~266.
- "Kommandirungen für die Besatzungstruppen", *OL*, vol. 15(1901), 14 June 1901, p. 512.
- Konsul Emil Brass, "Reise durch Korea", *Export*, vol. 15, no. 11, Berlin, 1893: Vereinsnachrichten, 4 sequels.
- "Korea. Die Benediktinermission in Söul", *Die katholischen Missionen*, vol. 38 (1909/10), p. 169: Nachrichten aus den Missionen.
- "Korea", *Oesterreichische Monatsschrift für den Orient*, vol. 11, no. 2, 15 Feb. 1885, pp. 25~29, 56~61.
- "Korea. Geschichte, Land und Leute", *Das Ausland*, vol. 58, no. 3, 19 Jan. 1885, pp. 41~22, 70~74, 85~88.
- Kraus, Friedrich, "Das Königreich Korea", *Unsere Zeit*, vol. 1(1889), pp. 66~74.
- Kroebel, Emma, *Wie ich an den koreanischen Kaiserhof kam. Reise-Eindrücke und Erinnerungen*. Berlin, 1909.
- Landor, Arnold Henry Savage, *Corea or, Cho-sen, the land of the morning calm*, With numerous text and full-page illustrations from drawings made by the author. London, 1895.
- Lührs, Carl, *Letters sent from Chemulpo to his parents, dated 17 July 1886, 24 July 1886, and 26 Oct. 1886*. (비공개 자료)
- Magnus, Friedrich, "Ein Besuch am Hofe von Korea", *Globus*, vol. 82, no. 10(Sep. 1902), pp. 158~161.
- Martel, Amalie, "Franz Eckert, mein Vater. Der Componist der japanischen

National-Hymne, Kimigayo", 朝鮮總督府圖書館, 文獻報國, 6卷 1號, 1940年 1月 1日, pp. 2~3.

- Martens, Eduard von, "Neue Süsswasser-Conchylien aus Korea", *Sitzungsberichte der Gesellschaft Naturforschender Freunde zu Berlin*, Berlin, 1894, no. 8, pp. 207~217.
- Maxwell, William, *From the Yalu to Port Arthur*, London, 1906.
- Mayet, Paul, "Ein Besuch in Korea im October 1883", *MOAG*, vol. 4, no. 3(Sep. 1884), pp. 18~28. Sequel: "Ein Besuch in Corea", no. 33 (Aug. 1885), pp. 146~152.
- McKenzie, Fred Arthur, *Korea's Fight for Freedom*, New York, 1920.
- McKenzie, Fred Arthur, *The Tragedy of Korea*, With twenty-seven illustrations, London, 1908.
- Moellendorff, R[osalie]. von, *P.G. von Moellendorff. Ein Lebensbild*, Leipzig, 1930.
- Morris, Fritz, "Sailor Princes of Today", *Munsey's Magazine*, vol. 22, no. 5, Feb. 1900.
- Obenheimer, "Ansteuerung des Hafens von Gensang; Ansteuerung des Hafens von Fusan; Ansteuerung der Masanpho-Föhrde; – aus dem Reisebericht S.M.S. Irene", *Annalen der Hydrographie und maritimen Meteorologie*. Hamburg, vol. 28(1900), pp. 49~51.
- "Das Offizierkorps des Kreuzergeschwaders", *OL*, vol. 14(1900), 10 Aug. 1900, p. 616.
- "Oppert", *The Korea Review*, vol. 1 (May 1901), p. 210: Odds and Ends.
- Oppert, Ernst, *Ein verschlossenes Land. Reisen nach Corea. Nebst Darstellung der Geographie, Geschichte, Producte und Handelsverhältnisse des Landes, der Sprache und Sitten seiner Bewohner*, Leipzig, 1880.
- "P.G. von Möllendorff †", *OL*, vol. 15, 26 Apr. 1901, p. 352.
- "Professor Dr. Baelz †", *OL*, vol. 27(Sep. 1913), p. 221.
- Richthofen, Ferdinand von, "China, Japan and Korea", *Geographical Journal*, London, vol. 4, no. 6(1894), pp. 556~561.
- Sauer, Bonifaz, "Ein Besuch in einem koreanischen Bonzenkloster", *Missions-Blätter*, vol. 13, no. 11(Aug. 1909), pp. 169~172.
- Schanz, Moritz, *Ein Zug nach Osten*. Vol. 1: *Reisebilder aus Indien, Birma, Ceylon, Straits Settlements, Java, Siam*. Vol. 2: *Reisebilder aus China, Korea, Ostsibirien, Japan, Alaska und Canada*, Hamburg, 1897.
- "Schreiben des Freiherrn von Richthofen über seine Reise zur Grenze von Korea und in der Provinz Hu-nan", *Zeitschrift der Gesellschaft für Erdkunde zu Berlin*, vol. 5(1870), pp. 317~331.

- Sieroszewski, Waclaw, *Korea, Land und Volk nach eigener Anschauung gemeinverständlich geschildert*, Übersetzung aus dem Polnischen von Stefania Goldenring, Berlin, 1906.
- "S.M. Schiffe auf der ostasiatischen Station", *OL*, vol. 11(1896/97), 18 June 1897, p. 1193.
- *Stenographische Berichte über die Verhandlungen des Deutschen Reichstags*, Berlin, 1871 ff.
- Stenz, Georg Maria, *In Korea, dem Lande der "Morgenstille". Kurze Schilderungen von Missionaren*. Reutlingen, 1904. (= *Steyler Unterhaltungsbibliothek für Jung und Alt*, vol. 19).
- "Totenfeierlichkeiten für den verstorbenen kaiserlichen Gesandten Freiherrn von Ketteler", *Nachrichten aus Kiautschou, Beiblatt zum Ostasiatischen Lloyd*, no. 32, 10 Aug. 1900, p. 171.
- "Trauerfeier für Freiherrn von Ketteler", *OL*, vol. 15, 28 June 1901, p. 552.
- "Ueber das Abschiedsessen im Deutschen Hause in der Hauptstadt Mexico zu Ehren des Gesandten Freiherrn Clemens von Ketteler", *OL*, vol. 13, 15 July 1899, p. 722.
- "Ueber den Giftmordversuch auf den Kaiser von Korea", *Ost-Asien*, vol. 1, no. 9(Dec. 1898), p. 409.
- "Über die Ermordung von Dr. Brunhuber und Dr. Schmitz", *Globus*, vol. 95, no. 21, 10 June 1909, p. 340; vol. 96, no. 17, 4 Nov. 1909, p .274; vol. 97, no. 4, 27 Jan. 1910, p. 67; vol. 98, no. 3, 21 July 1910, p. 50.
- "Uebergabe des Ketterler-Denkmals in Peking", *OL*, vol. 17, 28 Jan. 1903, pp. 195~197.
- "Unsere Benediktiner-Missionäre im Lande der Morgenstille", *Missionsblätter der Benediktinermissionäre in Fryburg und Uznach*, vol. 52, no. 5(May 1948), pp. 100~104.
- Varat, Charles, "Voyage en Corée", *Le Tour du Monde*, Paris, 1892, pp. 289~368.
- Vaya und zu Luskod, Peter Graf Vay von, Empires and Emperors of Russia, China, Korea, and Japan. London, John Murray, 1906.
- "Vizeadmiral Bendemann in Port Arthur und Korea", *OL*, vol. 15, 4 Oct. 1901, p. 849.
- "Von der Reise des Prinzen Heinrich nach Korea", *OL*, vol. 13, 15 July 1899, p. 721.
- "Vorgänge auf geographischem Gebiet. (Veröffentlichungen der Forschungsreise von Dr. Gottsche nach Korea)", *Verhandlungen der Gesellschaft für Erdkunde zu Berlin*, vol. 12, no. 7(1885), p. 388.

• Wagner, Ellasue, *Korea, the Old and the New*. New York[et al.], 1931.
• Weber, Norbert, *Im Lande der Morgenstille. Reise-Erinnerungen an Korea.* St. Ottilien, 1916.
• Weber, Norbert, *In den Diamantenbergen Koreas*. St. Ottilien, 1927.
• Wertheimer, Fritz, "Blicke in die Hauptstadt Koreas", *OL*, vol. 24, 28 Jan. 1910, pp. 106~108.
• Whigham, Henry James, *Manchuria and Korea*. London, 1904.
• White, Trumbull, *The War in the East. Japan, China, and Korea. A complete history of the war*. Chicago: Moore, 1895.
• *Who's who in the Far East 1906-7, June*, Hongkong: China Mail 1906.
• Wigand, "Eine Audienz beim Kaiser von Korea", *Die Flotte*, vol. 10, no. 3(March 1907), pp. 37~39.
• Wirth, Albrecht, "Die Entwicklung Korea, mit kurzer Beschreibung der koreanischen Rasse, der Geschichte Koreas, der Körpergestalt der Koreaner, der Sitten, des Steuerwesens, der Klassenaufteilung und der Stellung der Ausländer in Korea", *Asien*, vol. 3(1903/04), pp. 6~9, 38~40.
• Wirth, Albrecht, "Die Rassenfrage in Ostasien und Ozeanien", *Die Umschau*, vol. 11, no. 8(19 Feb. 1898), pp. 127~131; no. 9(26 Feb. 1898), pp. 145-148; no. 10(1898), pp. 169~173; no. 11(1898), pp. 192~196.
• Wirth, Albrecht, "Zustände in Korea", *Deutsche Export-Revue*, Berlin, 1902, pp. 561, 600~602.
• Wolter, Carl, "Korea, einst und jetzt", *Mitteilungen der Geographischen Gesellschaft in Hamburg*, vol. 17(1901), pp. 63~77.
• Zabel, Rudolf, *Meine Hochzeitsreise durch Korea während des russisch-japanischen Krieges*, Altenburg, 1906.
• "Zur Ermordung von Dr. Brunhuber und Schmitz", *OL*, vol. 23(1909), p. 879: Vermischte Nachrichten.

2차 자료

• Abegg, Waldemar and Boris Martin, *Reise in eine vergangene Zeit. Rund um die Welt 1905*. München, 2009.
• Bae, Kichan, *Korea at the Crossroads: The History and Future of East Asia*. Translated by Kim Jin, Seoul, 2007.
• Bautz, Friedrich Wilhelm, "Gützlaff, Karl", *BBKL*, vol. 2(1990), columns 389f.
• Below, Johannes, "1898-1911: Die erste deutsche Sprachschule in Seoul", Below, Johannes (Ed.), *Deutsche Schulen in Korea. Die deutsch-koreanischen*

Beziehungen im Überblick. Waegwan, 1998, pp. 52~56.

- Bräsel, Sylvia, "Johann Bolljahn(1862~1928): Begründer des Deutschunterrichts in Korea - zur interkulturellen Karriere eines pommerschen Lehrers in Ostasien", *Baltische Studien*, vol. 95 N.F. (2009), Kiel, 2010, pp. 133~150.
- Choi, Chong Ko, "Paul-Georg von Möllendorff und das koreanische Recht", Leifer, Walter (Ed.), *묄렌도르프(P.G. von Möllendorff)*, Seoul, 1983, pp. 191~210.
- Choi, Dong-hi, "The Life and Thought of Ch'oe Che-u", *KJ*, vol. 11, no. 9(Sep. 1974), pp. 25~31.
- Choi, Dong-hi, "Tonghak Movement and Chundo-gyo", *KJ*, vol. 3, no. 5(May 1963), pp. 14~19.
- Cho, Ki-Jun, "The Impact of the Opening of Korea on Its Commerce and Industry", *KJ*, vol. 16, no. 2(Feb. 1976), pp. 27~44.
- Choi, Mun Hyung, "The Onslaught of Imperialist Powers and Its Influence in Korea", *KJ*, vol. 24, no. 3(March 1984), pp. 4~23.
- Chon, Clemens-Stephanus, *Geschichte der katholischen Kirche in Korea*. Waegwan, Seoul, 1989.
- Choi, Suk-woo, "Korean Catholicism Yesterday and Today", *KJ*, vol. 24, no. 8(Aug. 1984), pp. 4~13.
- Clark, Allen D. and Donald N. Clark, *Seoul-Past and Present - A Guide to Yi T'aejo's Capital*, Seoul, 1969.
- Cory, Ralph M., "Some Notes on Father Gregorio de Cespedes, Korea's First European Visitor", *TKBRAS*, vol. 27(1937), pp. 1~55.
- *Curt Netto 1847-1909. Aquarelle und Zeichnungen aus Japan 1873-1885. Ausstellung im japanischen Kulturinstitut Köln vom 6. bis 23. Mai 1980.*(도록), Köln, 1980.
- "Der Deutsche, der Nationalhymnen für Asien schrieb", *Ost-Dienst. Die unabhängige deutsche Ostkorrespondenz*, Hamburg, Supplement: Korea-Dienst, no. 143(May 1983).
- "Der Traum von fernen Ländern ging in Erfüllung. Pfarrer Heinrich Hackmann wirkte von 1894-1901 in Schanghai", *Hildesheimer Allgemeine Zeitung*, Supplement *"Aus der Heimat"*, part 1: 2 Dec 1995, part 2: 6 Jan 1996.
- Dettmer, Hans A., *Grundzüge der Geschichte Japans*. Darmstadt, 1985.
- Deuchler, Martina, *Confucian Gentlemen and Barbarian Envoys. The Opening of Korea, 1875-1885*. Seattle, London, 1977.
- Domschke, R. Andreas [et al.], "Die koreanischen Bestände in deutschen Museen", Komitee 100 Jahre deutsch-koreanische Beziehungen (Ed.), *Bilanz*

einer Freundschaft. Hundert Jahre deutsch-koreanische Beziehung, Bonn, 1984, pp. 86~100.

- "Dr. Karl Hefele - Königlich-Bayerischer Forstmeister", *Chiemgau-Blätter*, Unterhaltungsbeilage zum Traunsteiner Tagblatt, vol. 2005, no. 22(4 June 2005).
- Eckardt, Andre, "Unserem Mitgliede Franz Eckert, dem Pionier deutscher Musik in Japan zum Gedächtnis", *MOAG*, vol. 21 (1927), zwischen Heft D und E.
- Eckert, Carter J. [et al.], *Korea Old and New. A History*. Seoul, 1990.
- Eichhorn, Werner, "Geschichte Chinas", Barloewen, Wolf-D. v. (Ed.), *Abriss der Geschichte außereuropäischer Kulturen, vol. 2: Nord- und Innerasien, China, Korea, Japan*, bearbeitet von Hans Findeisen, Bertold Spuler, Werner Eichhorn, Roger Goepper, Bruno Lewin, Horst Hammitzsch. München, Wien, 1964, pp. 85~161.
- Go, Byong Ik, "Hintergründe der Einstellung von Paul-Georg von Möllendorff", Leifer, Walter (Ed.), *묄렌도르프(P.G. von Möllendorff)*, Seoul, 1983, pp. 110~123.
- Gompertz, G. St. G. M., "Some Notes on the Earliest Western Contacts with Korea", *TKBRAS*, vol. 33(1957), pp. 41~54.
- Goosmann, Rudolf, "Es begann mit einem Telegramm", *Koreana*, vol. 7-3(1976), pp. 17~19.
- Graf, Olaf, "Abtbischof Bonifatius Sauer OSB. Lebensbild des Gründers der Benediktinermission in Korea", Kaspar, Adelhard and Placidus Berger, *Hwan Gab*. Münsterschwarzach, 1973, pp. 67~79.
- Graf, Olaf, "Die Anfänge des Christentums in Korea", Renner, Frumentius (Ed.), *Der fünfarmige Leuchter*. St. Ottilien 1971, vol. 2, pp. 367~498.
- Grayson, James Huntley, *Early Buddhism and Christianity in Korea*. Leiden, 1985.
- Grayson, James Huntley, *Korea: A Religious History*, Revised Edition, London, 2002.
- Hall, John Whitney, *Das Japanische Kaiserreich*, Fischer Weltgeschichte vol. 20, Frankfurt, 1968.
- Hammitzsch, Horst, "Geschichte Japans", Barloewen, Wolf-D. v. (Ed.), *Abriss der Geschichte außereuropäischer Kulturen, vol. 2: Nord- und Innerasien, China, Korea, Japan*, bearbeitet von Hans Findeisen Bertold Spuler, Werner Eichhorn, Roger Goepper, Bruno Lewin, Horst Hammitzsch, München, Wien, 1964, pp. 240~319.
- Han, Woo-Keun, *The History of Korea*. Translated by Lee Kyung-shik, edited

by Grafton K. Mintz, Seoul, 1981.
- Hauschild-Thiessen, Renate, "Ernst Oppert(1832~1903). Ein Hamburger beschreibt Korea", *Hamburgische Geschichts- und Heimatblätter*, Hamburg, 1988/92: Verein für Hamburgische Geschichte, vol. 12(October), pp. 99~114.
- Henderson, Gregory, "A History of the Chong Dong Area and the American Embassy Residence Compound", *Transactions of the Korea Branch of the Royal Asiatic Society*, vol. 35(1959), pp.1~31.
- Herold, Heiko, *Reichsgewalt bedeutet Seegewalt. Die Kreuzergeschwader der Kaiserlichen Marine als Instrument der deutschen Kolonial- und Weltpolitik 1885-1901*, München: Oldenbourg, 2013.
- Heyden, L. von, "Verzeichnis der von Otto Herz auf der chinesischen Halbinsel Korea gesammelten Coleopteren", *Horae Societatis Entomologicae Rossicae*. (현 제목: *Trudy Russkago Entomogočeskago Obščestra*, Sankt Peterburge), St. Petersburg, vol. 21(1887), pp. 243~273.
- Hiyama Masako, "Max von Brandt(1835-1920). Erster Ministerresident des Deutschen Reiches in Japan und Förderer der Berufung deutscher Lehrer und Berater nach Japan. Erster Präsident der OAG", Japanisch-Deutsches Zentrum Berlin (Ed.), *Brückenbauer. Pioniere des japanisch-deutschen Kulturaustausches*, München: Iudicium, 2005, pp. 211~217.
- Hsüh, Immanuel Chung-yueh, "The Secret Mission of the Lord Amherst on the China Coast, 1832", *Harvard Journal of Asiatic Studies*, Cambridge, vol. 17(June 1954), no. 1 and 2.
- Hulbert, Homer B., *The Passing of Korea*, Reprint, Seoul, 1969.
- Huwe, Albrecht, "André Eckardt. Deutschlands erster Koreanist", Komitee 100 Jahre deutsch-koreanische Beziehungen (Ed.), *Bilanz einer Freundschaft. Hundert Jahre deutsch-koreanische Beziehungen*, Bonn, 1984, pp. 39.
- Joe, Wanne J., *Traditional Korea. A Cultural History*, Seoul, 1972.
- Jones, G. H., "The Japanese Invasion", *The Korean Repository*, vol. 1, pp. 10~16, 46~50, 116~121, 147~152, 182~188, 217~222, 308~311.
- Jones, Heber Geo., "The Taiwon Gun", *The Korean Repository*, vol. 5, no. 7(July 1898), pp. 241~250.
- Kalton, Michael C., "An Introduction to Silhak", *KJ*, vol. 15, no. 5 (May 1975), pp. 29~46.
- Kane, Daniel C., "Bellonet and Roze: Overzealous Servants of Empire and the 1866 French Attack on Korea", *Korean Studies*, vol. 23, University of Hawaii, June 1999, pp. 1~23.
- Kang, Thomas Hosuck, "Confucian Behavior toward the Modernization of Korea, 1864-1910", *KJ*, vol. 13, no. 7(July 1973), pp. 4~15.

- Kaspar, Adelhard and Placidus Berger, *Hwan Gab. 60 Jahre Benediktinermission in Korea und in der Mandschurei*, Münsterschwarzach, 1973 (=*Münsterschwarzacher Studien,* Herausgegeben von Missionsbenediktinern der Abtei Münsterschwarzach, vol. 15).
- Kentaro, Hayashi, "Ludwig Riess, einer der Väter der Geschichtswissenschaft in Japan", Kreiner, Josef (Ed.), *Bonner Zeitschrift für Japanologie*, vol. 3: *Japansammlungen in Museen Mitteleuropas. Geschichte, Aufbau und gegenwärtige Probleme*, Bonn, 1981, pp. 31~45.
- Kim, Dalchoong, *Korea's Quest for Reform and Diplomacy in the 1880's: with special reference to Chinese Intervention and Control*. Phil. Diss., Medford, 1972.
- Kim, Kwang-Soo, Der *Außenhandel Japans und Koreas unter besonderer Berücksichtigung Deutschlands 1890-1914*, Phil. Diss., Heidelberg, 1968.
- Kim, Jang-Soo, *Korea und der Westen von 1860 bis 1900. Die Beziehungen Koreas zu den europäischen Großmächten, mit besonderer Berücksichtigung der Beziehungen zum Deutschen Reich*. Frankfurt a. M., Bern, New York, 1986.
- Kim, Jinwung, *A History of Korea. From "and of the Morning Calm" to States in Conflict*, Bloomington: Indiana University Press, 2012.
- Kim, Yong-choon, "An Analysis of Early Ch'eondogyo Thought", *KJ*, vol. 17, no. 10(Oct. 1977), pp. 41~46.
- Kim, Young-Sik, "Brief History of the US-Korea Relations Prior to 1945". A Paper Presented at the University of Oregon, May 15, 2003.
- Kim, Zae-Quan, "Möllendorff und die Industrialisierung Koreas", Leifer, Walter (Ed.), *묄렌도르프(P.G. von Möllendorff)*, Seoul, 1983, pp. 272~289.
- King, John W., *The China Pilot. The Coasts of China, Korea, and Tartary; the Sea of Japan, Gulfes of Tartary and Amur, and Sea of Okhotsk; and the Babuyan, Bashi, Formosa, Meiaco-Sima, Lu-Chu, Landrones, Bonin, Japan, Sachalin, and Kuril Islands*. By John W. King, Master, R.N. Third Edition, London, 1861.
- Klein, Thoralf and Reinhard Zöllner (Ed.), *Karl Gützlaff(1803-1851) und das Christentum in Ostasien: Ein Missionar zwischen den Kulturen*, Nettal, 2005.
- Kleiner, Jürgen, *Korea auf steinigem Pfad*, Berlin, 1992.
- Kleiner, Jürgen, *Korea. Betrachtungen über ein fernliegendes Land*, Frankfurt a. M., 1980.
- Kleiner, Jürgen, "Paul Georg von Möllendorff. Ein Preuße in koreanischen Diensten", *Zeitschrift der Deutschen Morgenländischen Gesellschaft*. Sonderdruck, vol. 133-2, Wiesbaden, 1983, pp. 343~434.
- Kneider, Hans-Alexander, "Deutsche Botschafts- und Konsulatsangehörige

in Korea bis zum Jahre 1910", 『한국외국어대학교 논문집』 제33집, Seoul, 2001, pp. 575~598.

- Koh, Byong-ik, "The Role of Westerners Employed by the Korean Government in the Late Yi Dynasty", *International Conference on the Problems of Modernization in Asia, June 28 - July 7, 1965*, Seoul: Asiatic Research Center, Korea University, pp. 249~257.
- Köllner, Patrick, "Die deutsch-koreanischen Beziehungen von 1945 bis zur Gegenwart", Below, Johannes (Ed.), *Deutsche Schulen in Korea. Die deutsch-koreanischen Beziehungen im Überblick*. Waegwan, 1998, pp. 75~119.
- "Korean Relations with Japan. Special Envoys", *The Korea Review*, vol. 3, no. 11(Nov. 1903), pp. 492~497.
- "Korean Taste of Western Music Traces Back to 1901", *The Korea Times*, 13 Aug. 1982, p. 5.
- Kugelmann, Willibald, "Gründungsbericht der Abtei St. Benedikt in Seoul, ihrer Verlegung nach Tokwon und Tätigkeit der Benediktiner im apost. Vikariat Wonsan", Kaspar, Adelhard and Placidus Berger, *Hwan Gab*. Münsterschwarzach 1973 (=*Münsterschwarzacher Studien*, Herausgegeben von Missionsbenediktinern der Abtei Münsterschwarzach, vol. 15), pp. 80~111.
- Kuh, K.S., "100 Jahre deutsch-koreanische Beziehungen", Kuh, K.S. (Ed.), *한 Korea. Kulturmagazin*, vol. 1983-3, pp. 7~23.
- Kuh, Kih-Seong, "Die kulturellen Beziehungen zwischen Deutschland und Korea in Vergangenheit und Gegenwart. (Referat)", *Die deutsch-koreanischen Beziehungen, Symposium 1981 (=Schriften der deutsch-koreanischen Gesellschaft e. V., Bonn)*, pp. 19~29.
- Kuo, Sung-ping, *Chinese Reaction to Foreign Encroachment. With special Reference to the First Sino-Japanese War and Its Immediate Aftermath*. Phil. Diss., Ann Arbor: Columbia University, 1982.
- Lane-Pool, Stanley, *The Life of Sir Harry Parkes, K.C.B., G.C.M.G., sometime Her Majesty's minister to China and Japan*, London, New York, 1894.
- Lee, Grant S., "Persecution and Success of Roman Catholic Church in Korea", *KJ*, vol. 28, no. 1(Jan. 1988), pp. 16~27.
- Lee, Hong-jik, "Die Handelsverträge Koreas mit den europäischen Staaten. Aus: Moderne koreanische Geschichte. Vol. 1: Die Regierungszeit der Bedrängnis (1863-1895). Aus dem Koreanischen von R. Andreas Domschke", Kuh, K. S. (Ed.), *한 Korea. Kulturmagazin*, vol. 1982-1, pp. 134~155.
- Lee, Ki-baik, *A New History of Korea*. Translated by Edward W. Wagner with Edward J. Shultz, Seoul, 1984.
- Lee, Kwang-rin, "The Role of Foreign Military Instructors in the Later Period

of the Yi Dynasty", *International Conference on the Problems of Modernization in Asia. June 28 - July 7, 1965*, Seoul: Asiatic Research Center, Korea University, 1965, pp. 241~248.

- Lee, Sun-keun, "Some lesser-known facts about Taewongun and his foreign policy", *TKBRAS*, vol. 39(Dec. 1962), pp. 23~46.
- Lee, Yur-Bok, *West goes East. Paul Georg von Möllendorff and Great Power Imperialism in Late Yi Korea*. Honolulu, 1988.
- Ledyard, Gari, *The Dutch Come to Korea. An Account of the Life of the First Westerners in Korea (1653-1666)*, Seoul, 1971.
- Leifer, Walter, "Moellendorff und die Fremdsprachenschule in der letzten Phase der Yi-Dynastie", 『독어독문학』 15권, 한국독어교육학회, 1981, 3~16쪽.
- Leifer, Walter, "Paul-Georg von Möllendorff - Gelehrter und Staatsmann in einer Übergangszeit", Leifer, Walter (Ed.), *묄렌도르프(P.G. von Möllendorff)*, Seoul, 1983, pp. 57~91.
- Leifer, Walter (Ed.), *묄렌도르프(P.G. von Möllendorff)*, Seoul, 1983.
- Lensen, Georg Alexander, *Ballance of Intrigue. International Rivalry in Korea & Manchuria, 1884-1899*, vol. 2, Tallahassee, 1983.
- Lewin, Bruno, "Geschichte Koreas", Barloewen, Wolf-D. v. (Ed.), *Abriss der Geschichte außereuropäischer Kulturen, vol .2: Nord- und Innerasien, China, Korea, Japan*, bearbeitet von Hans Findeisen, Bertold Spuler, Werner Eichhorn, Roger Goepper, Bruno Lewin, Horst Hammitzsch, München, Wien, 1964, pp. 199~239.
- Matzat, Wilhelm, *Das "Sprachwunder" Emil Krebs(1867-1930). Dolmetscher in Peking und Tsingtau. Eine Lebensskizze*. Tsingtau.org: pdf-file, 2007.
- Meissner, Kurt, *Deutsche in Japan 1639-1960. Dreihundert Jahre Arbeit für Wirtsland und Vaterland*, Stuttgart: Deutsche Verlags-Anstalt, 1940.
- Meissner, Kurt, "Die Deutschen in Yokohama", *MOAG*, vol. 39, part A(1956), pp. 1~16.
- Meissner, Kurt, "Unwissenschaftliches aus der Gelehrtenkolonie in Tokyo in den (18)80er Jahren", *Nachrichten der OAG*, no. 65(1943), pp. 1~11.
- Min, Byong Ha. "Möllendorff und die traditionelle koreanische Gesellschaft", Leifer, Walter (Ed.), *묄렌도르프(P. G. von Möllendorff)*, Seoul, 1983, pp. 125~140.
- Moll, Helmut (Ed.), *Zeugen für Christus: das deutsche Martyrologium des 20. Jahrhunderts*. 2 vols, Paderborn, 1999.
- Morse, Hosea Ballou, *The International Relations of the Chinese Empire*. 3 vols., here: vol. 3: *The Period of Subjection 1894-1911*. London, 1918.
- "Nachrichten über Möllendorff", *Kölnische Zeitung*, zweites Blatt, erste

Abendausgabe, no. 246, 4. Sep 1888.
- Nahm, Andrew C., *Korea. A History of the Korean People. Tradition and Transformation*. New Jersey, Seoul, 1988.
- Nahm, Andrew C., "Korea and Tsarist Russia: Russian Interest, Policy, and Involvement in Korea, 1884-1904", *KJ*, vol. 22, no. 6(June 1982), pp. 4~19.
- Nahm, Andrew C., "Korean-American Relations, 1866-1978; A Critical Examination", *KJ*, vol. 18, no. 12(Dec. 1978), pp. 14~25.
- Nelson, M. Frederick, *Korea and the old Orders in East Asia*, New York, 1945.
- Ostasiatischer Verein Hamburg-Bremen e.V. (Ed.), *Ostasiatischer Verein Hamburg-Bremen zum 60jährigen Bestehen. 13. March 1900-13. March 1960*, Hamburg, 1960.
- Pantzer, Peter and Sven Saaler, *Japanische Impressionen eines Kaiserlichen Gesandten. Karl von Eisendecher im Japan der Meiji-Zeit*, München, Tokyo, 2007.
- Park, Chan Il, "Thesen zur Wirtschaftspolitik und zum Wirtschaftskonzept Möllendorffs", Leifer, Walter (Ed.), *묄렌도르프(P. G. von Möllendorff)*, Seoul, 1983, pp. 239~255.
- Paske, J., "Das koreanische Schulwesen", *Der Ferne Osten*, Shanghai, vol. 2(1903), pp. 65~71.
- Renner, Frumentius (Ed.), *Der fünfarmige Leuchter. Beiträge zum Werden und Wirken der Benediktinerkongregation von St. Ottilien*. Vol. 2: *Klöster und Missionsfelder der Kongregation von St. Ottilien*, St. Ottilien, 1971.
- Renner, Frumentius, "Die Berufung der Benediktiner nach Korea und Manchukuo", Renner, Frumentius (Ed.), *Der fünfarmige Leuchter. Beiträge zum Werden und Wirken der Benediktinerkongregation von St. Ottilien*, Vol. 2: *Klöster und Missionsfelder der Kongregation von St. Ottilien*, St. Ottilien, 1971, pp. 391~434.
- Riekel, August, *Koreanika. Festschrift Prof. Dr. André Eckardt zum 75. Geburtstag*, Baden-Baden, 1960.
- Ro, Paul M., "Zum 60jährigen Jubiläum des Benediktinerordens in Korea", Kaspar, Adelhard and Placidus Berger, *Hwan Gab*. Münsterschwarzach, 1973, pp. 63~66.
- Roberts, John G., *Black Ships and Rising Sun; the Opening of Japan to the West*, New York, 1971.
- Rutt, Richard, *James Scarth Gale and his History of the Korean People*, 2. Edition, Seoul, 1982.
- *Schicksal in Korea. Deutsche Missionäre berichten*, St. Ottilien, 2. Edition, 1974.
- Schieder, Theodor, "Das europäische Staatensystem als Regulator der

Weltpolitik", Schieder, Theodor (Ed.), *Handbuch der europäischen Geschichte*, 7 vols., Stuttgart, 1968. Vol. 6, *Europa im Zeitalter der Nationalstaaten und Europäischen Weltpolitik bis zum Ersten Weltkrieg*, pp. 53~78.

• Schlyter, Herman, *Der China-Missionar Karl Gützlaff und seine Heimatbasis: Studien über das Interesse des Abendlandes an der Mission des China-Pioniers Karl Gützlaff und über seinen Einsatz als Missionserwecker*, Lund, 1976.

• Schlyter, Herman, *Karl Gützlaff als Missionar in China*. Lund, Copenhagen, 1946.

• Schmidt, Vera, *Aufgabe und Einfluß der europäischen Berater in China: Gustav Detring(1842-1913) im Dienste Li Hung-changs*. Wiesbaden, 1984 (=*Veröffentlichungen des Ostasien-Instituts der Ruhr-Universität Bochum*, vol. 34).

• Schmidt-Lermann, Hans, *Alexander von Claer. Lebenslauf*, München. (비공개)

• Schult, Volker, *Wunsch und Wirklichkeit. Deutsch-philippinische Beziehungen im Kontext globaler Verflechtungen 1860-1945*, Berlin, Logos Verlag, 2008.

• Seoul Main Customs (Ed.), *1885 Dispatches from Chemulpo. 1st January @ 30th September 1885*, Seoul, December 2007.

• *Shanghai of To-day. A Souvenir Album of Fifty Vandyke Gravure Prints of the Model Settlement*, Shanghai, 1930.

• "S.M.S. Hansa in Jokohama", *OL*, vol. 17(1903), pp. 636.

• "S.M.S. Schiffe auf der Ostasiatischen Station", *OL*, vol. 11, 18 June 1897, p. 1193.

• Sohn, Pow-key [et al.], *The History of Korea*, Seoul, 1982.

• Stingl, Werner, *Der Ferne Osten in der deutschen Politik vor dem Ersten Weltkrieg(1902-1914)*, 2 vols., Frankfurt/Main, 1978.

• Stoecker, Helmuth, "Zur Politik Bismarcks in der englisch-russischen Krise", *Zeitschrift für Geschichtswissenschaft*, Berlin, vol. 4(1956), pp. 1187~1202.

• Swartout, Robert R., *Mandarins, Gunboats, and Power Politics: Owen Nickerson Denny and the International Rivalries in Korea*, University of Hawaii Press (November 1980).

• Tanimura Masajirō, "Franz Eckert(1852~1916). Spiritus rector der Blasmusik in Japan, Bearbeiter der japanischen Nationalhymne Kimigayo", Japanisch-Deutsches Zentrum Berlin (Ed.), *Brückenbauer. Pioniere des japanisch-deutschen Kulturaustausches*, München: Iudicium, 2005, pp. 218~227.

• Vasold, Manfred, *Waldemar Abegg. Eine Reise um die Welt im Jahre 1905*, Braunschweig, 1988.

• Vianden, Hermann Heinrich, *Die Einführung der deutschen Medizin im Japan der Meiji-Zeit*, Düsseldorf, 1985.

• Wiethoff, Bodo, *Grundzüge der älteren chinesischen Geschichte. Darmstadt*,

1971 (=Wissenschaftliche Buchgesellschaft Darmstadt: Grundzüge, vol. 20).
- Won, Yu-han, "A study on the introduction of German coinage techniques to Korea", *KJ*, vol. 14, no. 11, Seoul, 1974, pp. 4~11.
- Woo, Chul-Koo, "Centenary of Korean-French Relations", *KJ*, vol. 26, no. 6(June 1986), pp. 4~16.
- Zachert, Susanna, "Erinnerungen, Erlebnisse und Eindrücke in Korea zu verschiedenen Zeiten(1908-1920, 1972, 1977, 1984)", Kuh, K. S. (Ed.), *한 Korea. Kulturmagazin*, vol. 1985-8, pp. 179~184.
- Zoe, Cincaid, "Composer of Japan's National Anthem Organized Bands Here", *The Japan Advertiser*, Tokyo, 7 Dec. 1926, p. 10.
- Zühlke, Herbert, *Die Rolle des Fernen Ostens in den politischen Beziehungen der Mächte 1895-1905*, Berlin, 1929.

〈한국 자료〉

- 高柄翊, 「穆麟德의 雇聘과 그 背景」, 『진단학보』 25卷, 진단학회, 1964, 225~244쪽.
- 고유경, 「한독관계 초기 독일인의 한국인식에 나타난 근대의 시선」, 『호서사학』 제40집, 2005년 4월, 277~310쪽.
- 『高宗實錄』 1~52권.
- 관세청 편, 『사진으로 보는 韓國稅關 130年』, 대전, 2008년 12월.
- 『舊韓國外交文書, 德案』 2 卷(1882-1906), 서울, 高麗大學校亞細亞問題研究所, 1966.
- 『舊韓末條約 彙纂(1876-1945)』 中卷, 立法參考資料 第26號, 서울, 國會圖書館 立法調査局, 1965.
- 김갑득, 『구한말 정동 외인거주지와 건축에 관한 연구』 (부산대학교대학원 건축공학과 박사학위논문), 부산, 2003년 2월.
- 金源模, 『開化期 韓美交涉關係史』 (동양학연구소연구총서 5권), 서울, 2003년 6월 15일.
- ______, 『근대한국외교사연표』 (역사학총서 1권), 서울, 1984년 8월 1일.
- ______, 「미스 손탁과 손탁호텔」, 『향토서울』 제56호, 서울, 1996년 12월, 173~220쪽
- 金源模, 鄭成吉 편, 『韓國의 百年. 近代韓國 [1871-1910]』, 서울, 1989.
- 김정대, 『고종의 독일인 의사 분쉬』, 서울, 1999.
- 김정동, 『고종황제가 사랑한 정동과 덕수궁』, 서울, 2004.
- 김효전, 『구한말의 관립 독어학교』, 2000년 11월 30일.
- 南宮堯悅, 「舊韓末이래 洋樂 80年史 정리」, 『한국일보』, 서울, 1982년 7월 14일.

- 내셔널지오그래픽 편, 『사진으로 보는 옛 한국. 은자의 나라』, 서울, 2002.
- 박영숙 편, 『서양인이 본 꼬레아』, 서울, 1998.
- 백성현·이한우, 『파란 눈에 비친 하얀 조선』, 서울, 1999.
- 「불려지지 않은 〈제2의 愛國歌〉 악보 발견」, 『조선일보』, 서울, 1985년 12월 1일.
- 서울본부세관, 『서울세관개청100주년기념 세관역사사진첩』, 서울, 2007.
- ______, 『1885 Dispatches from Chemulpo. 1st January @ 30th September 1885』 번역본, 서울, 2007년 12월.
- 손정숙, 「구한말 주한 미국공사들의 활동과 개인문서 현황」, 『이화사학연구』 제30집, 2003년 12월, 281~301쪽.
- ______, 『한국근대 주한 미국공사연구』, 서울, 2005.
- 『純祖實錄』 32권, 순조 32년.
- 『純宗實錄』 1~17권.
- 『純宗實錄』 附錄.
- 「에케르트의 〈대한제국애국가〉」, 『음악동아』, 서울, 1986년 1월, 102~104쪽.
- 尹行恁, 「碩齋藁」 9권.
- 李丙燾, 『하멜 漂流記』, 서울, 1954, 98쪽.
- 이광린, 「구한말의 관립 외국어학교에 대하여」, 『향토서울』 제20호, 서울, 1964, 5~34쪽.
- ______, 『韓國開化史研究』, 서울, 1969.
- ______, 『韓國史講座 V 近代篇』, 서울, 1986, .
- 李圭泰, 「대동강의 미국 배」, 『조선일보』, 서울, 2002년 10월 30일.
- 李每浪, 『韓國音樂史』, 서울, 1985.
- 李培鎔, 「舊韓末 獨逸의 鑛山利權과 當峴金鑛」, 『梨花史學研究 12卷』, 서울, 1981, 13~22쪽.
- 李丙燾, 『하멜 漂流記』, 서울 1954.
- 이상석, 「외국인 묘지 기념물의 디테일 특성; 양화진 외국인 묘지공원을 사례로」, 『한국조경학회지』 제31권 제6호, 서울, 2004년 2월, 28~40쪽.
- 李宥善, 『韓國洋樂八十年史』, 서울, 1968.
- 李弘稙 편, 『國史大事典』 2 卷, 서울, 1981.
- 이현종, 「구한말 외국인 고빙고」, 『한국사연구』 제8집, 서울, 1972, 113~148쪽.
- 전성환, 「황제의 명을 받아 민영환이 가사를 지은 에케르트의 〈대한제국 애국가〉」, 『음악동아』, 서울, 1986년 1월, 102~104쪽.
- 全海宗, 『韓中關係史研究』, 서울, 1970.
- 鄭載崙, 「閑居漫錄」, 李丙燾, 『하멜 漂流記』, 서울, 1954, 95쪽.
- 최석로, 『사진으로 본 조선시대, 민족의 사진첩』, 서울, 1994.
- 조풍연, 『사진으로 보는 朝鮮時代, 생활과 풍속』, 서울, 1986.
- 崔聖淵, 『仁川鄕土史料. 開港과 洋館歷程』, 仁川, 1959.
- 최종고, 『한강에서 라인강까지: 한독관계사』, 서울, 2005.

• _____, 『韓獨交涉史』, 서울, 1983.
• 하멜, 헨드릭 저, 이병도 역, 『화선 제주도 난파기』, 서울, 1975.
• 한국어사전편찬회 편, 『국어대사전』, 서울, 1981.
• 한국사사전편찬회 편, 「실학의 발달」, 『한국고중세사사전』, 서울, 1995, 473~499쪽.
• _____, 『한국고중세사사전, 구석기-1860』, 서울, 1995.
• _____, 『한국근현대사사전 1860-1990』, 서울, 1990.
• 한국해사문제연구소, 『잃어버린 航跡: 大韓海運公社의 40年 1950-1988』, 서울, 2001.
• 「韓獨修交 82年 略史」, 『매일경제』, 서울, 1967년 3월 2일.
• 현광호, 『대한제국과 러시아 그리고 일본』, 서울, 2007.
• 홍순호, 「에밀 마르텔(Emile Martel)의 생애와 활동」, 『교회와 역사』 제93호, 서울, 한국교회사연구소, 1983년 03월.
• 洪以燮, 「韓國外交史 - 十九世紀後半以後의 國際關係를 中心하여」, 『韓國文化史大系』 2卷, 서울, 1965, 389~534쪽.

〈일본 자료〉

• 「Baron Clemens von Ketteler」, 『西洋人名字典』, 東京, 1964, 14쪽.
• 「Meyer, H. C. Eduard」, 『西洋人名字典』, 東京, 1964, 9쪽.
• 小坂貞雄, 『外人の 觀たる 朝鮮外交秘話』, 京城, 朝鮮外交秘話出版會, 1934.
• 野村光一, 「フランツ・エッケルト – 音樂教育の推進」, 『音樂お雇い外国人』, 10卷, 東京, 1971, 143~161쪽.
• 「エツケルト, フランツ」, 『音樂事典』, 東京, 1卷, 253쪽.
• 遠藤宏, 『明治音樂史考』, 東京, 1948.
• 中村理平, 『洋樂導入者の軌跡. 日本近代洋樂史序說』, 東京, 1993.
• 「フランツ・エッケルト」, 『日本歷史大事典』 19卷, 東京, 290쪽.

〈인명사전 및 기타 사전〉

• **ADB**
Allgemeine Deutsche Biographie
Auf Veranlassung Seiner Majestät des Königs von Bayern herausgegeben durch die historische Kommission bei der königlichen Akademie der Wissenschaften. 65 Bände, München, 1875-1912.

• **Allen**

Allen, Horace N., *A Chronological Index. Some of the Chief Events in the Foreign Intercourse of Korea. From the Beginning of the Christian Era to the Twentieth Century.* Compiled by Horace N[ewton] Allen, Seoul, 1901.
Supplement to *"A Chronological Index"*, Including the Years 1901 and 1902.
다음에도 발표함.
Allen, Horace N., *Korea: Fact and Fancy. Being a Republication of Two Books Entitled "Korean Tales" and "A Chronological Index"*. Seoul, 1904.
(본 저서에서는 전자의 문헌을 참고하였음.)

• **BBKL**

Friedrich Wilhelm Bautz, *Biographisch-bibliographisches Kirchenlexikon*, 14 vols., Hamm, 1975 ff.

• **BHdAD**

Biographisches Handbuch des deutschen Auswärtigen Dienstes 1871-1945. Herausgegeben vom Auswärtigen Amt, Historischer Dienst. Paderborn, München, Wien, Zürich, vol. 1(A-F, 2000), vol. 2(G-K, 2005), vol. 3(L-R, 2008).

• **BJDN**

Biographisches Jahrbuch und deutscher Nekrolog
Herausgegeben von Anton Bettelheim. Berlin: Reimer, 1897-1903, 5 vols; vol. 6, 1901; vol. 18, 1913.

• **D&C**

The Directory & Chronicle for China, Japan, Corea, Indo-China, Straits Settlements, Malay States, Siam, Netherlands India, Borneo, The Philippines, & c., Hongkong and London: The Hongkong Daily Press Office, 1862-1910.
(1911년 이후)
Directory & Chronicle for China, Japan, Straits Settlements, Indo-China, Philippines, etc., Hongkong and London: The Hongkong Daily Press Office, 1911 ff.

• **DBE**

Deutsche Biographische Enzyklopädie
Herausgegeben von Walther Killy und Rudolf Vierhaus, München und Leipzig, 2005-2007, vol. 1-10.

• **DBI**
Deutscher Biographischer Index.
Bearbeitet von Victor Herrero Mediavilla, München, 2004, vol. 1–8.

• **DBJ**
Deutsches Biographisches Jahrbuch
Herausgegeben vom Verbande der deutschen Akademien und von Hermann Christern. Berlin und Leipzig: Deutsche Verlagsanstalt Stuttgart, 1925–1932. Überleitungsband 1–2; vol. 3–5 und 10–11.

• **Embacher**
Embacher, Friedrich, *Lexikon der Reisen und Entdeckungen,* Leipzig, 1882. (Reprint: Amsterdam, 1961).

• **JD**
The Japan Directory for Tokyo, Yokohama, Kobe, Osaka, Kyoto, Nagasaki, Nagoya, Shidzuoka, Nemuro, Kushiro, Otaru, Niigata, Hakodate, Sapporo, Moji, Shimonoseki, Formosa and Korea. Printed and Published by the "Japan Gazette" Co., Yokohama, (1908, 1911–1915).

• **JE**
The Jewish Encyclopedia
A Descriptive Record of the History, Religion, Literature, and Customs of the Jewish People from the Earliest Times to the Present Day. Prepared by More than Four Hundred Scholars and Specialists. New York, London, 1901–1906, vol. 1–12.

• **KLK**
Kürschners Deutscher Literatur-Kalender
Nekrolog, 1901–1935 und 1936–1970, vol. 29–52. Berlin: Gruyter, 1907–1952.

• **LDG**
Lexikon der deutschen Geschichte
Personen, Ereignisse, Institutionen. Von der Zeitwende bis zum Ausgang des 2. Weltkrieges. Unter Mitarbeit von Historikern und Archivaren herausgegeben von Gerhard Taddey. Stuttgart: Alfred Kröner, 1983.

• **Meiklejohn's**
Meiklejohn's Japan Directory, Lists of Firms, etc., at the Open Ports of Japan and Corea; Japanese Government Departments; the Peerage of Japan; an Alphabetical List of Foreign Residents in Japan and Corea; and an Appendix of Useful Information. Printed and Published by R. Meiklejohn & Co., Yokohama, (1886, 1889, 1890).

• **NDB**
Neue Deutsche Biographie
Herausgegeben von der historischen Kommission bei der Bayerischen Akademie der Wissenschaften, Berlin, 1953 ff, vol. 1 ff.

• **Wer ist's 1909**
Wer ist's? Zeitgenossenlexikon enthaltend Biographien nebst Bibliographien. Angaben über Herkunft, Familie, Lebenslauf, Werke, Lieblingsbeschäftigungen, Parteiangehörigkeit, Mitgliedschaft bei Gesellschaften, Adresse. Andere Mitteilungen von allgemeinem Interesse. Zusammengestellt und herausgegeben von Herrmann A. L. Degener. 4. Ausgabe. Vollkommen neu bearbeitet und wesentlich erweitert. Leipzig: H. A. Ludwig Degener, 1909.

• **Wer ist's 1914**
Unsere Zeitgenossen. Wer ist's? Biographien von rund 20,000 lebenden Zeitgenossen. Angaben über Herkunft, Familie, Lebenslauf, Veröffentlichungen und Werke, Lieblingsbeschäftigungen, Parteiangehörigkeit, Mitgliedschaft bei Gesellschaften, Adresse. Andere Mitteilungen von allgemeinem Interesse. Begründet, herausgegeben und redigiert von Herrmann A. L. Degener. 7. Ausgabe. Vollkommen neu bearbeitet und bedeutend erweitert. Leipzig: H. A. Ludwig Degener, 1914.

〈잡지, 신문 등〉

• *Allgemeine Zeitung Augsburg*, München.
• *Annalen der Hydrographie und maritimen Meteorologie*, Hamburg. (***AHM***)
• *Augsburger Abendzeitung: politischen, historischen und gemeinnützlichen Inhalts*, Augsburg, 1826 ff.
• *Das Ausland. Wochenschrift für Länder- und Völkerkunde,* Stuttgart und München.

- *China-Archiv*. Herausgegeben vom Deutsch-Chinesischen Verbande E.V., Berlin.
- *Daheim*, Leipzig.
- *Deutsche Export-Revue*, Berlin, 1901-1917.
- *Deutsche Japanpost*, Yokohama, 1902-1914.
- *Deutsche Rundschau*, Leipzig [et al.], 1874-1964.
- *Deutsche Rundschau für Geographie und Statistik*, Wien, Pest, Leipzig, 1878/79 - 1914/15, vol. 1-37. (***DRGS***)
- *Deutsche Zeitschrift für Ausländisches Unterrichtswesen*, Leipzig, 1895 ff. (***DZU***)
- *Der Ferne Osten*, Shanghai.
- *Die Flotte. Monatsblatt des Deutschen Flotten-Vereins und des Hauptverbandes Deutscher Flotten-Vereine im Auslande*, Berlin.
- *Globus. Illustrierte Zeitschrift für Länder- und Völkerkunde. Mit besonderer Berücksichtigung der Anthropologie und Ethnologie*. Braunschweig. Begründet, 1862 von Karl Andree. (현 제목: *Globus. Illustrierte Zeitschrift für Länder- und Völkerkunde. Vereinigt mit der Zeitschrift DasAusland und Aus allen Weltteilen*), Braunschweig.
- *The Independent*, 독립신문. *A Journal of Korean Commerce, Politics, Literature, History and Art. Issued every Tuesday, Thursday, and Saturday*, Seoul, 1896 ff.
- *Die katholischen Missionen. Illustrirte Monatschrift im Anschluß an die Lyoner Wochenschrift des Vereins der Glaubensverbreitung*. Freiburg im Breisgau, Bonn, 1873-1998.
- *Kölnische Zeitung*, Köln.
- *Korea Journal*, Seoul (***KJ***)
- *The Korean Repository*. Edited by F. Ohlinger, vol. 1-5, Seoul, 1892-1898.
- *The Korea Review*, Edited by Holmer B. Hulbert, vol. 1-6, Seoul, 1901-1906.
- *Meyers Historisch-Geographischer Kalender*, Leipzig, 1897 ff.
- *Missions-Blätter. Illustrierte Zeitschrift für das katholische Volk. Organ der St. Benediktus-Missions-Genossenschaft zu St. Ottilien (Post Seltendorf, Oberbayern) und der dort errichteten Herz-Jesu-Bruderschaft*, St. Ottilien.
- *Missionsblätter der Benediktinermissionäre in Fryburg und Uznach*, Uznach.
- *Mitteilungen der Deutschen Gesellschaft für Natur- und Völkerkunde Ostasiens*, Tokyo, 1873 ff. (***MOAG***)
- *Mitteilungen der Geographischen Gesellschaft in Hamburg*, Hamburg und Stuttgart, 1878 ff. (***MGGH***)
- *Mitteilungen des Vereins für Erdkunde*, Leipzig.
- *Nippon. Zeitschrift für Japanologie*, Berlin.
- *Der Ostasiatische Lloyd. Organ für die deutschen Interessen im fernen Osten*. 德

文新報, Herausgegeben von C. Fink. Verlag: *Der Ostasiatische Lloyd*, Komm. Ges. in Shanghai. Druck der Deutschen Druckerei und Verlagsgesellschaft in Shanghai, Shanghai 1886(일간지), 1899-1916(주간지). (***OL***)
- *Österreichische Monatsschrift für den Orient*, Herausgegeben vom Orientalischen Museum in Wien, 1875-1918. (***ÖMO***)
- *Orientalisches Archiv. Illustrierte Zeitschrift für Kunst, Kulturgeschichte und Völkerkunde der Länder des Ostens*, Leipzig.
- *Ost-Asien. Monatsschrift für Handel, Industrie, Politik, Wissenschaft, Kunst, etc.*, Berlin.
- *Preußische Jahrbücher*, Berlin, 1858-1935.
- *Proceedings of the Royal Geographical Society and Monthly Record of Geography*, New Monthly Series, London, vol. 1(1879) - vol. 14(1892).
- *Transactions of the Royal Asiatic Society, Korea Branch*, Seoul. (***TKBRAS***)
- *Die Umschau. Übersicht über die Fortschritte und Bewegungen auf dem Gesamtgebiet der Wissenschaft, Technik, Literatur und Kunst*, Herausgegeben von Dr. J. H. Bechhold, Frankfurt/Main.
- *Unsere Zeit. Deutsche Revue der Gegenwart. Monatsschrift zum Conversations-Lexikon*, Herausgegeben von Friedrich Bienemann, Leipzig, Brockhaus, 1865-1891.
- *Verhandlungen der Gesellschaft für Erdkunde zu Berlin*, Berlin, 1873-1901. (***VGEB***)
- *Westermann's Jahrbuch der illustrirten Deutschen Monatshefte*, Braunschweig. (현 제목: *Westermanns Monatshefte*).
- *Zeitschrift der Gesellschaft für Erdkunde zu Berlin*, Berlin, 1866-1944.
- *Zeitschrift der Deutschen Morgenländischen Gesellschaft*. Herausgegeben von Ewald Wagner, Wiesbaden. (***ZDMG***)
- *Zeitschrift für Ethnologie. Organ der Berliner Gesellschaft für Anthropologie, Ethnologie und Urgeschichte, Verhandlungen*, Berlin [et al.], 1869 ff. (***ZEV***)
- *Zeitschrift für Geschichtswissenschaft*, Berlin, 1953 ff. (***ZfG***)
- *Zeitschrift für Missionskunde und Religionswissenschaft. Organ des Allgemeinen Evangelisch-Protestantischen Missionsvereins*, Berlin, 1886-1939. (***ZMR***)

〈인터넷사이트〉(2013년 7월 31일 기준)

- A Voyage of Discovery to the North Pacific Ocean. By William Robert Broughton, 1804. An Excerpt, http://www.british.henny-savenije.pe.kr/
- Alexander Graf von Hatzfeldt, at: www.thepeerage.com/p9766.htm

- An Jung-geun, http://en.wikipedia.org/wiki/An_Jung-geun
- Andre Eckardt, http://de.wikipedia.org/wiki/Andre_Eckardt
- Andreas Amrhein O.S.B (1844-1927), http://www.ldysinger.com/@texts2/1915_amrhein/00a_start.htm
- August von Hallerstein, http://de.wikipedia.org/wiki/August_von_Hallerstein
- Biography of William Robert Broughton, http://www.famousamericans.net/williamrobertbroughton/
- Bismarck, Otto von, http://www.encyclopedia.com/topic/Otto_von_Bismarck.aspx
- Carl Christian Gottsche, http://de.wikipedia.org/wiki/Carl_Christian_Gottsche
- Clemens von Ketteler, http://de.wikipedia.org/wiki/Clemens_von_Ketteler
- Curt von Maltzahn, http://de.wikipedia.org/wiki/Curt_von_Maltzahn
- Curt von Prittwitz und Gaffron, http://de.wikipedia.org/wiki/Curt_von_Prittwitz_und_Gaffron
- De bewogen carrière van Léon VINCART, gevolmachtigd minister van België in Venezuela (Huy, 22 april 1848, +Tildonk, 6 juli 1914), http://www.bloggen.be/tilloenk/archief.php?ID=557
- Deutsche Kolonien: Deutsche Schutzgebiete, Kiautschou - Tsingtau, http://www.deutsche-schutzgebiete.de/deutsche-kolonien.htm
- Deutsches Kaiserreich: Das Deutsche Reich 1871-1918, http://www.deutsche-kaiserreich.de/
- Die Märtyrer von Tokwon, http://www.missionsbenediktiner.de/seligsprechung/index.php
- Dr. Karl Hefele - Königlich-Bayerischer Forstmeister, http://www.traunsteiner-tagblatt.de/zeitung/chiemgau-blaetter_ausgabe,-Dr-Karl-Hefele-%E2%80%93-Koeniglich-Bayerischer-Forstmeister-_action,131_chid,419.html
- Elisabeth von Heyking (1861-1925), http://www.china1900.info/erlebnisse/heyking000.html
- Ernst Oppert, http://en.wikipedia.org/wiki/Ernst_Oppert
- Etzel, Günther von, http://www.vonetzel.com
- Familie von Alvensleben, Haus Rögatz, http://www.familie-von-alvensleben.de/index.php/familiengeschichte-1800-1930-mainmenu-32/rog-mainmenu-263
- Fedor Jagor, http://de.wikipedia.org/wiki/Fedor_Jagor
- Ferdinand Krien, http://en.wikipedia.org/wiki/Ferdinand_Krien

- Ferdinand von Richthofen, http://en.wikipedia.org/wiki/Ferdinand_von_Richthofen
- Franke, Alwin Wilhelm Otto, Deutsche Biographie, http://www.deutsche-biographie.de/sfz16880.html
- Fregattenkapitän Ernst von Studnitz (1862-1907), http://www.maritimequest.com/warship_directory/germany/pages/cruisers/sms_geier_1894_ernst_von_studnitz.htm
- Freiherr Klemens von Ketteler, http://www.boxeraufstand.de/
- Friedrich Graf von Baudissin, http://de.wikipedia.org/wiki/Friedrich_Graf_von_Baudissin
- Friedrich von Ingenohl, http://de.wikipedia.org/wiki/Friedrich_von_Ingenohl
- Friedrich Wilhelm Karl Müller, http://de.wikipedia.org/wiki/Friedrich_Wilhelm_Karl_M%C3%BCller
- Friedrich Wilhelm Kegel, http://en.wikipedia.org/wiki/Friedrich_Wilhelm_Kegel
- Friedrich zu Eulenburg, http://de.wikipedia.org/wiki/Friedrich_zu_Eulenburg
- Georg Alexander von Müller, http://de.wikipedia.org/wiki/Georg_Alexander_von_M%C3%BCller
- Geschichte der Deutschen in Ostasien - 1898-1946, http://www.tsingtau.org/
- Gray, Robert M., *Max & Max*, http://www-ee.stanford.edu/~gray/html/amykorea/amykorea.html
- Günther von Etzel, http://de.wikipedia.org/wiki/G%C3%BCnther_von_Etzel
- Günther von Etzel, http://www.oocities.org/veldes1/etzel.html
- Gustav Krupp von Bohlen und Halbach, http://de.wikipedia.org/wiki/Gustav_Krupp_von_Bohlen_und_Halbach, http://www.thyssenkrupp.com/de/konzern/geschichte_grfam_k4.html
- Harry von Posadowsky-Wehner, http://de.wikipedia.org/wiki/Harry_von_Posadowsky-Wehner
- Hatzfeld-Trachenberg, Alexander von, http://pages.prodigy.net/ptheroff/gotha/hatzfeldt.html
- Heinrich Adolf von Bardeleben, http://de.wikipedia.org/wiki/Heinrich_Adolf_von_Bardeleben
- Heinrich Hackmann, http://de.wikipedia.org/wiki/Heinrich_Hackmann
- Heinrich von Preußen (1862–1929), http://de.wikipedia.org/wiki/Heinrich_

von_Preu%C3%9Fen_(1862%E2%80%931929)
- Hendrick Hamel, http://www.hendrick-hamel.henny-savenije.pe.kr/
- Henning von Holtzendorff, http://de.wikipedia.org/wiki/Henning_von_Holtzendorff
- Hintze, Julius F., http://freepages.misc.rootsweb.ancestry.com/~schipp/Memorials/hintze.html
- HMS Providence, http://www.british.henny-savenije.pe.kr/
- Hongwu Emperor, http://en.wikipedia.org/wiki/Hongwu_Emperor
- Horace Newton Allen, New World Encyclopedia, https://www.newworldencyclopedia.org/entry/Horace_Newton_Allen
- Hübinette, Tobias, Koreans in Europe, http://www.tobiashubinette.se/koreans_in_europe.pdf
- Hübinette, Tobias, Koreans in Europe. http://www.orient.su.se/korean/koreans.html
- Hugo Zeye, http://de.wikipedia.org/wiki/Hugo_Zeye
- Jacques Chastan, http://fr.wikipedia.org/wiki/Jacques_Chastan
- Jean-Baptiste Cécille, http://en.wikipedia.org/wiki/Jean-Baptiste_C%C3%A9cille
- Kaiserliche Marine: Geschichte und Kriegsschiffe der Kaiserlichen Marine, http://www.kaiserliche-marine.de/
- Karl Gützlaff, http://de.wikipedia.org/wiki/Karl_G%C3%BCtzlaff
- Karl Rathgen, http://en.wikipedia.org/wiki/Karl_Rathgen
- Karl Thiess, http://rektorenportraits.uni-koeln.de/rektoren/karl_thiess/
- Karl von Eisendecher, http://de.wikipedia.org/wiki/Karl_von_Eisendecher
- Kast, Alexander, *Johann Ludwig Janson (1849-1914), Professor für Veterinär-Wissenschaften (of Veterinary Science) in Tokyo (1880-1902)*, [pdf-file, 3 March 2012], http://www.vethis.de/index.php?johann_ludwig_janson
- Ketteler, Clemens von, http://www.deutsche-schutzgebiete.de/ketteler.htm
- Korea' s penultimate Emperor, http://rbbadger.wordpress.com/2009/11/25/koreas-penultimate-emperor/
- Kowshing, http://www.russojapanesewar.com/kowshing.html
- Kroebel, Ernst (1853-1925), Kaufmann, und Emma Kroebel (1872-1945), Schriststellerin, http://www.tsingtau.org/kroebel-ernst-1853-1925-kaufmann-und-emma-kroebel-1872-1945-schriststellerin/
- La Pérouse, http://www.cartography.henny-savenije.pe.kr/degaloupe.htm
- Lucius von Ballhausen, http://www.erfurt-web.de/LuciusRobertFreiherrVonBallhausen
- Lüthje, Uwe: *Tagebuchs-Auszug betreffend die Reise S.M.S. 'Hertha' nach*

Ost-Asien und den Südsee-Inseln 1874 - 1877 im Museum für Völkerkunde der Universität Kiel, http://publikationen.ub.uni-frankfurt.de/volltexte/2007/4551/
- Martyrs of Korea († 1791-1888), http://newsaints.faithweb.com/martyrs/Korea1.htm
- Max Hoffmann, http://de.wikipedia.org/wiki/Max_Hoffmann
- Max von Brandt, http://en.wikipedia.org/wiki/Max_von_Brandt
- Montag, Reinhard: *Das Lexikon der deutschen Generale*, http://www.lexikon-deutschegenerale.de
- Neff, Robert: *The Wreck of the Schooner Chusan. [Part 1] An early German encounter in Korea*, http://english.ohmynews.com/articleview/article_view.asp?menu=c10400&no=380921&rel_no=1
- Neff, Robert: *The Wreck of the Schooner Chusan. [Part 2] The murder of Mr. Brinckmann*, http://english.ohmynews.com/articleview/article_view.asp?menu=c10400&no=380995&rel_no=1
- Oskar von Platen-Hallermund, http://de.wikipedia.org/wiki/Oskar_von_Platen-Hallermund
- Oskar von Truppel, http://de.wikipedia.org/wiki/Oskar_von_Truppel
- Ostasiengeschwader, http://de.academic.ru/dic.nsf/dewiki/1060068
- Otto Ehrenfried Ehlers, http://de.wikipedia.org/wiki/Otto_Ehrenfried_Ehlers
- Otto Lucius von Ballhausen, http://de.wikipedia.org/wiki/Otto_Lucius_von_Ballhausen
- Otto von Diederichs, http://de.wikipedia.org/wiki/Otto_von_Diederichs
- Paul Georg von Möllendorff, http://de.wikipedia.org/wiki/Paul_Georg_von_M%C3%B6llendorff
- Preußen-Deutschland-China. Ein Inventar zu Akten des Geheimen Staatsarchivs Preußischer Kulturbesitz und des Bundesarchivs, Abteilung Reich, S. 10. http://www.gsta.spk-berlin.de/uploads/inventare/pdc.pdf.
- Savenije, Henny, *Hendrick Hamel*, http://www.henny-savenije.pe.kr/index.html
- Savenije, Henny, *In the wake of the Portuguese*, http://www.hendrick-hamel.henny-savenije.pe.kr/holland3.htm
- Savenije, Henny, *Jan Janse Weltevree*, http://www.hendrick-hamel.henny-savenije.pe.kr/holland14.htm
- Savenije, Henny, *Kartographie*, http://www.cartography.henny-savenije.pe.kr/degaloupe.htm
- *Shinmiyangyo - American Expedition in 1871*, http://www.shinmiyangyo.org/

- *Siegfried Genthe: The First Westerner to climb Korea's Mount Halla*, http://www.rjkoehler.com/2010/08/17/siegfried-genthe-the-first-westerner-to-climb-koreas-mount-halla/
- St. Ottilien, http://www.erzabtei.de/
- Stücken, Christian, *Gott und den Sternen - vom Leben des Chinamissionars Ignaz Kögler SJ (1680-1746)*, http://www.ikg-landsberg.de/unsere-schule/ignaz-koegler-portrait/Kurzbiographie
- Studnitz, Gilbert von, *Fregattenkapitän Ernst von Studnitz (1862-1907)*, http://www.maritimequest.com/warship_directory/germany/pages/cruisers/sms_geier_1894_ernst_von_studnitz.htm
- Terry, John: *Oregon pioneer Owen Nickerson Denny was about more than his birds*, http://www.oregonlive.com/O/index.ssf/2011/08/oregon_pioneer_owen_nickerson.html
- Truppel, Oskar von, http://biographien.tsingtau.org/index.php?tag=gouverneur
- Truppel, Oskar von, http://de.wikipedia.org/wiki/Truppel
- USS Princess Royal, http://en.wikipedia.org/wiki/USS_Princess_Royal_(1863)
- Victor Emile Marie Joseph Collin de Plancy, http://en.wikipedia.org/wiki/Victor_Emile_Marie_Joseph_Collin_de_Plancy
- Waldemar Abegg, http://www.akg-images.com/akg_couk/_customer/london/collections/abegg.html
- William Amherst, 1st Earl Amherst, http://en.wikipedia.org/wiki/William_Amherst,_1st_Earl_Amherst
- William Robert Broughton, http://en.wikipedia.org/wiki/William_Robert_Broughton

부록
사진 출처

1장

【1-1】 en.wikipedia.org/wiki/Taejo_of_Joseon
【1-2】 commons.wikimedia.org/wiki/File:Yeojido.jpg
【1-3】 en.wikipedia.org/wiki/Hongwu
【1-4】 commons.wikimedia.org/wiki/File:Choson._the_Land_of_the_Morning_Calm-Percival_Lowell.jpg
【1-7】 www.flickr.com/photos/24443965@N08/sets/72157629568812867/
【1-8】 de.wikipedia.org/wiki/Oda_Nobunaga
【1-9】 commons.wikimedia.org/wiki/File:Toyotomi_hideyoshi.jpg
【1-10】 en.wikipedia.org/wiki/Siege_of_Busan
【1-11】 www.koreanhero.net/en/AboutYiSunsin.htm
【1-12】 history.cultural-china.com/en/46History2732.html
【1-13】 en.wikipedia.org/wiki/Hong_Taiji
【1-14】 Collection of The City of Kobe Museum, the Hajime Ikenaga Gallery: commons.wikimedia.org/wiki/File:Ch%C5%8Dsen_Ts%C5%ABshin-shi_Raich%C5%8D-zu.jpg

2장

【2-1】 en.wikipedia.org/wiki/Cheoljong_of_Joseon
【2-2】 ko.wikipedia.org/wiki/%ED%9D%A5%EC%84%A0%EB%8C%80%EC%9B%90%EA%B5%B0
【2-4】 lib.yctc.edu.cn/pic/china/gj/page_02.htm
【2-5】 en.wikipedia.org/wiki/Dejima

[2-6] en.wikipedia.org/wiki/USS_Concord_(1828)
[2-7] de.wikipedia.org/wiki/Fernão_Mendes_Pinto
[2-8] commons.wikimedia.org/wiki/File:Konishi_Yukinaga.jpg
[2-9] commons.wikimedia.org/wiki/Category:Kat%C5%8D_Kiyomasa
[2-10] www.wikitree.co.kr/main/ann_ring.php?id=46441&alid=63960
[2-11] nl.wikipedia.org/wiki/Jan_Jansz._Weltevree
[2-12] www.hendrick-hamel.henny-savenije.pe.kr/pictures.htm
[2-13] commons.wikimedia.org/wiki/File:Plattegrond_van_Deshima.jpg
[2-14] commons.wikimedia.org/wiki/File:Laperouse_1.jpg
[2-15] de.wikipedia.org/wiki/William_Robert_Broughton
[2-16] en.wikipedia.org/wiki/Murray_Maxwell
[2-17] en.wikipedia.org/wiki/William_Amherst,_1st_Earl_Amherst
[2-18] BBC Hulton Picture Library. Encyclopædia Britannica Online. Web. 6 Jul. 2013: www.britannica.com/EBchecked/media/11342/Basil-Hall-detail-from-an-engraving.
[2-19] / [뒷표지] www.baxleystamps.com/litho/hall_1818.shtml
[2-20] commons.wikimedia.org/wiki/File:Karl_Gutzlaff.jpg
[2-21] blog.daum.net/sunghwa/15853441
[2-22] newsaints.faithweb.com/martyrs/Korea1.htm
[2-23] fr.wikipedia.org/wiki/Laurent_Imbert
[2-24] fr.wikipedia.org/wiki/Jean-Baptiste_Cécille
[2-25] Central Naval Museum, St. Petersburg: Russia.allart.biz/photos/image/bogolyubov_alexey_437_frigate_pallas_1847.html
[2-26] www.flickr.com/photos/paukrus/5413122580/
[2-27] www.gregormacgregor.com/Tod&Macgregor/princess_royal_115.htm
[2-28] en.wikipedia.org/wiki/Pierre-Gustave_Roze.
[2-29] en.wikipedia.org/wiki/French_Campaign_against_Korea,_1866
[2-30] en.wikipedia.org/wiki/French_Campaign_against_Korea,_1866
[2-31] www.americancivilwar.com/tcwn/civil_war/Navy_Ships/USS_Wachusett.html
[2-32] Library of Congress: www.loc.gov/pictures/item/brh2003002510/PP/
[2-33] www.oocities.org/Vienna/5047/yangpathistory.html
[2-34] en.wikipedia.org/wiki/Stephen_Clegg_Rowan
[2-35] es.m.wikipedia.org/wiki/Frederick_Low
[2-36] commons.wikimedia.org/wiki/File:Council_of_war_on_USS_Colorado_1871-06-01.jpeg
[2-37] en.m.wikipedia.org/wiki/File:Koreans_who_died_in_fighting_in_

Gwanseong_Garrison,_1871.jpg

[2-38] www.shinmiyangyo.org/beato.html

[2-39] Moffett Collection: scdc.library.ptsem.edu/mets/mets.aspx?src=moffett&div=6&img=0

[2-40] / [뒷표지] de.wikipedia.org/wiki/Gojong

3장

[3-1] commons.wikimedia.org/wiki/File:Otto_von_Bismarck_1873.jpg

[3-2] commons.wikimedia.org/wiki/File:MaxvonBrandt.jpg

[3-3] de.wikipedia.org/wiki/Alexander_II._(Russland)

[3-4] en.wikipedia.org/wiki/Inoue_Yoshika

[3-5] en.wikipedia.org/wiki/Ganghwa_Island_incident

[3-6] Ehlers, Otto E., Im Osten Asiens. 2. Edition, Berlin, 1896.

[3-7] Politisches Archiv des Auswärtigen Amtes, Berlin.

[3-8] de.wikipedia.org/wiki/Thomas_Wade

[3-9] en.wikipedia.org/wiki/Johann_Adam_Schall_von_Bell

[3-10] commons.wikimedia.org/wiki/File:Siebold_Briefmarke_Jap.jpg

[3-11] en.wikipedia.org/wiki/Frederick_William_III_of_Prussia

[3-12] en.wikipedia.org/wiki/Karl_G%C3%BCtzlaff

[3-13] www.virtualshanghai.net/References/Bibliography?ID=408 (Shanghai of To-day. A Souvenir Album of Fifty Vandyke Gravure Prints of the 'Model Settlement' . Shanghai: Kelly and Walsh, 1930, plate 3.)

[3-14] www.virtualshanghai.net/References/Bibliography?ID=408 (Shanghai of To-day. A Souvenir Album of Fifty Vandyke Gravure Prints of the 'Model Settlement' . Shanghai: Kelly and Walsh, 1930, plate 13.)

[3-15] de.wikipedia.org/wiki/Flagge_Deutschlands

[3-16] www.kobay.co.kr/servlet/wsoff/item/offItemView?item.itemseq=1011XDE6GIZ

[3-17] Hermann Sander, Photo album, p. 212

[3-18] en.wikipedia.org/wiki/Ferdinand_von_Richthofen

[3-19] www.oag.jp/ajax/president-details-view/544?height=500

[3-20] Thomas Ulbrich Collection, Berlin(사진엽서, 19세기)

[3-23] www.battleships-cruisers.co.uk/r_n_gunboats.htm

[3-24] de.wikipedia.org/wiki/SMS_Stosch

【3-25】 Thomas Ulbrich Collection, Berlin(사진엽서, 19세기)

【3-26】 de.wikipedia.org/wiki/Klemens_von_Ketteler

【3-27】 Bird Bishop, Korea and her Neighbors: A Narrative of Travel with an Account of the Recent Vicissitudes and Position of the Country, London, 1898, p. 30

【3-28】 www.baike.com/wiki/%E9%A9%AC%E5%BB%BA%E5%BF%A0

【3-29】 en.wikipedia.org/wiki/Ding_Ruchang

【3-30】 金源模, 鄭成吉 (Ed.), 『(寫眞으로 본) 百年前의 韓國 : 近代韓國(1871-1910)』, Seoul, 1989, p. 45.

【3-31】/【뒷표지】 "Der Freundschafts- und Handelsvertrag zwischen Deutschland und Korea", Daheim 1882.

【3-32】 en.wikipedia.org/wiki/Harry_Smith_Parkes

【3-33】 Karl von Eisendecher, 2. Photoalbum: Porträts

【3-34】 de.wikipedia.org/wiki/SMS_Leipzig_(1875)

【3-35】 서울 주재 독일 대사관

【3-36】 서울 주재 독일 대사관

【3-37】 서울 주재 독일 대사관

【3-38】 fr.academic.ru/dic.nsf/frwiki/1387423

【3-39】 commons.wikimedia.org/wiki/File:Bundesarchiv_Bild_134-B1511,_Tsingtau,_Besitznahme_von_Kiautschou.jpg

4장

【4-1】 Library of Congress, Photo taken by Eugène Pirou (1841-1909): www.loc.gov/pictures/item/99401107/

【4-2】 Dr. Ulrich von Möllendorff Collection.

【4-3】 Library of Congress: www.loc.gov/pictures/item/ggb2004003533/

【4-4】 www.senckenberg.de/root/index.php?page_id=295

【4-5】 commons.wikimedia.org/wiki/File:Hubert_Vos%27s_painting_of_Li_Hongzhang.jpg.

【4-8】 en.wikipedia.org/wiki/Sir_Robert_Hart,_1st_Baronet

【4-9】 ko.wikipedia.org/wiki/%EA%B9%80%EC%9C%A4%EC%8B%9D_(1835%EB%85%84)

【4-10】 金源模, 鄭成吉 (Ed.), 『(寫眞으로 본) 百年前의 韓國 : 近代韓國(1871-1910)』, Seoul, 1989, p. 298.

【4-11】 www.flickr.com/photos/twiga_swala/4267530534/

【4-12】 de.wikipedia.org/wiki/Paul_Georg_von_Möllendorff

【4-13】 金源模, 鄭成吉 (Ed.), 『(寫眞으로 본) 百年前의 韓國 : 近代韓國(1871-1910)』, Seoul, 1989, p. 50.

【4-14】 commons.wikimedia.org/wiki/File:Li_Hung_Chang_in_1896.jpg

【4-15】 commons.wikimedia.org/wiki/File:YuanShikaiPresidente1915.jpg

【4-16】 www.schiffe-maxim.de/Prinz_heinrich.htm

【4-17】 Directory & Chronicle 1907.

【4-18】 Rolf Schirbaum Collection, Hamburg.

【4-19】 commons.wikimedia.org/wiki/File:Bundesarchiv_Bild_146-1990-023-06A,_Otto_von_Bismarck.jpg

【4-20】 commons.wikimedia.org/wiki/Category:Prince_Heinrich_of_Prussia

【4-21】 金源模, 鄭成吉 (Ed.), 『(寫眞으로 본) 百年前의 韓國 : 近代韓國(1871-1910)』, Seoul, 1989, p. 304.

【4-22】 / 【뒷표지】 Moffett Collection: scdc.library.ptsem.edu/mets/mets.aspx?src=moffett&div=6&img=0

【4-24】 Library of Congress: www.loc.gov/pictures/collection/stereo/item/2003666565/

【4-25】 金源模, 鄭成吉 (Ed.), 『(寫眞으로 본) 百年前의 韓國 : 近代韓國(1871-1910)』, Seoul, 1989, p. 302.

【4-27】 / 【뒷표지】 Library of Congress: www.loc.gov/pictures/collection/stereo/item/2003666564/

【4-28】 / 【뒷표지】 Photo by Goerge Rose: www.flickr.com/photos/24443965@N08/2421997955/in/set-72157604582452397

【4-29】 Rolf Schirbaum Collection, Hamburg.

【4-30】 Rolf Schirbaum Collection, Hamburg.

【4-31】 www.flickr.com/photos/24443965@N08/2419972390/in/set-72157604582452397

【4-32】 Claussen-Wunsch Collection.

【4-33】 Rolf Schirbaum Collection, Hamburg.

【4-35】 Barbara Michel-Jaegerhuber Collection, Überlingen.

【4-38】 Andreas Pistorius Collection, Mannheim.

【4-39】 / 【뒷표지】 Andreas Pistorius Collection, Mannheim.

【4-40】 / 【뒷표지】 Hermann Sander, Photo album, p. 181.

【4-42】 en.wikipedia.org/wiki/Kimi_ga_Yo

【4-43】 Curt Netto, Ausstellungskatalog, 1980, p. 26.

【4-44】 金源模, 鄭成吉 (Ed.), 『(寫眞으로 본) 百年前의 韓國 : 近代韓國(1871-1910)』, Seoul, 1989, p. 51.

【4-45】 金源模, 鄭成吉 (Ed.), 『(寫眞으로 본) 百年前의 韓國 : 近代韓國(1871-1910)』, Seoul, 1989, p. 142

【4-46】/【뒷표지】 Christian Mensing Collection.

【4-47】 Legation of the United States Seoul, July 4, 1902. A copy is in the possession of the author.

【4-48】 金源模, 鄭成吉 (Ed.), 『(寫眞으로 본) 百年前의 韓國 : 近代韓國(1871-1910)』, Seoul, 1989, p. 102.

【4-49】 de.wikipedia.org/wiki/Philipp_Franz_von_Siebold

【4-50】 de.wikipedia.org/wiki/Erwin_B%C3%A4lz

【4-51】 Claussen-Wunsch Collection.

【4-52】 de.wikipedia.org/wiki/Kiautschou_(1900)

【4-53】 Claussen-Wunsch Collection.

【4-54】 Claussen-Wunsch Collection.

【4-55】 Claussen-Wunsch Collection.

【4-57】 en.wikipedia.org/wiki/Qingdao

【4-58】 commons.wikimedia.org/wiki/File:Tien_Tsin.jpg

【4-60】 commons.wikimedia.org/wiki/File:Portrait_of_Empress_Myeong_Seong.jpg

【4-61】 최석로, 『사진으로 본 조선시대, 민족의 사진첩』, 서울, 1994, p. 18.

【4-62】 金源模, 鄭成吉 (Ed.), 『(寫眞으로 본) 百年前의 韓國 : 近代韓國(1871-1910)』, Seoul, 1989, p. 69.

【4-63】 Library of Congress: www.loc.gov/pictures/item/2004707502/

【4-64】 de.wikipedia.org/wiki/It%C5%8D_Hirobumi

【4-67】 Willard Dickerman Straight and Early U.S.-Korea Diplomatic Relations, Cornell University Library

【4-68】 Kroebel, Emma, Wie ich an den koreanischen Kaiserhof kam, Berlin 1909.

【4-69】/【뒷표지】 Claussen-Wunsch Collection.

【4-71】 de.wikipedia.org/wiki/Andreas_Amrhein

【4-72】 en.wikipedia.org/wiki/File:Erzabtei_St._Ottilien.jpg

【4-73】 Christian Mensing Collection

【4-74】 Hermann Sander, Photo album, p. 172

【4-76】/【뒷표지】 상트오틸리엔(St. Ottilien) 수도원

【4-77】 상트오틸리엔(St. Ottilien) 수도원

【4-78】 de.wikipedia.org/wiki/Andre_Eckardt

【4-79】 Entdeckung Korea! Schätze aus deutschen Museen, The Korea Foundation (Ed.), p. 147.

【4-80】 상트오틸리엔(St. Ottilien) 수도원

【4-81】 포교 성 베네딕도 수녀회 대구 수녀원(Benediktine Sisters Daegu) Collection

【4-82】 상트오틸리엔(St. Ottilien) 수도원

5장

【5-3】 Moffett Collection: scdc.library.ptsem.edu/mets/mets.aspx?src=moffett&div=6&img=0
【5-4】 en.wikipedia.org/wiki/Jeon_Bong-jun
【5-5】 www.cristoraul.com/ENGLISH/The-Book-of-History/Volume-2/JAPAN/14-NEW-JAPAN-OVERCOMES-OLD-CHINA.html
【5-6】 en.wikipedia.org/wiki/Kiautschou
【5-7】 Karl von Eisendecher, 2. Photoalbum: Porträts, Nr. 14.
【5-8】 en.wikipedia.org/wiki/Empress_Myeongseong_of_Korea.
【5-9】 en.wikipedia.org/wiki/Miura_Gorō
【5-10】 commons.wikimedia.org/wiki/File:Russian_legation_to_Korea,_c.1900.jpg
【5-11】 Library of Congress: www.loc.gov/pictures/item/ggb2004004700/
【5-12】 en.wikipedia.org/wiki/Yamagata_Aritomo
【5-13】 Karl von Eisendecher, 2. Photoalbum: Porträts, Nr. 17.
【5-15】 commons.wikimedia.org/wiki/File:Kaiser_Wilhelm_Ii_and_Germany_1890_-_1914_HU68367.jpg
【5-16】 commons.wikimedia.org/wiki/File:Henrik_porosz_kir%C3%A1lyi_herceg_(1862%E2%80%931929).JPG
【5-17】 Hermann Sander, Photo album, p. 85.
【5-18】 www.allworldwars.com/Navy-Paintings-by-Artist-Vladimir-Emyshev.html
【5-19】 en.wikipedia.org/wiki/Theodore_Roosevelt
【5-20】 Library of Congress, Carpenter Collection: www.loc.gov/pictures/item/91728786/
【5-21】 국사편찬위원회
【5-22】 Hermann Sander, Photo album, p. 170.
【5-24】 / 【뒷표지】 www.bloggen.be/tilloenk/archief.php?ID=557
【5-25】 en.wikipedia.org/wiki/File:Righteous_army_in_Korea.jpg
【5-26】 en.wikipedia.org/wiki/Hague_Secret_Emissary_Affair
【5-27】 Library of Congress, Carpenter Collection: www.loc.gov/pictures/item/2001705597/
【5-28】 de.wikipedia.org/wiki/Deutsch-Asiatische_Bank
【5-29】 commons.wikimedia.org/wiki/German_concession_in_China

【5-30】 en.wikipedia.org/wiki/An_Jung-geun
【5-31】 en.wikipedia.org/wiki/Terauchi_Masatake
【5-32】 mirror.enha.kr/wiki/이용구
【5-33】 en.wikipedia.org/wiki/Lee_Wan-Yong
【5-34】 en.wikipedia.org/wiki/Japan-Korea_Annexation_Treaty

6장

【6-2】 www.bloggen.be/tilloenk/archief.php?ID=557
【6-3】 최종고,『韓獨交涉史』, 서울, 1983.
【6-4】 金源模, 鄭成吉 (Ed.),『(寫眞으로 본) 百年前의 韓國 : 近代韓國(1871-1910)』, Seoul, 1989, p.59.
【6-5】 Pantzer, Peter and Sven Saaler, p. 150.
【6-6】 Hermann Sander, Photo album, p. 180.
【6-7】 Hermann Sander, Photo album, p. 178.
【6-8】 최종고,『韓獨交涉史』, 서울, 1983.
【6-9】 金源模, 鄭成吉 (Ed.),『(寫眞으로 본) 百年前의 韓國 : 近代韓國(1871-1910)』, Seoul, 1989, p. 107
【6-11】 www.bloggen.be/tilloenk/archief.php?ID=557
【6-12】 de.wikisource.org/wiki/Carl_Arendt
【6-13】 en.wikipedia.org/wiki/Gustav_Krupp_von_Bohlen_und_Halbach
【6-14】 ee.stanford.edu/~gray/html/amykorea/amykorea_6.html
【6-15】 ee.stanford.edu/~gray/html/amykorea/amykorea_6.html
【6-16】 commons.wikimedia.org/wiki/File:G%C3%BCnther_von_Etzel.jpg.
【6-17】 / 【뒷표지】 Dr. Renata Fu-Sheng Franke Collection.
【6-20】 commons.wikimedia.org/wiki/File:Shanghai_-_North_Suzhou_Road_-_Postcard_(1a).jpg
【6-21】 / 【뒷표지】 Hermann Sander, Photo album, p. 156.
【6-22】 Bundesarchiv, Bild 146-1980-111-62 / CC-BY-SA.
【6-23】 Moffet Collection.
【6-25】 Christian Mensing Collection.
【6-26】 국사편찬위원회
【6-27】 Kroebel, Emma, Wie ich an den koreanischen Kaiserhof kam, Berlin 1909.
【6-28】 Moffett Collection: scdc.library.ptsem.edu/mets/mets.aspx?src=moffett&div=6&img=0
【6-29】 / 【앞표지下, 뒷표지, 책등】 Moffett Collection: scdc.library.ptsem.edu/mets/

mets.aspx?src=moffett&div=6&img=0

[6-30] Library of Congress: www.loc.gov/pictures/collection/stereo/item/2003666500/

[6-31] Library of Congress, Photo taken by William Henry Jackson: www.loc.gov/pictures/item/2004707505/

[6-32] en.wikipedia.org/wiki/The_Bund

[6-33] Christian Mensing Collection.

[6-34] Claussen-Wunsch Collection.

[6-35] Library of Congress: www.loc.gov/pictures/resource/ggbain.07641/

[6-36] commons.wikimedia.org/wiki/File:Friedrich_Graf_von_Baudissin.jpg

[6-37] Thomas Ulbrich Collection, Berlin(사진엽서, 19세기)

[6-38] Thomas Ulbrich Collection, Berlin(사진엽서, 19세기)

[6-39] de.wikipedia.org/wiki/Felix_von_Bendemann

[6-40] Thomas Ulbrich Collection, Berlin(사진엽서, 19세기)

[6-41] Thomas Ulbrich Collection, Berlin(사진업서, 19세기)

[6-42] www.bundesarchiv.de/oeffentlichkeitsarbeit/bilder_dokumente/01661/index-21.html.de

[6-43] Thomas Ulbrich Collection, Berlin(사진엽서, 19세기)

[6-44] commons.wikimedia.org/wiki/File:Bundesarchiv_Bild_116-426-12,_Tsingtau,_Marineartilleristen_auf_Ausflug.jpg

[6-45] Thomas Ulbrich Collection, Berlin(사진엽서, 19세기)

[6-46] commons.wikimedia.org/wiki/File:Heinrich_Hellhoff_-_Portrait_des_Admirals_Geissler,_1903.jpg.

[6-47] de.wikipedia.org/wiki/Georg_von_Bayern

[6-48] en.wikipedia.org/wiki/Japanese_cruiser_Naniwa

[6-49] Thomas Ulbrich Collection, Berlin(사진엽서, 19세기)

[6-50] en.wikipedia.org/wiki/Max_Hoffmann

[6-51] www.tripota.uni-trier.de/single_picture.php?signatur=385_0614

[6-52] en.wikipedia.org/wiki/Friedrich_von_Ingenohl

[6-53] Thomas Ulbrich Collection, Berlin(사진엽서, 19세기)

[6-54] Thomas Ulbrich Collection, Berlin(사진엽서, 19세기)

[6-55] commons.wikimedia.org/wiki/File:Qingdaoaround1900c.jpg

[6-56] Thomas Ulbrich Collection, Berlin.(사진엽서, 19세기)

[6-57] / [3쪽] Christian Mensing Collection.

[6-58] en.wikipedia.org/wiki/Georg_Alexander_von_M%C3%BCller

[6-59] de.wikipedia.org/wiki/Curt_von_Prittwitz_und_Gaffron

[6-60] de.wikipedia.org/wiki/SMS_Falke_(Schiff,_1891)

[6-62] Thomas Ulbrich Collection, Berlin.

[6-63] Historical archiv of the Sedlmayr family, Gabriele Tenius, Ellund, Schleswig-Holstein, Germany

[6-64] www.maritimequest.com/warship_directory/germany/pages/cruisers/sms_geier_1894_ernst_von_studnitz.htm

[6-65] Thomas Ulbrich Collection, Berlin.(사진엽서, 19세기)

[6-66] en.wikipedia.org/wiki/SMS_Kaiser_(1875)

[6-67] Andreas Pistorius Collection, Mannheim.

[6-68] www.bloggen.be/tilloenk/archief.php?ID=557

[6-69] Ehlers, Otto E., Im Osten Asiens. 2. Edition, Berlin, 1896, p. 109.

[6-70] The Independent, vol. 1, no. 31, Juni 1896.

[6-71] The Independent, Vol. 1, November 1896.

[6-72] Rolf Schirbaum Collection, Hamburg.

[6-73] www.loc.gov/pictures/collection/stereo/item/2003666576/

[6-74] Firmenarchiv C. Illies & Co., Hamburg.

[6-75] Claussen-Wunsch Collection.

[6-76] Thomas Ulbrich Collection, Berlin.

[6-77] / [앞표지上, 뒷표지] Library of Congress: www.loc.gov/pictures/collection/stereo/item/2003666521/

[6-78] 조풍연, 『사진으로 보는 朝鮮時代, 생활과 풍속』, 서울, 1994, p.169.

[6-79] The Independent, vol. 1, November.

[6-80] Rolf Schirbaum Collection, Hamburg.

[6-81] korean.visitkorea.or.kr/kor/ut/what/travel_stories/content/view_1098161.jsp?areaCode=&keyword=&gotoPage=40&ListType=&out_service=

[6-82] Rolf Schirbaum Collection, Hamburg.

[6-84] Karl von Eisendecher, 2. Photoalbum: Porträts.

[6-85] © Humboldt University Berlin, Library Collection.

[6-86] Meyers historisch-geographischer Kalender: Freitag, den 11. Okt. 1912.

[6-87] www.traunsteiner-tagblatt.de/includes/mehr_chiemg.php?id=442

[6-88] de.wikipedia.org/wiki/Fedor_Jagor (Christian Wilhelm Allers, 1886. 10. 10.)

[6-89] www.vethis.de/index.php?johann_ludwig_janson

[6-90] de.wikipedia.org/wiki/Karl_Rathgen.

[6-91] © Humboldt University Berlin, Library Collectio.

[6-92] © Humboldt University Berlin, Library Collection.

[6-93] rektorenportraits.uni-koeln.de/rektoren/karl_thiess/

[6-94] Library of Congress, LOT 6063.

[6-95] de.wikipedia.org/wiki/Andre_Eckardt

[6-98] 상트오틸리엔(St. Ottilien) 수도원

[6-100] wwwuser.gwdg.de/~aoezen/Archiv_RGS/hackmann_noframe.htm

[6-101] http://www.missionsbenediktiner.de/seligsprechung/cms/datenCollection/detail.php?artikelid=4&searchfield=&searchstring=&sortfield=mart_daten_langu.ordensname&sortorder=asc&dataoffset=0&datacount=1000&languageid=4

[6-102] www.das-klassische-china.de/Reisen/Unterhaltsame%20Uebersicht/index.htm

[6-103] Abegg, Waldemar and Boris Martin: Reise in eine vergangene Zeit. Rund um die Welt 1905, München, 2009, p. 107.

[6-104] commons.wikimedia.org/wiki/File:Emil_Brass,_Nutzbare_Tiere_Ostasiens,_Bucheinband.jpg

[6-105] de.wikipedia.org/wiki/Otto_Ehrenfried_Ehlers

[6-106] Korea. Reiseschilderungen. Hrsg. von Georg Wegener, (= Genthes Reisen, vol. 1), Berlin 1905.)

[6-107] / [뒷표지] Hermann Sander, Photo album, p. 237.

[6-108] 金源模, 鄭成吉 (Ed.), 『(寫眞으로 본) 百年前의 韓國 : 近代韓國(1871-1910)』, Seoul, 1989, p. 232

[6-112] Thomas Ulbrich Collection, Berlin.

[6-114] www.das-klassische-china.de/Reisen/Unterhaltsame%20Uebersicht/indatei2.htm#1901Zabel

[6-115] 서울본부세관, 『서울세관개청 100주년기념 세관역사사진첩』, 서울, 2007, p. 20.

[6-116] 서울본부세관, 『서울세관개청 100주년기념 세관역사사진첩』, 서울, 2007, p. 22.

[6-117] commons.wikimedia.org/wiki/File:Hamburg_Hafen_1890.jpg

[6-118] Hermann Sander, Photo album, p. 181.

[6-119] de.wikipedia.org/wiki/Deutsch-Asiatische_Bank

[6-120] commons.wikimedia.org/wiki/File:Bundesarchiv_Bild_116-424-006,_China,_Tsingtau.jpg

[6-121] Rolf Schirbaum Collection.

[6-122] www.bloggen.be/tilloenk/archief.php?ID=557

[6-124] Christian Mensing Collection.

[6-126] / [뒷표지] 金源模, 鄭成吉 (Ed.), 『(寫眞으로 본) 百年前의 韓國 : 近代韓國(1871-1910)』, Seoul, 1989, p. 101.

[6-127] commons.wikimedia.org/wiki/File:S.M._Grosser_Kreuzer_Hansa.jpg

【6-128】 Rolf Schirbaum Collection.

【6-129】 / 【뒷표지】 Seoul Main Customs (Ed.), 1885 Dispatches from Chemulpo. 1st January @ 30th September 1885. Seoul, December 2007, p. 201.

【6-130】 조풍연, 『사진으로 보는 朝鮮時代, 생활과 풍속』, 서울, 1986, p. 82.

* 이 책에 실린 자료의 출처를 찾기 위해 최선을 다했으나, 혹시 누락이나 착오가 있으면 다음 인쇄 시에 꼭 수정하겠습니다.

부록
인명 색인

서양

한국

일본

중국

* 머리말, 사진 설명, 각주에 표기된 이름은 제외하였다.

지은이

한스 알렉산더 크나이더(Hans-Alexander Kneider)

1956년 독일 보훔에서 태어났다. 독일 보훔 루르 대학교(Ruhr-Universität Bochum)에서 한국학과 국민경제학, 동아시아경제학을 전공하였다. 대한민국 정부 장학생으로 선발되어 서울대학교 대학원 국사학과 박사과정을 이수하였다. 한국과 독일의 역사 관계에 관심이 많아, 과거 한국에서 업적을 쌓은 독일인들을 집중 연구하여 수많은 논문을 발표하였다. 현재 한국외국어대학교 독일어과와 통번역대학원에서 교수로 재직 중이다.

옮긴이

최경인

한국외국어대학교 독일어과와 같은 대학 통번역대학원 한독과를 졸업하고 동대학원 박사과정을 수료하였다. 역서로 『바이러스』, 『Die koreanische Sprache 한국의 언어』, 『독일 경제, 어떻게 구할 수 있는가』 (공역) 등이 있다.

독일인의 발자취를 따라

한독 관계: 초창기부터 1910년까지

1판 1쇄 펴낸날 2013년 9월 12일

지은이 | 한스 알렉산더 크나이더
옮긴이 | 최경인
펴낸이 | 김시연

펴낸곳 | (주)일조각
등록 | 1953년 9월 3일 제300-1953-1호(구 : 제1-298호)
주소 | 110-062 서울시 종로구 신문로 2가 1-335
전화 | 734-3545 / 733-8811(편집부)
733-5430 / 733-5431(영업부)
팩스 | 735-9994(편집부) / 738-5857(영업부)
이메일 | ilchokak@hanmail.net
홈페이지 | www.ilchokak.co.kr

ISBN 978-89-337-0663-3 93910
값 35,000원

* 이 도서의 국립중앙도서관 출판시도서목록(CIP)은 서지정보유통지원시스템 홈페이지(http://seoji.nl.go.kr)와 국가자료공동목록시스템(http://www.nl.go.kr/kolisnet)에서 이용하실 수 있습니다.
(CIP제어번호 : CIP2013016582)